国家自然科学基金青年项目(71802168)资助
教育部人文社会科学研究青年基金项目(18YJC630165)资助

零售商期权订货决策和合同选择

万娜娜　陈　旭　著

科学出版社
北　京

内容简介

本书从零售商视角出发，针对市场需求的高度不确定性，在单周期和多周期两种情景下研究零售商期权订货决策和合同选择。首先运用最优化和数值仿真等方法，研究单周期情景下基于期权合同的零售商最优订货策略，讨论期权合同、需求风险和合同参数对零售商最优订货策略和最大期望利润的影响；然后运用动态规划、多/亚模数分析和数值仿真等方法，研究多周期情景下基于期权合同的零售商最优订货策略结构，提供近似算法来估计相应的最优策略参数，讨论期权合同、需求风险和合同参数对零售商近似最优策略参数和近似最大期望折扣总利润的影响；最后通过对考虑不同期权合同的情形进行相互对比，分析零售商视角的期权合同类型的选择问题。

本书适合从事供应链管理、运营管理和信息技术管理的学者、教师、研究生阅读，也是各级党政机关公务员和政府相关部门工作人员学习的重要参考读物。

图书在版编目(CIP)数据

零售商期权订货决策和合同选择 / 万娜娜，陈旭著. —北京：科学出版社，2022.2

ISBN 978-7-03-071370-4

Ⅰ.①零… Ⅱ.①万… ②陈… Ⅲ.①零售企业-供应链管理-研究 Ⅳ.①F713.32

中国版本图书馆 CIP 数据核字（2022）第 022304 号

责任编辑：莫永国 / 责任校对：彭　映
责任印制：罗　科 / 封面设计：墨创文化

科学出版社出版
北京东黄城根北街16号
邮政编码：100717
http://www.sciencep.com

成都锦瑞印刷有限责任公司印刷
科学出版社发行　各地新华书店经销

*

2022 年 2 月第　一　版　　开本：787×1092 1/16
2022 年 2 月第一次印刷　　印张：12
字数：280 000

定价：129.00 元

前　言

随着消费者对产品期望值的不断提高，以及消费者需求的日益个性化和多样化，市场需求呈现出高度的不确定性。然而，由于市场响应的不确定性和技术标准的不断变化，企业往往难以准确地预测市场需求，且实际需求与预测需求之间可能存在较大偏差，这将给企业的日常运营带来巨大的挑战。在实践中，易逝品（如生鲜产品、时装、数码产品等）的生产提前期长而销售期短，且期末残值极低；而耐用品（如电冰箱、汽车、机械设备等）的销售期被划分为多个阶段，且期末具有一定残值。不同类型产品的运营情景是不同的，这将给企业的日常运营带来较大的挑战。为了应对需求不确定性风险，期权合同作为风险对冲的一种有效工具，被越来越多的企业认可接受并广泛应用。按赋予权利的角度划分，期权合同可分为看涨期权合同、看跌期权合同、双期权合同和双向期权合同 4 种类型。不同期权合同的运用对企业订货决策和经济绩效的影响是不同的。

在国家自然科学基金青年项目（71802168）和教育部人文社会科学研究青年基金项目（18YJC630165）的资助下，本书从零售商视角出发，针对市场需求的高度不确定性，在单周期和多周期两种情景下研究零售商期权订货决策和合同选择。首先运用最优化和数值仿真等方法，研究单周期情景下基于期权合同的零售商最优订货策略，讨论期权合同、需求风险和合同参数对零售商最优订货策略和最大期望利润的影响；然后运用动态规划、多/亚模数分析和数值仿真等方法，研究多周期情景下基于期权合同的零售商最优订货策略结构，提供近似算法来估计相应的最优策略参数，讨论期权合同、需求风险和合同参数对零售商近似最优策略参数和近似最大期望折扣总利润的影响；最后通过对考虑不同期权合同的情形进行相互对比，分析零售商视角的期权合同类型的选择问题。本书的特点可以概括如下。

立足单周期和多周期运营情景。在实践中，单周期和多周期已成为企业面临的实际运营情境。然而，多周期情景使得企业的决策过程变得更加复杂。一方面，前一周期的决策将影响后一周期的决策；另一方面，决策变量之间的关系、状态变量与决策变量之间的关系将进一步增加决策过程的复杂性。传统的报童模型无法反映企业决策随时间动态变化的本质，故无法揭示企业多周期决策的基本规律。本书立足于企业实际，从单周期和多周期两种情形出发研究基于期权合同的零售商订货决策，丰富了企业管理决策的情景。

强调不同期权合同的对比分析。现有文献主要侧重于看涨期权合同的研究，对看跌期权合同、双期权合同和双向期权合同的研究比较少，鲜有同时结合 4 种期权合同的比较研究。本书针对市场需求的高度不确定性，从单周期和多周期两种情形出发，基于不同期权合同构建了零售商期权订货模型体系并选择最优的期权合同类型，为企业实际运营过程中的期权合同选择、设计与优化提供了理论依据，对于丰富和完善基于期权合同的供应链管理理论和方法具有重要价值。

本书由西南科技大学经济管理学院万娜娜教授和电子科技大学经济与管理学院陈旭教授撰写，具体撰写工作如下：陈旭负责本书框架的确定并对模型构建和结论分析提出修改建议；万娜娜负责执笔撰写本书内容。

限于作者水平，本书难免存在不妥之处，敬请读者批评指正。

2022 年 2 月

目　　录

第1章 绪　论

1.1 研 究 背 景

随着市场竞争的日益加剧、科技更新的不断加快和收入水平的显著提高，产能由不足变为过剩，消费市场由卖方转为买方，人们的消费观念发生了很大的转变。以往人们在购买产品时主要追求经济实惠，而现在人们开始追求个性时尚。尤其是年轻一代的消费群体，他们对新生事物的接受度非常高，更愿意为个性化的产品买单。消费者对产品期望值的不断提高，需求的日益个性化和多样化，使得市场需求呈现出高度的不确定性。然而，由于市场响应的不确定性和技术标准的不断变化，企业往往难以准确地预测市场需求，且实际需求与预测需求之间可能存在较大偏差，这将给企业的日常运营带来巨大的挑战。在产品销售过程中，如果实际需求高于预测需求，则企业将面临因订货过少导致的顾客流失损失；如果实际需求低于预测需求，则企业将面临因订货过多导致的库存积压成本。一旦预测需求与实际需求偏离过多，企业将遭受巨大的经济损失。例如，由于误判市场行情，思科系统(Cisco Systems)公司被迫在 2001 年 4 月中上旬处理掉价值约 22.5 亿的库存积压产品。因此，企业在实际运营过程中需要采用合适的措施来应对需求风险，以便快速在复杂多变的商业环境中赢得竞争优势。

在实践中，产品可分为易逝品(指短生命周期产品，如生鲜产品、时装、数码产品等)和耐用品(指长生命周期产品，如电冰箱、汽车、机械设备等)两类。通常来讲，易逝品的生产提前期长而销售期短，且期末残值极低。该类产品的订货问题往往被称为单周期库存问题。耐用品的销售期被划分为多个阶段，且期末具有一定残值。该类产品的订货问题往往被称为多周期库存问题。单周期和多周期已成为企业面临的实际运营情景。因此，企业在实际运营过程中需要根据具体运营情景来制定合适的措施，以便更好地适应快速变化的市场环境。然而，多周期情景使得企业订货决策的制定变得更加复杂。一方面，前一周期的决策将影响后一周期的决策；另一方面，决策变量之间的关系、状态变量与决策变量之间的关系将进一步增加决策过程的复杂性。作为经典的库存模型之一，报童模型(newsvendor model)主要研究随机需求下企业的单周期订货决策，该模型无法反映企业决策随时间动态变化的本质，故无法揭示企业多周期订货决策的基本规律。近年来，随机需求下企业的多周期订货问题已引起了越来越多研究者的关注。

为了应对需求的高度不确定性，企业需提高其订货柔性以快速响应市场需求。期权合同作为风险对冲的一种有效工具，赋予企业柔性调整订货数量的权利(而不是义务)，具有良好的风险分担作用。近年来，期权合同相继被 Hewlett Packard(Nagali et al.，2008)、

IBM (Haksöz and Simsek，2010)、Sun Microsystems (Ren et al.，2010) 和中国电信 (Chen and Shen，2012) 等国内外知名公司成功运用，为它们带来了切实的利益。以 Hewlett Packard 为例，该公司通过期权合同建立一套风险管理计划，并利用该计划从其上游供应商处采购塑料和存储芯片等原材料以及 LCD 显示器和扫描设备等配套部件，累计为公司节约成本约 4.25 亿美元。以中国电信为例，该公司每年利用期权合同从华为、Samsung 等上游供应商处采购价值超过 1000 亿元的配套产品。此后，期权合同被越来越多的企业认可接受并广泛应用。例如，美国芝加哥商品交易所推出天气衍生品期权合同，以帮助企业应对不利天气导致的产出和需求风险；中国海南省数家大型花卉经营公司已向全球顾客推出鲜花期权，顾客在鲜花上市前通过支付一定的期权购买费用作为约定费用，以便在鲜花上市后以约定的期权执行价格购买所需的鲜花。

在期权合同下，企业通过在销售开始前支付期权购买费用购买一定数量的期权，获得在销售开始后以约定的期权执行价格增加和/或退还不超过期权购买量的任意数量产品的权利(而不是义务)。按赋予权利的角度划分，期权合同可分为看涨期权合同、看跌期权合同、双期权合同和双向期权合同 4 种类型。其中，看涨期权合同赋予企业增加部分额外产品的权利，而看跌期权合同赋予企业退还部分剩余产品的权利。看涨期权合同和看跌期权合同只赋予企业单向(向上或向下)调整订货数量的权利，故它们被统称为单向期权合同。双期权既包括看涨期权，又包括看跌期权。双期权合同赋予企业双向(向上和向下)调整订货数量的权利，且向上和向下调整的柔性范围是不同的，故它被看作是看涨期权合同和看跌期权合同的叠加。双向期权可以执行为看涨期权，也可以执行为看跌期权。双向期权合同赋予企业双向(向上和向下)调整订货数量的权利，但向上和向下调整的柔性范围是相同的，故它被看作是看涨期权合同和看跌期权合同的拓展。显然，不同期权合同的运用对企业订货决策和经济绩效的影响不同。

零售商作为面向终端消费者的最后一环，在产品的销售过程中起到决定性作用。鉴于此，本书从零售商视角出发，针对市场需求的高度不确定性，在单周期和多周期两种情景下构建基于期权合同的零售商订货模型，研究零售商的最优订货策略或最优订货策略结构。通过与不考虑期权合同的情形进行对比，分析了期权合同的运用对零售商的订货决策和经济绩效的影响，证明了期权合同的运用能使零售商提高其服务水平，降低其库存风险，改进其运营绩效。在此基础上，通过将考虑不同期权合同的情形进行对比，分析了不同期权合同的运用对零售商订货决策和经济绩效的影响，揭示了零售商选择最优期权合同类型的规律。研究结果为企业实际管理决策中期权合同的选择、设计与优化提供了理论依据，对于指导企业在随机需求环境下进行科学决策具有重要作用。

1.2 国内外研究现状

基于本书的研究主题，本节拟从两个方面对国内外相关文献进行梳理：一是企业多周期订货/定价决策研究；二是基于期权合同的供应链管理研究。下面分别进行回顾和总结。

1.2.1 企业多周期订货/定价决策研究

作为运作管理的基本科学问题，企业订货/定价决策长期以来多作为独立问题进行研究。近年来，企业多周期订货/定价决策得到越来越多研究者和实践者的关注。相关文献主要分为单产品研究和多产品研究两类。

在单产品研究方面，Federgruen 和 Heching(1999)考虑需求依赖于价格且缺货量全部拖后，运用价值迭代方法研究了在有限周期内以最大化期望折扣总利润为目标的企业的订货定价联合决策问题，并将其拓展至无限周期的情形。Gallego 和 Scheller-Wolf(2000)考虑允许延期交货和存在固定订货成本，运用CK-凸性的概念研究了周期检查库存系统的最优补货策略。Chen 和 Simchi-Levi(2004a，b)考虑需求与价格相关且存在固定订货成本，分别研究了在有限周期和无限周期两种情形下使期望折扣总利润最大化的企业的订货定价联合决策问题。Chen 等(2006)考虑存在固定订货成本和缺货损失，研究了面临价格敏感性需求的零售商的多周期订货定价联合决策问题。Huh 和 Janakiraman(2008)考虑拍卖、自选价格、多销售渠道等销售机制的情形，研究了存在固定订货成本时的多周期库存补货问题。Zipkin(2008)在一个面临缺货损失的单级周期审查库存系统中，考虑产品具有正的生产提前期，应用$L^\#$凸性的概念证明了最优库存策略的单一性，并确定了最优订货点的上下界。Huh 和 Janakiraman(2010)将 Zipkin(2008)的模型及方法拓展应用到一个多级周期审查库存系统，分析了其最优订购向量的性质，并将之拓展至考虑存在资金约束和/或延期交货的情形。Chen 和 Yang(2010)考虑市场需求服从均匀分布且依赖于价格，研究了存在固定订货成本时的多周期库存优化问题。Pang 等(2012)考虑需求依赖于价格且为加法形式，研究了产品具有正的采购提前期和线性订购成本时的库存和定价联合决策问题，采用 $L^\#$凸性对有限周期内企业的最优库存和定价策略进行了结构分析，指出该结构分析可以扩展应用于具有固定或随机提前期的多级库存系统，或具有价格敏感性需求的按订单装配系统。Chen 等(2012)考虑需求受库存水平影响且允许紧急补货，研究了不考虑和考虑固定订货成本两种情形下的多周期库存优化问题。Zhang 等(2012)考虑需求分布加法依赖于价格且缺货量全部拖后，研究了存在产能约束和固定订货成本时的多周期订货定价联合决策问题。Chen 等(2014a)研究了具有固定生命周期的易逝品在有限周期内的库存和定价决策问题，借助$L^\#$凸性证明了在考虑价格敏感性需求和线性订货成本的情形下最优库存和定价策略的单一性，给出了最优订货水平的上下界，同时指出该方法可以扩展应用于研究随机生命周期和多级需求的库存分配模型。Liu 等(2015)运用动态规划方法研究了产出和需求均随机情形下风险规避型零售商的单周期和多周期采购问题。Choi(2016)通过均值-方差方法研究了多周期情形下面临利率、资金预算和利润目标约束的时装产品采购商的风险最小化采购问题。Song 等(2017)将参考价格、效用函数和消费者损失规避纳入多周期动态优化模型，研究了在有限周期情形下面临随机需求的企业的订货定价联合决策问题。

在多产品研究方面，Biller 等(2005)考虑产能有限的情形，分析了集成多产品生产、库存与定价的多周期优化问题，给出了求解最优生产与定价策略的贪婪算法，并将其拓展至考虑多产品共享生产能力的情形。Haugen 等(2007)研究了与 Biller 等(2005)相似的问题，提出把多产品能力受限的批量问题化简为若干单产品无能力约束的批量问题，并通过在拉格朗日上界和下界相互迭代，得到原问题的最优生产和定价策略。Dong 等(2009)研究了销售短生命周期且相互替代产品的零售商的动态定价和库存管理问题，通过假定消费者选择是多项 Logit 模型(multinomial logit model)，运用随机动态规划模型得到了最优动态定价和库存策略，并比较了静态定价和动态定价在库存短缺情形下对初始库存水平设置的影响。Hall 等(2010)考虑价格交叉(cross-price)的线性需求函数，应用离散时间动态规划模型研究了有限周期的零售商品类管理的最优库存和定价策略，分析了在动态环境中品牌之间相互依赖对贸易协议传递和零售商订货数量的影响。Ghoniem 和 Maddah(2015)利用多周期混合整数非线性规划模型研究了相互替代的多产品的品类选择、价格和库存多周期集成优化问题。

然而，上述企业多周期订货/定价决策研究均基于企业内部运作管理角度，没有将期权合同纳入考虑的范畴。

1.2.2 基于期权合同的供应链管理研究

期权(option)是一种由期货演变而来的金融衍生工具，它是指期权购买者(买方)支付一定数量的预付费用(期权购买费用)后，拥有在某一特定的时间范围内以事先约定的价格(期权执行费用)向期权提供者(卖方)买入和/或卖出一定数量的特定标的物的权利(Broadie and Detemple，2004)。对期权购买者来说，期权是一种权利，不是一种必须买入和/或卖出的义务；但对期权提供者来说，期权是一种必须履行的义务。

从期权执行时间的角度来看，期权可分为欧式期权和美式期权两种类型(Margrabe，1978；Rubinstein，1984；Barone-Adesi and Whaley，1987；Broadie and Detemple，1996)。欧式期权只有在合约到期日当天才被允许执行。美式期权在合约到期日前的任一时间点或者合约到期日当天都可以执行。供应链管理中一般主要采用欧式期权，较少采用美式期权。从赋予期权购买者权利的角度来看，期权可分为看涨期权、看跌期权、双期权和双向期权 4 种类型(Merton，1973；Macbeth and Merville，1979；Geske and Johnson，1984；Ball and Torous，1985)。看涨期权赋予期权购买者在某一特定的时间范围内买入的权利；看跌期权赋予期权购买者在某一特定的时间范围内卖出的权利；双期权赋予期权购买者在某一特定的时间范围内买入和卖出的权利，且允许买入和卖出的数量是不同的；双向期权赋予期权购买者在某一特定的时间范围内买入和卖出的权利，但允许买入和卖出的数量是相同的。通常来说，我们将看涨期权和看跌期权统称为单向期权，将双期权看作是看涨期权和看跌期权的叠加，将双向期权看作是看涨期权和看跌期权的拓展。

随着多学科知识的不断交叉融合，期权被引入供应链管理领域之中。期权合同作为风险对冲的一种有效工具，早已受到理论界的重视并被实务界广泛运用。相关文献主要分为看涨期权合同、看跌期权合同、双期权合同、双向期权合同和不同期权合同比较 5 类。

1.2.2.1 看涨期权合同

看涨期权合同既可被单独利用(供应链上下游企业间仅签订看涨期权合同)，也可与其他类型合同联合使用(供应链上下游企业间同时签订看涨期权合同和其他类型合同)。下面分别从上述两个方面进行回顾和总结。

1. **看涨期权合同被单独利用**

在单企业决策方面，陈旭(2006)考虑面临随机需求的两个独立零售商通过看涨期权合同进行订货，零售商之间可进行期权交易来调整自身库存，证明了看涨期权合同下零售商最优订货存在唯一的纳什均衡解，发现有期权交易的零售商的最大期望利润高于无期权交易的零售商的最大期望利润。当零售商面临相同的市场结构时，存在唯一的最优期权交易价格，并且有期权交易的零售商的最优订货高于无期权交易的零售商的最优订货。盛方正和季建华(2008)研究了购买者在面对多种看涨期权合同和实时现货市场时选择最优看涨期权合同种类组合的策略，推导出了看涨期权合同最优组合满足的充分必要条件，得到了在最优看涨期权合同组合中每种看涨期权合同的最优购买数量，说明了购买者利润随着可供选择的看涨期权合同种类的增加而变化的情况。王婧和陈旭(2012)考虑生鲜农产品存在流通损耗，构建了一个生鲜农产品零售商向一个供应商订购看涨期权时的订货模型，并拓展至一个生鲜农产品零售商同时向两个供应商订购看涨期权的情形，发现零售商同时向两个供应商订货时的最优总订货量大于等于分别向单个供应商订货时的最优订货量，零售商同时向两个供应商订货时的最大期望利润大于分别向单个供应商订货时的最大期望利润。Fu 等(2012)考虑市场需求与现货价格均是随机的，零售商通过看涨期权合同从多个供应商处采购，基于随机动态规划方法研究了零售商的多周期订货定价联合决策。李绩才等(2013)考虑零售商在销售期初选择订购商品现货，或选择同时订购商品现货和商品期权，通过引入考虑零售商风险态度的谱风险测度，研究了看涨期权合同下具有不同风险偏好的零售商的最优订货策略，发现仅当零售商为风险规避或风险中性时才能保证零售商在看涨期权合同下的最大期望利润大于其在批发价合同下的最大期望利润。Zhao 等(2013)基于价值的期权定价方法研究了一个供应商对一个零售商情形下的最优期权定价问题，然后将其拓展至一个供应商对多个零售商的情形。吴桥等(2013)研究了在原材料价格随机波动的情形下风险规避的制造商利用看涨期权合同和现货市场进行采购时的最优采购策略，证明了该组合采购策略可以提高制造商的均值-方差效用水平。Inderfurth 等(2013)研究了零售商利用看涨期权合同和现货市场获得产品时的多周期采购问题，运用随机动态规划方法刻画了其最优组合采购策略的结构，并设计了相应的算法进行求解。Lee 等(2013)考虑存在产能约束和固定订货成本，研究了购买者如何利用看涨期权合同从多个供应商和现货市场处进行采购以获得最大期望利润，运用动态规划方法构建了产能约束为常数和订货成本固定情形下的成本函数，并设计相应的多项式算法进行求解。Fu(2015)考虑一个面临随机需求的购买方利用看涨期权合同从多个供应商和现货市场处进行采购，研究了购买方的风险偏好分别为风险中性和风险厌恶时的最优订货策略，发现购买方在风险中性偏好下的订货策略比其在风险厌恶偏好下的订货策略更谨慎，而购买方在风险厌恶偏好下的订货策略比其在风险中性偏好下的订货策略更能减轻损失风险的影响。Lee 等(2015)考虑一个面临随机需求的损失规避型报童利用多个看涨期权合同平衡采购柔性和采购成本，给出了其最优期权购买量的有效算法，分析了报童的损失规避程度对其最优订货策略的影响。

在供应链决策方面，Spinler 等(2003)考虑现货价格、买方需求和卖方边际成本均不确定的情形，基于看涨期权合同研究了买方的最优订货策略和卖方的最优定价策略，发现看涨期权合同能实现买方和卖方之间的风险分担。Spinler 和 Huchzermeier(2006)拓展了 Spinler 等(2003)的研究，证明了相对于只考虑看涨期权合同或只考虑现货市场的采购方案而言，基于看涨期权合同与现货市场的组合采购方案的实施能实现供应链节点企业的帕累托改进。雷丽彩和周晶(2010)将看涨期权合同运用到航空货运行业中，考虑风险中性的航空公司通过看涨期权合同向风险规避的货运代理商销售运力并通过现货市场销售剩余运力，研究了货运代理商的最优期权购买策略和航空公司的最优定价策略，发现看涨期权合同的运用能避免成本增加和现货市场运价上涨的风险，提高航空公司和货运代理商的收益。Xu(2010)考虑产品产出、市场需求和即时价格均不确定，制造商可在需求实现之前发出期权订单或在需求实现之后发出即时订单从供应商处获得产品，研究了看涨期权合同下制造商的最优订货策略和供应商的最优生产策略，发现看涨期权合同的运用能同时提高制造商和供应商的收益。Liang 等(2012)考虑由一个购买者和一个供应商组成的两级救灾物资供应链，将看涨期权合同运用到该救灾物资供应链中，设计了一个分阶段交货的看涨期权合同，运用二项式点阵法构建了一个期权定价模型来估计看涨期权合同的运用对购买者和供应商的影响，发现存在一个可行的看涨期权合同参数范围使购买者和供应商均有利可图，并愿意利用看涨期权合同进行交易。尤晓岚等(2014)考虑电子交易市场具有流动性约束的限制，零售商可以通过看涨期权合同从生产商处采购产品，也可以通过电子交易市场购买现货或将多余的期权执行后再转手到电子交易市场上投机卖掉，生产商可以在电子交易市场上销售剩余产能，研究了在生产商产能不限和产能较小两种情形下零售商的最优期权订货策略和生产商的最优期权定价策略，并讨论了电子交易市场的流动性对零售商和生产商的影响。Tao 等(2017)考虑一个航空公司向多个货运代理商销售运力并通过现货市场销售剩余运力，通过构建两阶段斯塔克尔伯格(Stackelberg)博弈模型研究了看涨期权合同下货运代理商的最优期权购买策略和航空公司的最优期权定价策略，发现货运代理商在面临同质需求时获得的利润比其在面临异质需求时获得的利润更高，需求的异质性不会影响航空公司的定价策略和利润。Hua 等(2019)考虑由一个供应商和一个存在资金约束的零售商组成的两级供应链，零售商通过银行贷款或供应商贷款获得资金，通过构建基于看涨期权合同的各参与主体的收益模型研究了零售商最优订货和融资决策、供应商的最优期权定价决策以及供应商或银行的最优利率决策，发现与供应商贷款相比，银行贷款更有利于供应商和零售商。看涨期权合同无法协调供应链，但与批发价合同相比更能鼓励零售商在产品生产成本较低情形下增加订货数量并提高供应链效率。Xue 等(2020)考虑面临随机需求的企业分别采用单源供应(一个不可靠供应商)和双源供应(一个不可靠供应商和一个可靠供应商)的情形，分别基于看涨期权合同和订单承诺合同研究了在供应可能中断情形下企业的最优订货策略和供应商的最优生产策略，讨论了企业的最优合同类型选择策略，发现在两种不同供应模式下企业合同类型的选择均取决于供应中断风险水平。当期权价格相对较低或供应中断概率适中时，企业更倾向于选择看涨期权合同。Yuan 等(2020)考虑由一个风险中性的供应商和一个风险规避的零售商组成的两级供应链，零售商可通过看涨期权合同从供应商处采购产品，也可在看涨期权购买量不足时从其他渠道紧急采购额外产品，研究了看涨期权合同下供应商的最优期权定价策略和零售商的最优订货策略，发现紧急采购价格越低，对零售商越有利，而对供应商越不利。

在供应链协调方面，郭琼和杨德礼(2006)通过批发价合同分析了信息不对称导致供应链效率下降的原因，通过引入看涨期权合同来激励具有需求信息优势的零售商向供应商传递真实的市场需求信息，据此优化供应商的产能和价格决策以及零售商的期权购买决策，最终达到供应链协调。陈祥锋和朱晨波(2007)考虑零售商可以通过看涨期权合同从供应商处采购产品，也可以直接从现货市场处采购产品，研究了看涨期权合同下零售商的最优采购决策和供应商的最优产量决策，证明了看涨期权合同能够协调供应链，实现收益共享和风险共担，并提高供应链整体效率的目标。崔爱平和刘伟(2009)在Stackelberg主从博弈框架下提出一种基于看涨期权合同的协调机制，用来研究集成商与分包商物流能力的订购与投资决策问题，发现所设计的看涨期权合同可以实现物流服务供应链的协调，并提高双方的期望利润。当物流服务供应链实现协调时，期权购买价格与期权执行价格之间存在负相关关系。Zhao 等(2010)利用合作博弈方法研究了单个零售商利用看涨期权合同向单个供应商采购产品时的供应链协调问题，发现与批发价合同相比，看涨期权合同能够协调供应链并实现节点企业的帕累托改进。王冲和陈旭(2013)考虑生鲜农产品在流通中产生数量损耗，研究了零售商只利用看涨期权合同获得产品时的最优订货策略和供应商的最优期权定价策略，并给出了看涨期权合同实现生鲜农产品供应链协调的条件。Chen 等(2014b)考虑一个风险规避的零售商利用看涨期权合同向一个风险中性的供应商进行采购，研究了风险规避零售商的最优订货策略和风险中性供应商的最优生产策略，给出了看涨期权合同实现供应链协调的条件，并讨论了零售商的风险偏好对其最优订货策略和供应链协调策略的影响。Liu 等(2014)考虑由一个风险中性的制造商和一个风险中性的零售商组成的两级供应链，分别研究了在看涨期权合同和价格折扣合同两种情形下制造商的最优生产策略和零售商的最优订货策略，发现看涨期权合同能协调供应链，而价格折扣合同不能协调供应链，并将之拓展至一个风险厌恶的制造商对一个风险中性的零售商的情形。Wang 等(2015)将看涨期权合同引入救灾供应链中，以带退货机制的采购方案和带回购机制的采购方案为基准证明了带期权机制的采购方案的优越性，发现当采用带期权机制的采购方案时救灾供应链能够实现协调。Cai 等(2016)考虑供应商管理库存(vendor managed inventory，VMI)的情形，研究了VMI供应链分别在看涨期权合同和补贴合同下实现协调的条件，发现当VMI供应链实现协调时看涨期权合同和补贴合同之间存在一对一的关系。对于任何给定的能够协调VMI供应链的补贴合同，总能找到与之对应的看涨期权合同使供应链成员的利润保持在供应链实现协调时的同等水平。Luo 和 Chen(2017)考虑一个产出随机的零部件供应商和一个面临确定需求的产成品制造商构成的两级供应链，制造商通过看涨期权合同和现货市场获得产品，通过构建不考虑和考虑看涨期权合同的Stackelberg博弈模型研究了看涨期权合同在产出随机供应链中的价值，证明了看涨期权合同能够实现产出随机供应链的协调。Zhao 等(2018)考虑市场需求信息可更新，零售商可以通过看涨期权合同从供应商处采购产品，也可以直接从现货市场处采购产品，通过构建预期单位机会节省的概念来衡量单位期权的预期收益以分析零售商的最优订货策略和供应商的最优生产计划，并设计恰当的看涨期权合同定价方案来实现供应链的协调，还进一步通过与只考虑现货市场和只考虑看涨期权合同的情形进行比较，分析了现货市场和合同市场之间竞争的影响。Biswas 和 Avittathur(2019)考虑一个供应商和多个购买者组成的两级供应链，购买者之间存在竞争关系但势均力敌，研究了看涨期权合同下购买者的最优订货定价联合决策和供应商的最优期权定价决策，证明了看涨期权合同是能够协调供应链并消除因价格和库存竞争而产生的渠道冲突。Sharma 等(2019)考虑由一个公平关切的供应商和一个公平关切的零售商组成的两级供应链，基于供应商主导的Stackelberg博弈模型研究了看涨期权合同下零售商的最优订货策略和供应商的最优期权定价策略，证明了在适当的参数条件下供应链是可以通过看涨期权合同实现协调的，但当供应链达到协调时供应商不能执行其最优期权定价策略。Liu 等(2020)考虑由一个风险中性的供应商和一个风险厌恶的零售商组成两级供应链，供应商和零售商分别占市场主导位置，基于条件风险价值(CVaR)度量准则研究了在两种不同供应链结构下基于看涨期权合同的零售商最优期权定价订货决策和供应商最优生产决策，发现在两种供应链结构中供应商的生产数量保持不变，且供应商主导供应链和零售商主导供应链在相同的条件下实现协调。

2. 看涨期权合同与其他合同联合使用

在单企业决策方面，Burnetas 和 Ritchken(2005)考虑需求曲线为线性递减函数，研究了同时利用看涨期权合同和批发价合同进行采购时的期权定价问题，发现看涨期权合同的运用将导致产品批发价格的提高和零售价格波动性的降低。Martínez-de-Albéniz 和 Simchi-Levi(2009)考虑制造商面临多个凸合同、一个现货市场和库存持有成本的情形，研究了制造商通过长期合同、看涨期权合同和现货市场进行采购时的多周期采购问题，指出通过一个修正的基本库存策略将会找到一个简单结构的最优组合采购策略，发现该组合采购方案不仅可以提高制造商的预期利润，而且可以降低制造商的财务风险。Fu 等(2010)考虑市场需求和现货价格均不确定的情形，研究了购买者同时利用批发价合同、看涨期权合同和现货市场 3 种方式进行采购时的最佳组合采购策略，并给出了一种最短-单调路径算法计算最优策略和相应的最小采购成本。Gao 等(2011)针对农产品需求易受天气影响的特点，基于均值-CVaR 风险度量准则研究了风险规避型报童在包含看涨期权的天气衍生品下关于订货数量和期权对冲的联合决策问题，发现天气衍生品能提高报童的最优订货量及最大期望利润。慕银平等(2011)将期权采购与预售两种策略相结合，研究了企业如何优化实物产品和看涨期权的采购数量以及预售折扣来缓解需求波动带来的风险，发现企业的期望利润函数是关于实物产品采购量和期权采购量的联合凹函数，并证明了当市场需求为正态分布时存在唯一的最优预售折扣，并设计了有效的二分搜索算法进行求解。Feng 等(2014)考虑存在采购资金约束和外部融资的情形，研究了购买者通过批发价合同和看涨期权合同获得产品时的最优订货策略，发现随着自有资金的增加，购买者会减少固定订货量，增加期权订货量，直至自有资金被用完或达到全局优化。银行贷款会提高购买者的利润，但与自有资金充足的情形相比，购买者会减少期权订货量，增加固定订货量。Wang 和 Chen(2015)考虑生鲜农产品在流通过程中会产生损耗，研究了面临加法随机需求的报童分别在只利用批发价合同、只利用看涨期权合同以及联合利用批发价合同和看涨期权合同获得产品时的订货定价联合决策问题，分析了看涨期权合同的引入对报童最优订货定价决策及最大期望利润的影响。Köle 和 Bakal(2017)考虑一个面临随机需求的零售商通过批发价合同向一个价低但不可靠的供应商采购产品，并通过看涨期权合同向一个价高但可靠的供应商采购产品，研究了看涨期权分别在供需信息被披露、供应信息被披露和无信息被披露 3 种情形下执行时零售商的最优订货策略，分析了看涨期权合同在不同信息水平下的有效性。夏雨和方磊(2017)考虑 B2B 市场中看涨期权合同在到期日前可再次交易，零售商自有资金有限且需从银行融资，研究了在无融资和有融资两种情形下零售商运用批发价合同和看涨期权合同进行采购时的最优采购决策和最优融资决策，发现在有融资情形下，随着自有资金的增加，零售商增加看涨期权合同的采购量，而降低批发价合同的采购量。与无融资情形相比，零售商使用看涨期权合同的采购量相对较低，使用批发价合同的采购量相对较高。Cheaitou 和 Cheaytou(2019)研究了存在需求预测信息更新情形下零售商在第一阶段通过看涨期权合同向主供应商采购，并在第二阶段通过批发价合同向次供应商二次采购时的最优采购策略。

在供应链决策方面，Wu 和 Kleindorfer(2005)提出了基于远期合同、看涨期权合同与现货市场进行交易的供应链管理研究框架，在假定购买者的需求函数已知的情形下构建了考虑一个购买者和多个出售者的横向期权博弈模型，得到了最优合同投资组合和最优市场均衡定价。王婧和陈旭(2011)考虑市场需求与生鲜产品的新鲜度相关，生鲜产品在流通中会产生数量损耗和质量损耗，供应商既提供批发价合同又提供看涨期权合同，研究了不考虑和考虑看涨期权合同时零售商的订货决策和供应商的运送决策，证明了看涨期权合同的引入能提高零售商和供应商的最大期望利润。王冲等(2013)考虑生鲜农产品存在流通损耗，研究了零售商利用批发价合同和看涨期权合同获得产品时的最优订货策略和供应商的最优定价策略，发现产品损耗率与零售商的最优期权购买量和最优总购买量成正比，与最优产品购买量先成正比再成反比。期权购买价格与零售商的最优期权购买量和最优总购买量成反比，与最优产品购买量成正比。刘忠轶等(2012)考虑市场需求和现货价格均不确定的情形，研究了零售商利用长期合同、看涨期权合同和现货市场获得产品时的最优订货策略和制造商的最优生产策略，发现制造商期权生产比例随着期权执行价格的升高而增加，且期权执行价格在适价区间时能够达到最优。Hu 等(2014)考虑产品产出和市场需求均随机，部分超额需求被允许延期交付，研究了零售商通过批发价合同和看涨期权合同获得产品时的最优订货决策和制造商的最优生产决策。刘英和慕银平(2016)考虑现货交易和合同交易并存的情形，研究了在同时提供看涨期权和实物产品采购、只提供看涨期权采购和只提供实物产品采购 3 种不同方案下风险厌恶型零售商的最优订货策略和风险厌恶型供应商的最优生产和定价策略。张文杰和骆建文(2016)考虑供应商产出和市场需求均是随机的情形，研究了在传统的批发价合同和基于承诺订货量的看涨期权合同两种安排下供应商的最优生产策略和零售商的最优订货策略，讨论了不同合同类型、产出波动和需求波动对供应链决策和利润的影响，发现基于承诺订货量的看涨期权合同比传统的批发价合同更能有效提升供应链各方及整体利润。供应商产出波动的降低，将显著改善供应商及供应链整体利润，提升供应链的最优产出。需求波动的增加，在使供应商受益的同时损害了零售商与供应链整体的利益。

在供应链协调方面，Barnes-Schuster 等(2002)研究了两阶段需求相关情形下考虑看涨期权合同时的供应链协调问题，发现当期权执行价格呈线性分段函数时，两阶段供应链是能实现协调的。晏妮娜和黄小原(2007)考虑了传统合同市场与在线B2B市场同时存在的情形，构建了分销商利用长期合同和看涨期权合同进行采购时的供应链期权博弈模型，得到了分销商的最优订货量和供应商的最优生产量，并给出了看涨期权合同能有效协调供应链的充分条件。Wang 和 Liu(2007)考虑零售商占市场主导位置的情形，研究了零售商同时利用批发价合同和看涨期权合同进行采购时的供应链协调问题，发现该组合合同能够实现零售商主导供应链的协调，且当供应链实现协调时期权购买价格与期权执行价格呈负相关关系。胡本勇等(2009)考虑销售商的采购预算资金存在约束，研究了销售商同时采用固定订货和看涨期权订货时的最优订货策略和制造商的最优产量安排，并给出了供应链实现协调的条件。Fan 等(2010)考虑由一个风险规避的供应商和一个风险规避的购买者组成的两级供应链，购买者占市场主导位置，通过构建基于看涨期权合同的Stackelberg博弈模型研究在CVaR最小目标下购买者的最优固定订货量和最优期权购买量、供应商的最优期权定价以及供应链的协调条件。研究发现期权购买价格和执行价格的增加对供应商是有利的，但对购买者是不利的。当供应商的风险规避程度大于等于购买者的风险规避程度时，供应链是可以通过看涨期权合同实现协调的。胡本勇等(2010)考虑市场需求与销售商努力水平相关，构建了基于期权销量担保合同的供应链决策模型，发现该合同无法实现供应链的协调，在此基础上引入收益共享和努力成本共担策略来实现供应链的协调。吴建祖和刘锦(2011)考虑一个零售商和一个供应商组成的VMI供应链，研究了市场需求不确定情形下零售商通过批发价合同和看涨期权合同获得产品时的最优订货策略和供应商的最优期权定价策略，并通过数值分析找到使VMI供应链实现协调的Stackelberg博弈均衡点。刘蕾等(2011)考虑零售商通过批发价合同和看涨期权合同向供应商订货，研究了随机需求条件下零售商的最优订货策略和供应链的协调条件，并进一步讨论了跨链补货对零售商和供应商的影响。Chen 和 Shen(2012)考虑存在服务水平约束，研究了零售商运用固定订货合同和看涨期权合同获得产品时的最优订货策略和供应商的最优生产策略，并进一步给出了零售商和供应链的最优服务水平，发现看涨期权合同的运用能实现供应链的协调。李刚等(2012)研究了一个占市场主导位置的零售商同时利用批发价合同和看涨期权合同向一个风险规避的供应商采购产品时的供应链协调问题，发现基于实物期权的协调机制可以实现分散化供应链的协调，并实现供应链新增利润在供应链成员之间的自由分配。Wee 和 Wang(2013)研究了允许延期交货情形下零售商利用批发价合同和看涨期权合同获得产品时的最优订货策略，并给出了供应链实现协调的条件。Nosoohi 和 Nookabadi(2014)考虑由一个产成品制造商和一个零部件供应商构成的以客户为导向的生产系统，研究了制造商同时利用固定订货和看涨期权订货时的最优订货策略、零部件供应商的最优生产策略和供应链的协调条件。罗美玲等(2014)考虑一个风险规避的供应商和一个占市场主导位置的零售商组成的两级供应链，零售商既可以通过批发价合同和看涨期权合同向供应商采购，也可以直接向现货市场采购，研究了现货市场和合同市场并存情形下零售商的最优订货策略和供应商的最优备货策略，证明了看涨期权合同可以实现供应链协调，但随着供应商风险规避程度的增加，期权协调将变得更加困难。孙国华和许垒(2014)考虑产出和需求均不确定且存在信息更新的情形，研究了零售商同时利用批发价合同、看涨期权合同和现货市场获得产品时的最优订货策略、供应商的最优投产策略和供应链的协调条件。Luo 等(2015)考虑由一个供应商和一个占市场主导位置的制造商组成的两级供应链，制造商可利用批发价合同和看涨期权合同从供应商处采购产品，也可直接从现货市场处采购产品，研究了合同市场和现货市场并存情形下零售商的最优订货策略和供应商的最优生产策略，通过与不考虑期权合同的情形相比，发现看涨期权合同的运用有助于提高供应商和制造商的最大期望利润，在此基础上给出了供应链实现协调的条件。Arani 等(2016)分别考虑零售商占市场主导位置和制造商占市场主导位置两种情形，研究了在收益分享合同和看涨期权合同构成的组合合同下零售商的最优订货策略和制造商的最优生产策略，通过与只考虑批发价合同情形和只考虑看涨期权合同情形的比较证明了该组合合同的优越性，并设计了相应的合同参数以实现供应链的协调。许明辉和胡兵(2016)考虑一个公平中性的供应商和一个公平关切的零售商组成的两级供应链，研究了零售商通过批发价合同和看涨期权合同进行采购时的最优订货策略以及供应链实现协调的条件，发现随着零售商公平关切程度的提高，供应商可能获得的最大期望利润将减小，协调性期权合同的定价范围将不断缩小直至不存在。Wang 和 Chen(2017)考虑生鲜农产品在流通过程中存在损耗，零售商通过批发价合同和看涨期权合同从供应商处采购产品，运用 Stackelberg 博弈模型研究了零售商的最优订货决策和供应商的最优期权定价决策，讨论了产品的流通损耗对最优期权定价的影响，在此基础上给出了供应链的协调条件。何娟等(2018)考虑由一个风险规避的供应商和一个风险中性的零售商组成两级零售商主导 VMI 供应链，市场需求同时受产品质量水平和顾客服务水平的影响，研究了在由看涨期权合同和成本分担合同构成的组合合同下供应商的最优生产量和最优产品质量水平、零售商的最优服务水平和供应链的协调条件，发现供应商的最优生产量随着其风险规避程度的增加而减小，但最优质量和服务水平与风险规避程度无关。当且仅当供应商风险规避程度较低时，该组合合同才能协调供应链并实现帕累托改进。

1.2.2.2 看跌期权合同

看跌期权合同通常需要与其他合同联合使用(供应链上下游企业间同时签订看跌期权合同和其他类型合同)。现有关于看跌期权合同的文献相对较少，下面分别从单企业决策、供应链决策和供应链协调 3 个角度进行回顾和总结。

在单企业决策方面，Chen 和 Parlar(2007)构建了随机需求条件下考虑看跌期权合同的单周期库存模型，并将之与不考虑看跌期权合同的情形进行比较，发现两种不同情形下报童的最优订购数量相同，看跌期权执行价格和订购数量的变化不会影响报童的最大期望利润，但会影响其利润的变化。梁罗和盛方正(2010)研究了零售商利用批发价合同、看跌期权合同和现货市场获得产品时的最优订货策略，并将之与不考虑看跌期权合同的情形进行比较，发现看跌期权合同的运用能提高零售商的最大期望利润。Xue 等(2015)基于 CVaR 风险度量准则研究了随机需求条件下报童的最优看跌期权购买量及其最大期望效用，发现看跌期权的价值将随着报童的风险厌恶程度和需求风险的增加而增加。Wang 和 Chen(2018)考虑生鲜农产品在流通中会产生损耗，研究了面临加法随机需求的报童通过批发价合同和看跌期权合同获得产品时的订货定价联合决策问题。

在供应链决策方面，Basu 等(2019)研究了由一个风险中性的供应商和一个风险规避的零售商组成的两级供应链在回购合同下的需求风险对冲问题。研究发现当零售商的风险类型可被观察时，仅回购合同就使供应商获取最大利润；而当零售商的风险类型不可被观察时，一种将看跌期权合同和回购合同相结合的新合同才使供应链总利润实现最大化。曲家莉等(2019)考虑由一个供应商和一个销售商组成的两级供应链，处于市场主导地位的销售商以自身的销售能力参与供应链合作并从销售的每一个产品中获取既定收益，供应商通过购买建立在产品销量保障基础上的看跌期权来获得对应的销售能力保障，证明了在销售商提供看跌期权的供应链合作中，供应商存在唯一的最优生产批量和看跌期权采购量，以及销售商存在最优的从每一单位产品销售中获取的既定收益。看跌期权合同虽然无法实现供应链协调，但可以实现参与企业获得的收益与承担的风险的对等匹配。

在供应链协调方面，Luo 等(2018)针对供应链面临产出和需求双边随机的实际运作环境，研究了现货市场和合同市场共存情形下基于看跌期权合同的制造商最优订货策略和供应商最优生产投入策略。通过与不考虑看跌期权合同情形的比较，证明了看跌期权合同的引入能实现收益共享、风险共担，有效刺激制造商订货量和供应商生产投入量的增加，降低分散化决策的双重边际效益，进而使得制造商和供应商以及整个供应链系统的利润都增加。在此基础上，分析了供应链在看跌期权合同下的协调问题，指出看跌期权合同不能协调该供应链，但修订后的看跌期权合同能实现供应链的协调，并进一步给出了相应的协调条件。Hu 等(2019)将看跌期权合同引入救灾供应链中，通过构建基于看跌期权合同的应急物资采购模型，得到了政府的最优采购策略，并给出了看跌期权合同实现政企供应链协调的条件。通过与回购合同情形的比较，发现看跌期权合同在降低政府采购成本的同时还能保障企业的利益，达到政府和企业双赢的目的。Wan 和 Chen(2019)考虑通货膨胀导致的价格上涨和需求萎缩风险，研究了零售商利用批发价合同和看跌期权合同采购时的最优订货策略和供应商的最优生产策略，证明了看跌期权合同的引入能使零售商提高固定订货量，使零售商和供应商获得更大的利润，并给出了供应链实现协调的条件。Chen 等(2020)针对零售商面临提高顾客服务水平和降低需求波动风险的实际运作情景，构建了服务水平约束下考虑看跌期权合同时的零售商订货模型和供应商生产模型，给出了看跌期权合同实现供应链协调的条件。Wang 等(2020)针对供应链面临需求不确定和顾客退货双重风险的实际运作情景，通过构建基于看跌期权合同的供应链 Stackelberg 博弈模型研究了零售商的最优订货策略和供应商的最优定价策略，讨论了顾客退货和看跌期权合同对零售商和供应商最优决策和最大期望利润的影响，并给出了供应链实现协调的条件。伏红勇等(2020)考虑不利天气对农业生产的影响，运用 CVaR 风险度量准则构建由风险厌恶的农户与风险中性的公司组成的两级农产品供应链决策模型，基于改进的保护价格合同设计了天气看跌期权合同实现供应链的完美协调，外化不利天气风险，从而保障公司与农户的稳定增收。Wan 和 Fan(2021)考虑由一个零部件供应商和一个产成品制造商组成的两级多周期供应链，制造商利用批发价合同和看跌期权合同从供应商处采购产成品零部件，分别研究了供应商占市场主导位置和制造商占市场主导位置两种情形下供应商的最优生产策略结构和制造商的最优订货策略结构，讨论了看跌期权合同的运用和不同供应链结构对多周期供应链决策和绩效的影响，并给出了看跌期权合同实现多周期供应链协调的条件。

1.2.2.3 双期权合同

双期权合同通常需要与其他类型合同联合使用(供应链上下游企业间同时签订双期权合同和其他类型合同)。现有关于双期权合同的文献相对较少，下面分别从单企业决策、供应链决策和供应链协调 3 个角度进行回顾和总结。

在单企业决策方面，Milner 和 Rosenblatt(2002)构建了一个考虑双期权合同的两阶段订货模型。买方在第一阶段初就订购了两个阶段的全部所需产品，在第二阶段买方能够根据观察到的第一阶段的市场信息对其订货量进行向上和向下调整，但需支付一定的惩罚费用。研究表明双期权合同的运用有助于消除两阶段需求负相关性的影响。

在供应链决策方面，李荧玉和崔文田(2006)考虑零售商通过双期权合同向供应商进行补货和退货，证明了双期权合同的引入有助于提高零售商和供应商的最大期望利润，并提升供应链系统的整体绩效。Gomez_Padilla 和 Mishina(2009)分别研究了单个供应商对单个零售商以及多个供应商对多个零售商两种情形下双期权合同的运用对零售商和供应商的影响，并通过仿真证明了两种不同情况下双期权合同的运用均能提升供应链节点企业的绩效。唐振宇等(2018)研究了在传统供应链和 B2B 电子市场共存条件下如何运用双期权合同来应对突发事件引起市场需求波动，并深入分析了合同参数和需求风险对供应链企业最优决策和最大期望利润的影响。研究表明双期权合同能够有效应对突发事件造成的市场需求波动。当突发事件引起的市场需求波动在一定范围内时，零售商可以通过行使看涨期权或看跌期权来应对需求变化。当突发事件引起的市场需求波动超出一定范围时，零售商除行使看涨期权或看跌期权外，还需要通过 B2B 电子市场进行在线采购或出售，以此来满足突发事件影响后的市场需求。

在供应链协调方面，Wan 和 Chen(2015)针对供应链管理面临的通货膨胀的实际运作背景，基于双期权合同系统构建了供应链 Stackelberg 博弈模型，得到了考虑双期权合同时零售商的最优订货策略和供应商最优生产策略。通过与不考虑双期权合同的情形进行比较，分析了通货膨胀环境下双期权合同的运用对零售商和供应商最优决策和最大期望利润的影响。在此基础上，同时从零售商和供应商视角出发研究了通货膨胀环境下基于双期权合同的供应链双边协调策略。

1.2.2.4 双向期权合同

双向期权合同通常需要与其他类型合同联合使用(供应链上下游企业间同时签订双向期权合同和其他类型合同)。现有关于双向期权合同的文献相对较少，下面分别从单企业决策、供应链决策和供应链协调 3 个角度进行回顾和总结。

在单企业决策方面，Wang 和 Tsao(2006)讨论了一个单周期两阶段包含双向期权的供应合同，买方在需求信息更新之后能通过执行双向期权向上或向下调整其固定订货量，研究表明当需求服从均匀分布时双向期权合同的运用可以改进买方的最大期望利润。Wang 等(2019)考虑市场需求会受退货价格的影响，基于报童模型研究了顾客退货和双向期权合同对企业退货价格和订货决策的影响，发现双向期权合同是减少顾客退货负面影响并提高企业利润的一种有效工具。

在供应链决策方面，胡本勇等(2008)考虑由一个供应商和多个销售商组成的两级供应链，销售商在产品生产提前期开始时刻向供应商订购产品和双向期权。构建了随机需求条件下考虑双向期权合同时的零售商订货模型和供应商生产模型，得到零售商的最优初始订货量和最优期权购买量以及供应商的最优生产量，发现双向期权合同的运用能使零售商降低市场风险，且使供应商获得收益补偿。李绩才等(2016)针对由一个制造商和一个零售商组成的季节性产品供应链，在市场需求与产品产出均存在随机不确定性的情况下，建立了基于双向期权合同的供应链Stackelberg博弈模型，分别针对制造商加急生产成本较低和较高两种不同情形研究了零售商的最优订货策略与制造商的最佳生产计划，分析了市场需求的波动性、产品产出的不确定性以及双向期权合同参数的变化对供应链双方运作策略及其绩效的影响。金香淑等(2020)考虑由一个分销商和一个零售商组成的两级供应链，具有资金约束的零售商在分销商为其进行信用担保的基础上通过签订收益共享-双向期权合同得到银行贷款，通过求解零售商违约概率得到供应链各方期望收益、零售商最优初始订货量与最优期权购买量、分销商最优收益共享比例以及银行下侧风险规避前提下可参考的收益共享比例范围，并利用数值算例分析了期权执行价格、收益共享比例及银行质押率等关键参数对风险控制的影响。

在供应链协调方面，李娟等(2008)证明了存在信息更新的两级供应链中双向期权合同的运用能够提升供应链节点企业的绩效，并实现供应链的协调。Zhao 等(2013)研究了需求服从一般分布的情形下零售商通过批发价合同和双向期权合同获得产品时的最优订货策略，并给出了供应链实现协调的条件。尚文芳(2014)考虑由上游零部件供应商和下游产成品制造商组成的两级供应链，下游制造商在零部件生产提前期开始时刻确定常规订货量和双向期权购买量，并在组织产成品加工前夕获得更准确的零部件需求信息后执行双向期权。通过构建供应链期权博弈模型，研究了该供应链在双向期权合同下的协调问题，发现双向期权合同可以实现供应链的协调，使得整体利润最大化，也能够使上下游成员均获得利润改进。当供应链实现协调后，随着原材料备货机会成本的上升，上游供应商利润增量不断减小，而下游制造商利润增量却不断增大。Fu 等(2017)通过建立一套较为合理的信任更新模型，以区分获得信任和失去信任的程度，反映实际供应链中信任变化的情况，并在此基础上引入双向期权合同来协调供应链的合作伙伴关系，发现基于双向期权合同的协调机制能够使得制造商和零售商降低需求不确定性的风险，改善合作关系，实现双赢，从而提高供应链的整体运作效率。Chen 等(2017)针对企业面临降低供应链风险和提高顾客服务水平双重挑战的实际运作环境，创新性地将金融领域的风险对冲工具双向期权合同和市场层面的服务水平约束纳入统一的研究框架，研究了服务水平约束下考虑双向期权合同的零售商最优订货策略和供应商最优生产策略。通过与不考虑双向期权合同的情形比较，分析了双向期权合同和服务水平约束对零售商和供应商最优决策和最大期望利润的影响。在此基础上，研究了供应链的最优服务水平和协调优化策略。鲁声威(2019)研究了突发事件导致市场价格随机和市场批发价波动的情形下如何将双向期权合同和数量弹性合同相结合以实现供应链的协调。研究表明，在批发价格波动时，采用双向期权弹性合同比采用数量弹性合同效果更好。在批发价格和市场价格均随机的情形下，双向期权弹性合同是可以协调供应链的。Luo 等(2021)考虑一个产出随机的零部件供应商和一个面临确定需求的产成品制造商构成的两级供应链，供应商和制造商都可以在现货市场进行买/卖零部件，通过构建双向期权合同的供应链 Stackelberg 博弈模型研究了现货市场和期权合同市场共存下产出和需求双边随机供应链的订购、生产和协调优化决策。

1.2.2.5　不同期权合同比较

现有关于不同期权合同比较的文献相对较少，下面分别从单企业决策、供应链决策和供应链协调 3 个角度进行回顾和总结。

在单企业决策方面，Liu 等(2013)考虑集装箱运输者存在运输能力和订购数量限制，分别基于看涨期权合同、看跌期权合同和双向期权合同研究了集装箱运输者的最优订货策略，证明了期权合同的运用能提高承运人和租赁公司的交易量，规避承运人的空箱风险，增加承运人的利润。当承运人的运力规模上升到某一程度时，其将在航运旺季时同时进行初始租箱和购买看涨期权；当承运人的固定订单规模上升到某一程度时，其将在航运淡季时同时进行初始租箱和购买看跌期权。在存在运力约束的单向期权合同中，承运人的总租赁量将降低，初始租箱量不变，期权租赁量降低。在不存在运力约束的情形下，双向期权合同下承运人的总租赁量大于单向期权合同下承运人的总租赁量，而单向期权合同下承运人的总租赁量大于批发价合同下承运人的总租赁量。吴英晶等(2014)考虑零售商存在资金约束但可向基于 CVaR 风险度量收益和风险的银行进行无限额度贷款，分别基于看涨期权合同、看跌期权合同和双向期权合同研究了零售商的最优实物订购量和最优期权购买量、银行的最优利率以及能够实现供应链协调的批发价格区间，还进一步分析了不同期权合同下零售商可接受的融资利率范围以及不同期权合同和银行风险规避程度对银行收益和贷款决策的影响。研究发现双向期权合同的运用能使零售商的订货量和收益达到最大，但是极易使之出现破产。看涨期权合同的运用能使零售商的订货量和收益达到最小，银行贷款利率达到最高。看跌期权合同的运用效果处于上述两种期权合同之间。零售商可以根据自身能够承担风险的程度和银行的风险规避程度，选择相应的期权合同。Nosoohi 和 Nookabadi(2016)考虑一类创新产品需要经过两道工序加工生产，制造商以确定成本完成初始工序后将最终工序外包给其他公司完成，研究了在市场需求和最终工序加工成本均不确定情形下制造商分别在批发价合同、看涨期权合同、看跌期权合同和双向期权合同框架下如何下达订单，分析了在不同参数设置下期权合同的价值。研究发现制造商在期权合同下的期望利润比其在批发价合同下更大。制造商在双向期权合同下的期望利润比其在单向期权合同下更大。当市场需求和最终工序加工成本的不确定性增加时，制造商在看涨期权合同下的期望利润比其在看跌期权合同下更大。

在供应链决策方面，Li 等(2017)考虑市场需求不确定、制造商产出随机和即时采购价格波动，分别基于看涨期权合同和双向期权合同研究了零售商的最优订货策略和制造商的最优生产策略，分析了需求、产出和价格的风险以及不同期权合同类型对零售商和制造商最优决策和最大期望利润的影响。研究发现，随着需求风险或即时采购价格风险的增加，零售商和供应链的最大期望利润将减小，而制造商的最大期望利润将增大。在产出信息对称的情形下，随着产出风险的增加，制造商和供应链的最大期望利润将减小，而零售商的最大期望利润将增大。在产出信息不对称的情形下，随着产出风险的增加，制造商和供应链的最大期望利润将增大，而零售商的最大期望利润将减小。零售商在双向期权合同下的最大期望利润大于其在看涨期权合同下的最大期望利润，而制造商在看涨期权合同下的最大期望利润大于其在双向期权合同下的最大期望利润。

在供应链协调方面，胡本勇等(2007)对看涨期权合同和双向期权合同进行对比分析，研究了两种期权合同下销售商的订货策略及其差异，还分析了两种期权合同对供应链协调的影响。研究发现销售商在两种期权合同下比其在传统订货方式下的总订货量要大。销售商在双向期权合同下比其在看涨期权合同下的期权购买量要小，初始订货量要大，但总订货量要小。两种期权合同均能提高销售商的总订货量，但在具体合同参数下两者在接近供应链协调产量上存在差异。Yang 等(2017)考虑由一个供应商和一个零售商组成的两级农产品供应链，农产品在流通过程中会产生损耗，市场需求受零售商销售努力的影响，分别基于看涨期权合同、看跌期权合同和双向期权合同研究了供应商的最优生产策略、零售商的最优订货策略以及供应链的协调条件，证明了当供应链实现协调时双向期权购买价格高于单向期权购买价格。零售商在双向期权合同下的最优初始订货量高于其在看涨期权合同下的最优初始订货量，低于其在看跌期权合同下的最优初始订货量。零售商在双向期权合同下的最优期权购买量低于其在单向期权合同下的最优期权购买量。Wan 和 Chen(2018)研究了在通货膨胀导致的价格上涨和需求萎缩环境下看涨期权合同、看跌期权合同和双期权合同的运用对零售商和供应商的最优决策和最大期望利润的影响，发现零售商在看跌期权合同下的最优固定订货量大于其在双期权合同下的最优固定订货量，零售商在单向期权合同下的最优期权购买量大于其在双期权合同下的最优期权购买量。零售商在双期权合同下的最大期望利润是最大的，而供应商在看涨期权合同下的最大期望利润是最大的。Wan 和 Wu(2019)分别基于看涨期权合同、看跌期权合同和双向期权合同构建了零售商两阶段订货模型，其在第一阶段初就订购了两个阶段的全部所需产品，在第二阶段可以通过执行期权合同来调整最初的订货策略，研究得到期权合同的引入对零售商是有利的。当不同期权的购买和执行价格相同时，双向期权合同比单向期仅合同好；当不同期权的购买和执行价格不同时，双向期权合同不一定比单向期权合同好。在此基础上，给出了不同期权合同实现两阶段供应链协调的条件。扈衷权等(2020)对看涨期权合同和看跌期权合同进行对比分析，得出了销售商参与两种期权合同的条件以及相应的订货策略，同时给出了供应链在两种期权合同下实现协调时的具体条件，分析了不同期权合同对销售商订货策略和供销双方利润的影响，并给出了两种期权合同的适用范围以及供销双方的合同选择偏好，还进一步得到了不同期权合同下供销双方各自利润均不低于其自身保留利润时合同参数的取值范围，证明了两种期权合同均能有效提高销售商的利润水平。

然而，上述基于期权合同的供应链管理研究，大多仅考虑单周期情景，较少考虑多周期情景；关注看涨期权合同的多，关注看跌期权合同、双期权合同和双向期权合同的少，且缺乏基于 4 种期权合同的比较研究。

1.2.3 文献述评

通过对上述文献的归纳和整理可以发现：随机需求环境下企业多周期订货/定价决策得到越来越多研究者和实践者的关注；期权合同作为风险对冲的一种有效工具，已经引起了大量学者的研究兴趣。上述文献为本书的研究奠定了理论基础，但仍存在以下几个方面的不足。

(1) 缺乏考虑不同运营情景的系统研究。传统的易逝品(如生鲜产品、时装、数码产品等)的提前期长且销售期短，而大量的耐用品(如电冰箱、汽车、机械设备等)的销售期被划分为多个阶段。单周期和多周期已成为企业面临的实际运营情景。现有关于期权合同的文献大多仅考虑单周期情景，较少考虑多周期情景。针对现有研究的不足，本书针对市场需求的高度不确定性，在单周期和多周期两种情形下研究了基于期权合同的零售商订货决策。

(2) 缺乏基于不同期权合同的比较研究。期权合同包括看涨期权合同、看跌期权合同、双期权合同和双向期权合同 4 种类型。现有文献主要聚焦在看涨期权合同方面，对看跌期权合同、双期权合同和双向期权合同的研究比较少，鲜有同时考虑 4 种期权合同的比较研究。针对现有研究的不足，本书基于不同的期权合同构建了零售商单周期和多周期订货模型。在此基础上，通过将考虑不同期权合同的情形进行相互对比，分析了零售商视角的期权合同类型的选择决策。

1.3　问题的提出

针对上述文献研究的不足，本书针对市场需求的高度不确定性，在单周期和多周期两种情景下研究零售商期权订货决策和合同选择。本书主要解决以下几个问题。

(1) 基于批发价合同的零售商订货模型。针对市场需求的高度不确定性，在单周期和多周期两种情景下研究不考虑期权合同的零售商订货模型。首先，对单周期订货模型进行研究，得到该情景下使零售商期望利润最大的最优订货策略，并讨论需求风险和合同参数对零售商最优订货策略和最大期望利润有什么影响。其次，对多周期订货模型进行研究，得到该情景下使零售商期望折扣总利润最大的最优订货策略结构，提供近似算法来估计相应的最优策略参数，并讨论需求风险和合同参数对零售商近似最优策略参数和近似最大期望折扣总利润有什么影响。

(2) 基于看涨期权合同的零售商订货模型。针对市场需求的高度不确定性，在单周期和多周期两种情景下研究考虑看涨期权合同的零售商订货模型。首先，对单周期订货模型进行研究，得到该情景下使零售商期望利润最大的最优订货策略，并讨论看涨期权合同、需求风险和合同参数对零售商最优订货策略和最大期望利润有什么影响。其次，对多周期订货模型进行研究，得到该情景下使零售商期望折扣总利润最大的最优订货策略结构，提供近似算法来估计相应的最优策略参数，并讨论看涨期权合同、需求风险和合同参数对零售商近似最优策略参数和近似最大期望折扣总利润有什么影响。

(3) 基于看跌期权合同的零售商订货模型。针对市场需求的高度不确定性，在单周期和多周期两种情景下研究考虑看跌期权合同的零售商订货模型。首先，对单周期订货模型进行研究，得到该情景下使零售商期望利润最大的最优订货策略，并讨论看跌期权合同、需求风险和合同参数对零售商最优订货策略和最大期望利润有什么影响。其次，对多周期订货模型进行研究，得到该情景下使零售商期望折扣总利润最大的最优订货策略结构，提供近似算法来估计相应的最优策略参数，并讨论看跌期权合同、需求风险和合同参数对零售商近似最优策略参数和近似最大期望折扣总利润有什么影响。

(4) 基于双期权合同的零售商订货模型。针对市场需求的高度不确定性，在单周期和多周期两种情景下研究考虑双期权合同的零售商订货模型。首先，对单周期订货模型进行研究，得到该情景下使零售商期望利润最大的最优订货策略，并讨论双期权合同、需求风险和合同参数对零售商最优订货策略和最大期望利润有什么影响。其次，对多周期订货模型进行研究，得到该情景下使零售商期望折扣总利润最大的最优订货策略结构，提供近似算法来估计相应的最优策略参数，并讨论双期权合同、需求风险和合同参数对零售商近似最优策略参数和近似最大期望折扣总利润有什么影响。

(5) 基于双向期权合同的零售商订货模型。针对市场需求的高度不确定性，在单周期和多周期两种情景下研究考虑双向期权合同的零售商订货模型。首先，对单周期订货模型进行研究，得到该情景下使零售商期望利润最大的最优订货策略，并讨论双向期权合同、需求风险和合同参数对零售商最优订货策略和最大期望利润有什么影响。其次，对多周期订货模型进行研究，得到该情景下使零售商期望折扣总利润最大的最优订货策略结构，提供近似算法来估计相应的最优策略参数，并讨论双向期权合同、需求风险和合同参数对零售商近似最优策略参数和近似最大期望折扣总利润有什么影响。

(6) 基于单向期权和双期权的零售商合同选择。针对市场需求的高度不确定性，在单周期和多周期两种情景下研究基于单向期权和双期权的零售商合同选择决策。首先，将考虑单向期权合同的单周期订货模型和考虑双期权合同的单周期订货模型进行对比分析，讨论该情景下 3 种不同期权合同对零售商最优订货策略和最大期望利润有什么影响。其次，将考虑单向期权合同的多周期订货模型和考虑双期权合同的多周期订货模型进行对比分析，得到该情景下 3 种不同期权合同对零售商近似最优策略参数和近似最大期望折扣总利润有什么影响。

(7) 基于单向期权和双向期权的零售商合同选择。针对市场需求的高度不确定性，在单周期和多周期两种情景下研究基于单向期权和双向期权的零售商合同选择决策。首先，将考虑单向期权合同的单周期订货模型和考虑双向期权合同的单周期订货模型进行对比分析，讨论该情景下 3 种不同期权合同对零售商最优订货策略和最大期望利润有什么影响。其次，将考虑单向期权合同的多周期订货模型和考虑双向期权合同的多周期订货模型进行对比分析，得到该情景下 3 种不同期权合同对零售商近似最优策略参数和近似最大期望折扣总利润有什么影响。

(8) 基于看涨期权和看跌期权的零售商合同选择。针对市场需求的高度不确定性，在单周期和多周期两种情景下研究基于看涨期权和看跌期权的零售商合同选择决策。首先，将考虑看涨期权合同的单周期订货模型和考虑看跌期权合同的单周期订货模型进行对比分析，讨论该情景下 2 种不同期权合同对零售商最优订货策略和最大期望利润有什么影响。其次，将考虑看涨期权合同的多周期订货模型和考虑看跌期权合同的多周期订货模型进行对比分析，得到该情景下 2 种不同期权合同对零售商近似最优策略参数和近似最大期望折扣总利润有什么影响。

(9) 基于双期权和双向期权的零售商合同选择。针对市场需求的高度不确定性，在单周期和多周期两种情景下研究基于双期权和双向期权的零售商合同选择决策。首先，将考虑双期权合同的单周期订货模型和考虑双向期权合同的单周期订货模型进行对比分析，讨论该情景下 2 种不同期权合同对零售商最优订货策略和最大期望利润有什么影响。其次，将考虑双期权合同的多周期订货模型和考虑双向期权合同的多周期订货模型进行对比分析，得到该情景下 2 种不同期权合同对零售商近似最优策略参数和近似最大期望折扣总利润有什么影响。

1.4 本书的研究内容

本书结合国内外相关理论研究的进展、不足和发展趋势，针对市场需求的高度不确定性，在单周期和多周期两种情景下研究零售商期权订货决策和合同选择。首先运用最优化和数值仿真等方法，研究单周期情景下基于期权合同的零售商最优订货策略，讨论期权合同、需求风险和合同参数对零售商最优订货策略和最大期望利润的影响；然后运用动态规划、多/亚模数分析和数值仿真等方法，研究多周期情景下基于期权合同的零售商最优订货策略结构，提供近似算法来估计相应的最优策略参数，讨论期权合同、需求风险和合同参数对零售商近似最优策略参数和近似最大期望折扣总利润的影响；最后通过对考虑不同期权合同的情景进行相互对比，分析零售商视角的期权合同类型的选择问题。全书共分 11 章，各章节具体内容安排如下。

第 1 章，绪论。本章在论述市场需求的高度不确定性以及单周期和多周期运营情景给零售商订货带来新的挑战的基础上，提出期权合同能够有效对冲需求的不确定性风险。随后对企业多周期订货/定价决策和考虑期权合同的供应链管理的相关文献进行了回顾，通过文献的梳理提出了本书的研究问题。

第 2 章，基于批发价合同的零售商订货模型。针对市场需求的高度不确定性，在单周期和多周期两种情景下研究不考虑期权合同的零售商订货模型。首先，对单周期订货模型进行研究，证明该情景下零售商最优订货策略的存在性和唯一性，给出了最优解的表达式，并通过数值分析讨论需求风险和合同参数对零售商最优订货策略和最大期望利润的影响。其次，对多周期订货模型进行研究，得到该情景下零售商最优订货策略的存在性和唯一性，给出了最优解的结构且估计了相应的最优策略参数，并通过数值分析讨论需求风险和合同参数对零售商近似最优策略参数和近似最大期望折扣总利润的影响。

第 3 章，基于看涨期权合同的零售商订货模型。针对市场需求的高度不确定性，在单周期和多周期两种情景下研究考虑看涨期权合同的零售商订货模型。首先，对单周期订货模型进行研究，证明该情景下零售商最优订货策略的存在性和唯一性，给出了最优解的表达式，并通过公式推导和数值分析讨论看涨期权合同、需求风险和合同参数对零售商最优订货策略和最大期望利润的影响。其次，对多周期订货模型进行研究，得到该情景下零售商最优订货策略的存在性和唯一性，给出了最优解的结构且估计了相应的最优策略参数，并通过公式推导和数值分析讨论看涨期权合同、需求风险和合同参数对零售商近似最优策略参数和近似最大期望折扣总利润的影响。

第 4 章，基于看跌期权合同的零售商订货模型。针对市场需求的高度不确定性，在单周期和多周期两种情景下研究考虑看跌期权合同的零售商订货模型。首先，对单周期订货模型进行研究，证明该情景下零售商最优订货策略的存在性和唯一性，给出了最优解的表达式，并通过公式推导和数值分析讨论看跌期权合同、需求风险和合同参数对零售商最优订货策略和最大期望利润的影响。其次，对多周期订货模型进行研究，得到该情景下零售商最优订货策略的存在性和唯一性，给出了最优解的结构且估计了相应的最优策略参数，并通过公式推导和数值分析讨论看跌期权合同、需求风险和合同参数对零售商近似最优策略参数和近似最大期望折扣总利润的影响。

第 5 章，基于双期权合同的零售商订货模型。针对市场需求的高度不确定性，在单周期和多周期两种情景下研究考虑双期权合同的零售商订货模型。首先，对单周期订货模型进行研究，证明该情景下零售商最优订货策略的存在性和唯一性，给出了最优解的表达式，并通过公式推导和数值分析讨论双期权合同、需求风险和合同参数对零售商最优订货策略和最大期望利润的影响。其次，对多周期订货模型进行研究，得到该情景下零售商最优订货策略的存在性和唯一性，给出了最优解的结构且估计了相应的最优策略参数，并通过公式推导和数值分析讨论双期权合同、需求风险和合同参数对零售商近似最优策略参数和近似最大期望折扣总利润的影响。

第 6 章，基于双向期权合同的零售商订货模型。针对市场需求的高度不确定性，在单周期和多周期两种情景下研究考虑双向期权合同的零售商订货模型。首先，对单周期订货模型进行研究，证明该情景下零售商最优订货策略的存在性和唯一性，给出了最优解的表达式，并通过数值分析讨论双向期权合同、需求风险和合同参数对零售商最优订货策略和最大期望利润的影响。其次，对多周期订货模型进行研究，证明该情景下零售商最优订货策略的存在性和唯一性，给出了最优解的结构且估计了相应的最优策略参数，并通过数值分析讨论双向期权合同、需求风险和合同参数对零售商近似最优策略参数和近似最大期望折扣总利润的影响。

第 7 章，基于单向期权和双期权的零售商合同选择。针对市场需求的高度不确定性，在单周期和多周期两种情景下研究基于单向期权和双期权的零售商合同类型选择决策。首先，将考虑单向期权合同的单周期订货模型和考虑双期权合同的单周期订货模型进行对比分析，讨论该情景下 3 种不同期权合同对零售商最优订货策略和最大期望利润的影响。其次，将考虑单向期权合同的多周期订货模型和考虑双期权合同的多周期订货模型进行对比分析，讨论该情景下 3 种不同期权合同对零售商近似最优策略参数和近似最大期望折扣总利润的影响。

第 8 章，基于单向期权和双向期权的零售商合同选择。针对市场需求的高度不确定性，在单周期和多周期两种情景下研究基于单向期权和双向期权的零售商合同类型选择决策。首先，将考虑单向期权合同的单周期订货模型和考虑双向期权合同的单周期订货模型进行对比分析，讨论该情景下 3 种不同期权合同对零售商最优订货策略和最大期望利润的影响。其次，将考虑单向期权合同的多周期订货模型和考虑双向期权合同的多周期订货模型进行对比分析，讨论该情景下 3 种不同期权合同对零售商近似最优策略参数和近似最大期望折扣总利润的影响。

第 9 章，基于看涨期权和看跌期权的零售商合同选择。针对市场需求的高度不确定性，在单周期和多周期两种情景下研究基于看涨期权和看跌期权的零售商合同类型选择决策。首先，将考虑看涨期权合同的单周期订货模型和考虑看跌期权合同的单周期订货模型进行对比分析，讨论该情景下 2 种不同期权合同对零售商最优订货策略和最大期望利润的影响。其次，将考虑看涨期权合同的多周期订货模型和考虑看跌期权合同的多周期订货模型进行对比分析，讨论该情景下 2 种不同期权合同对零售商近似最优策略参数和近似最大期望折扣总利润的影响。

第 10 章，基于双期权和双向期权的零售商合同选择。针对市场需求的高度不确定性，在单周期和多周期两种情景下研究基于双期权和双向期权的零售商合同类型选择决策。首先，将考虑双期权合同的单周期订货模型和考虑双向期权合同的单周期订货模型进行对比分析，讨论该情景下 2 种不同期权合同对零售商最优订货策略和最大期望利润的影响。其次，将考虑双期权合同的多周期订货模型和考虑双向期权合同的多周期订货模型进行对比分析，讨论该情景下 2 种不同期权合同对零售商近似最优策略参数和近似最大期望折扣总利润的影响。

第 11 章，总结与展望。总结全书内容，梳理本书主要的研究结论和创新点，给出相应的管理启示，并对后续研究进行展望。

其中，第 2～10 章是本书的核心内容，按照从考虑单向期权合同，到考虑双期权合同，再到考虑双向期权合同，从只考虑一种期权合同，到考虑不同期权合同的思路展开，在内容和逻辑上保障了完整性。

第 2 章　基于批发价合同的零售商订货模型

本章针对市场需求的高度不确定性，在单周期和多周期两种情景下研究不考虑期权合同的零售商订货模型。首先，对单周期订货模型进行研究，得到该情景下使零售商期望利润最大的最优订货策略，并分析需求风险和合同参数对零售商最优订货策略和最大期望利润的影响。然后，对多周期订货模型进行研究，得到该情景下使零售商期望折扣总利润最大的最优订货策略结构，提供近似算法来估计相应的最优策略参数，并分析需求风险和合同参数对零售商近似最优策略参数和近似最大期望折扣总利润的影响。最后，对本章内容进行小结。

2.1　单周期基础模型

本节从单周期情景出发，构建批发价合同(单独利用批发价合同)情形下零售商的单周期订货模型，研究该情形下零售商的最优订货策略，并讨论需求风险和合同参数对零售商最优订货策略和最大期望利润的影响。

2.1.1　问题描述与假设

考虑一个面临随机需求的零售商采购一类易逝品(如生鲜产品、时装、数码产品等)并销售给终端消费者。由于易逝品的提前期长而销售期短，零售商在销售开始前决策，一旦销售开始零售商将没有机会补货。本节用到的参数和变量见表 2-1。

表 2-1　符号定义

符号	定义
D	零售商面临的随机需求，连续、可导
$f(\cdot)$	D 的概率密度函数
$F(\cdot)$	D 的累积分布函数，非负、可逆、严格递增，且 $F(0)=0$
p	单位产品的零售价格
w	单位产品的批发价格
q_w^0	批发价合同下零售商的固定订货量

零售商通过批发价合同进行采购。批发价合同只有一个参数，即单位产品的批发价格。

零售商通过在销售开始前支付产品购买费用购买一定数量的产品，在销售开始时通过固定订货获得订购数量的产品。批发价合同下，零售商将独自承担因订货过少而导致顾客流失的风险，或因订货过多而导致库存积压的风险。

模型的事件序列如下：销售开始前，零售商订购一定数量的产品；销售开始时，零售商通过固定订货获得产品；销售期末，由于产品易腐烂变质，零售商剩余的产品将没有残值。

假定零售商是风险中性和完全理性的，以最大化期望利润为目标。零售商的初始库存量为零。为不失一般性，进一步假设 $p>w$，以保证零售商能够获利。

定义 $z^+=\max(0,z)$，$\bar{F}(\cdot)=1-F(\cdot)$。

2.1.2　批发价合同模型

批发价合同下，零售商只有一个决策变量，即固定订货量 q_w^0。零售商的期望利润 $\Pi_w^r(q_w^0)$ 为

$$\Pi_w^r(q_w^0)=pE\min(q_w^0,D)-wq_w^0 \tag{2-1}$$

等式右边的第 1 项表示期望销售收入；第 2 项表示产品的购买成本。基于上述模型分析，可以得到以下定理。

定理 2.1　$\Pi_w^r(q_w^0)$ 是 q_w^0 的凹函数。

证明：化简式(2-1)，可得

$$\Pi_w^r(q_w^0)=(p-w)q_w^0-p\int_0^{q_w^0}F(x)\mathrm{d}x$$

求其关于 q_w^0 的一阶导数和二阶导数，可得

$$\frac{\mathrm{d}\Pi_w^r(q_w^0)}{\mathrm{d}q_w^0}=(p-w)-pF(q_w^0)$$

$$\frac{\mathrm{d}^2\Pi_w^r(q_w^0)}{\mathrm{d}(q_w^0)^2}=-pf(q_w^0)<0$$

表明 $\Pi_w^r(q_w^0)$ 为 q_w^0 的凹函数。证毕。

定理 2.1 说明批发价合同下使零售商期望利润最大的最优订货策略存在且唯一。根据定理 2.1，可以得到以下命题。

命题 2.1　批发价合同下，零售商的最优固定订货量为

$$q_w^{0*}=F^{-1}\left(\frac{p-w}{p}\right)$$

证明：由定理 2.1 可知，批发价合同下存在使得零售商期望利润最大化的固定订货量并且唯一。令 $\dfrac{\mathrm{d}\Pi_w^r(q_w^0)}{\mathrm{d}q_w^0}=0$，可得

$$q_w^{0*}=F^{-1}\left(\frac{p-w}{p}\right)$$

证毕。

由命题 2.1 可知，批发价合同下零售商的最优订货策略与单位产品批发价格 w 相关。

由命题 2.1，可以得到以下推论。

推论 2.1 批发价合同下，零售商的最优固定订货量 q_w^{0*} 是 w 的减函数。

证明：由 $\frac{\mathrm{d}q_w^{0*}}{\mathrm{d}w}<0$ 可知，q_w^{0*} 是 w 的减函数。证毕。

由推论 2.1 可知，随着单位产品批发价格 w 的增加，批发价合同下零售商将减少其最优固定订货量 q_w^{0*}。这是因为，当单位产品批发价格越高时，零售商承担的单位产品购买成本越高，为避免成本过高，零售商将减少其最优固定订货量。综上所述，批发价合同下合同参数的大小将直接影响零售商最优订货策略的制定。批发价合同下单位产品批发价格设置较高将直接导致零售商最优固定订货量减少。

由命题 2.1，批发价合同下零售商的最大期望利润 $\Pi_w^{r*}(q_w^{0*})$ 为

$$\Pi_w^{r*}(q_w^{0*}) = (p-w)q_w^{0*} - p\int_0^{q_w^{0*}} F(x)\mathrm{d}x \tag{2-2}$$

由式(2-2)可知，批发价合同下零售商的最大期望利润与单位产品批发价格 w 相关。由式(2-2)，可以得到以下推论。

推论 2.2 批发价合同下，零售商的最大期望利润 $\Pi_w^{r*}(q_w^{0*})$ 是 w 的减函数。

证明：求式(2-2)关于 w 的一阶导数，可得

$$\frac{\mathrm{d}\Pi_w^{r*}(q_w^{0*})}{\mathrm{d}w} = -q_w^{0*} + \left[(p-w) - pF(q_w^{0*})\right]\frac{\mathrm{d}q_w^{0*}}{\mathrm{d}w} = -q_w^{0*} < 0$$

故 $\Pi_w^{r*}(q_w^{0*})$ 是 w 的减函数。证毕。

由推论 2.2 可知，随着单位产品批发价格 w 的增加，批发价合同下零售商的最大期望利润 Π_w^{r*} 将减小。这是因为，当单位产品批发价格越高时，零售商承担的单位产品购买成本越高，这将导致零售商最大期望利润减小。综上所述，批发价合同下合同参数的大小将直接影响零售商最大期望利润的大小。批发价合同下单位产品批发价格设置较高时将直接导致零售商最大期望利润减小。

推论 2.1 和推论 2.2 表明，批发价合同不能为零售商提供订货柔性来规避需求风险。批发价合同下，单位产品批发价格应被合理设置，从而使得零售商愿意采用该合同进行订货。

2.1.3 讨论

下面分别讨论单周期情景下需求风险和合同参数对零售商最优订货策略和最大期望利润的影响，并给出相应的管理启示。

2.1.3.1 需求风险的影响

这里将利用数值分析的方法，讨论单周期情景下需求风险(具体表现为市场需求的方差 σ)的变化对零售商最优订货策略和最大期望利润的影响，并给出相应的管理启示。

固定 $p=19$ 和 $w=9$。在随机变量 D 分别服从 $N(100,30^2)$、$N(100,35^2)$、$N(100,40^2)$、$N(100,45^2)$ 和 $N(100,50^2)$ 的正态分布下(即均值 μ 为 100，方差 σ 分别为 30、35、40、45 和 50)，应用 Matlab 编程计算相应的待考察变量(如 q_w^{0*} 和 Π_w^{r*})对应于 σ 变化的值，通过

Excel 画图工具绘出相应的变化曲线，如图 2-1 所示。

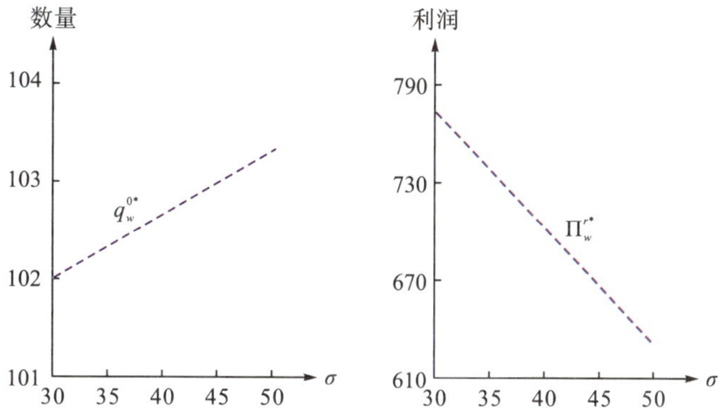

图 2-1　σ的变化对零售商单周期决策和绩效的影响

从图 2-1 可以看出，随着需求风险σ的增加，批发价合同下零售商的最优固定订货量q_w^{0*}将明显增加。从图 2-1 还可以看出，随着需求风险σ的增加，批发价合同下零售商的最大期望利润Π_w^{r*}将明显减小。综上所述，需求风险的增加对零售商而言是不利的。因此，在实际运营过程中，风险动态监测机制的建立、先进预测技术的使用和科学分析方法的应用对企业而言是至关重要的。

2.1.3.2　合同参数的影响

这里将利用数值分析的方法，讨论单周期情景下合同参数(具体表现为单位产品批发价格 w)的变化对零售商最优订货策略和最大期望利润的影响，并给出相应的管理启示。

固定 $p=19$ 和 $D \sim N(100,40^2)$。在单位产品批发价格 w 分别为 8.6、8.8、9.0、9.2 和 9.4 的情况下，应用 Matlab 编程计算相应的待考察变量(如q_w^{0*}和Π_w^{r*})对应于 w 变化的值，通过 Excel 画图工具绘出相应的变化曲线，如图 2-2 所示。

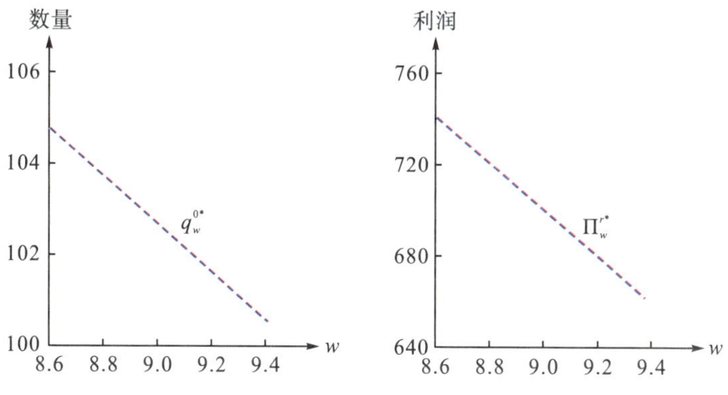

图 2-2　w 的变化对零售商单周期决策和绩效的影响

从图 2-2 可以看出，随着单位产品批发价格 w 的增加，批发价合同下零售商的最优固定订货量q_w^{0*}将明显减少。上述结论证明了推论 2.1。从图 2-2 还可以看出，随着单位产品

批发价格 w 的增加，批发价合同下零售商的最大期望利润 Π_w^{r*} 将明显减小。上述结论证明了推论 2.2。

2.2 多周期拓展模型

本节从多周期情景出发，构建不考虑期权合同情形下零售商的多周期订货模型，研究该情形下零售商的最优订货策略结构，提供近似算法来估计相应的最优策略参数，并讨论需求风险和合同参数对零售商近似最优策略参数和近似最大期望折扣总利润的影响。

2.2.1 问题描述与假设

考虑一个面临随机需求的零售商采购一类耐用品(如电冰箱、汽车、机械设备等)并销售给终端消费者。由于耐用品的销售期被划分为 n 个周期(以 $1,\cdots,n$ 表示)，零售商在任意周期 $t(t=1,\cdots,n)$ 销售开始前决策，一旦销售开始零售商将没有机会补货。本节用到的参数和变量见表 2-2。

表 2-2 符号定义

符号	定义
D_t	第 t 周期时零售商面临的随机需求，连续、可导
$f_t(\cdot)$	D_t 的概率密度函数
$F_t(\cdot)$	D_t 的累积分布函数，非负、可逆、严格递增，且 $F_t(0)=0$
p_t	第 t 周期时单位产品的零售价格
w_t	第 t 周期时单位产品的批发价格
h_t	第 t 周期时单位产品的储存成本
w_{n+1}	第 n 周期时单位剩余产品的残值
α	折现因子，且 $0<\alpha\leqslant 1$
I_{wt}^r	第 t 周期期初零售商的库存水平，且 $I_{w1}^r=0$
q_{wt}^0	不考虑期权合同时零售商在第 t 周期的固定订货量

在任意周期 $t(t=1,\cdots,n)$，零售商需确定是否运用以及如何运用批发价合同进行采购。批发价合同只有一个参数，即单位产品批发价格。在任意周期 $t(t=1,\cdots,n)$，零售商通过在销售开始前支付产品购买费用购买一定数量的产品，在销售开始时通过固定订货获得订购数量的产品。不考虑期权合同时，零售商将独自承担因订货过少而导致顾客流失的风险，或因订货过多而导致库存积压的风险。

模型的事件序列如下：在第 t 周期销售开始前，零售商订购一定数量的产品；在第 t 周期销售开始时，零售商通过固定订货获得产品；在第 t 周期销售期末，由于产品不易损耗，零售商剩余的产品将用于满足下一周期的市场需求；在第 n 周期销售期末，零售商剩余的产品可获得一定的残值。

假定零售商是风险中性和完全理性的，以最大化期望折扣总利润为目标。零售商在第 1 周期期初的库存水平为零。不同周期的市场需求是相互独立的。不失一般性，进一步假设 $p_t > w_t$，以保证零售商在第 t 周期能够获利。

定义 $z^+ = \max(0,z)$，$\bar{F}_t(\cdot) = 1 - F_t(\cdot)$。

2.2.2　不考虑期权合同模型

不考虑期权合同时，零售商在第 t 周期只有一个决策变量，即固定订货量 q_{wt}^0。令 $y_{wt} = I_{wt}^r + q_{wt}^0$，该决策变量表示零售商在第 t 周期收到固定订货后的库存水平。零售商在第 t 周期的期望利润 $\pi_{wt}^r(y_{wt})$ 为

$$\pi_{wt}^r(y_{wt}) = p_t E\min(y_{wt}, D_t) - w_t(y_{wt} - I_{wt}^r) - h_t E(y_{wt} - D_t)^+ \tag{2-3}$$

等式右边的第 1 项表示第 t 周期的期望销售收入；第 2 项表示第 t 周期产品的购买成本；第 3 项表示第 t 周期剩余产品的储存成本。

因此，零售商从第1周期到第 n 周期的期望折扣总利润 $\Pi_w^r(y_{w1},\cdots,y_{wn})$ 为

$$\Pi_w^r(y_{w1},\cdots,y_{wn}) = \sum_{t=1}^{n} \alpha^{t-1} \pi_{wt}^r(y_{wt}) + \alpha^n w_{n+1} I_{wn+1}^r \tag{2-4}$$

其中，$I_{wt}^r = E(y_{wt-1} - D_{t-1})^+$，该状态变量表示零售商在第 $t-1$ 周期期末的库存水平，也表示零售商在第 t 周期期初的库存水平。

令 $V_{wt}^r(I_{wt}^r)$ 表示不考虑期权合同时零售商在第 t 周期期初库存水平为 I_{wt}^r 的前提下从第 t 周期到第 n 周期的最大期望折扣总利润(即 profit-to-go 函数)。零售商的动态规划问题为

$$V_{wt}^r(I_{wt}^r) = w_t I_{wt}^r + \max_{y_{wt} \geqslant I_{wt}^r} \{U_{wt}^r(y_{wt})\} \tag{2-5}$$

其中，$V_{wn+1}^r(I_{wn+1}^r) = w_{n+1} I_{wn+1}^r$，且

$$U_{wt}^r(y_{wt}) = H_{wt}^r(y_{wt}) + \alpha E V_{wt+1}^r[(y_{wt} - D_t)^+] \tag{2-6}$$

$$H_{wt}^r(y_{wt}) = p_t E\min(y_{wt}, D_t) - w_t y_{wt} - h_t E(y_{wt} - D_t)^+ \tag{2-7}$$

式(2-7)表示不考虑期权合同时零售商在第 t 周期期初库存水平为 0 且期末剩余产品残值为 0 的前提下第 t 周期的期望利润，意味着零售商在第 t 周期期末没有剩余产品可以折现。

为简化模型，令 $V_{wt}^{r+}(I_{wt}^r) = V_{wt}^r(I_{wt}^r) - w_t I_{wt}^r$，则上述递归方程变为

$$V_{wt}^{r+}(I_{wt}^r) = \max_{y_{wt} \geqslant I_{wt}^r} \{U_{wt}^{r+}(y_{wt})\} \tag{2-8}$$

其中，$V_{wn+1}^{r+}(I_{wn+1}^r) = 0$，且

$$U_{wt}^{r+}(y_{wt}) = H_{wt}^{r+}(y_{wt}) + \alpha E V_{wt+1}^{r+}[(y_{wt} - D_t)^+] \tag{2-9}$$

$$H_{wt}^{r+}(y_{wt}) = p_t E\min(y_{wt}, D_t) - w_t y_{wt} - (h_t - \alpha w_{t+1}) E(y_{wt} - D_t)^+ \tag{2-10}$$

式(2-10)表示不考虑期权合同时零售商在第 t 周期期初库存水平为 0 的前提下第 t 周期的期望利润，意味着零售商在第 t 周期期末可将剩余产品以 αw_{t+1} 的价值折现。基于上述

模型分析，可以得到以下定理。

定理 2.2 在任意周期 $t(t=1,\cdots,n)$ ，$V_{wt}^{r+}(I_{wt}^{r})$ 是 I_{wt}^{r} 的凹函数。

证明：在第 n 周期时，由于 $V_{wn+1}^{r+}(I_{wn+1}^{r})=0$ ，$U_{wn}^{r+}(y_{wn})$ 仅由 $H_{wn}^{r+}(y_{wn})$ 一个凹函数构成。因此，$U_{wn}^{r+}(y_{wn})$ 是 y_{wn} 的凹函数。由于 $y_{wn}\geqslant I_{wn}^{r}$ ，故 $V_{wn}^{r+}(I_{wn}^{r})$ 是 I_{wn}^{r} 的凹函数。在第 $t(t\neq n)$ 周期时，由于 $V_{wt+1}^{r+}[(y_{wt}-D_t)^+]$ 是凹函数，$U_{wt}^{r+}(y_{wt})$ 由 $H_{wt}^{r+}(y_{wt})$ 和 $V_{wt+1}^{r+}[(y_{wt}-D_t)^+]$ 两个凹函数构成。因此，$U_{wt}^{r+}(y_{wt})$ 是 y_{wt} 的凹函数。由于 $y_{wt}\geqslant I_{wt}^{r}$ ，故 $V_{wt}^{r+}(I_{wt}^{r})$ 是 I_{wt}^{r} 的凹函数。证毕。

定理 2.2 说明不考虑期权合同时使零售商从第1周期到第 n 周期的期望折扣总利润最大的最优订货策略存在且唯一。根据定理 2.2，可以得到以下命题。

命题 2.2 不考虑期权合同时，零售商在第 t 周期的最优固定订货量为

$$q_{wt}^{0*}=\begin{cases}s_{wt}^{*}-I_{wt}^{r}, & I_{wt}^{r}\leqslant s_{wt}^{*}\\ 0\quad, & I_{wt}^{r}>s_{wt}^{*}\end{cases}$$

其中，$s_{wt}^{*}\in\arg\max_{y_{wt}}\{U_{wt}^{r+}(y_{wt})\}$ 。

证明：由定理 2.2 可知，决策变量 y_{wt} 的最优解结构为

$$y_{wt}^{*}=\begin{cases}s_{wt}^{*}, & I_{wt}^{r}\leqslant s_{wt}^{*}\\ I_{wt}^{r}, & I_{wt}^{r}>s_{wt}^{*}\end{cases}$$

这里 $s_{wt}^{*}\in\arg\max_{y_{wt}}\{U_{wt}^{r+}(y_{wt})\}$ 。

由于 $q_{wt}^{0*}=y_{wt}^{*}-I_{wt}^{r}$ ，决策变量 q_{wt}^{0} 的最优解结构为

$$q_{wt}^{0*}=\begin{cases}s_{wt}^{*}-I_{wt}^{r}, & I_{wt}^{r}\leqslant s_{wt}^{*}\\ 0\quad, & I_{wt}^{r}>s_{wt}^{*}\end{cases}$$

证毕。

由命题 2.2 可知，不考虑期权合同时零售商在第 t 周期的最优订货策略为 order-up-to 类型，即该最优订货策略将使零售商收到固定订货后的库存水平尽可能达到或接近目标库存水平。具体操作如下：当第 t 周期期初库存水平 I_{wt}^{r} 小于等于 s_{wt}^{*} 时，零售商需订购一定数量的产品；当第 t 周期期初库存水平 I_{wt}^{r} 大于 s_{wt}^{*} 时，零售商无需订购任意数量的产品。值得注意的是，s_{wt}^{*} 为不考虑期权合同时零售商在第 t 周期的最优策略参数，它表示零售商在第 t 周期收到固定订货后最优库存水平的下限临界值。显然，不考虑期权合同时零售商在多周期情景下的最优订货策略比其在单周期情景下的最优订货策略更加复杂。在多周期情景下，随着零售商第 t 周期期初库存水平 I_{wt}^{r} 处于不同的范围，其最优订货策略的形式和目标库存水平的高低均存在差异，需要零售商灵活应对。此外，最优策略参数 s_{wt}^{*} 与第 t 周期单位产品批发价格 w_t 相关。由命题 2.2，可以得到以下推论。

推论 2.3 在任意周期 $t(t=1,\cdots,n)$ ，s_{wt}^{*} 是 w_t 的减函数。

证明：由 $\dfrac{\partial^2 U_{wt}^{r+}(y_{wt})}{\partial y_{wt}\partial w_t}<0$ 可知，$U_{wt}^{r+}(y_{wt})$ 是关于 y_{wt} 和 w_t 的次模(submodular)函数。因此，s_{wt}^{*} 是 w_t 的减函数。证毕。

由推论 2.3 可知，随着第 t 周期单位产品批发价格 w_t 的增加，不考虑期权合同时零售商将减少其在第 t 周期的最优固定订货量 q_{wt}^{0*}。这是因为，当第 t 周期单位产品批发价格越

高时，零售商在第 t 周期承担的单位产品购买成本越高，为避免成本过高，零售商将减少其在第 t 周期的最优固定订货量。综上所述，不考虑期权合同时第 t 周期合同参数的大小将直接影响零售商第 t 周期最优订货策略的制定。不考虑期权合同时，第 t 周期单位产品批发价格设置较高将直接导致零售商在第 t 周期最优固定订货量减少。

一般来说，最优策略参数 s_{wt}^{*} 的值是难以精确计算出来的，这里提供其近似估计值。定义 s_{wt}^{+} 表示不考虑期权合同时零售商只最大化其第 t 周期利润而忽略其未来利润时的近似最优策略参数。值得注意的是，$s_{wt}^{*} \leqslant s_{wt}^{+}$。由式(2-10)，可以得到以下命题。

命题 2.3　在任意周期 $t(t=1,\cdots,n)$，有

$$s_{wt}^{+}=F_t^{-1}\left(\frac{p_t-w_t}{p_t+h_t-\alpha w_{t+1}}\right)$$

证明：化简式(2-10)，可得

$$H_{wt}^{r+}(y_{wt})=(p_t-w_t)y_{wt}-(p_t+h_t-\alpha w_{t+1})\int_0^{y_{wt}}F_t(x)\mathrm{d}x$$

求其关于 y_{wt} 的一阶导数和二阶导数，可得

$$\frac{\mathrm{d}H_{wt}^{r+}(y_{wt})}{\mathrm{d}y_{wt}}=(p_t-w_t)-(p_t+h_t-\alpha w_{t+1})F_t(y_{wt})$$

$$\frac{\mathrm{d}^2H_{wt}^{r+}(y_{wt})}{\mathrm{d}(y_{wt})^2}=-(p_t+h_t-\alpha w_{t+1})f_t(y_{wt})<0$$

故 $H_{wt}^{r+}(y_{wt})$ 是 y_{wt} 的凹函数。令 $\frac{\mathrm{d}H_{wt}^{r+}(y_{wt})}{\mathrm{d}y_{wt}}=0$，可得

$$s_{wt}^{+}=F_t^{-1}\left(\frac{p_t-w_t}{p_t+h_t-\alpha w_{t+1}}\right)$$

证毕。

由命题 2.3 可知，不考虑期权合同时零售商在第 t 周期的近似最优策略参数会受到第 t 周期单位产品批发价格 w_t 变化的影响，还会受到第 $t+1$ 周期单位产品批发价格 w_{t+1} 变化的影响。随着第 $t+1$ 周期单位产品批发价格 w_{t+1} 的增加，不考虑期权合同时零售商将增加其在第 t 周期的最优固定订货量 q_{wt}^{0*}。这是因为，当第 $t+1$ 周期单位产品批发价格越高时，零售商在第 t 周期期末获得的剩余产品价值越高，为获得更高利润，零售商将增加其在第 t 周期的最优固定订货量。

由命题 2.3，不考虑期权合同时零售商在第 t 周期的近似最大期望利润 $\pi_{wt}^{r+}(s_{wt}^{+})$ 为

$$\pi_{wt}^{r+}(s_{wt}^{+})=(p_t-w_t)s_{wt}^{+}-(p_t+h_t-\alpha w_{t+1})\int_0^{s_{wt}^{+}}F_t(x)\mathrm{d}x \tag{2-11}$$

故零售商从第 1 周期到第 n 周期的近似最大期望折扣总利润 $\Pi_w^{r+}(s_{w1}^{+},\cdots,s_{wn}^{+})$ 为

$$\Pi_w^{r+}(s_{w1}^{+},\cdots,s_{wn}^{+})=\sum_{t=1}^{n}\alpha^{t-1}\pi_{wt}^{r+}(s_{wt}^{+}) \tag{2-12}$$

由式(2-11)和式(2-12)可知，不考虑期权合同时零售商的近似最大期望折扣总利润与第 t 周期单位产品的批发价格 w_t 相关。由式(2-11)和式(2-12)，可以得到以下推论。

推论 2.4　不考虑期权合同时，零售商的近似最大期望折扣总利润 $\Pi_w^{r+}(s_{w1}^{+},\cdots,s_{wn}^{+})$ 是 w_t

的减函数。

证明：求式(2-11)关于 w_t 的一阶导数，可得

$$\frac{\mathrm{d}\pi_{wt}^{r+}(s_{wt}^{+})}{\mathrm{d}w_t}=-s_{wt}^{+}+\left[(p_t-w_t)-(p_t+h_t-\alpha w_{t+1})F(s_{wt}^{+})\right]\frac{\mathrm{d}s_{wt}^{+}}{\mathrm{d}w_t}=-s_{wt}^{+}<0$$

故 $\pi_{wt}^{r+}(s_{wt}^{+})$ 是 w_t 的减函数。因此，$\Pi_w^{r+}(s_{w1}^{+},\cdots,s_{wn}^{+})$ 是 w_t 的减函数。证毕。

由推论 2.4 可知，随着第 t 周期单位产品批发价格 w_t 的增加，不考虑期权合同时零售商的近似最大期望折扣总利润 Π_w^{r+} 将减小。这是因为，当第 t 周期单位产品批发价格越高时，零售商在第 t 周期承担的单位产品购买成本越高，这将导致零售商近似最大期望折扣总利润减小。综上所述，不考虑期权合同时第 t 周期合同参数的大小将直接影响零售商近似最大期望折扣总利润的高低。不考虑期权合同时第 t 周期单位产品批发价格设置较高将直接导致零售商近似最大期望折扣总利润减小。

推论 2.3 和推论 2.4 表明，批发价合同不能为零售商提供订货柔性来规避需求风险。不考虑期权合同时，第 t 周期单位产品批发价格应被合理设置，从而使得零售商愿意采用批发价合同进行订货。

2.2.3 讨论

下面分别讨论多周期情景下需求风险和合同参数对零售商近似最优策略参数和近似最大期望折扣总利润的影响，并给出相应的管理启示。

2.2.3.1 需求风险的影响

这里将利用数值分析的方法，讨论多周期情景下需求风险(具体表现为第 t 周期市场需求的方差 σ_t)的变化对零售商近似最优策略参数和近似最大期望折扣总利润的影响，并给出相应的管理启示。

固定 $p_t=19$，$h_t=7$ 和 $w_t=9$。在第 t 周期随机变量 D_t 分别服从 $N(100,30^2)$、$N(100,35^2)$、$N(100,40^2)$、$N(100,45^2)$ 和 $N(100,50^2)$ 的正态分布下(即均值 μ_t 为 100，方差 σ_t 分别为 30、35、40、45 和 50)，应用 Matlab 编程计算相应的待考察变量(如 s_{wt}^{+} 和 Π_w^{r+})对应于 σ_t 变化的值，通过 Excel 画图工具绘出相应的变化曲线，如图 2-3 所示。

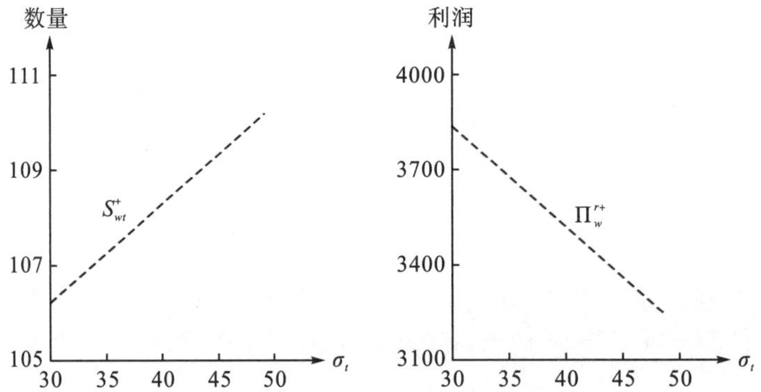

图 2-3　σ_t 的变化对零售商多周期决策和绩效的影响

从图 2-3 可以看出，随着第 t 周期需求风险 σ_t 的增加，不考虑期权合同时零售商的近似最优策略参数 s_{wt}^{+} 将明显增加。从图 2-3 还可以看出，随着第 t 周期需求风险 σ_t 的增加，不考虑期权合同时零售商的近似最大期望折扣总利润 Π_{w}^{r+} 将明显减小。综上所述，第 t 周期需求风险的增加对零售商而言是不利的。因此，在实际运营过程中，风险动态监测机制的建立、先进预测技术的使用和科学分析方法的应用对企业而言是至关重要的。

2.2.3.2　合同参数的影响

这里将利用数值分析的方法，讨论多周期情景下合同参数(具体表现为第 t 周期单位产品批发价格 w_t)的变化对零售商近似最优策略参数和近似最大期望折扣总利润的影响，并给出相应的管理启示。

固定 $p_t = 19$ 和 $D_t \sim N(100, 40^2)$ 。在第 t 周期单位产品批发价格 w_t 分别为 8.6、8.8、9.0、9.2 和 9.4 的情况下，应用 Matlab 编程计算相应的待考察变量(如 s_{wt}^{+} 和 Π_{w}^{r+})对应于 w_t 变化的值，通过 Excel 画图工具绘出相应的变化曲线，如图 2-4 所示。

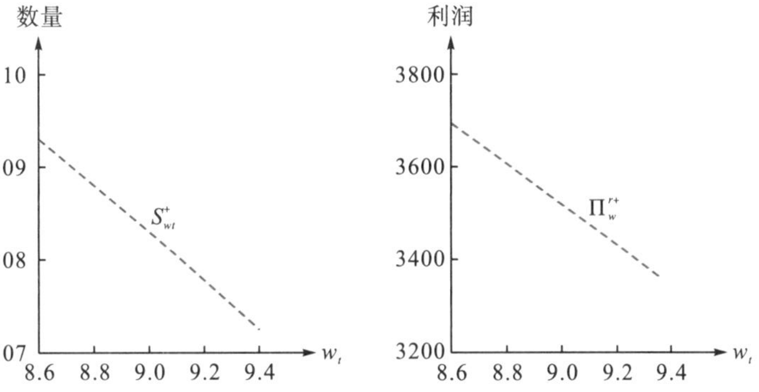

图 2-4　w_t 的变化对零售商多周期决策和绩效的影响

从图 2-4 可以看出，随着第 t 周期单位产品批发价格 w_t 的增加，不考虑期权合同时零售商的近似最优策略参数 s_{wt}^{+} 将明显减小。上述结论证明了推论 2.3。从图 2-4 还可以看出，随着第 t 周期单位产品批发价格 w_t 的增加，不考虑期权合同时零售商的近似最大期望折扣总利润 Π_{w}^{r+} 将明显减小。上述结论证明了推论 2.4。

2.3　本 章 小 结

本章在单周期和多周期两种情景下研究了不考虑期权合同时零售商的订货模型，得到了零售商的最优订货策略或最优订货策略结构，并分析了需求风险和合同参数对零售商决策和绩效的影响。

零售商单周期订货模型方面的主要研究结论及管理启示如下：①批发价合同下使零售商期望利润最大的最优订货策略存在且唯一；②批发价合同下零售商的最优固定订货量将

随着单位产品批发价格的增加而减少；③批发价合同下零售商的最大期望利润将随着单位产品批发价格的增加而减小。

零售商多周期订货模型方面的主要研究结论及管理启示如下：①不考虑期权合同时使零售商期望折扣总利润最大的最优订货策略存在且唯一；②不考虑期权合同时零售商在第 t 周期的最优固定订货量将随着第 t 周期单位产品批发价格的增加而减少；③不考虑期权合同时零售商的近似最大期望折扣总利润将随着第 t 周期单位产品批发价格的增加而减小。

第 3 章　基于看涨期权合同的零售商订货模型

本章针对市场需求的高度不确定性，在单周期和多周期两种情景下研究考虑看涨期权合同的零售商订货模型。首先，对单周期订货模型进行研究，得到该情景下使零售商期望利润最大的最优订货策略，并分析看涨期权合同、需求风险和合同参数对零售商最优订货策略和最大期望利润的影响。然后，对多周期订货模型进行研究，得到该情景下使零售商期望折扣总利润最大的最优订货策略结构，提供近似算法来估计相应的最优策略参数，并分析看涨期权合同、需求风险和合同参数对零售商近似最优策略参数和近似最大期望折扣总利润的影响。最后，对本章内容进行小结。

3.1　单周期基础模型

本节从单周期情景出发，分别构建看涨期权合同(单独利用看涨期权合同)和包含看涨期权的组合合同(联合使用批发价合同和看涨期权合同)两种情形下零售商的单周期订货模型，研究该情形下零售商的最优订货策略，并讨论看涨期权合同、需求风险和合同参数对零售商最优订货策略和最大期望利润的影响。

3.1.1　问题描述与假设

考虑一个面临随机需求的零售商采购一类易逝品(如生鲜产品、时装、数码产品等)并销售给终端消费者。由于易逝品的提前期长而销售期短，零售商在销售开始前决策，一旦销售开始零售商将没有机会补货。本节用到的参数和变量见表 3-1。

零售商通过看涨期权合同或包含看涨期权的组合合同进行采购。看涨期权合同由两个参数刻画：一是单位看涨期权的购买价格，二是单位看涨期权的执行价格。零售商通过在销售开始前支付看涨期权购买费用购买一定数量的看涨期权，获得在销售期间以约定的看涨期权执行价格增加不超过看涨期权购买量的任意数量产品的权利。换句话说，看涨期权合同能为零售商提供向上柔性调整订货数量的权利。

模型的事件序列如下所示。①看涨期权合同情形：销售开始前，零售商订购一定数量的看涨期权；销售期间，零售商可根据实际的市场需求来执行看涨期权获得产品。②包含看涨期权的组合合同情形：销售开始前，零售商订购一定数量的产品和看涨期权；销售开始时，零售商通过固定订货获得产品；销售期间，零售商可根据实际的市场需求来执行看涨期权进行补货；销售期末，由于产品易腐烂变质，零售商剩余的产品将没有残值。

表 3-1 符号定义

符号	定义
D	零售商面临的随机需求，连续、可导
$f(\cdot)$	D 的概率密度函数
$F(\cdot)$	D 的累积分布函数，非负、可逆、严格递增，且 $F(0)=0$
p	单位产品的零售价格
w	单位产品的批发价格
o_c	单位看涨期权的购买价格
e_c	单位看涨期权的执行价格
$\hat{q}_c^1$	看涨期权合同下零售商的看涨期权购买量
q_c^0	包含看涨期权的组合合同下零售商的固定订货量
q_c^1	包含看涨期权的组合合同下零售商的看涨期权购买量

假定零售商是风险中性和完全理性的，以最大化期望利润为目标。零售商的初始库存量为零。为不失一般性，进一步做如下假设：

假设 1　$p > o_c + e_c > w$，保证零售商能够获利；

假设 2　$o_c + e_c > w > o_c$，保证零售商同时购买产品和看涨期权。

定义 $z^+ = \max(0, z)$，$\bar{F}(\cdot) = 1 - F(\cdot)$。

3.1.2 看涨期权合同模型

看涨期权合同下，零售商只有一个决策变量，即看涨期权购买量 $\hat{q}_c^1$。当市场需求 D 大于等于 $\hat{q}_c^1$ 时，零售商将执行全部的看涨期权；当市场需求 D 小于 $\hat{q}_c^1$ 时，零售商将执行部分的看涨期权。零售商的期望利润 $\hat{\Pi}_c^r(\hat{q}_c^1)$ 为

$$\hat{\Pi}_c^r(\hat{q}_c^1) = pE\min(\hat{q}_c^1, D) - o_c\hat{q}_c^1 - e_c E\min(\hat{q}_c^1, D) \tag{3-1}$$

等式右边的第 1 项表示期望销售收入；第 2 项表示看涨期权的购买成本；第 3 项表示看涨期权的执行成本。基于上述模型分析，可以得到以下定理。

定理 3.1　$\hat{\Pi}_c^r(\hat{q}_c^1)$ 是 $\hat{q}_c^1$ 的凹函数。

证明：化简式(3-1)，可得

$$\hat{\Pi}_c^r(\hat{q}_c^1) = (p - o_c - e_c)\hat{q}_c^1 - (p - e_c)\int_0^{\hat{q}_c^1} F(x)\mathrm{d}x$$

求其关于 $\hat{q}_c^1$ 的一阶导数和二阶导数，可得

$$\frac{\mathrm{d}\hat{\Pi}_c^r(\hat{q}_c^1)}{\mathrm{d}\hat{q}_c^1} = (p - o_c - e_c) - (p - e_c)F(\hat{q}_c^1)$$

$$\frac{\mathrm{d}^2\hat{\Pi}_c^r(\hat{q}_c^1)}{\mathrm{d}(\hat{q}_c^1)^2} = -(p - e_c)f(\hat{q}_c^1) < 0$$

表明 $\hat{\Pi}_c^r(\hat{q}_c^1)$ 为 $\hat{q}_c^1$ 的凹函数。证毕。

定理 3.1 说明看涨期权合同下使零售商期望利润最大的最优订货策略存在且唯一。根据定理 3.1，可以得到以下命题。

命题 3.1　看涨期权合同下，零售商的最优看涨期权购买量为

$$\hat{q}_c^{1*} = F^{-1}\left(\frac{p-o_c-e_c}{p-e_c}\right)$$

证明：由定理 3.1 可知，看涨期权合同下存在使得零售商期望利润最大化的看涨期权购买量并且唯一。令 $\frac{\mathrm{d}\hat{\Pi}_c^r(\hat{q}_c^1)}{\mathrm{d}\hat{q}_c^1}=0$，可得

$$\hat{q}_c^{1*} = F^{-1}\left(\frac{p-o_c-e_c}{p-e_c}\right)$$

证毕。

由命题 3.1 可知，看涨期权合同下零售商的最优订货策略与单位看涨期权购买价格 o_c 及其执行价格 e_c 相关。由命题 3.1，可以得到以下推论。

推论 3.1　看涨期权合同下，零售商的最优看涨期权购买量 $\hat{q}_c^{1*}$ 是 (o_c,e_c) 的减函数。

证明：由 $\frac{\partial \hat{q}_c^{1*}}{\partial o_c}<0$ 和 $\frac{\partial \hat{q}_c^{1*}}{\partial e_c}<0$ 可知，$\hat{q}_c^{1*}$ 是 (o_c,e_c) 的减函数。证毕。

由推论 3.1 可知，随着单位看涨期权购买价格 o_c 及其执行价格 e_c 的增加，看涨期权合同下零售商将减少其最优看涨期权购买量 $\hat{q}_c^{1*}$。这是因为，当单位看涨期权购买价格及其执行价格越高时，零售商承担的单位看涨期权的购买成本和执行成本越高，为避免成本过高，零售商将减少其最优看涨期权购买量。综上所述，看涨期权合同下合同参数的大小将直接影响零售商最优订货策略的制定。看涨期权合同下单位看涨期权购买价格及其执行价格设置较高将直接导致零售商最优看涨期权购买量减少。

由命题 3.1，看涨期权合同下零售商的最大期望利润 $\hat{\Pi}_c^{r*}(\hat{q}_c^{1*})$ 为

$$\hat{\Pi}_c^{r*}(\hat{q}_c^{1*}) = (p-o_c-e_c)\hat{q}_c^{1*} - (p-e_c)\int_0^{\hat{q}_c^{1*}} F(x)\mathrm{d}x \tag{3-2}$$

由式(3-2)可知，看涨期权合同下零售商的最大期望利润与单位看涨期权购买价格 o_c 及其执行价格 e_c 相关。由式(3-2)，可以得到以下推论。

推论 3.2　看涨期权合同下，零售商的最大期望利润 $\hat{\Pi}_c^{r*}(\hat{q}_c^{1*})$ 是 (o_c,e_c) 的减函数。

证明：求式(3-2)关于 o_c 和 e_c 的一阶导数，可得

$$\frac{\partial \hat{\Pi}_c^{r*}(\hat{q}_c^{1*})}{\partial o_c} = -\hat{q}_c^{1*} + \left[(p-o_c-e_c)-(p-e_c)F(\hat{q}_c^{1*})\right]\frac{\partial \hat{q}_c^{1*}}{\partial o_c} = -\hat{q}_c^{1*}<0$$

$$\frac{\partial \hat{\Pi}_c^{r*}(\hat{q}_c^{1*})}{\partial e_c} = -\hat{q}_c^{1*} + \int_0^{\hat{q}_c^{1*}} F(x)\mathrm{d}x + [(p-o_c-e_c)-(p-e_c)F(\hat{q}_c^{1*})]\frac{\partial \hat{q}_c^{1*}}{\partial e_c} = -\hat{q}_c^{1*} + \int_0^{\hat{q}_c^{1*}} F(x)\mathrm{d}x<0$$

故 $\hat{\Pi}_c^{r*}(\hat{q}_c^{1*})$ 是 (o_c,e_c) 的减函数。证毕。

由推论 3.2 可知，随着单位看涨期权购买价格 o_c 及其执行价格 e_c 的增加，看涨期权合同下零售商的最大期望利润 $\hat{\Pi}_c^{r*}$ 将减小。这是因为，当单位看涨期权购买价格及其执行价格越高时，零售商承担的单位看涨期权的购买成本和执行成本越高，这将导致零售商最大

期望利润减小。综上所述，看涨期权合同下合同参数的大小将直接影响零售商最大期望利润的高低。看涨期权合同下单位看涨期权购买价格及其执行价格设置较高将直接导致零售商最大期望利润减小。

推论 3.1 和推论 3.2 表明，看涨期权合同能为零售商提供订货柔性来规避需求风险。看涨期权合同下，单位看涨期权购买价格及其执行价格应被合理设置，从而使得零售商愿意采用该合同进行订货。

3.1.3 包含看涨期权的组合合同模型

包含看涨期权的组合合同下，零售商有两个决策变量：①固定订货量 q_c^0；②看涨期权购买量 q_c^1。当市场需求 D 大于等于 $q_c^0+q_c^1$ 时，零售商将执行全部的看涨期权；当市场需求 D 大于 q_c^0 而小于 $q_c^0+q_c^1$ 时，零售商将执行部分的看涨期权；当市场需求 D 小于等于 q_c^0 时，零售商将不执行看涨期权。零售商的期望利润 $\Pi_c^r(q_c^0,q_c^1)$ 为

$$\Pi_c^r(q_c^0,q_c^1)=pE\min(q_c^0+q_c^1,D)-wq_c^0-o_cq_c^1-e_cE\min[q_c^1,(D-q_c^0)^+] \tag{3-3}$$

等式右边的第 1 项表示期望销售收入；第 2 项表示产品的购买成本；第 3 项表示看涨期权的购买成本；第 4 项表示看涨期权的执行成本。基于上述模型分析，可以得到以下定理。

定理 3.2　$\Pi_c^r(q_c^0,q_c^1)$ 是 q_c^0 和 q_c^1 的联合凹函数。

证明：化简式(3-3)，可得

$$\Pi_c^r(q_c^0,q_c^1)=(p-w)q_c^0+(p-o_c-e_c)q_c^1-(p-e_c)\int_0^{q_c^0+q_c^1}F(x)\mathrm{d}x-e_c\int_0^{q_c^0}F(x)\mathrm{d}x$$

求其关于 q_c^0 和 q_c^1 的一阶偏导和二阶偏导，得到

$$\frac{\partial\Pi_c^r(q_c^0,q_c^1)}{\partial q_c^0}=(p-w)-(p-e_c)F(q_c^0+q_c^1)-e_cF(q_c^0)$$

$$\frac{\partial^2\Pi_c^r(q_c^0,q_c^1)}{\partial(q_c^0)^2}=-(p-e_c)f(q_c^0+q_c^1)-e_cf(q_c^0)<0$$

$$\frac{\partial\Pi_c^r(q_c^0,q_c^1)}{\partial q_c^1}=(p-o_c-e_c)-(p-e_c)F(q_c^0+q_c^1)$$

$$\frac{\partial^2\Pi_c^r(q_c^0,q_c^1)}{\partial(q_c^1)^2}=-(p-e_c)f(q_c^0+q_c^1)<0$$

又由 $\dfrac{\partial^2\Pi_c^r(q_c^0,q_c^1)}{\partial q_c^0\partial q_c^1}=\dfrac{\partial^2\Pi_c^r(q_c^0,q_c^1)}{\partial q_c^1\partial q_c^0}=-(p-e_c)f(q_c^0+q_c^1)$，可得

$$D=\begin{vmatrix}\dfrac{\partial^2\Pi_c^r(q_c^0,q_c^1)}{\partial(q_c^0)^2} & \dfrac{\partial^2\Pi_c^r(q_c^0,q_c^1)}{\partial q_c^0\partial q_c^1}\\ \dfrac{\partial^2\Pi_c^r(q_c^0,q_c^1)}{\partial q_c^1\partial q_c^0} & \dfrac{\partial^2\Pi_c^r(q_c^0,q_c^1)}{\partial(q_c^1)^2}\end{vmatrix}>0$$

可见 $\Pi_c^r(q_c^0,q_c^1)$ 的海塞矩阵是负定的，表明 $\Pi_c^r(q_c^0,q_c^1)$ 为 q_c^0 和 q_c^1 的联合凹函数。证毕。

定理 3.2 说明包含看涨期权的组合合同下使零售商期望利润最大的最优订货策略存在且唯一。根据定理 3.2，可以得到以下命题。

命题 3.2　包含看涨期权的组合合同下，零售商的最优固定订货量为

$$q_c^{0*} = F^{-1}\left(\frac{o_c + e_c - w}{e_c}\right)$$

零售商的最优看涨期权购买量为

$$q_c^{1*} = F^{-1}\left(\frac{p - o_c - e_c}{p - e_c}\right) - F^{-1}\left(\frac{o_c + e_c - w}{e_c}\right)$$

证明：由定理 3.2 可知，包含看涨期权的组合合同下使得零售商期望利润最大化的固定订货量和看涨期权购买量存在并且唯一。令 $\frac{\partial \Pi_c^r(q_c^0, q_c^1)}{\partial q_c^0} = 0$ 和 $\frac{\partial \Pi_c^r(q_c^0, q_c^1)}{\partial q_c^1} = 0$，可得

$$\begin{cases} q_c^{0*} = F^{-1}\left(\dfrac{o_c + e_c - w}{e_c}\right) \\ q_c^{1*} = F^{-1}\left(\dfrac{p - o_c - e_c}{p - e_c}\right) - F^{-1}\left(\dfrac{o_c + e_c - w}{e_c}\right) \end{cases}$$

证毕。

由 $q_c^{1*} > 0$ 可推导出 $o_c < \frac{p - e_c}{p} w$，表明单位看涨期权的购买价格不应过高，否则零售商将不会订购看涨期权。本节假设成本参数满足该不等式。

由命题 3.2 可知，包含看涨期权的组合合同下零售商的最优订货策略与单位产品批发价格 w、单位看涨期权购买价格 o_c 及其执行价格 e_c 相关。由命题 3.2，可以得到以下推论。

推论 3.3　包含看涨期权的组合合同下，零售商的最优固定订货量 q_c^{0*} 是 w 的减函数，是 (o_c, e_c) 的增函数，但其最优看涨期权购买量 q_c^{1*} 是 (o_c, e_c) 的减函数，是 w 的增函数。

证明：由 $\frac{\partial q_c^{0*}}{\partial w} < 0$、$\frac{\partial q_c^{0*}}{\partial o_c} > 0$ 和 $\frac{\partial q_c^{0*}}{\partial e_c} > 0$ 可知，q_c^{0*} 是 w 的减函数，是 (o_c, e_c) 的增函数。又由 $\frac{\partial q_c^{1*}}{\partial w} > 0$、$\frac{\partial q_c^{1*}}{\partial o_c} < 0$ 和 $\frac{\partial q_c^{1*}}{\partial e_c} < 0$ 可知，q_c^{1*} 是 (o_c, e_c) 的减函数，是 w 的增函数。证毕。

由推论 3.3 可知，随着单位产品批发价格 w 的增加，包含看涨期权的组合合同下零售商将减少其最优固定订货量 q_c^{0*} 而增加其最优看涨期权购买量 q_c^{1*}。这是因为，当单位产品批发价格越高时，零售商承担的单位产品购买成本越高，为避免成本过高，零售商将减少其最优固定订货量，这将促使零售商增加其最优看涨期权购买量。其次，随着单位看涨期权购买价格 o_c 及其执行价格 e_c 的增加，包含看涨期权的组合合同下零售商将减少其最优看涨期权购买量 q_c^{1*} 而增加其最优固定订货量 q_c^{0*}。这是因为，当单位看涨期权购买价格及其执行价格越高时，零售商承担的单位看涨期权的购买成本和执行成本越高，为避免成本过高，零售商将减少其最优看涨期权购买量，这将促使零售商增加其最优固定订货量。综上所述，包含看涨期权的组合合同下合同参数的大小将直接影响零售商最优订货策略的制定。包含看涨期权的组合合同下单位产品批发价格设置较高将直接导致零售商最优固定订货量减少和最优看涨期权购买量增加，而单位看涨期权购买价格及其执行价格设置较高将直接导致零售商最优看涨期权购买量减少和最优固定订货量增加。

由命题 3.2，包含看涨期权的组合合同下零售商的最大期望利润 $\Pi_c^{r*}(q_c^{0*},q_c^{1*})$ 为

$$\Pi_c^{r*}(q_c^{0*},q_c^{1*})=(p-w)q_c^{0*}+(p-o_c-e_c)q_c^{1*}-(p-e_c)\int_0^{q_c^{0*}+q_c^{1*}}F(x)\mathrm{d}x-e_c\int_0^{q_c^{0*}}F(x)\mathrm{d}x \quad (3\text{-}4)$$

由式(3-4)可知，包含看涨期权的组合合同下零售商的最大期望利润与单位产品批发价格 w、单位看涨期权购买价格 o_c 及其执行价格 e_c 相关。由式(3-4)，可以得到以下推论。

推论 3.4 包含看涨期权的组合合同下，零售商的最大期望利润 $\Pi_c^{r*}(q_c^{0*},q_c^{1*})$ 是 (w,o_c,e_c) 的减函数。

证明：求式(3-4)关于 w 、o_c 和 e_c 的一阶偏导，可得

$$\frac{\partial\Pi_c^{r*}(q_c^{0*},q_c^{1*})}{\partial w}=-q_c^{0*}+[(o_c+e_c-w)-e_cF(q_c^{0*})]\frac{\partial q_c^{0*}}{\partial w}=-q_c^{0*}<0$$

$$\begin{aligned}\frac{\partial\Pi_c^{r*}(q_c^{0*},q_c^{1*})}{\partial o_c}&=-q_c^{1*}+[(p-w)-(p-e_c)F(q_c^{0*}+q_c^{1*})-e_cF(q_c^{0*})]\frac{\partial q_c^{0*}}{\partial o_c}\\&\quad+[(p-o_c-e_c)-(p-e_c)F(q_c^{0*}+q_c^{1*})]\frac{\partial q_c^{1*}}{\partial o_c}\\&=-q_c^{1*}<0\end{aligned}$$

$$\begin{aligned}\frac{\partial\Pi_c^{r*}(q_c^{0*},q_c^{1*})}{\partial e_c}&=-q_c^{1*}+\int_{q_c^{0*}}^{q_c^{0*}+q_c^{1*}}F(x)\mathrm{d}x+[(p-w)-(p-e_c)F(q_c^{0*}+q_c^{1*})-e_cF(q_c^{0*})]\frac{\partial q_c^{0*}}{\partial e_c}\\&\quad+[(p-o_c-e_c)-(p-e_c)F(q_c^{0*}+q_c^{1*})]\frac{\partial q_c^{1*}}{\partial e_c}\\&=-q_c^{1*}+\int_{q_c^{0*}}^{q_c^{0*}+q_c^{1*}}F(x)\mathrm{d}x<0\end{aligned}$$

故 $\Pi_c^{r*}(q_c^{0*},q_c^{1*})$ 是 (w,o_c,e_c) 的减函数。证毕。

由推论 3.4 可知，随着单位产品批发价格 w 的增加，包含看涨期权的组合合同下零售商的最大期望利润 Π_c^{r*} 将减小。这是因为，当单位产品批发价格越高时，零售商承担的单位产品购买成本越高，这将导致零售商最大期望利润减小。其次，随着单位看涨期权购买价格 o_c 及其执行价格 e_c 的增加，包含看涨期权的组合合同下零售商的最大期望利润 Π_c^{r*} 将减小。这是因为，当单位看涨期权购买价格及其执行价格越高时，零售商承担的单位看涨期权的购买成本和执行成本越高，这将导致零售商最大期望利润减小。综上所述，包含看涨期权的组合合同下合同参数的大小将直接影响零售商最大期望利润的高低。包含看涨期权的组合合同下单位产品批发价格、单位看涨期权购买价格及其执行价格设置较高将直接导致零售商最大期望利润减小。

推论 3.3 和推论 3.4 表明，看涨期权合同能为零售商提供订货柔性来规避需求风险。包含看涨期权的组合合同下，单位产品批发价格、单位看涨期权的购买价格及其执行价格应被合理设置，从而使得零售商愿意采用该合同进行订货。

3.1.4 讨论

下面分别讨论单周期情景下看涨期权合同、需求风险和合同参数对零售商最优订货策

略和最大期望利润的影响，并给出相应的管理启示。

3.1.4.1　看涨期权合同的影响

这里将批发价合同情形(详见第 2.1 节)作为基准，用来与看涨期权合同情形和包含看涨期权的组合合同情形进行比较，讨论单周期情景下看涨期权合同的运用对零售商最优订货策略和最大期望利润的影响，可以得到如下命题。

命题 3.3　看涨期权合同下零售商的最优看涨期权购买量大于包含看涨期权的组合合同下零售商的最优看涨期权购买量，即 $\hat{q}_c^{1*}>q_c^{1*}$。包含看涨期权的组合合同下零售商的最优固定订货量小于批发价合同下零售商的最优固定订货量，即 $q_c^{0*}<q_w^{0*}$。

证明：由命题 3.1 和命题 3.2 可知 $\hat{q}_c^{1*}=F^{-1}\left(\dfrac{p-o_c-e_c}{p-e_c}\right)=q_c^{0*}+q_c^{1*}$，故 $\hat{q}_c^{1*}>q_c^{1*}$。由 $o_c<\dfrac{p-e_c}{p}w$ 可推导出 $q_c^{0*}=F^{-1}\left(\dfrac{o_c+e_c-w}{e_c}\right)<F^{-1}\left(\dfrac{p-w}{p}\right)=q_w^{0*}$，故 $q_c^{0*}<q_w^{0*}$。证毕。

由命题 3.3 可知，单周期情景下看涨期权合同的运用会对零售商的最优订货策略产生影响。首先，看涨期权合同下零售商没有订购产品，只订购看涨期权。包含看涨期权的组合合同下零售商既订购产品，又订购看涨期权。因此，看涨期权合同下零售商的最优看涨期权购买量始终大于包含看涨期权的组合合同下零售商的最优看涨期权购买量。其次，包含看涨期权的组合合同下，一旦发生市场需求超过固定订货量的情形，零售商可以通过执行看涨期权增加部分额外的产品。这表明联合利用批发价合同与看涨期权合同进行采购时，零售商能够根据实际的市场需求向上调整其采购数量。故与传统的批发价合同相比，包含看涨期权的组合合同下零售商愿意减少其最优固定订货量，以避免因订货过多而导致库存积压风险的增加。因此，包含看涨期权的组合合同下零售商的最优固定订货量始终小于批发价合同下零售商的最优固定订货量。

命题 3.4　包含看涨期权的组合合同下零售商的最大期望利润大于看涨期权合同下零售商的最大期望利润，即 $\Pi_c^{r*}(q_c^{0*},q_c^{1*})>\hat{\Pi}_c^{r*}(\hat{q}_c^{1*})$。包含看涨期权的组合合同下零售商的最大期望利润大于批发价合同下零售商的最大期望利润，即 $\Pi_c^{r*}(q_c^{0*},q_c^{1*})>\Pi_w^{r*}(q_w^{0*})$。

证明：令 $\varDelta_1(q_c^{0*})=\Pi_c^{r*}(q_c^{0*},q_c^{1*})-\hat{\Pi}_c^{r*}(\hat{q}_c^{1*})$，有

$$\varDelta_1(q_c^{0*})=(o_c+e_c-w)q_c^{0*}-e_c\int_0^{q_c^{0*}}F(x)\mathrm{d}x>0$$

故 $\Pi_c^{r*}(q_c^{0*},q_c^{1*})>\hat{\Pi}_c^{r*}(\hat{q}_c^{1*})$。

令 $\varDelta_2(q_c^{1*})=\Pi_c^{r*}(q_w^{0*},q_c^{1*})-\Pi_w^{r*}(q_w^{0*})$，有

$$\varDelta_2(q_c^{1*})=(p-o_c-e_c)q_c^{1*}-(p-e_c)\int_{q_w^{0*}}^{q_w^{0*}+q_c^{1*}}F(x)\mathrm{d}x$$

由 $\varDelta_2(0)=0$ 和 $\left.\dfrac{\mathrm{d}\varDelta_2(q_c^{1*})}{\mathrm{d}q_c^{1*}}\right|_{q_c^{1*}=0}=(p-o_c-e_c)-(p-e_c)F(q_w^{0*})=(p-e_c)\left[\dfrac{p-o_c-e_c}{p-e_c}-F(q_w^{0*})\right]>0$ 可推导出 $\varDelta_2(q_c^{1*})>0$，故 $\Pi_c^{r*}(q_w^{0*},q_c^{1*})>\Pi_w^{r*}(q_w^{0*})$。又因 $\Pi_c^{r*}(q_c^{0*},q_c^{1*})>\Pi_c^{r*}(q_w^{0*},q_c^{1*})$，故 $\Pi_c^{r*}(q_c^{0*},q_c^{1*})>\Pi_w^{r*}(q_w^{0*})$。证毕。

由命题 3.4 可知，单周期情景下看涨期权合同的运用会对零售商的最大期望利润产生影响。在不考虑和考虑看涨期权合同的 3 种情形下，零售商采用包含看涨期权的组合合同时所获得的最大期望利润最大。首先，对零售商而言，看涨期权订购得越多，所需要支付的看涨期权购买费用就越高。看涨期权合同下零售商的最优看涨期权购买量大于包含看涨期权的组合合同下零售商的最优看涨期权购买量，故零售商在看涨期权合同下所需承担的看涨期权购买费用远大于其在包含看涨期权的组合合同下所需承担的看涨期权购买费用。因此，看涨期权合同下零售商的最大期望利润始终小于包含看涨期权的组合合同下零售商的最大期望利润。其次，包含看涨期权的组合合同下，零售商须在销售开始前支付购买看涨期权的费用，然而其却获得了在销售期间增加部分额外产品的权利。故该情形下零售商在销售期间可通过执行看涨期权以转移部分顾客流失的风险。对零售商而言，其在包含看涨期权的组合合同下获得的收益远大于其所付出的代价。这意味着与传统的批发价合同相比，包含看涨期权的组合合同下零售商能够获得更大的期望利润。因此，包含看涨期权的组合合同下零售商的最大期望利润始终大于批发价合同下零售商的最大期望利润。综上所述，出于自身利润的考虑，零售商倾向于采用既订购产品又订购看涨期权的组合订货方式。

命题 3.3 和命题 3.4 表明，看涨期权合同的运用将使零售商提高其服务水平，降低其库存风险，增加其最大期望利润。该结论能帮助零售商更好地运用看涨期权合同来制定其最优订货策略，增加其最大期望利润。

3.1.4.2 需求风险的影响

这里将利用数值分析的方法，讨论单周期情景下需求风险(具体表现为市场需求的方差σ)的变化对零售商最优订货策略和最大期望利润的影响，并给出相应的管理启示。

固定 $p=19$，$w=9$，$o_c=0.3$ 和 $e_c=10$。在随机变量 D 分别服从 $N(100,30^2)$、$N(100,35^2)$、$N(100,40^2)$、$N(100,45^2)$ 和 $N(100,50^2)$ 的正态分布下(即均值 μ 为 100，方差 σ 分别为 30、35、40、45 和 50)，应用 Matlab 编程计算相应的待考察变量(如 $\hat{q}_c^{1*}$、q_c^{0*}、q_c^{1*}、$\hat{\Pi}_c^{r*}$ 和 Π_c^{r*} 等)对应于 σ 变化的值，通过 Excel 画图工具绘出相应的变化曲线，如图 3-1 所示(虚线表示不考虑期权合同的情形，实线表示考虑看涨期权合同的情形)。

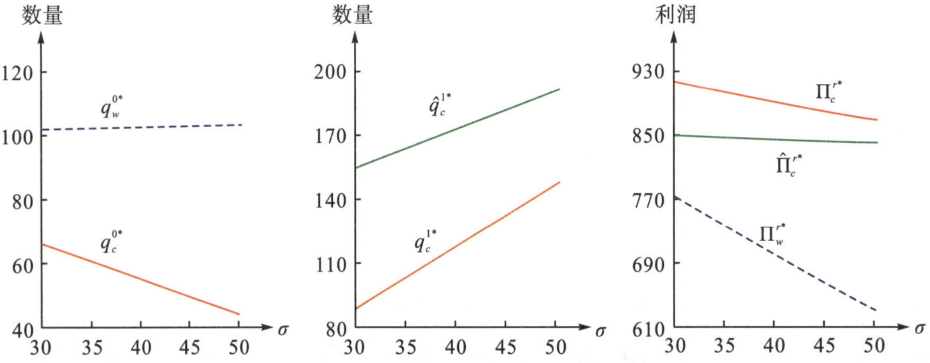

图 3-1 σ 的变化对零售商单周期决策和绩效的影响

从图 3-1 可以看出，随着需求风险 σ 的增加，批发价合同下零售商的最优固定订货量 q_w^{0*} 将略微增加；看涨期权合同下零售商的最优看涨期权购买量 $\hat{q}_c^{1*}$ 将明显增加；包含看涨期权的组合合同下零售商的最优固定订货量 q_c^{0*} 将明显减少，而其最优看涨期权购买量 q_c^{1*} 将明显增加。其次，随着需求风险 σ 的增加，包含看涨期权的组合合同下零售商的最优固定订货量 q_c^{0*} 始终小于批发价合同下零售商的最优固定订货量 q_w^{0*}；包含看涨期权的组合合同下零售商的最优看涨期权购买量 q_c^{1*} 始终小于看涨期权合同下零售商的最优看涨期权购买量 $\hat{q}_c^{1*}$。上述结论证明了命题 3.3。最后，随着需求风险 σ 的增加，批发价合同下零售商的最优固定订货量与包含看涨期权的组合合同下零售商的最优固定订货量之间的差距 $\left|q_w^{0*}-q_c^{0*}\right|$ 将明显增大；看涨期权合同下零售商的最优看涨期权购买量与包含看涨期权的组合合同下零售商的最优看涨期权购买量之间的差距 $\left|\hat{q}_c^{1*}-q_c^{1*}\right|$ 将明显减小。从图 3-1 还可以看出，随着需求风险 σ 的增加，批发价合同下零售商的最大期望利润 Π_w^{r*} 将明显减小；看涨期权合同下零售商的最大期望利润 $\hat{\Pi}_c^{r*}$ 将略微减小；包含看涨期权的组合合同下零售商的最大期望利润 Π_c^{r*} 将明显减小。其次，随着需求风险 σ 的增加，包含看涨期权的组合合同下零售商的最大期望利润 Π_c^{r*} 始终大于看涨期权合同下零售商的最大期望利润 $\hat{\Pi}_c^{r*}$；看涨期权合同下零售商的最大期望利润 $\hat{\Pi}_c^{r*}$ 始终大于批发价合同下零售商的最大期望利润 Π_w^{r*}。上述结论证明了命题 3.4。最后，随着需求风险 σ 的增加，包含看涨期权的组合合同下零售商的最大期望利润与批发价合同下零售商的最大期望利润之间的差距 $\left|\Pi_c^{r*}-\Pi_w^{r*}\right|$ 将明显增大；看涨期权合同下零售商的最大期望利润与批发价合同下零售商的最大期望利润之间的差距 $\left|\hat{\Pi}_c^{r*}-\Pi_w^{r*}\right|$ 将明显增大；包含看涨期权的组合合同下零售商的最大期望利润与看涨期权合同下零售商的最大期望利润之间的差距 $\left|\Pi_c^{r*}-\hat{\Pi}_c^{r*}\right|$ 将明显减小。综上所述，需求风险的增加对零售商而言是不利的。因此，在实际运营过程中，风险动态监测机制的建立、先进预测技术的使用和科学分析方法的应用对企业而言是至关重要的。

3.1.4.3　合同参数的影响

这里将利用数值分析的方法，讨论单周期情景下合同参数(具体表现为单位产品批发价格 w、单位看涨期权的购买价格 o_c 及其执行价格 e_c)的变化对零售商最优订货策略和最大期望利润的影响，并给出相应的管理启示。为便于数值分析，令 $p=19$，$w=9$，$o_c=0.3$，$e_c=10$ 和 $D\sim N(100,40^2)$。其余参数根据后续讨论赋值。

首先讨论单周期情景下单位产品批发价格 w 的变化对零售商最优订货策略和最大期望利润的影响。保持随机变量 D 的均值和方差不变，固定 $o_c=0.3$ 和 $e_c=10$。在单位产品批发价格 w 分别为 8.6、8.8、9.0、9.2 和 9.4 的情况下，应用 Matlab 编程计算相应的待考察变量(如 $\hat{q}_c^{1*}$、q_c^{0*}、q_c^{1*}、$\hat{\Pi}_c^{r*}$ 和 Π_c^{r*} 等)对应于 w 变化的值，通过 Excel 画图工具绘出相应的变化曲线，如图 3-2 所示(虚线表示不考虑期权合同的情形，实线表示考虑看涨期权合同的情形)。

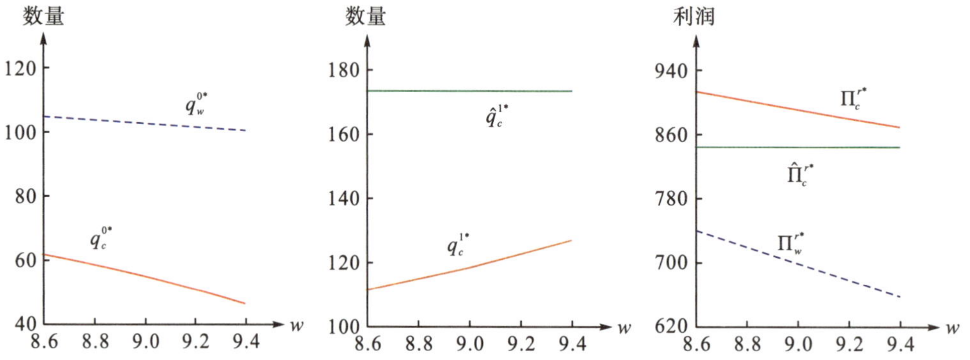

图 3-2　w 的变化对零售商单周期决策和绩效的影响

从图 3-2 可以看出，随着单位产品批发价格 w 的增加，批发价合同下零售商的最优固定订货量 q_w^{0*} 将明显减少；看涨期权合同下零售商的最优看涨期权购买量 $\hat{q}_c^{1*}$ 将没有变化；包含看涨期权的组合合同下零售商的最优固定订货量 q_c^{0*} 将明显减少，而其最优看涨期权购买量 q_c^{1*} 将明显增加。上述结论证明了推论 3.1 和推论 3.3。其次，随着单位产品批发价格 w 的增加，包含看涨期权的组合合同下零售商的最优固定订货量 q_c^{0*} 始终小于批发价合同下零售商的最优固定订货量 q_w^{0*}；包含看涨期权的组合合同下零售商的最优看涨期权购买量 q_c^{1*} 始终小于看涨期权合同下零售商的最优看涨期权购买量 $\hat{q}_c^{1*}$。上述结论证明了命题 3.3。最后，随着单位产品批发价格 w 的增加，批发价合同下零售商最优固定订货量与包含看涨期权的组合合同下零售商的最优固定订货量之间的差距 $\left|q_w^{0*}-q_c^{0*}\right|$ 将明显增大；看涨期权合同下零售商的最优看涨期权购买量与包含看涨期权的组合合同下零售商的最优看涨期权购买量之间的差距 $\left|\hat{q}_c^{1*}-q_c^{1*}\right|$ 将明显减小。从图 3-2 还可以看出，随着单位产品批发价格 w 的增加，批发价合同下零售商的最大期望利润 Π_w^{r*} 将明显减小；看涨期权合同下零售商的最大期望利润 $\hat{\Pi}_c^{r*}$ 将没有变化；包含看涨期权的组合合同下零售商的最大期望利润 Π_c^{r*} 将明显减小。上述结论证明了推论 3.2 和推论 3.4。其次，随着单位产品批发价格 w 的增加，包含看涨期权的组合合同下零售商的最大期望利润 Π_c^{r*} 始终大于看涨期权合同下零售商的最大期望利润 $\hat{\Pi}_c^{r*}$；看涨期权合同下零售商的最大期望利润 $\hat{\Pi}_c^{r*}$ 始终大于批发价合同下零售商的最大期望利润 Π_w^{r*}。上述结论证明了命题 3.4。最后，随着单位产品批发价格 w 的增加，包含看涨期权的组合合同下零售商的最大期望利润与批发价合同下零售商的最大期望利润之间的差距 $\left|\Pi_c^{r*}-\Pi_w^{r*}\right|$ 将明显增大；看涨期权合同下零售商的最大期望利润与批发价合同下零售商的最大期望利润之间的差距 $\left|\hat{\Pi}_c^{r*}-\Pi_w^{r*}\right|$ 将明显增大；包含看涨期权的组合合同下零售商的最大期望利润与看涨期权合同下零售商的最大期望利润之间的差距 $\left|\Pi_c^{r*}-\hat{\Pi}_c^{r*}\right|$ 将明显减小。

接着讨论单周期情景下单位看涨期权的购买价格 o_c 的变化对零售商最优订货策略和最大期望利润的影响。保持随机变量 D 的均值和方差不变，固定 $w=9$ 和 $e_c=10$。在单位看涨期权的购买价格 o_c 分别为 0.1、0.2、0.3、0.4 和 0.5 的情况下，应用 Matlab 编程计算相应的待考察变量(如 $\hat{q}_c^{1*}$ 、 q_c^{0*} 、 q_c^{1*} 、 $\hat{\Pi}_c^{r*}$ 和 Π_c^{r*} 等)对应于 o_c 变化的值，通过 Excel 画图工具绘出相应的变化曲线，如图 3-3 所示(虚线表示不考虑期权合同的情形，实线表示考虑看涨期权合同的情形)。

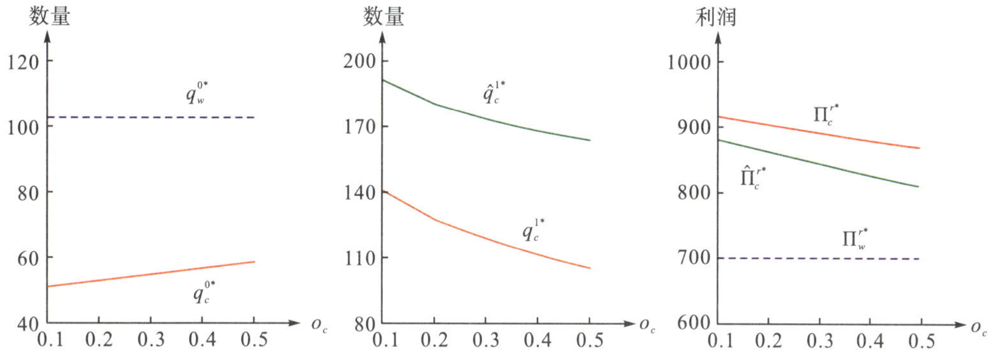

图 3-3　o_c 的变化对零售商单周期决策和绩效的影响

从图 3-3 可以看出，随着单位看涨期权的购买价格 o_c 的增加，批发价合同下零售商的最优固定订货量 q_w^{0*} 将没有变化；看涨期权合同下零售商的最优看涨期权购买量 $\hat{q}_c^{1*}$ 将明显减少；包含看涨期权的组合合同下零售商的最优固定订货量 q_c^{0*} 将明显增加，而其最优看涨期权购买量 q_c^{1*} 将明显减少。上述结论证明了推论 3.1 和推论 3.3。其次，包含看涨期权的组合合同下零售商的最优固定订货量 q_c^{0*} 始终小于批发价合同下零售商的最优固定订货量 q_w^{0*}；包含看涨期权的组合合同下零售商的最优看涨期权购买量 q_c^{1*} 始终小于看涨期权合同下零售商的最优看涨期权购买量 $\hat{q}_c^{1*}$。上述结论证明了命题 3.3。最后，随着单位看涨期权的购买价格 o_c 的增加，批发价合同下零售商的最优固定订货量与包含看涨期权的组合合同下零售商的最优固定订货量之间的差距 $\left|q_w^{0*}-q_c^{0*}\right|$ 将明显减小；看涨期权合同下零售商的最优看涨期权购买量与包含看涨期权的组合合同下零售商的最优看涨期权购买量之间的差距 $\left|\hat{q}_c^{1*}-q_c^{1*}\right|$ 将明显增大。从图 3-3 还可以看出，随着单位看涨期权的购买价格 o_c 的增加，批发价合同下零售商的最大期望利润 Π_w^{r*} 将没有变化；看涨期权合同下零售商的最大期望利润 $\hat{\Pi}_c^{r*}$ 将明显减小；包含看涨期权的组合合同下零售商的最大期望利润 Π_c^{r*} 将明显减小。上述结论证明了推论 3.2 和推论 3.4。其次，随着单位看涨期权的购买价格 o_c 的增加，包含看涨期权的组合合同下零售商的最大期望利润 Π_c^{r*} 始终大于看涨期权合同下零售商的最大期望利润 $\hat{\Pi}_c^{r*}$；看涨期权合同下零售商的最大期望利润 $\hat{\Pi}_c^{r*}$ 始终大于批发价合同下零售商的最大期望利润 Π_w^{r*}。上述结论证明了命题 3.4。最后，随着单位看涨期权的购买价格 o_c 的增加，包含看涨期权的组合合同下零售商的最大期望利润与批发价合同下零售商的最大期望利润之间的差距 $\left|\Pi_c^{r*}-\Pi_w^{r*}\right|$ 将明显减小；看涨期权合同下零售商的最大期望利润与批发价合同下零售商的最大期望利润之间的差距 $\left|\hat{\Pi}_c^{r*}-\Pi_w^{r*}\right|$ 将明显减小；包含看涨期权的组合合同下零售商的最大期望利润与看涨期权合同下零售商的最大期望利润之

间的差距$\left|\Pi_c^{r*}-\hat{\Pi}_c^{r*}\right|$将明显增大。

最后讨论单周期情景下单位看涨期权的执行价格e_c的变化对零售商最优订货策略和最大期望利润的影响。保持随机变量D的均值和方差不变，固定$w=9$和$o_c=0.3$。在单位看涨期权的执行价格e_c分别为9.2、9.6、10.0、10.4和10.8的情况下，应用Matlab编程计算相应的待考察变量(如$\hat{q}_c^{1*}$、q_c^{0*}、q_c^{1*}、$\hat{\Pi}_c^{r*}$和Π_c^{r*}等)对应于e_c变化的值，通过Excel画图工具绘出相应的变化曲线，如图3-4所示(虚线表示不考虑期权合同的情形，实线表示考虑看涨期权合同的情形)。

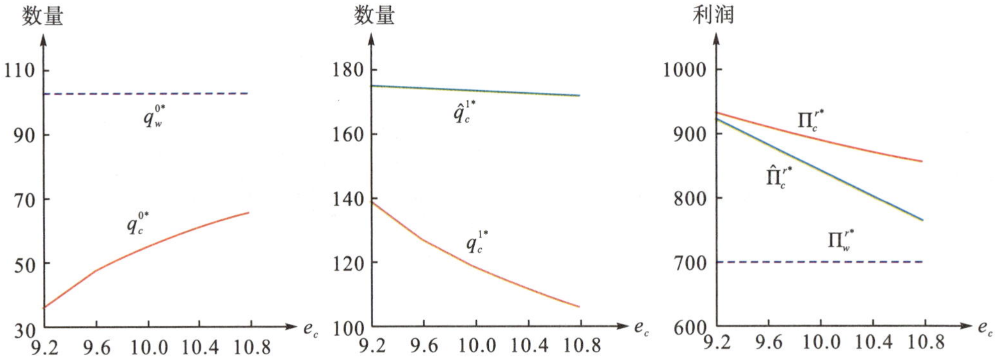

图3-4 e_c的变化对零售商单周期决策和绩效的影响

从图3-4可以看出，随着单位看涨期权的执行价格e_c的增加，批发价合同下零售商的最优固定订货量q_w^{0*}将没有变化；看涨期权合同下零售商的最优看涨期权购买量$\hat{q}_c^{1*}$将明显减少；包含看涨期权的组合合同下零售商的最优固定订货量q_c^{0*}将明显增加，而其最优看涨期权购买量q_c^{1*}将明显减少。上述结论证明了推论3.1和推论3.3。其次，随着单位看涨期权的执行价格e_c的增加，包含看涨期权的组合合同下零售商的最优固定订货量q_c^{0*}始终小于批发价合同下零售商的最优固定订货量q_w^{0*}；包含看涨期权的组合合同下零售商的最优看涨期权购买量q_c^{1*}始终小于看涨期权合同下零售商的最优看涨期权购买量$\hat{q}_c^{1*}$。上述结论证明了命题3.3。最后，随着单位看涨期权的执行价格e_c的增加，批发价合同下零售商的最优固定订货量与包含看涨期权的组合合同下零售商的最优固定订货量之间的差距$\left|q_w^{0*}-q_c^{0*}\right|$将明显减小；看涨期权合同下零售商的最优看涨期权购买量与包含看涨期权的组合合同下零售商的最优看涨期权购买量之间的差距$\left|\hat{q}_c^{1*}-q_c^{1*}\right|$将明显增大。从图3-4还可以看出，随着单位看涨期权的执行价格e_c的增加，批发价合同下零售商的最大期望利润Π_w^{r*}将没有变化；看涨期权合同下零售商的最大期望利润$\hat{\Pi}_c^{r*}$将明显减小；包含看涨期权的组合合同下零售商的最大期望利润Π_c^{r*}将明显减小。上述结论证明了推论3.2和推论3.4。其次，随着单位看涨期权的执行价格e_c的增加，包含看涨期权的组合合同下零售商的最大期望利润Π_c^{r*}始终大于看涨期权合同下零售商的最大期望利润$\hat{\Pi}_c^{r*}$；看涨期权合同下零售商的最大期望利润$\hat{\Pi}_c^{r*}$始终大于批发价合同下零售商的最大期望利润Π_w^{r*}。上述结论证明了

命题 3.4。最后，随着单位看涨期权的执行价格 e_c 的增加，包含看涨期权的组合合同下零售商的最大期望利润与批发价合同下零售商的最大期望利润之间的差距 $\left|\Pi_c^{r*}-\Pi_w^{r*}\right|$ 将明显减小；看涨期权合同下零售商的最大期望利润与批发价合同下零售商的最大期望利润之间的差距 $\left|\hat{\Pi}_c^{r*}-\Pi_w^{r*}\right|$ 将明显减小；包含看涨期权的组合合同下零售商的最大期望利润与看涨期权合同下零售商的最大期望利润之间的差距 $\left|\Pi_c^{r*}-\hat{\Pi}_c^{r*}\right|$ 将明显增大。

3.2　多周期拓展模型

本节从多周期情景出发，构建考虑看涨期权合同情形下零售商的多周期订货模型，研究该情形下零售商的最优订货策略结构，提供近似算法来估计相应的最优策略参数，并讨论看涨期权合同、需求风险和合同参数对零售商近似最优策略参数和近似最大期望折扣总利润的影响。

3.2.1　问题描述与假设

考虑一个面临随机需求的零售商采购一类耐用品(如电冰箱、汽车、机械设备等)并销售给终端消费者。由于耐用品的销售期被划分为 n 个周期(以 $1,\cdots,n$ 表示)，零售商在任意周期 $t(t=1,\cdots,n)$ 销售开始前决策，一旦销售开始零售商将没有机会补货。本节用到的参数和变量见表 3-2。

表 3-2　符号定义

符号	定义
D_t	第 t 周期时零售商面临的随机需求，连续、可导
$f_t(\cdot)$	D_t 的概率密度函数
$F_t(\cdot)$	D_t 的累积分布函数，非负、可逆、严格递增，且 $F_t(0)=0$
p_t	第 t 周期时单位产品的零售价格
w_t	第 t 周期时单位产品的批发价格
o_{ct}	第 t 周期时单位看涨期权的购买价格
e_{ct}	第 t 周期时单位看涨期权的执行价格
h_t	第 t 周期时单位产品的储存成本
w_{n+1}	第 n 周期时单位剩余产品的残值
I_{ct}^r	第 t 周期期初零售商的库存水平，且 $I_{c1}^r=0$
α	折现因子，且 $0<\alpha\leqslant 1$
q_{ct}^0	考虑看涨期权合同时零售商在第 t 周期的固定订货量
q_{ct}^1	考虑看涨期权合同时零售商在第 t 周期的看涨期权购买量

在任意周期$t(t=1,\cdots,n)$，零售商需确定是否运用以及如何运用看涨期权合同进行采购。看涨期权合同由两个参数刻画：一是单位看涨期权的购买价格，二是单位看涨期权的执行价格。在任意周期$t(t=1,\cdots,n)$，零售商通过在销售开始前支付看涨期权购买费用购买一定数量的看涨期权，获得在销售期间以约定的看涨期权执行价格增加不超过看涨期权购买量的任意数量产品的权利。换句话说，看涨期权合同能为零售商提供向上柔性调整订货数量的权利。

模型的事件序列如下：在第t周期销售开始前，零售商订购一定数量的产品和看涨期权；在第t周期销售开始时，零售商通过固定订货获得产品；在第t周期销售期间，零售商可根据实际的市场需求来执行看涨期权进行补货；在第t周期销售期末，零售商剩余的产品将用于满足下一周期的市场需求；在第n周期销售期末，零售商剩余的产品可获得一定的残值。

假定零售商是风险中性和完全理性的，以最大化期望折扣总利润为目标。零售商在第1周期期初的库存水平为零。不同周期的市场需求是相互独立的。不失一般性，进一步做如下假设：

假设1　$p_t > o_{ct}+e_{ct} > w_t$，保证零售商在第$t$周期能够获利；

假设2　$o_{ct}+e_{ct} > w_t > o_{ct}$，保证零售商在第$t$周期同时购买产品和看涨期权。

假设3　$e_{ct}+h_t > \alpha w_{t+1}$，避免零售商在第$t$周期通过随意执行看涨期权来获利。

定义$z^+=\max(0,z)$，$\bar{F}_t(\cdot)=1-F_t(\cdot)$。

3.2.2　考虑看涨期权合同模型

考虑看涨期权合同时，零售商在第t周期有两个决策变量：①固定订货量q_{ct}^0；②看涨期权购买量q_{ct}^1。令$y_{ct}=I_{ct}^r+q_{ct}^0$，该决策变量表示零售商在第t周期收到固定订货后的库存水平。令$\bar{y}_{ct}=I_{ct}^r+q_{ct}^0+q_{ct}^1$，该决策变量表示零售商在第$t$周期执行全部看涨期权后的库存水平。决策$(q_{ct}^0,q_{ct}^1)$等同于决策$(y_{ct},\bar{y}_{ct})$。当第$t$周期市场需求$D_t$大于等于$\bar{y}_{ct}$时，零售商将执行全部的看涨期权；当第$t$周期市场需求$D_t$大于$y_{ct}$而小于$\bar{y}_{ct}$时，零售商将执行部分的看涨期权；当第$t$周期市场需求$D_t$小于等于$y_{ct}$时，零售商将不执行看涨期权。零售商在第$t$周期的期望利润$\pi_{ct}^r(y_{ct},\bar{y}_{ct})$为

$$\begin{aligned}\pi_{ct}^r(y_{ct},\bar{y}_{ct})=&\,p_tE\min(\bar{y}_{ct},D_t)-w_t(y_{ct}-I_{ct}^r)-o_{ct}(\bar{y}_{ct}-y_{ct})-e_{ct}E\min[(\bar{y}_{ct}-y_{ct}),(D_t-y_{ct})^+]\\&-h_tE(y_{ct}-D_t)^+\end{aligned}\tag{3-5}$$

等式右边的第1项表示第t周期的期望销售收入；第2项表示第t周期产品的购买成本；第3项表示第t周期看涨期权的购买成本；第4项表示第t周期看涨期权的执行成本；第5项表示第t周期剩余产品的储存成本。

因此，零售商从第1周期到第n周期的期望折扣总利润$\Pi_c^r(y_{c1},\cdots,y_{cn};\bar{y}_{c1},\cdots,\bar{y}_{cn})$为

$$\Pi_c^r(y_{c1},\cdots,y_{cn};\bar{y}_{c1},\cdots,\bar{y}_{cn})=\sum_{t=1}^{n}\alpha^{t-1}\pi_{ct}^r(y_{ct},\bar{y}_{ct})+\alpha^n w_{n+1}I_{cn+1}^r\tag{3-6}$$

其中，$I_{ct}^r=E(y_{ct-1}-D_{t-1})^+$，该状态变量表示零售商在第$t-1$周期期末的库存水平，也表示

零售商在第 t 周期期初的库存水平。

令 $V_{ct}^{r}(I_{ct}^{r})$ 表示考虑看涨期权合同时零售商在第 t 周期期初库存水平为 I_{ct}^{r} 的前提下从第 t 周期到第 n 周期的最大期望折扣总利润(即 profit-to-go 函数)。零售商的动态规划问题为

$$V_{ct}^{r}(I_{ct}^{r}) = w_t I_{ct}^{r} + \max_{\overline{y}_{ct} \geqslant y_{ct} \geqslant I_{ct}^{r}} \{U_{ct}^{r}(y_{ct}, \overline{y}_{ct})\} \tag{3-7}$$

其中，$V_{cn+1}^{r}(I_{cn+1}^{r}) = w_{n+1} I_{cn+1}^{r}$，且

$$U_{ct}^{r}(y_{ct}, \overline{y}_{ct}) = H_{ct}^{r}(y_{ct}, \overline{y}_{ct}) + \alpha E V_{ct+1}^{r}[(y_{ct} - D_t)^{+}] \tag{3-8}$$

$$\begin{aligned} H_{ct}^{r}(y_{ct}, \overline{y}_{ct}) = {} & p_t E\min(\overline{y}_{ct}, D_t) - w_t y_{ct} - o_{ct}(\overline{y}_{ct} - y_{ct}) - e_{ct} E\min[(\overline{y}_{ct} - y_{ct}), (D_t - y_{ct})^{+}] \\ & - h_t E(y_{ct} - D_t)^{+} \end{aligned} \tag{3-9}$$

式(3-9)表示考虑看涨期权合同时零售商在第 t 周期期初库存水平为 0 且期末剩余产品残值为 0 的前提下第 t 周期的期望利润，意味着零售商在第 t 周期期末没有剩余产品可以折现。

为简化模型，令 $V_{ct}^{r+}(I_{ct}^{r}) = V_{ct}^{r}(I_{ct}^{r}) - w_t I_{ct}^{r}$，上述递归方程变为

$$V_{ct}^{r+}(I_{ct}^{r}) = \max_{\overline{y}_{ct} \geqslant y_{ct} \geqslant I_{ct}^{r}} \{U_{ct}^{r+}(y_{ct}, \overline{y}_{ct})\} \tag{3-10}$$

其中，$V_{cn+1}^{r+}(I_{cn+1}^{r}) = 0$，且

$$U_{ct}^{r+}(y_{ct}, \overline{y}_{ct}) = H_{ct}^{r+}(y_{ct}, \overline{y}_{ct}) + \alpha E V_{ct+1}^{r+}[(y_{ct} - D_t)^{+}] \tag{3-11}$$

$$\begin{aligned} H_{ct}^{r+}(y_{ct}, \overline{y}_{ct}) = {} & p_t E[\min(\overline{y}_{ct}, D_t)] - w_t y_{ct} - o_{ct}(\overline{y}_{ct} - y_{ct}) - e_{ct} E\{\min[(\overline{y}_{ct} - y_{ct}), (D_t - y_{ct})^{+}]\} \\ & - (h_t - \alpha w_{t+1}) E[(y_{ct} - D_t)^{+}] \end{aligned} \tag{3-12}$$

式(3-12)表示考虑看涨期权合同时零售商在第 t 周期期初库存水平为 0 的前提下第 t 周期的期望利润，意味着零售商在第 t 周期期末可将剩余产品以 αw_{t+1} 的价值折现。基于上述模型分析，可以得到以下定理。

定理 3.3　在任意周期 $t(t=1,\cdots,n)$，$V_{ct}^{r+}(I_{ct}^{r})$ 是 I_{ct}^{r} 的凹函数。

证明：在第 n 周期时，由于 $V_{cn+1}^{r+}(I_{cn+1}^{r}) = 0$，$U_{cn}^{r+}(y_{cn}, \overline{y}_{cn})$ 仅由 $H_{cn}^{r+}(y_{cn}, \overline{y}_{cn})$ 一个凹函数构成。因此，$U_{cn}^{r+}(y_{cn}, \overline{y}_{cn})$ 是 y_{cn} 和 $\overline{y}_{cn}$ 的联合凹函数。由于 $\overline{y}_{cn} \geqslant y_{cn} \geqslant I_{cn}^{r}$，故 $V_{cn}^{r+}(I_{cn}^{r})$ 为 I_{cn}^{r} 的凹函数。在第 $t(t \neq n)$ 周期时，由于 $V_{ct+1}^{r+}[(y_{ct} - D_t)^{+}]$ 是凹函数，$U_{ct}^{r+}(y_{ct}, \overline{y}_{ct})$ 由 $H_{ct}^{r+}(y_{ct}, \overline{y}_{ct})$ 和 $V_{ct+1}^{r+}[(y_{ct} - D_t)^{+}]$ 两个凹函数构成。因此，$U_{ct}^{r+}(y_{ct}, \overline{y}_{ct})$ 是 y_{ct} 和 $\overline{y}_{ct}$ 的联合凹函数。由于 $\overline{y}_{ct} \geqslant y_{ct} \geqslant I_{ct}^{r}$，故 $V_{ct}^{r+}(I_{ct}^{r})$ 为 I_{ct}^{r} 的凹函数。证毕。

定理 3.3 说明考虑看涨期权合同时使零售商从第 1 周期到第 n 周期的期望折扣总利润最大的最优订货策略存在且唯一。根据定理 3.3，可以得到以下命题。

命题 3.5　考虑看涨期权合同时，零售商在第 t 周期的最优固定订货量为

$$q_{ct}^{0*} = \begin{cases} \underline{s}_{ct}^{*} - I_{ct}^{r}, & I_{ct}^{r} \leqslant \underline{s}_{ct}^{*} \\ 0, & I_{ct}^{r} > \underline{s}_{ct}^{*} \end{cases}$$

零售商在第 t 周期的最优看涨期权购买量为

$$q_{ct}^{1*} = \begin{cases} \overline{s}_{ct}^{*} - \underline{s}_{ct}^{*}, & I_{ct}^{r} \leqslant \underline{s}_{ct}^{*} \\ \overline{s}_{ct}^{*} - I_{ct}^{r}, & \underline{s}_{ct}^{*} < I_{ct}^{r} \leqslant \overline{s}_{ct}^{*} \\ 0, & I_{ct}^{r} > \overline{s}_{ct}^{*} \end{cases}$$

其中，$\underline{s}_{ct}^{*} \in \arg\max_{y_{ct}} \{U_{ct}^{r+}(y_{ct},\overline{y}_{ct})\}$，$\overline{s}_{ct}^{*} \in \arg\max_{\overline{y}_{ct}} \{U_{ct}^{r+}(y_{ct},\overline{y}_{ct})\}$。

证明：由定理 3.3 可知，决策变量 y_{ct} 的最优解为

$$y_{ct}^{*}=\begin{cases}\underline{s}_{ct}^{*}, & I_{ct}^{r}\leqslant \underline{s}_{ct}^{*}\\ I_{ct}^{r}, & I_{ct}^{r}>\underline{s}_{ct}^{*}\end{cases}$$

这里 $\underline{s}_{ct}^{*} \in \arg\max_{y_{ct}} \{U_{ct}^{r+}(y_{ct},\overline{y}_{ct})\}$。决策变量 $\overline{y}_{ct}$ 的最优解为

$$\overline{y}_{ct}^{*}=\begin{cases}\overline{s}_{ct}^{*}, & I_{ct}^{r}\leqslant \overline{s}_{ct}^{*}\\ I_{ct}^{r}, & I_{ct}^{r}>\overline{s}_{ct}^{*}\end{cases}$$

这里 $\overline{s}_{ct}^{*} \in \arg\max_{\overline{y}_{ct}} \{U_{ct}^{r+}(y_{ct},\overline{y}_{ct})\}$。

由于 $q_{ct}^{0*}=y_{ct}^{*}-I_{ct}^{r}$，决策变量 q_{ct}^{0} 的最优解为

$$q_{ct}^{0*}=\begin{cases}\underline{s}_{ct}^{*}-I_{ct}^{r}, & I_{ct}^{r}\leqslant \underline{s}_{ct}^{*}\\ 0, & I_{ct}^{r}>\underline{s}_{ct}^{*}\end{cases}$$

由于 $q_{ct}^{1*}=\overline{y}_{ct}^{*}-y_{ct}^{*}$，决策变量 q_{ct}^{1} 的最优解为

$$q_{ct}^{1*}=\begin{cases}\overline{s}_{ct}^{*}-\underline{s}_{ct}^{*}, & I_{ct}^{r}\leqslant \underline{s}_{ct}^{*}\\ \overline{s}_{ct}^{*}-I_{ct}^{r}, & \underline{s}_{ct}^{*}<I_{ct}^{r}\leqslant \overline{s}_{ct}^{*}\\ 0, & I_{ct}^{r}>\overline{s}_{ct}^{*}\end{cases}$$

证毕。

由命题 3.5 可知，考虑看涨期权合同时零售商在第 t 周期的最优订货策略为 order-up-to 类型，即该最优订货策略将使零售商收到固定订货后的库存水平尽可能达到或接近某一目标库存水平，并使零售商执行全部看涨期权后的库存水平尽可能达到或接近另一目标库存水平。具体操作如下：当第 t 周期期初库存水平 I_{ct}^{r} 小于等于 $\underline{s}_{ct}^{*}$ 时，零售商需订购不同数量的产品和看涨期权；当第 t 周期期初库存水平 I_{ct}^{r} 大于 $\underline{s}_{ct}^{*}$ 而小于等于 $\overline{s}_{ct}^{*}$ 时，零售商仅需订购一定数量的看涨期权；当第 t 周期期初库存水平 I_{ct}^{r} 大于 $\overline{s}_{ct}^{*}$ 时，零售商无需订购任意数量的产品和看涨期权。值得注意的是，$\underline{s}_{ct}^{*}$ 和 $\overline{s}_{ct}^{*}$ 为考虑看涨期权合同时零售商在第 t 周期的最优策略参数，$\underline{s}_{ct}^{*}$ 表示零售商在第 t 周期收到固定订货后最优库存水平的下限临界值，$\overline{s}_{ct}^{*}$ 表示零售商在第 t 周期执行全部看涨期权后最优库存水平的下限临界值。显然，考虑看涨期权合同时零售商在多周期情景下的最优订货策略比其在单周期情景下的最优订货策略更加复杂。在多周期情景下，随着零售商第 t 周期期初库存水平 I_{ct}^{r} 处于不同的范围，其最优订货策略的形式和目标库存水平的高低均存在差异，需要零售商灵活应对。此外，最优策略参数 $\overline{s}_{ct}^{*}$ 和 $\underline{s}_{ct}^{*}$ 与第 t 周期单位产品批发价格 w_t、第 t 周期单位看涨期权购买价格 o_{ct} 及其执行价格 e_{ct} 相关。由命题 3.5，可以得到以下推论。

推论 3.5　在任意周期 $t(t=1,\cdots,n)$，$\underline{s}_{ct}^{*}$ 是 w_t 的减函数，是 (o_{ct},e_{ct}) 的增函数；$\overline{s}_{ct}^{*}$ 是 (o_{ct},e_{ct}) 的减函数，与 w_t 无关。

证明：由 $\dfrac{\partial^2 U_{ct}^{r+}(y_{ct},\overline{y}_{ct})}{\partial y_{ct}\partial w_t}<0$、$\dfrac{\partial^2 U_{ct}^{r+}(y_{ct},\overline{y}_{ct})}{\partial y_{ct}\partial o_{ct}}>0$ 和 $\dfrac{\partial^2 U_{ct}^{r+}(y_{ct},\overline{y}_{ct})}{\partial y_{ct}\partial e_{ct}}>0$ 可知，$U_{ct}^{r+}(y_{ct},\overline{y}_{ct})$ 是关于 y_{ct} 和 w_t 的次模(submodular)函数，是关于 y_{ct} 和 o_{ct} 的超模(supermodular)函数，是

关于 y_{ct} 和 e_{ct} 的超模(supermodular)函数。因此，$\underline{s}_{ct}^{*}$ 是 w_t 的减函数，是 (o_{ct},e_{ct}) 的增函数。又由 $\dfrac{\partial^2 U_{ct}^{r+}(y_{ct},\overline{y}_{ct})}{\partial \overline{y}_{ct}\partial w_t}=0$、$\dfrac{\partial^2 U_{ct}^{r+}(y_{ct},\overline{y}_{ct})}{\partial \overline{y}_{ct}\partial o_{ct}}<0$ 和 $\dfrac{\partial^2 U_{ct}^{r+}(y_{ct},\overline{y}_{ct})}{\partial \overline{y}_{ct}\partial e_{ct}}<0$ 可知，$U_{ct}^{r+}(y_{ct},\overline{y}_{ct})$ 仅是关于 $\overline{y}_{ct}$ 和 o_{ct} 的次模(submodular)函数，是关于 $\overline{y}_{ct}$ 和 e_{ct} 的次模(submodular)函数。因此，$\overline{s}_{ct}^{*}$ 是 (o_{ct},e_{ct}) 的减函数，且与 w_t 无关。证毕。

由推论 3.5 可知，随着第 t 周期单位产品批发价格 w_t 的增加，考虑看涨期权合同时零售商将减少其在第 t 周期的最优固定订货量 q_{ct}^{0*} 而增加其在第 t 周期的最优看涨期权购买量 q_{ct}^{1*}。这是因为，当第 t 周期单位产品批发价格越高时，零售商在第 t 周期承担的单位产品购买成本越高，为避免成本过高，零售商将减少其在第 t 周期的最优固定订货量，这将促使零售商增加其在第 t 周期的最优看涨期权购买量。其次，随着第 t 周期单位看涨期权购买价格 o_{ct} 及其执行价格 e_{ct} 的增加，考虑看涨期权合同时零售商将减少其在第 t 周期的最优看涨期权购买量 q_{ct}^{1*} 而增加其在第 t 周期的最优固定订货量 q_{ct}^{0*}。这是因为，当第 t 周期单位看涨期权购买价格及其执行价格越高时，零售商在第 t 周期承担的单位看涨期权的购买成本和执行成本越高，为避免成本过高，零售商将减少其在第 t 周期的最优看涨期权购买量，这将促使零售商增加其在第 t 周期的最优固定订货量。综上所述，考虑看涨期权合同时第 t 周期合同参数的大小将直接影响零售商第 t 周期最优订货策略的制定。考虑看涨期权合同时第 t 周期单位产品批发价格设置较高将直接导致零售商第 t 周期最优固定订货量减少和第 t 周期最优看涨期权购买量增加，而第 t 周期单位看涨期权购买价格及其执行价格设置较高将直接导致零售商第 t 周期最优看涨期权购买量减少和第 t 周期最优固定订货量增加。

一般来说，最优策略参数 $\overline{s}_{ct}^{*}$ 和 $\underline{s}_{ct}^{*}$ 的值是难以精确计算出来的，这里提供其近似估计值。定义 $\overline{s}_{ct}^{+}$ 和 $\underline{s}_{ct}^{+}$ 表示考虑看涨期权合同时零售商只最大化其第 t 周期的利润而忽略其未来利润时的近似最优策略参数。值得注意的是，$\overline{s}_{ct}^{*}\leqslant\overline{s}_{ct}^{+}$ 且 $\underline{s}_{ct}^{*}\leqslant\underline{s}_{ct}^{+}$。由式(3-12)，可以得到以下命题。

命题 3.6　在任意周期 $t(t=1,\cdots,n)$，有

$$
\begin{cases}
\underline{s}_{ct}^{+}=F_t^{-1}\left(\dfrac{o_{ct}+e_{ct}-w_t}{e_{ct}+h_t-\alpha w_{t+1}}\right)\\
\overline{s}_{ct}^{+}=F_t^{-1}\left(\dfrac{p_t-o_{ct}-e_{ct}}{p_t-e_{ct}}\right)
\end{cases}
$$

证明：化简式(3-12)，可得

$$
\begin{aligned}
H_{ct}^{r+}(y_{ct},\overline{y}_{ct})=&(p_t-o_{ct}-e_{ct})\overline{y}_{ct}+(o_{ct}+e_{ct}-w_t)y_{ct}-(p_t-e_{ct})\int_0^{\overline{y}_{ct}}F_t(x)\mathrm{d}x\\
&-(e_{ct}+h_t-\alpha w_{t+1})\int_0^{y_{ct}}F_t(x)\mathrm{d}x
\end{aligned}
$$

求其关于 y_{ct} 和 $\overline{y}_{ct}$ 的一阶偏导和二阶偏导，可得

$$
\frac{\partial H_{ct}^{r+}(y_{ct},\overline{y}_{ct})}{\partial y_{ct}}=(o_{ct}+e_{ct}-w_t)-(e_{ct}+h_t-\alpha w_{t+1})F_t(y_{ct})
$$

$$\frac{\partial^2 H_{ct}^{r+}(y_{ct},\overline{y}_{ct})}{\partial(y_{ct})^2}=-(e_{ct}+h_t-\alpha w_{t+1})f_t(y_{ct})<0$$

$$\frac{\partial H_{ct}^{r+}(y_{ct},\overline{y}_{ct})}{\partial\overline{y}_{ct}}=(p_t-o_{ct}-e_{ct})-(p_t-e_{ct})F_t(\overline{y}_{ct})$$

$$\frac{\partial^2 H_{ct}^{r+}(y_{ct},\overline{y}_{ct})}{\partial(\overline{y}_{ct})^2}=-(p_t-e_{ct})f_t(\overline{y}_{ct})<0$$

又由 $\frac{\partial^2 H_{ct}^{r+}(y_{ct},\overline{y}_{ct})}{\partial y_{ct}\partial\overline{y}_{ct}}=\frac{\partial^2 H_{ct}^{r+}(y_{ct},\overline{y}_{ct})}{\partial\overline{y}_{ct}\partial y_{ct}}=0$，可得

$$D=\begin{vmatrix}\frac{\partial^2 H_{ct}^{r+}(y_{ct},\overline{y}_{ct})}{\partial(y_{ct})^2} & \frac{\partial^2 H_{ct}^{r+}(y_{ct},\overline{y}_{ct})}{\partial y_{ct}\partial\overline{y}_{ct}}\\ \frac{\partial^2 H_{ct}^{r+}(y_{ct},\overline{y}_{ct})}{\partial\overline{y}_{ct}\partial y_{ct}} & \frac{\partial^2 H_{ct}^{r+}(y_{ct},\overline{y}_{ct})}{\partial(\overline{y}_{ct})^2}\end{vmatrix}>0$$

可见 $H_{ct}^{r+}(y_{ct},\overline{y}_{ct})$ 的海塞矩阵是负定的，表明 $H_{ct}^{r+}(y_{ct},\overline{y}_{ct})$ 为 y_{ct} 和 $\overline{y}_{ct}$ 的联合凹函数。令 $\frac{\partial H_{ct}^{r+}(y_{ct},\overline{y}_{ct})}{\partial y_{ct}}=0$ 和 $\frac{\partial H_{ct}^{r+}(y_{ct},\overline{y}_{ct})}{\partial\overline{y}_{ct}}=0$，可得

$$\begin{cases}\underline{s}_{ct}^{\,+}=F_t^{-1}\left(\dfrac{o_{ct}+e_{ct}-w_t}{e_{ct}+h_t-\alpha w_{t+1}}\right)\\ \overline{s}_{ct}^{+}=F_t^{-1}\left(\dfrac{p_t-o_{ct}-e_{ct}}{p_t-e_{ct}}\right)\end{cases}$$

证毕。

由 $\overline{s}_{ct}^{+}>\underline{s}_{ct}^{\,+}$ 可推导出 $o_{ct}<\frac{(p_t-e_{ct})(w_t+h_t-\alpha w_{t+1})}{p_t+h_t-\alpha w_{t+1}}$，表明第 t 周期单位看涨期权的购买价格不应过高，否则零售商将不会在第 t 周期订购看涨期权。本节假设成本参数满足该不等式。

由命题 3.6 可知，考虑看涨期权合同时零售商在第 t 周期的近似最优策略参数 $\overline{s}_{ct}^{+}$ 不会受到第 t 周期单位产品批发价格 w_t 变化的影响，也不会受到第 $t+1$ 周期单位产品批发价格 w_{t+1} 变化的影响；而零售商在第 t 周期的近似最优策略参数 $\underline{s}_{ct}^{\,+}$ 会受到第 t 周期单位产品批发价格 w_t 变化的影响，还会受到第 $t+1$ 周期单位产品批发价格 w_{t+1} 变化的影响。随着第 $t+1$ 周期单位产品批发价格 w_{t+1} 的增加，考虑看涨期权合同时零售商将增加其在第 t 周期的最优固定订货量 q_{ct}^{0*} 而减少其在第 t 周期的最优看涨期权购买量 q_{ct}^{1*}。这是因为，当第 $t+1$ 周期单位产品批发价格越高时，零售商在第 t 周期期末获得的剩余产品价值越高，为获得更高利润，零售商将增加其在第 t 周期的最优固定订货量，这将促使零售商减少其在第 t 周期的最优看涨期权购买量。

由命题 3.6，考虑看涨期权合同时零售商在第 t 周期的近似最大期望利润 $\pi_{ct}^{r+}(\underline{s}_{ct}^{\,+},\overline{s}_{ct}^{+})$ 为

$$\pi_{ct}^{r+}(\underline{s}_{ct}^{\,+},\overline{s}_{ct}^{+})=(p_t-o_{ct}-e_{ct})\overline{s}_{ct}^{+}+(o_{ct}+e_{ct}-w_t)\underline{s}_{ct}^{\,+}-(p_t-e_{ct})\int_0^{\overline{s}_{ct}^{+}}F_t(x)\mathrm{d}x \\ -(e_{ct}+h_t-\alpha w_{t+1})\int_0^{\underline{s}_{ct}^{\,+}}F_t(x)\mathrm{d}x \tag{3-13}$$

故零售商从第1周期到第 n 周期的近似最大期望折扣总利润 $\Pi_c^{r+}(\underline{s}_{c1}^{+},\cdots,\underline{s}_{cn}^{+};\overline{s}_{c1}^{+},\cdots,\overline{s}_{cn}^{+})$ 为

$$\Pi_c^{r+}(\underline{s}_{c1}^{+},\cdots,\underline{s}_{cn}^{+};\overline{s}_{c1}^{+},\cdots,\overline{s}_{cn}^{+})=\sum_{t=1}^{n}\alpha^{t-1}\pi_{ct}^{r+}(\underline{s}_{ct}^{+},\overline{s}_{ct}^{+}) \tag{3-14}$$

由式(3-13)和式(3-14)可知，考虑看涨期权合同时零售商的近似最大期望折扣总利润与第 t 周期单位产品批发价格 w_t、第 t 周期单位看涨期权购买价格 o_{ct} 及其执行价格 e_{ct} 相关。由式(3-13)和式(3-14)，可以得到以下推论。

推论 3.6　考虑看涨期权合同时，零售商的近似最大期望折扣总利润 $\Pi_c^{r+}(\underline{s}_{c1}^{+},\cdots,\underline{s}_{cn}^{+};\overline{s}_{c1}^{+},\cdots,\overline{s}_{cn}^{+})$ 是 (w_t,o_{ct},e_{ct}) 的减函数。

证明：求式(3-13)关于 w_t、o_{ct} 和 e_{ct} 的一阶偏导，可得

$$\frac{\partial\pi_{ct}^{r+}(\underline{s}_{ct}^{+},\overline{s}_{ct}^{+})}{\partial w_t}=-\underline{s}_{ct}^{+}+[(o_{ct}+e_{ct}-w_t)-(e_{ct}+h_t-\alpha w_{t+1})F_t(\underline{s}_{ct}^{+})]\frac{\partial\underline{s}_{ct}^{+}}{\partial w_t}=-\underline{s}_{ct}^{+}<0$$

$$\begin{aligned}\frac{\partial\pi_{ct}^{r+}(\underline{s}_{ct}^{+},\overline{s}_{ct}^{+})}{\partial o_{ct}}&=-\overline{s}_{ct}^{+}+\underline{s}_{ct}^{+}+[(p_t-o_{ct}-e_{ct})-(p_t-e_{ct})F_t(\overline{s}_{ct}^{+})]\frac{\partial\overline{s}_{ct}^{+}}{\partial o_{ct}}\\&\quad+[(o_{ct}+e_{ct}-w_t)-(e_{ct}+h_t-\alpha w_{t+1})F_t(\underline{s}_{ct}^{+})]\frac{\partial\underline{s}_{ct}^{+}}{\partial o_{ct}}\\&=-\overline{s}_{ct}^{+}+\underline{s}_{ct}^{+}<0\end{aligned}$$

$$\begin{aligned}\frac{\partial\pi_{ct}^{r+}(\underline{s}_{ct}^{+},\overline{s}_{ct}^{+})}{\partial e_{ct}}&=-\overline{s}_{ct}^{+}+\underline{s}_{ct}^{+}+\int_{\underline{s}_{ct}^{+}}^{\overline{s}_{ct}^{+}}F_t(x)\mathrm{d}x+[(p_t-o_{ct}-e_{ct})-(p_t-e_{ct})F_t(\overline{s}_{ct}^{+})]\frac{\partial\overline{s}_{ct}^{+}}{\partial e_{ct}}\\&\quad+[(o_{ct}+e_{ct}-w_t)-(e_{ct}+h_t-\alpha w_{t+1})F_t(\underline{s}_{ct}^{+})]\frac{\partial\underline{s}_{ct}^{+}}{\partial e_{ct}}\\&=-\overline{s}_{ct}^{+}+\underline{s}_{ct}^{+}+\int_{\underline{s}_{ct}^{+}}^{\overline{s}_{ct}^{+}}F_t(x)\mathrm{d}x<0\end{aligned}$$

故 $\pi_{ct}^{r+}(\underline{s}_{ct}^{+},\overline{s}_{ct}^{+})$ 是 (w_t,o_{ct},e_{ct}) 的减函数。因此，$\Pi_c^{r+}(\underline{s}_{c1}^{+},\cdots,\underline{s}_{cn}^{+};\overline{s}_{c1}^{+},\cdots,\overline{s}_{cn}^{+})$ 是 (w_t,o_{ct},e_{ct}) 的减函数。证毕。

由推论 3.6 可知，随着第 t 周期单位产品批发价格 w_t 的增加，考虑看涨期权合同时零售商的近似最大期望折扣总利润 Π_c^{r+} 将减小。这是因为，当第 t 周期单位产品批发价格越高时，零售商在第 t 周期承担的单位产品购买成本越高，这将导致零售商近似最大期望折扣总利润减小。其次，随着第 t 周期单位看涨期权购买价格 o_{ct} 及其执行价格 e_{ct} 的增加，考虑看涨期权合同时零售商的近似最大期望折扣总利润 Π_c^{r+} 将减小。这是因为，当第 t 周期单位看涨期权购买价格及其执行价格越高时，零售商在第 t 周期承担的单位看涨期权的购买成本和执行成本越高，这将导致零售商近似最大期望折扣总利润减小。综上所述，考虑看涨期权合同时第 t 周期合同参数的大小将直接影响零售商近似最大期望折扣总利润的高低。考虑看涨期权合同时第 t 周期单位产品批发价格、第 t 周期单位看涨期权购买价格及其执行价格设置较高将直接导致零售商近似最大期望折扣总利润减小。

推论 3.5 和推论 3.6 表明，看涨期权合同能为零售商提供订货柔性来规避需求风险。考虑看涨期权合同时，第 t 周期单位产品批发价格、第 t 周期单位看涨期权的购买价格及其执行价格应被合理设置，从而使得零售商愿意采用该合同进行订货。

3.2.3 讨论

下面分别讨论多周期情景下看涨期权合同、需求风险和合同参数对零售商近似最优策略参数和近似最大期望折扣总利润的影响，并给出相应的管理启示。

3.2.3.1 看涨期权合同的影响

这里将不考虑期权合同情形(详见第 2.2 节)作为基准，用来与考虑看涨期权合同情形进行比较，讨论多周期情景下看涨期权合同的运用对零售商近似最优策略参数和近似最大期望折扣总利润的影响，可以得到如下命题。

命题 3.7　在任意周期 $t(t=1,\cdots,n)$，考虑看涨期权合同时零售商的服务水平大于不考虑期权合同时零售商的服务水平，而考虑看涨期权合同时零售商的库存风险小于不考虑期权合同时零售商的库存风险，即 $\underline{s}_{ct}^{+}<s_{wt}^{+}<\overline{s}_{ct}^{+}$。

证明：由 $o_{ct}<\dfrac{(p_t-e_{ct})(w_t+h_t-\alpha w_{t+1})}{p_t+h_t-\alpha w_{t+1}}$ 可推导出 $\underline{s}_{ct}^{+}=F_t^{-1}\left(\dfrac{o_{ct}+e_{ct}-w_t}{e_{ct}+h_t-\alpha w_{t+1}}\right)<F_t^{-1}\left(\dfrac{p_t-w_t}{p_t+h_t-\alpha w_{t+1}}\right)=s_{wt}^{+}$ 和 $s_{wt}^{+}=F_t^{-1}\left(\dfrac{p_t-w_t}{p_t+h_t-\alpha w_{t+1}}\right)<F_t^{-1}\left(\dfrac{p_t-o_{ct}-e_{ct}}{p_t-e_{ct}}\right)=\overline{s}_{ct}^{+}$，故 $\underline{s}_{ct}^{+}<s_{wt}^{+}<\overline{s}_{ct}^{+}$。证毕。

由命题 3.7 可知，多周期情景下看涨期权合同的运用会对零售商的近似最优策略参数产生影响。考虑看涨期权合同时，一旦发生第 t 周期市场需求过高的情形，零售商在第 t 周期可以通过执行看涨期权增加部分额外的产品。这表明联合利用批发价合同与看涨期权合同进行采购时，零售商能够根据实际的市场需求向上调整其采购数量。故与传统的不考虑期权合同情形相比，考虑看涨期权合同时零售商愿意提高其在第 t 周期的服务水平，以避免因订货过少而导致顾客流失的风险增加；还愿意降低其在第 t 周期的库存风险，以避免因订货过多而导致库存积压的风险增加。因此，考虑看涨期权合同时零售商在第 t 周期的服务水平始终大于不考虑期权合同时零售商在第 t 周期的服务水平，而考虑看涨期权合同时零售商在第 t 周期的库存风险始终小于不考虑期权合同时零售商在第 t 周期的库存风险。

命题 3.8　考虑看涨期权合同时零售商的近似最大期望折扣总利润大于不考虑期权合同时零售商的近似最大期望折扣总利润，即 $\Pi_c^{r+}(\underline{s}_{c1}^{+},\cdots,\underline{s}_{cn}^{+};\overline{s}_{c1}^{+},\cdots,\overline{s}_{cn}^{+})>\Pi_w^{r+}(s_{w1}^{+},\cdots,s_{wn}^{+})$。

证明：令 $\Delta_{1t}(\underline{s}_{ct}^{+})=\pi_{ct}^{r+}(\underline{s}_{ct}^{+},s_{wt}^{+})-\pi_{wt}^{r+}(s_{wt}^{+})$，有

$$\Delta_{1t}(\underline{s}_{ct}^{+})=-(o_{ct}+e_{ct}-w_t)(s_{wt}^{+}-\underline{s}_{ct}^{+})+(e_{ct}+h_t-\alpha w_{t+1})\int_{\underline{s}_{ct}^{+}}^{s_{wt}^{+}}F_t(x)\mathrm{d}x$$

由 $\int_{\underline{s}_{ct}^{+}}^{s_{wt}^{+}}F_t(x)\mathrm{d}x>(s_{wt}^{+}-\underline{s}_{ct}^{+})F_t(\underline{s}_{ct}^{+})$ 可推导出 $\Delta_{1t}(\underline{s}_{ct}^{+})>0$，故 $\pi_{ct}^{m+}(\underline{s}_{ct}^{+},s_{wt}^{+})>\pi_{wt}^{r+}(s_{wt}^{+})$。又因 $\pi_{ct}^{m+}(\underline{s}_{ct}^{+},\overline{s}_{ct}^{+})>\pi_{ct}^{m+}(\underline{s}_{ct}^{+},s_{wt}^{+})$，故 $\pi_{ct}^{m+}(\underline{s}_{ct}^{+},\overline{s}_{ct}^{+})>\pi_{wt}^{r+}(s_{wt}^{+})$。因此，可以得到 $\Pi_c^{r+}(\underline{s}_{c1}^{+},\cdots,\underline{s}_{cn}^{+};\overline{s}_{c1}^{+},\cdots,\overline{s}_{cn}^{+})>\Pi_w^{r+}(s_{w1}^{+},\cdots,s_{wn}^{+})$。证毕。

由命题 3.8 可知，多周期情景下看涨期权合同的运用会对零售商的近似最大期望折扣总利润产生影响。考虑看涨期权合同时，零售商须在第 t 周期销售开始前支付购买看涨期

权的费用，然而其却获得了在第 t 周期销售期间增加部分额外产品的权利。故该情形下零售商在第 t 周期销售期间可通过执行看涨期权以转移部分顾客流失的风险。对零售商而言，其在考虑看涨期权合同情形下获得的收益远大于其所付出的代价。这意味着与传统的不考虑期权合同情形相比，考虑看涨期权合同时零售商能够获得更大的近似期望折扣总利润。因此，考虑看涨期权合同时零售商的近似最大期望折扣总利润始终大于不考虑期权合同情形时零售商的近似最大期望折扣总利润。综上所述，出于自身利润的考虑，零售商在第 t 周期倾向采用既订购产品又订购看涨期权的组合订货方式。

命题 3.7 和命题 3.8 表明，看涨期权合同的运用将使零售商提高其服务水平，降低其库存风险，增加其最大期望折扣总利润。该结论能帮助零售商更好地运用看涨期权合同来制定其最优订货策略，增加其最大期望折扣总利润。

3.2.3.2　需求风险的影响

这里将利用数值分析的方法，讨论多周期情景下需求风险(具体表现为第 t 周期市场需求的方差 σ_t)的变化对零售商近似最优策略参数和近似最大期望折扣总利润的影响，并给出相应的管理启示。

固定 $p_t=19$ ， $h_t=7$ ， $w_t=9$ ， $o_{ct}=1.3$ 和 $e_{ct}=10$ ，在第 t 周期随机变量 D_t 分别服从 $N(100,30^2)$ 、 $N(100,35^2)$ 、 $N(100,40^2)$ 、 $N(100,45^2)$ 和 $N(100,50^2)$ 的正态分布下(即均值 μ_t 为 100，方差 σ_t 分别为 30、35、40、45 和 50)，应用 Matlab 编程计算相应的待考察变量(如 $\underline{s}_{ct}^+$ 、 $\overline{s}_{ct}^+$ 和 Π_c^{r+} 等)对应于 σ_t 变化的值，通过 Excel 画图工具绘出相应的变化曲线，如图 3-5 所示(虚线表示不考虑期权合同的情形，实线表示考虑看涨期权合同的情形)。

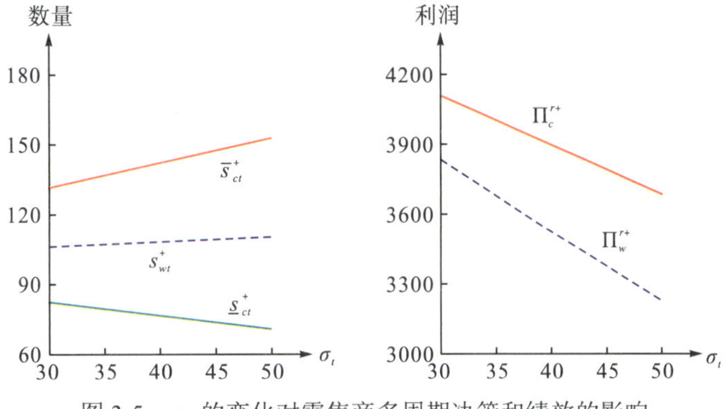

图 3-5　σ_t 的变化对零售商多周期决策和绩效的影响

从图 3-5 可以看出，随着第 t 周期需求风险 σ_t 的增加，不考虑期权合同时零售商的近似最优策略参数 s_{wt}^+ 将明显增大；考虑看涨期权合同时零售商的近似最优策略参数 $\overline{s}_{ct}^+$ 将明显增大，而其近似最优策略参数 $\underline{s}_{ct}^+$ 将明显减小。其次，随着第 t 周期需求风险 σ_t 的增加，考虑看涨期权合同时零售商的近似最优策略参数 $\overline{s}_{ct}^+$ 始终大于不考虑期权合同时零售商的近似最优策略参数 s_{wt}^+ ；考虑看涨期权合同时零售商的近似最优策略参数 $\underline{s}_{ct}^+$ 始终小于不考虑期权合同时零售商的近似最优策略参数 s_{wt}^+ 。上述结论证明了命题 3.7。最后，随着第 t 周

期需求风险σ_t的增加，考虑看涨期权合同时零售商的近似最优策略参数$\overline{s}_{ct}^{+}$与不考虑期权合同时零售商的近似最优策略参数s_{wt}^{+}之间的差距$\left|\overline{s}_{ct}^{+}-s_{wt}^{+}\right|$将明显增大；不考虑期权合同时零售商的近似最优策略参数s_{wt}^{+}与考虑看涨期权合同时零售商的近似最优策略参数$\underline{s}_{ct}^{+}$之间的差距$\left|s_{wt}^{+}-\underline{s}_{ct}^{+}\right|$将明显增大。从图 3-5 还可以看出，随着第$t$周期需求风险$\sigma_t$的增加，不考虑期权合同时零售商的近似最大期望折扣总利润Π_w^{r+}将明显减小；考虑看涨期权合同时零售商的近似最大期望折扣总利润Π_c^{r+}将明显减小。其次，随着第t周期需求风险σ_t的增加，考虑看涨期权合同时零售商的近似最大期望折扣总利润Π_c^{r+}始终大于不考虑期权合同时零售商的近似最大期望折扣总利润Π_w^{r+}。上述结论证明了命题 3.8。最后，随着第t周期需求风险σ_t的增加，考虑看涨期权合同时零售商的近似最大期望折扣总利润与不考虑期权合同时零售商的近似最大期望折扣总利润之间的差距$\left|\Pi_c^{r+}-\Pi_w^{r+}\right|$将明显增大。综上所述，第$t$周期需求风险的增加对零售商而言是不利的。因此，在实际运营过程中，风险动态监测机制的建立、先进预测技术的使用和科学分析方法的应用对企业而言是至关重要的。

3.2.3.3　合同参数的影响

这里将利用数值分析的方法，讨论多周期情景下合同参数(具体表现为第t周期单位产品批发价格w_t、第t周期单位看涨期权的购买价格o_{ct}及其执行价格e_{ct})的变化对零售商近似最优策略参数和近似最大期望折扣总利润的影响，并给出相应的管理启示。为便于数值分析，令$p_t=19$，$h_t=7$，$w_t=9$，$o_{ct}=1.3$，$e_{ct}=10$和$D_t\sim N(100,40^2)$。其余参数根据后续讨论赋值。

首先讨论多周期情景下第t周期单位产品批发价格w_t的变化对零售商近似最优策略参数和近似最大期望折扣总利润的影响。保持第t周期随机变量D_t的均值和方差不变，固定$o_{ct}=1.3$和$e_{ct}=10$。在第t周期单位产品批发价格w_t分别为 8.6、8.8、9.0、9.2 和 9.4 的情况下，应用 Matlab 编程计算相应的待考察变量(如$\underline{s}_{ct}^{+}$、$\overline{s}_{ct}^{+}$和Π_c^{r+}等)对应于w_t变化的值，通过 Excel 画图工具绘出相应的变化曲线，如图 3-6 所示(虚线表示不考虑期权合同的情形，实线表示考虑看涨期权合同的情形)。

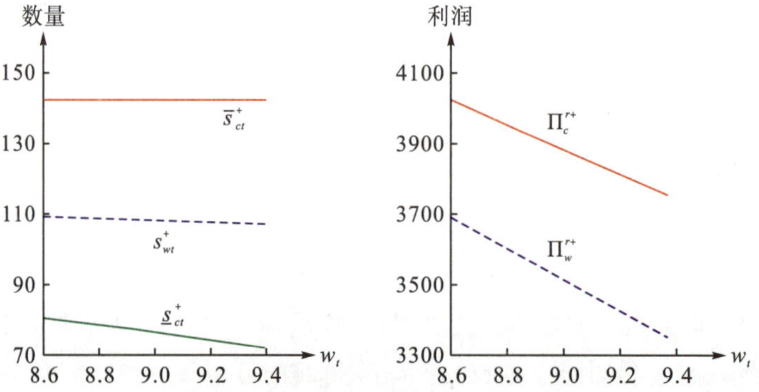

图 3-6　w_t的变化对零售商多周期决策和绩效的影响

从图 3-6 可以看出，随着第 t 周期单位产品批发价格 w_t 的增加，不考虑期权合同时零售商的近似最优策略参数 s_{wt}^+ 将略微减小；考虑看涨期权合同时零售商的近似最优策略参数 $\overline{s}_{ct}^+$ 将没有变化，而其近似最优策略参数 $\underline{s}_{ct}^+$ 将明显减小。上述结论证明了推论 3.5。其次，随着第 t 周期单位产品批发价格 w_t 的增加，考虑看涨期权合同时零售商的近似最优策略参数 $\overline{s}_{ct}^+$ 始终大于不考虑期权合同时零售商的近似最优策略参数 s_{wt}^+；考虑看涨期权合同时零售商的近似最优策略参数 $\underline{s}_{ct}^+$ 始终小于不考虑期权合同时零售商的近似最优策略参数 s_{wt}^+。上述结论证明了命题 3.7。最后，随着第 t 周期单位产品批发价格 w_t 的增加，考虑看涨期权合同时零售商的近似最优策略参数 $\overline{s}_{ct}^+$ 与不考虑期权合同时零售商的近似最优策略参数 s_{wt}^+ 之间的差距 $\left|\overline{s}_{ct}^+ - s_{wt}^+\right|$ 将略微增大；不考虑期权合同时零售商的近似最优策略参数 s_{wt}^+ 与考虑看涨期权合同时零售商的近似最优策略参数 $\underline{s}_{ct}^+$ 之间的差距 $\left|s_{wt}^+ - \underline{s}_{ct}^+\right|$ 将明显增大。从图 3-6 还可以看出，随着第 t 周期单位产品批发价格 w_t 的增加，不考虑期权合同时零售商的近似最大期望折扣总利润 Π_w^{r+} 将明显减小；考虑看涨期权合同时零售商的近似最大期望折扣总利润 Π_c^{r+} 将明显减小。上述结论证明了推论 3.6。其次，随着第 t 周期单位产品批发价格 w_t 的增加，考虑看涨期权合同时零售商的近似最大期望折扣总利润 Π_c^{r+} 始终大于不考虑期权合同时零售商的近似最大期望折扣总利润 Π_w^{r+}。上述结论证明了命题 3.8。最后，随着第 t 周期单位产品批发价格 w_t 的增加，考虑看涨期权合同时零售商的近似最大期望折扣总利润与不考虑期权合同时零售商的近似最大期望折扣总利润之间的差距 $\left|\Pi_c^{r+} - \Pi_w^{r+}\right|$ 将略微增大。

接着讨论多周期情景下第 t 周期单位看涨期权的购买价格 o_{ct} 的变化对零售商近似最优策略参数和近似最大期望折扣总利润的影响。保持第 t 周期随机变量 D_t 的均值和方差不变，固定 $w_t = 9$ 和 $e_{ct} = 10$。在第 t 周期单位看涨期权的购买价格 o_{ct} 分别为 1.1、1.2、1.3、1.4 和 1.5 的情况下，应用 Matlab 编程计算相应的待考察变量(如 $\underline{s}_{ct}^+$、$\overline{s}_{ct}^+$ 和 Π_c^{r+} 等)对应于 o_{ct} 变化的值，通过 Excel 画图工具绘出相应的变化曲线，如图 3-7 所示(虚线表示不考虑期权合同的情形，实线表示考虑看涨期权合同的情形)。

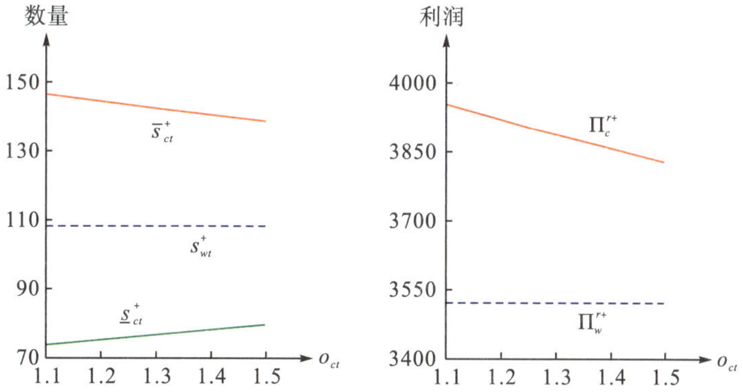

图 3-7　o_{ct} 的变化对零售商多周期决策和绩效的影响

从图 3-7 可以看出，随着第 t 周期单位看涨期权的购买价格 o_{ct} 的增加，不考虑期权合同时零售商的近似最优策略参数 s_{wt}^{+} 将没有变化；考虑看涨期权合同时零售商的近似最优策略参数 $\overline{s}_{ct}^{+}$ 将明显减小，而其近似最优策略参数 $\underline{s}_{ct}^{+}$ 将明显增大。上述结论证明了推论 3.5。其次，随着第 t 周期单位看涨期权的购买价格 o_{ct} 的增加，考虑看涨期权合同时零售商的近似最优策略参数 $\overline{s}_{ct}^{+}$ 始终大于不考虑期权合同时零售商的近似最优策略参数 s_{wt}^{+}；考虑看涨期权合同时零售商的近似最优策略参数 $\underline{s}_{ct}^{+}$ 始终小于不考虑期权合同时零售商的近似最优策略参数 s_{wt}^{+}。上述结论证明了命题 3.7。最后，随着第 t 周期单位看涨期权的购买价格 o_{ct} 的增加，考虑看涨期权合同时零售商的近似最优策略参数 $\overline{s}_{ct}^{+}$ 与不考虑期权合同时零售商的近似最优策略参数 s_{wt}^{+} 之间的差距 $\left|\overline{s}_{ct}^{+}-s_{wt}^{+}\right|$ 将明显减小；不考虑期权合同时零售商的近似最优策略参数 s_{wt}^{+} 与考虑看涨期权合同时零售商的近似最优策略参数 $\underline{s}_{ct}^{+}$ 之间的差距 $\left|s_{wt}^{+}-\underline{s}_{ct}^{+}\right|$ 将明显减小。从图 3-7 还可以看出，随着第 t 周期单位看涨期权的购买价格 o_{ct} 的增加，不考虑期权合同时零售商的近似最大期望折扣总利润 Π_{w}^{r+} 将没有变化；考虑看涨期权合同时零售商的近似最大期望折扣总利润 Π_{c}^{r+} 将明显减小。上述结论证明了推论 3.6。其次，随着第 t 周期单位看涨期权的购买价格 o_{ct} 的增加，考虑看涨期权合同时零售商的近似最大期望折扣总利润 Π_{c}^{r+} 始终大于不考虑期权合同时零售商的近似最大期望折扣总利润 Π_{w}^{r+}。上述结论证明了命题 3.8。最后，随着第 t 周期单位看涨期权的购买价格 o_{ct} 的增加，考虑看涨期权合同时零售商的近似最大期望折扣总利润与不考虑期权合同时零售商的近似最大期望折扣总利润之间的差距 $\left|\Pi_{c}^{r+}-\Pi_{w}^{r+}\right|$ 将明显减小。

最后讨论多周期情景下第 t 周期单位看涨期权的执行价格 e_{ct} 的变化对零售商近似最优策略参数和近似最大期望折扣总利润的影响。保持第 t 周期随机变量 D_t 的均值和方差不变，固定 $w_t=9$ 和 $o_{ct}=1.3$。在第 t 周期单位看涨期权的执行价格 e_{ct} 分别为 9.2、9.6、10.0、10.4 和 10.8 的情况下，应用 Matlab 编程计算相应的待考察变量(如 $\underline{s}_{ct}^{+}$、$\overline{s}_{ct}^{+}$ 和 Π_{c}^{r+} 等)对应于 e_{ct} 变化的值，通过 Excel 画图工具绘出相应的变化曲线，如图 3-8 所示(虚线表示不考虑期权合同的情形，实线表示考虑看涨期权合同的情形)。

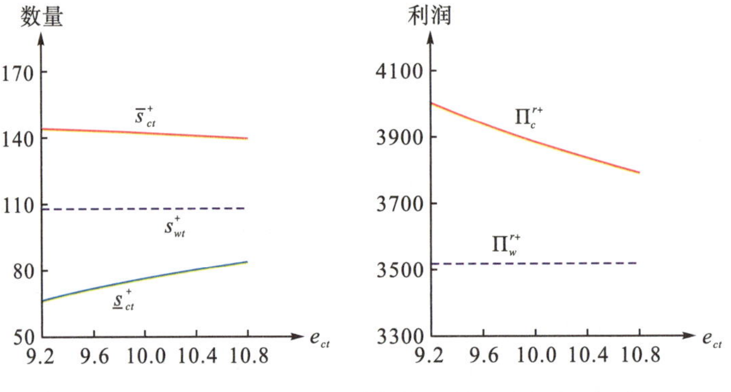

图 3-8 e_{ct} 的变化对零售商多周期决策和绩效的影响

从图 3-8 可以看出，随着第 t 周期单位看涨期权的执行价格 e_{ct} 的增加，不考虑期权合同时零售商的近似最优策略参数 s_{wt}^{+} 将没有变化；考虑看涨期权合同时零售商的近似最优策略参数 $\overline{s}_{ct}^{+}$ 将略微减小，而其近似最优策略参数 $\underline{s}_{ct}^{+}$ 将明显增大。上述结论证明了推论 3.5。其次，随着第 t 周期单位看涨期权的执行价格 e_{ct} 的增加，考虑看涨期权合同时零售商的近似最优策略参数 $\overline{s}_{ct}^{+}$ 始终大于不考虑期权合同时零售商的近似最优策略参数 s_{wt}^{+}；考虑看涨期权合同时零售商的近似最优策略参数 $\underline{s}_{ct}^{+}$ 始终小于不考虑期权合同时零售商的近似最优策略参数 s_{wt}^{+}。上述结论证明了命题 3.7。最后，随着第 t 周期单位看涨期权的执行价格 e_{ct} 的增加，考虑看涨期权合同时零售商的近似最优策略参数 $\overline{s}_{ct}^{+}$ 与不考虑期权合同时零售商的近似最优策略参数 s_{wt}^{+} 之间的差距 $\left|\overline{s}_{ct}^{+}-s_{wt}^{+}\right|$ 将略微减小；不考虑期权合同时零售商的近似最优策略参数 s_{wt}^{+} 与考虑看涨期权合同时零售商的近似最优策略参数 $\underline{s}_{ct}^{+}$ 之间的差距 $\left|s_{wt}^{+}-\underline{s}_{ct}^{+}\right|$ 将明显减小。从图 3-8 还可以看出，随着第 t 周期单位看涨期权的执行价格 e_{ct} 的增加，不考虑期权合同时零售商的近似最大期望折扣总利润 Π_{w}^{r+} 将没有变化；考虑看涨期权合同时零售商的近似最大期望折扣总利润 Π_{c}^{r+} 将明显减小。上述结论证明了推论 3.6。其次，随着第 t 周期单位看涨期权的执行价格 e_{ct} 的增加，考虑看涨期权合同时零售商的近似最大期望折扣总利润 Π_{c}^{r+} 始终大于不考虑期权合同时零售商的近似最大期望折扣总利润 Π_{w}^{r+}。上述结论证明了命题 3.8。最后，随着第 t 周期单位看涨期权的执行价格 e_{ct} 的增加，考虑看涨期权合同时零售商的近似最大期望折扣总利润与不考虑期权合同时零售商的近似最大期望折扣总利润之间的差距 $\left|\Pi_{c}^{r+}-\Pi_{w}^{r+}\right|$ 将明显减小。

3.3　本章小结

本章在单周期和多周期两种情景下研究了考虑看涨期权合同时零售商的订货模型，得到了零售商的最优订货策略或最优订货策略结构，并分析了看涨期权合同、需求风险和合同参数对零售商决策和绩效的影响。

零售商单周期订货模型方面的主要研究结论及管理启示如下：①看涨期权合同下使零售商的期望利润最大的最优订货策略存在且唯一，包含看涨期权的组合合同下使零售商的期望利润最大的最优订货策略存在且唯一；②看涨期权合同下零售商的最优看涨期权购买量将随着单位看涨期权购买价格及其执行价格的增加而减少，包含看涨期权的组合合同下零售商的最优固定订货量将随着单位产品批发价的增加而减少，随着单位看涨期权购买价格及其执行价格的增加而增加，但其最优看涨期权购买量将随着单位看涨期权购买价格及其执行价格的增加而减少，随着单位产品批发价的增加而增加；③看涨期权合同下零售商的最大期望利润将随着单位看涨期权购买价格及其执行价格的增加而减小，包含看涨期权的组合合同下零售商的最大期望利润将随着单位产品批发价格、单位看涨期权购买价格及其执行价格的增加而减小；④看涨期权合同下零售商的最优看涨期权购买量大于包含看涨期权的组合合同下零售商的最优看涨期权购买量，包含看涨期权的组合合同下零售商的最优固定订货量小于批发价合同下零售商的最优固定订货量；⑤包含看涨期权的组合合同下零售商的最大期望利润大于看涨期权合同下零售商的最大期望利润，包含看涨期权的组合合同下零售商的最大期望利润大于批发价合同下零售商的最大期望利润。

零售商多周期订货模型方面的主要研究结论及管理启示如下：①考虑看涨期权合同时使零售商从第 1 周期到第 n 周期的期望折扣总利润最大的最优订货策略存在且唯一；②考虑看涨期权合同时零售商在第 t 周期的最优固定订货量将随着第 t 周期单位产品批发价格的增加而减少，随着第 t 周期单位看涨期权购买价格及其执行价格的增加而增加，但其在第 t 周期的最优看涨期权购买量将随着第 t 周期单位看涨期权购买价格及其执行价格的增加而减少，随着第 t 周期单位产品批发价格的增加而增加；③考虑看涨期权合同时零售商的近似最大期望折扣总利润将随着第 t 周期单位产品批发价格、第 t 周期单位看涨期权购买价格及其执行价格的增加而减小；④考虑看涨期权合同时零售商在第 t 周期的服务水平大于不考虑期权合同时零售商在第 t 周期的服务水平，而考虑看涨期权合同时零售商在第 t 周期的库存风险小于不考虑期权合同时零售商在第 t 周期的库存风险；⑤考虑看涨期权合同时零售商的近似最大期望折扣总利润大于不考虑期权合同时零售商的近似最大期望折扣总利润。

第 4 章　基于看跌期权合同的零售商订货模型

本章针对市场需求的高度不确定性，在单周期和多周期两种情景下研究考虑看跌期权合同的零售商订货模型。首先，对单周期订货模型进行研究，得到该情景下使零售商期望利润最大的最优订货策略，并分析看跌期权合同、需求风险和合同参数对零售商最优订货策略和最大期望利润的影响。然后，对多周期订货模型进行研究，得到该情景下使零售商期望折扣总利润最大的最优订货策略结构，提供近似算法来估计相应的最优策略参数，并分析看跌期权合同、需求风险和合同参数对零售商近似最优策略参数和近似最大期望折扣总利润的影响。最后，对本章内容进行小结。

4.1　单周期基础模型

本节从单周期情景出发，构建包含看跌期权的组合合同(联合使用批发价合同和看跌期权合同)情形下零售商的单周期订货模型，研究该情形下零售商的最优订货策略，并讨论看跌期权合同、需求风险和合同参数对零售商最优订货策略和最大期望利润的影响。

4.1.1　问题描述与假设

考虑一个面临随机需求的零售商采购一类易逝品(如生鲜产品、时装、数码产品等)并销售给终端消费者。由于易逝品的提前期长而销售期短，零售商在销售开始前决策，一旦销售开始零售商将没有机会补货。本节用到的参数和变量见表 4-1。

表 4-1　符号定义

符号	定义
D	零售商面临的随机需求，连续、可导
$f(\cdot)$	D 的概率密度函数
$F(\cdot)$	D 的累积分布函数，非负、可逆、严格递增，且 $F(0)=0$
p	单位产品的零售价格
w	单位产品的批发价格
o_p	单位看跌期权的购买价格
e_p	单位看跌期权的执行价格
q_p^0	包含看跌期权的组合合同下零售商的固定订货量
q_p^2	包含看跌期权的组合合同下零售商的看跌期权购买量

零售商通过包含看跌期权的组合合同进行采购。看跌期权合同由两个参数刻画：一是单位看跌期权的购买价格，二是单位看跌期权的执行价格。零售商通过在销售开始前支付看跌期权购买费用购买一定数量的看跌期权，获得在销售期末以约定的看跌期权执行价格退还不超过看跌期权购买量的任意数量产品的权利。换句话说，看跌期权合同能为零售商提供向下柔性调整订货数量的权利。

模型的事件序列如下：销售开始前，零售商订购一定数量的产品和看跌期权；销售开始时，零售商通过固定订货获得产品；销售期末，零售商可根据剩余产品的数量来执行看跌期权进行退货。由于产品易腐烂变质，零售商剩余的产品将没有残值。

假定零售商是风险中性和完全理性的，以最大化期望利润为目标。零售商的初始库存量为零。为不失一般性，进一步做如下假设：

假设 1 $p>w+o_p>e_p$，保证零售商能够获利；

假设 2 $w>e_p-o_p$，避免零售商通过执行看跌期权套利。

定义 $z^+=\max(0,z)$，$\bar{F}(\cdot)=1-F(\cdot)$。

4.1.2 包含看跌期权的组合合同模型

包含看跌期权的组合合同下，零售商有两个决策变量：①固定订货量 q_p^0；②看跌期权购买量 q_p^2。当市场需求 D 大于等于 q_p^0 时，零售商将不执行看跌期权；当市场需求 D 大于 $q_p^0-q_p^2$ 而小于 q_p^0 时，零售商将执行部分的看跌期权；当市场需求 D 小于等于 $q_p^0-q_p^2$ 时，零售商将执行全部的看跌期权。零售商的期望利润 $\Pi_p^r(q_p^0,q_p^2)$ 为

$$\Pi_p^r(q_p^0,q_p^2)=pE\min(q_p^0,D)-wq_p^0-o_pq_p^2+e_pE\min[q_p^2,(q_p^0-D)^+] \tag{4-1}$$

等式右边的第 1 项表示期望销售收入；第 2 项表示产品的购买成本；第 3 项表示看跌期权的购买成本；第 4 项表示看跌期权的执行收入。基于上述模型分析，可以得到以下定理。

定理 4.1 $\Pi_p^r(q_p^0,q_p^2)$ 是 q_p^0 和 q_p^2 的联合凹函数。

证明：化简式(4-1)，可得

$$\Pi_p^r(q_p^0,q_p^2)=(p-w)q_p^0-o_pq_p^2-(p-e_p)\int_0^{q_p^0}F(x)\mathrm{d}x-e_p\int_0^{q_p^0-q_p^2}F(x)\mathrm{d}x$$

求其关于 q_p^0 和 q_p^2 的一阶偏导和二阶偏导，得到

$$\frac{\partial\Pi_p^r(q_p^0,q_p^2)}{\partial q_p^0}=(p-w)-(p-e_p)F(q_p^0)-e_pF(q_p^0-q_p^2)$$

$$\frac{\partial^2\Pi_p^r(q_p^0,q_p^2)}{\partial(q_p^0)^2}=-(p-e_p)f(q_p^0)-e_pf(q_p^0-q_p^2)<0$$

$$\frac{\partial\Pi_p^r(q_p^0,q_p^2)}{\partial q_p^2}=-o_p+e_pF(q_p^0-q_p^2)$$

$$\frac{\partial^2 \Pi_p^r(q_p^0,q_p^2)}{\partial (q_p^2)^2} = -e_p f(q_p^0 - q_p^2) < 0$$

又由 $\frac{\partial^2 \Pi_p^r(q_p^0,q_p^2)}{\partial q_p^0 \partial q_p^2} = \frac{\partial^2 \Pi_p^r(q_p^0,q_p^2)}{\partial q_p^2 \partial q_p^0} = e_p f(q_p^0 - q_p^2) > 0$，可得

$$D = \begin{vmatrix} \frac{\partial^2 \Pi_p^r(q_p^0,q_p^2)}{\partial (q_p^0)^2} & \frac{\partial^2 \Pi_p^r(q_p^0,q_p^2)}{\partial q_p^0 \partial q_p^2} \\ \frac{\partial^2 \Pi_p^r(q_p^0,q_p^2)}{\partial q_p^2 \partial q_p^0} & \frac{\partial^2 \Pi_p^r(q_p^0,q_p^2)}{\partial (q_p^2)^2} \end{vmatrix} > 0$$

可见 $\Pi_p^r(q_p^0,q_p^2)$ 的海塞矩阵是负定的，表明 $\Pi_p^r(q_p^0,q_p^2)$ 为 q_p^0 和 q_p^2 的联合凹函数。证毕。

定理 4.1 说明包含看跌期权的组合合同下使零售商期望利润最大的最优订货策略存在且唯一。根据定理 4.1，可以得到以下命题。

命题 4.1　包含看跌期权的组合合同下，零售商的最优固定订货量为

$$q_p^{0*} = F^{-1}\left(\frac{p-w-o_p}{p-e_p}\right)$$

零售商的最优看跌期权购买量为

$$q_p^{2*} = F^{-1}\left(\frac{p-w-o_p}{p-e_p}\right) - F^{-1}\left(\frac{o_p}{e_p}\right)$$

证明：由定理 4.1 可知，包含看跌期权的组合合同下使得零售商期望利润最大化的固定订货量和看跌期权购买量存在且唯一。令 $\frac{\partial \Pi_p^r(q_p^0,q_p^2)}{\partial q_p^0} = 0$ 和 $\frac{\partial \Pi_p^r(q_p^0,q_p^2)}{\partial q_p^2} = 0$，可得

$$\begin{cases} q_p^{0*} = F^{-1}\left(\frac{p-w-o_p}{p-e_p}\right) \\ q_p^{2*} = F^{-1}\left(\frac{p-w-o_p}{p-e_p}\right) - F^{-1}\left(\frac{o_p}{e_p}\right) \end{cases}$$

证毕。

由 $q_p^{2*} > 0$ 可推导出 $o_p < \frac{p-w}{p} e_p$，表明单位看跌期权的购买价格不应过高，否则零售商将不会订购看跌期权。本节假设成本参数满足该不等式。

由命题 4.1 可知，包含看跌期权的组合合同下零售商的最优订货策略与单位产品批发价格 w、单位看跌期权购买价格 o_p 及其执行价格 e_p 相关。由命题 4.1，可以得到以下推论。

推论 4.1　包含看跌期权的组合合同下，零售商的最优固定订货量 q_p^{0*} 和最优看跌期权购买量 q_p^{2*} 均是 (w,o_p) 的减函数，是 e_p 的增函数。

证明：由 $\frac{\partial q_p^{0*}}{\partial w} < 0$、$\frac{\partial q_p^{0*}}{\partial o_p} < 0$ 和 $\frac{\partial q_p^{0*}}{\partial e_p} > 0$ 可知，q_p^{0*} 是 (w,o_p) 的减函数，是 e_p 的增函数。

又由$\frac{\partial q_p^{2*}}{\partial w}<0$、$\frac{\partial q_p^{2*}}{\partial o_p}<0$和$\frac{\partial q_p^{2*}}{\partial e_p}>0$可知，$q_p^{2*}$是$(w,o_p)$的减函数，是$e_p$的增函数。证毕。

由推论 4.1 可知，随着单位产品批发价格w的增加，包含看跌期权的组合合同下零售商将减少其最优固定订货量q_p^{0*}和最优看跌期权购买量q_p^{2*}。这是因为，当单位产品批发价格越高时，零售商承担的单位产品购买成本越高，为避免成本过高，零售商将减少其最优固定订货量，这将促使零售商减少其最优看跌期权购买量。其次，随着单位看跌期权购买价格o_p的增加，包含看跌期权的组合合同下零售商将减少其最优固定订货量q_p^{0*}和最优看跌期权购买量q_p^{2*}。这是因为，当单位看跌期权购买价格越高时，零售商承担的单位看跌期权购买成本越高，为避免成本过高，零售商将减少其最优看跌期权购买量，这将促使零售商减少其最优固定订货量。最后，随着单位看跌期权执行价格e_p的增加，包含看跌期权的组合合同下零售商将增加其最优固定订货量q_p^{0*}和最优看跌期权购买量q_p^{2*}。这是因为，当单位看跌期权执行价格越高时，零售商获得的单位看跌期权执行收入越高，为获得更高的利润，零售商将增加其最优看跌期权购买量，这将促使零售商增加其最优固定订货量。综上所述，包含看跌期权的组合合同下合同参数的大小将直接影响零售商最优订货策略的制定。包含看跌期权的组合合同下单位产品批发价格和单位看跌期权购买价格设置较高将直接导致零售商最优固定订货量和最优看跌期权购买量减少，而单位看跌期权执行价格设置较高将直接导致零售商最优固定订货量和最优看跌期权购买量增加。

由命题 4.1，包含看跌期权的组合合同下零售商的最大期望利润$\Pi_p^{r*}(q_p^{0*},q_p^{2*})$为

$$\Pi_p^{r*}(q_p^{0*},q_p^{2*})=(p-w)q_p^{0*}-o_p q_p^{2*}-(p-e_p)\int_0^{q_p^{0*}}F(x)\mathrm{d}x-e_p\int_0^{q_p^{0*}-q_p^{2*}}F(x)\mathrm{d}x \tag{4-2}$$

由式(4-2)可知，包含看跌期权的组合合同下零售商的最大期望利润与单位产品批发价格w、单位看跌期权购买价格o_p及其执行价格e_p相关。由式(4-2)，可以得到以下推论。

推论 4.2　包含看跌期权的组合合同下，零售商的最大期望利润$\Pi_p^{r*}(q_p^{0*},q_p^{2*})$是$(w,o_p)$的减函数，是$e_p$的增函数。

证明：求式(4-2)关于w、o_p和e_p的一阶偏导，可得

$$\frac{\partial\Pi_p^{r*}(q_p^{0*},q_p^{2*})}{\partial w}=-q_p^{0*}+[(p-w-o_p)-(p-e_p)F(q_p^{0*})]\frac{\partial q_p^{0*}}{\partial w}=-q_p^{0*}<0$$

$$\frac{\partial\Pi_p^{r*}(q_p^{0*},q_p^{2*})}{\partial o_p}=-q_p^{2*}+[(p-w)-(p-e_p)F(q_p^{0*})-e_pF(q_p^{0*}-q_p^{2*})]\frac{\partial q_p^{0*}}{\partial o_p}$$

$$-[o_p-e_pF(q_p^{0*}-q_p^{2*})]\frac{\partial q_p^{2*}}{\partial o_p}=-q_p^{2*}<0$$

$$\frac{\partial\Pi_p^{r*}(q_p^{0*},q_p^{2*})}{\partial e_p}=\int_{q_p^{0*}-q_p^{2*}}^{q_p^{0*}}F(x)\mathrm{d}x+[(p-w)-(p-e_p)F(q_p^{0*})-e_pF(q_p^{0*}-q_p^{2*})]\frac{\partial q_p^{0*}}{\partial e_p}$$

$$-[o_p-e_pF(q_p^{0*}-q_p^{2*})]\frac{\partial q_p^{2*}}{\partial e_p}=\int_{q_p^{0*}-q_p^{2*}}^{q_p^{0*}}F(x)\mathrm{d}x>0$$

故 $\Pi_p^{r*}(q_p^{0*},q_p^{2*})$ 是 (w,o_p) 的减函数，是 e_p 的增函数。证毕。

由推论 4.2 可知，随着单位产品批发价格 w 的增加，包含看跌期权的组合合同下零售商的最大期望利润 Π_p^{r*} 将减小。这是因为，当单位产品批发价格越高时，零售商承担的单位产品购买成本越高，这将导致零售商的最大期望利润减小。其次，随着单位看跌期权购买价格 o_p 的增加，包含看跌期权的组合合同下零售商的最大期望利润 Π_p^{r*} 将减小。这是因为，当单位看跌期权购买价格越高时，零售商承担的单位看跌期权购买成本越高，这将导致零售商的最大期望利润减小。最后，随着单位看跌期权执行价格 e_p 的增加，包含看跌期权的组合合同下零售商的最大期望利润 Π_p^{r*} 将增大。这是因为，当单位看跌期权执行价格越高时，零售商获得的单位看跌期权执行收入越高，这将导致零售商的最大期望利润增加。综上所述，包含看跌期权的组合合同下合同参数的大小将直接影响零售商最大期望利润的高低。包含看跌期权的组合合同下单位产品批发价格和单位看跌期权购买价格设置较高将直接导致零售商的最大期望利润减小，而单位看跌期权执行价格设置较高将直接导致零售商的最大期望利润增大。

推论 4.1 和推论 4.2 表明，看跌期权合同能为零售商提供订货柔性来规避需求风险。包含看跌期权的组合合同下，单位产品批发价格、单位看跌期权的购买价格及其执行价格应被合理设置，从而使得零售商愿意采用该合同进行订货。

4.1.3　讨论

下面分别讨论单周期情景下看跌期权合同、需求风险和合同参数对零售商最优订货策略和最大期望利润的影响，并给出相应的管理启示。

4.1.3.1　看跌期权合同的影响

这里将批发价合同情形(详见第 2.1 节)作为基准，用来与包含看跌期权的组合合同情形进行比较，讨论单周期情景下看跌期权合同的运用对零售商最优订货策略和最大期望利润的影响，可以得到如下命题。

命题 4.2　包含看跌期权的组合合同下零售商的最优固定订货量大于批发价合同下零售商的最优固定订货量，即 $q_p^{0*}>q_w^{0*}$。

证明：由 $o_p<\dfrac{p-w}{p}e_p$ 可推导出 $q_p^{0*}=F^{-1}\left(\dfrac{p-w-o_p}{p-e_p}\right)>F^{-1}\left(\dfrac{p-w}{p}\right)=q_w^{0*}$，故 $q_p^{0*}>q_w^{0*}$。证毕。

由命题 4.2 可知，单周期情景下看跌期权合同的运用会对零售商的最优订货策略产生影响。包含看跌期权的组合合同下，一旦发生市场需求低于固定订货量的情形，零售商可以通过执行看跌期权退还部分剩余的产品。这表明联合利用批发价合同与看跌期权合同进行采购时，零售商能够根据实际的市场需求向下调整其采购数量。故与传统的批发价合同相比，包含看跌期权的组合合同下零售商愿意增加其最优固定订货量，以避免因订货过少而导致顾客流失的风险增加。因此，包含看跌期权的组合合同下零售商的最优固定订货量始终大于批发价合同下零售商的最优固定订货量。

值得注意的是，该结论与包含看涨期权的组合合同下的结论截然相反。根据命题 3.3 的结论，包含看涨期权的组合合同下零售商的最优固定订货量始终小于批发价合同下零售商的最优固定订货量。之所以这样，原因在于这两种期权合同赋予零售商的权利是不一样的。看涨期权合同赋予的是增加部分额外产品的权利，而看跌期权合同赋予的是退还部分剩余产品的权利。包含看涨期权的组合合同下，零售商在减少最优固定订货量的情形下能获得部分额外的产品。而包含看跌期权的组合合同下，零售商在减少最优固定订货量的情形下不能获得部分额外的产品，只能退还部分剩余的产品。因此，联合利用批发价合同与看涨期权合同进行采购时，零售商将减少其最优固定订货量。而联合利用批发价合同与看跌期权合同进行采购时，零售商将增加其最优固定订货量。

命题 4.3 包含看跌期权的组合合同下零售商的最大期望利润大于批发价合同下零售商的最大期望利润，即 $\Pi_p^{r*}(q_p^{0*},q_p^{2*})>\Pi_w^{r*}(q_w^{0*})$。

证明：令 $\Delta_1(q_p^{2*})=\Pi_p^{r*}(q_w^{0*},q_p^{2*})-\Pi_w^{r*}(q_w^{0*})$，有

$$\Delta_1(q_p^{2*})=-o_p q_p^{2*}+e_p\int_{q_w^{0*}-q_p^{2*}}^{q_w^{0*}}F(x)\mathrm{d}x$$

由 $\Delta_1(0)=0$ 和 $\left.\dfrac{\mathrm{d}\Delta_1(q_p^{2*})}{\mathrm{d}q_p^{2*}}\right|_{q_p^{2*}=0}=-o_p+e_pF(q_w^{0*})=e_p\left[-\dfrac{o_p}{e_p}+F(q_w^{0*})\right]>0$ 可推导出 $\Delta_1(q_p^{2*})>0$，故 $\Pi_p^{r*}(q_w^{0*},q_p^{2*})>\Pi_w^{r*}(q_w^{0*})$。又因 $\Pi_p^{r*}(q_p^{0*},q_p^{2*})>\Pi_p^{r*}(q_w^{0*},q_p^{2*})$，故 $\Pi_p^{r*}(q_p^{0*},q_p^{2*})>\Pi_w^{r*}(q_w^{0*})$。证毕。

由命题 4.3 可知，单周期情景下看跌期权合同的运用会对零售商的最大期望利润产生影响。包含看跌期权的组合合同下，零售商须在销售开始前支付购买看跌期权的费用，然而其却获得了在销售期末退还部分剩余产品的权利。故该情形下零售商在销售期末可通过执行看跌期权以转移部分库存积压的风险。对零售商而言，其在包含看跌期权的组合合同下获得的收益远大于其所付出的代价。这意味着与传统的批发价合同相比，包含看跌期权的组合合同下零售商能够获得更大的期望利润。因此，包含看跌期权的组合合同下零售商的最大期望利润始终大于批发价合同下零售商的最大期望利润。因此，出于自身利润的考虑，零售商倾向于采用既订购产品又订购看跌期权的组合订货方式。

命题 4.2 和命题 4.3 表明，看跌期权合同的运用将使零售商提高其服务水平，降低其库存风险，增加其最大期望利润。该结论能帮助零售商更好地运用看跌期权合同来制定其最优订货策略，增加其最大期望利润。

4.1.3.2 需求风险的影响

这里将利用数值分析的方法，讨论单周期情景下需求风险(具体表现为市场需求的方差 σ) 的变化对零售商最优订货策略和最大期望利润的影响，并给出相应的管理启示。

固定 $p=19$，$w=9$，$o_p=0.4$ 和 $e_p=8$，在随机变量 D 分别服从 $N(100,30^2)$、$N(100,35^2)$、$N(100,40^2)$、$N(100,45^2)$ 和 $N(100,50^2)$ 的正态分布下(即均值 μ 为 100，方

差σ分别为 30、35、40、45 和 50)，应用 Matlab 编程计算相应的待考察变量(如q_p^{0*}、q_p^{2*}和Π_p^{r*}等)对应于σ变化的值，通过 Excel 画图工具绘出相应的变化曲线，如图 4-1 所示(虚线表示不考虑期权合同的情形，实线表示考虑看跌期权合同的情形)。

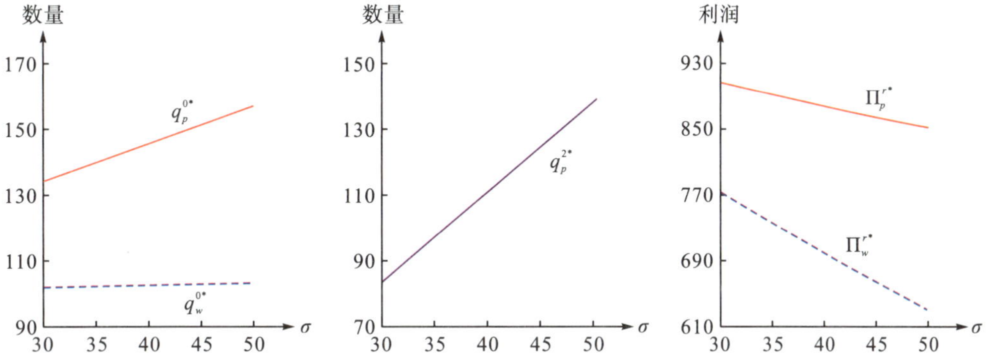

图 4-1　σ的变化对零售商单周期决策和绩效的影响

从图 4-1 可以看出，随着需求风险σ的增加，批发价合同下零售商的最优固定订货量q_w^{0*}将略微增加；包含看跌期权的组合合同下零售商的最优固定订货量q_p^{0*}将明显增加，其最优看跌期权购买量q_p^{2*}也将明显增加。其次，随着需求风险σ的增加，包含看跌期权的组合合同下零售商的最优固定订货量q_p^{0*}始终大于批发价合同下零售商的最优固定订货量q_w^{0*}。上述结论证明了命题 4.2。最后，随着需求风险σ的增加，包含看跌期权的组合合同下零售商的最优固定订货量与批发价合同下零售商的最优固定订货量之间的差距$\left|q_p^{0*}-q_w^{0*}\right|$将明显增大。从图 4-1 还可以看出，随着需求风险σ的增加，批发价合同下零售商的最大期望利润Π_w^{r*}将明显减小；包含看跌期权的组合合同下零售商的最大期望利润Π_p^{r*}将明显减小。其次，随着需求风险σ的增加，包含看跌期权的组合合同下零售商的最大期望利润Π_p^{r*}始终大于批发价合同下零售商的最大期望利润Π_w^{r*}。上述结论证明了命题 4.3。最后，随着需求风险σ的增加，包含看跌期权的组合合同下零售商的最大期望利润与批发价合同下零售商的最大期望利润之间的差距$\left|\Pi_p^{r*}-\Pi_w^{r*}\right|$将明显增大。综上所述，需求风险的增加对零售商而言是不利的。因此，在实际运营过程中，风险动态监测机制的建立、先进预测技术的使用和科学分析方法的应用对企业而言是至关重要的。

4.1.3.3　合同参数的影响

这里将利用数值分析的方法，讨论单周期情景下合同参数(具体表现为单位产品批发价格w、单位看跌期权的购买价格o_p及其执行价格e_p)的变化对零售商最优订货策略和最大期望利润的影响，并给出相应的管理启示。为便于数值分析，令$p=19$，$w=9$，$o_p=0.4$，$e_p=8$和$D\sim N(100,40^2)$。其余参数根据后续讨论赋值。

首先讨论单周期情景下单位产品批发价格 w 的变化对零售商最优订货策略和最大期望利润的影响。保持随机变量 D 的均值和方差不变，固定 $o_p=0.4$ 和 $e_p=8$。在单位产品批发价格 w 分别为 8.6、8.8、9.0、9.2 和 9.4 的情况下，应用 Matlab 编程计算相应的待考察变量(如 q_p^{0*}、q_p^{2*} 和 Π_p^{r*} 等)对应于 w 变化的值，通过 Excel 画图工具绘出相应的变化曲线，如图 4-2 所示(虚线表示不考虑期权合同的情形，实线表示考虑看跌期权合同的情形)。

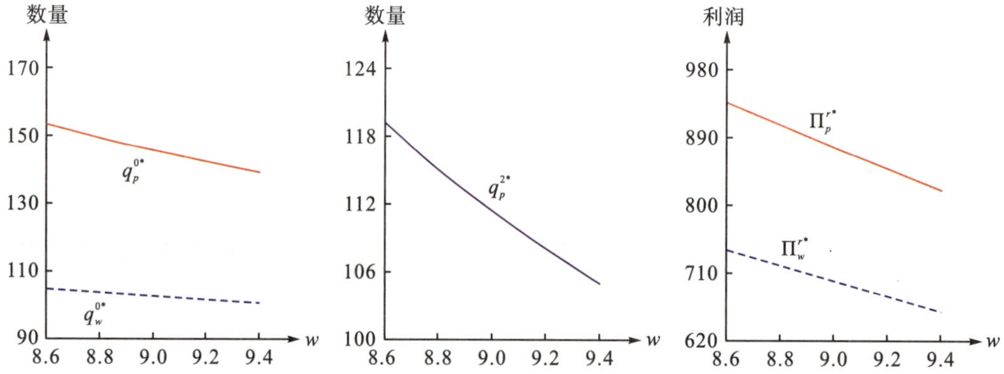

图 4-2 w 的变化对零售商单周期决策和绩效的影响

从图 4-2 可以看出，随着单位产品批发价格 w 的增加，批发价合同下零售商的最优固定订货量 q_w^{0*} 将明显减少；包含看跌期权的组合合同下零售商的最优固定订货量 q_p^{0*} 将明显减少，其最优看跌期权购买量 q_p^{2*} 也将明显减少。上述结论证明了推论 4.1。其次，随着单位产品批发价格 w 的增加，包含看跌期权的组合合同下零售商的最优固定订货量 q_p^{0*} 始终大于批发价合同下零售商的最优固定订货量 q_w^{0*}。上述结论证明了命题 4.2。最后，随着单位产品批发价格 w 的增加，包含看跌期权的组合合同下零售商的最优固定订货量与批发价合同下零售商的最优固定订货量之间的差距 $\left|q_p^{0*}-q_w^{0*}\right|$ 将明显减小。从图 4-2 还可以看出，随着单位产品批发价格 w 的增加，批发价合同下零售商的最大期望利润 Π_w^{r*} 将明显减小；包含看跌期权的组合合同下零售商的最大期望利润 Π_p^{r*} 将明显减小。上述结论证明了推论 4.2。其次，随着单位产品批发价格 w 的增加，包含看跌期权的组合合同下零售商的最大期望利润 Π_p^{r*} 始终大于批发价合同下零售商的最大期望利润 Π_w^{r*}。上述结论证明了命题 4.3。最后，随着单位产品批发价格 w 的增加，包含看跌期权的组合合同下零售商的最大期望利润与批发价合同下零售商的最大期望利润之间的差距 $\left|\Pi_p^{r*}-\Pi_w^{r*}\right|$ 将明显减小。

接着讨论单周期情景下单位看跌期权的购买价格 o_p 的变化对零售商最优订货策略和最大期望利润的影响。保持随机变量 D 的均值和方差不变，固定 $w=9$ 和 $e_p=8$。在单位看跌期权的购买价格 o_c 分别为 0.2、0.3、0.4、0.5 和 0.6 的情况下，应用 Matlab 编程计算相应的待考察变量(如 q_p^{0*}、q_p^{2*} 和 Π_p^{r*} 等)对应于 o_p 变化的值，通过 Excel 画图工具绘出相应的变化曲线，如图 4-3 所示(虚线表示不考虑期权合同的情形，实线表示考虑看跌期权合同的情形)。

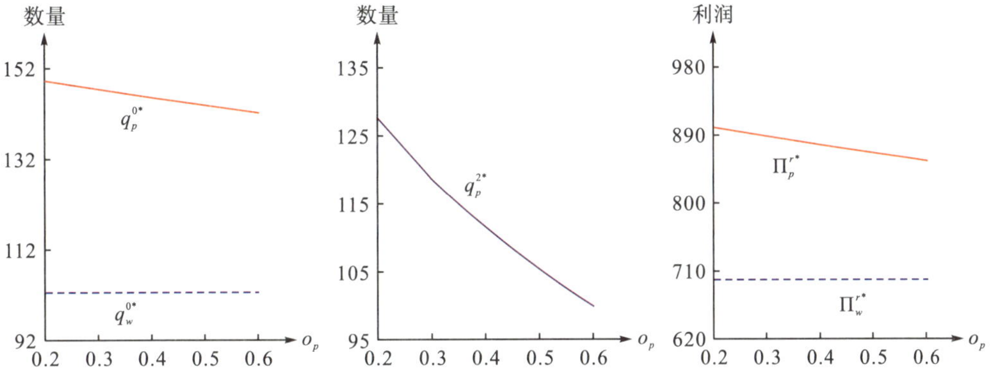

图 4-3　o_p 的变化对零售商单周期决策和绩效的影响

从图 4-3 可以看出，随着单位看跌期权的购买价格 o_p 的增加，批发价合同下零售商的最优固定订货量 q_w^{0*} 将没有变化；包含看跌期权的组合合同下零售商的最优固定订货量 q_p^{0*} 将明显减少，其最优看跌期权购买量 q_p^{2*} 也将明显减少。上述结论证明了推论 4.1。其次，随着单位看跌期权的购买价格 o_p 的增加，包含看跌期权的组合合同下零售商的最优固定订货量 q_p^{0*} 始终大于批发价合同下零售商的最优固定订货量 q_w^{0*}。上述结论证明了命题 4.2。最后，随着单位看跌期权的购买价格 o_p 的增加，包含看跌期权的组合合同下零售商的最优固定订货量与批发价合同下零售商的最优固定订货量之间的差距 $\left|q_p^{0*}-q_w^{0*}\right|$ 将明显减小。从图 4-3 还可以看出，随着单位看跌期权的购买价格 o_p 的增加，批发价合同下零售商的最大期望利润 Π_w^{r*} 将没有变化；包含看跌期权的组合合同下零售商的最大期望利润 Π_p^{r*} 将明显减小。上述结论证明了推论 4.2。其次，随着单位看跌期权的购买价格 o_p 的增加，包含看跌期权的组合合同下零售商的最大期望利润 Π_p^{r*} 始终大于批发价合同下零售商的最大期望利润 Π_w^{r*}。上述结论证明了命题 4.3。最后，随着单位看跌期权的购买价格 o_p 的增加，包含看跌期权的组合合同下零售商的最大期望利润与批发价合同下零售商的最大期望利润之间的差距 $\left|\Pi_p^{r*}-\Pi_w^{r*}\right|$ 将明显减小。

最后讨论单周期情景下单位看跌期权的执行价格 e_p 的变化对零售商最优订货策略和最大期望利润的影响。保持随机变量 D 的均值和方差不变，固定 $w=9$ 和 $o_p=0.4$。在单位看跌期权的执行价格 e_p 分别为 7.6、7.8、8.0、8.2 和 8.4 的情况下，应用 Matlab 编程计算相应的待考察变量(如 q_p^{0*}、q_p^{2*} 和 Π_p^{r*} 等)对应于 e_p 变化的值，通过 Excel 画图工具绘出相应的变化曲线，如图 4-4 所示(虚线表示不考虑期权合同的情形，实线表示考虑看跌期权合同的情形)。

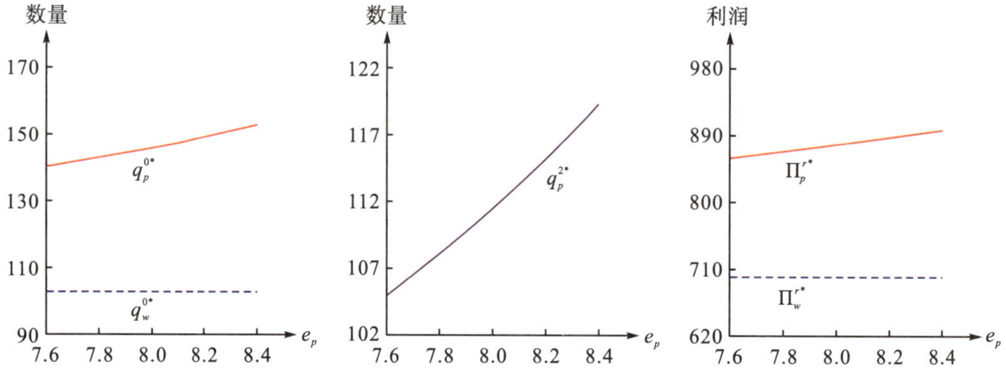

图 4-4 e_p 的变化对零售商单周期决策和绩效的影响

从图 4-4 可以看出，随着单位看跌期权的执行价格 e_p 的增加，批发价合同下零售商的最优固定订货量 q_w^{0*} 将没有变化；包含看跌期权的组合合同下零售商的最优固定订货量 q_p^{0*} 将明显增加，其最优看跌期权购买量 q_p^{2*} 也将明显增加。上述结论证明了推论 4.1。其次，随着单位看跌期权的执行价格 e_p 的增加，包含看跌期权的组合合同下零售商的最优固定订货量 q_p^{0*} 始终大于批发价合同下零售商的最优固定订货量 q_w^{0*}。上述结论证明了命题 4.2。最后，随着单位看跌期权的执行价格 e_p 的增加，包含看跌期权的组合合同下零售商的最优固定订货量与批发价合同下零售商的最优固定订货量之间的差距 $\left|q_p^{0*}-q_w^{0*}\right|$ 将明显增大。从图 4-4 还可以看出，随着单位看跌期权的执行价格 e_p 的增加，批发价合同下零售商的最大期望利润 Π_w^{r*} 将没有变化；包含看跌期权的组合合同下零售商的最大期望利润 Π_p^{r*} 将明显增大。上述结论证明了推论 4.2。其次，随着单位看跌期权的执行价格 e_p 的增加，包含看跌期权的组合合同下零售商的最大期望利润 Π_p^{r*} 始终大于批发价合同下零售商的最大期望利润 Π_w^{r*}。上述结论证明了命题 4.3。最后，随着单位看跌期权的执行价格 e_p 的增加，包含看跌期权的组合合同下零售商的最大期望利润与批发价合同下零售商的最大期望利润之间的差距 $\left|\Pi_p^{r*}-\Pi_w^{r*}\right|$ 将明显增大。

4.2 多周期拓展模型

本节从多周期情景出发，构建考虑看跌期权合同情形下零售商的多周期订货模型，研究该情形下零售商的最优订货策略结构，提供近似算法来估计相应的最优策略参数，并讨论看跌期权合同、需求风险和合同参数对零售商近似最优策略参数和近似最大期望折扣总利润的影响。

4.2.1 问题描述与假设

考虑一个面临随机需求的零售商采购一类耐用品(如电冰箱、汽车、机械设备等)并销售给终端消费者。由于耐用品的销售期被划分为 n 个周期(以 $1,\cdots,n$ 表示)，零售商在任意周期 $t(t=1,\cdots,n)$ 销售开始前决策，一旦销售开始零售商将没有机会补货。本节用到的参数和变量见表 4-2。

表 4-2　符号定义

符号	定义
D_t	第 t 周期时零售商面临的随机需求，连续、可导
$f_t(\cdot)$	D_t 的概率密度函数
$F_t(\cdot)$	D_t 的累积分布函数，非负、可逆、严格递增，且 $F_t(0)=0$
p_t	第 t 周期时单位产品的零售价格
w_t	第 t 周期时单位产品的批发价格
o_{pt}	第 t 周期时单位看跌期权的购买价格
e_{pt}	第 t 周期时单位看跌期权的执行价格
h_t	第 t 周期时单位产品的储存成本
w_{n+1}	第 n 周期时单位剩余产品的残值
I_{pt}^r	第 t 周期期初零售商的库存水平，且 $I_{p1}^r=0$
α	折现因子，且 $0<\alpha\leqslant 1$
q_{pt}^0	考虑看跌期权合同时零售商在第 t 周期的固定订货量
q_{pt}^2	考虑看跌期权合同时零售商在第 t 周期的看跌期权购买量

在任意周期 $t(t=1,\cdots,n)$，零售商需确定是否运用以及如何运用看跌期权合同进行采购。看跌期权合同由两个参数刻画：一是单位看跌期权的购买价格，二是单位看跌期权的执行价格。在任意周期 $t(t=1,\cdots,n)$，零售商通过在销售开始前支付看跌期权购买费用购买一定数量的看跌期权，获得在销售期末以约定的看跌期权执行价格退还不超过看跌期权购买量的任意数量产品的权利。看跌期权合同能为零售商提供向下柔性调整订货数量的权利。

模型的事件序列如下：在第 t 周期销售开始前，零售商订购一定数量的产品和看跌期权；在第 t 周期销售开始时，零售商通过固定订货获得产品；在第 t 周期销售期末，零售商可根据剩余产品的数量来执行看跌期权进行退货，零售商剩余的产品将用于满足下一周期的市场需求；在第 n 周期销售期末，零售商剩余的产品可获得一定的残值。

假定零售商是风险中性和完全理性的，以最大化期望折扣总利润为目标。零售商在第 1 周期期初的库存水平为零。为不失一般性，进一步做如下假设：

假设 1 $p_t > w_t + o_{pt} > e_{pt}$，保证零售商在第 t 周期能够获利；

假设 2 $w_t > e_{pt} - o_{pt}$，避免零售商在第 t 周期通过执行看跌期权套利；

假设 3 $e_{pt} + h_t > \alpha w_{t+1}$，避免零售商在第 t 周期通过随意执行看跌期权来获利。

定义 $z^+ = \max(0,z)$，$\bar{F}_t(\cdot) = 1 - F_t(\cdot)$。

4.2.2 考虑看跌期权合同模型

考虑看跌期权合同时，零售商在第 t 周期有两个决策变量：①固定订货量 q_{pt}^0；②看跌期权购买量 q_{pt}^2。令 $y_{pt} = I_{pt}^r + q_{pt}^0$，该决策变量表示零售商在第 t 周期收到固定订货后的库存水平。令 $\underline{y}_{pt} = I_{pt}^r + q_{pt}^0 - q_{pt}^2$，该决策变量表示零售商在第 t 周期执行全部看跌期权后的库存水平。决策 (q_{pt}^0, q_{pt}^2) 等同于决策 $(y_{pt}, \underline{y}_{pt})$。当第 t 周期市场需求 D_t 大于等于 y_{pt} 时，零售商将不执行看跌期权；当第 t 周期市场需求 D_t 大于 $\underline{y}_{pt}$ 而小于 y_{pt} 时，零售商将执行部分的看跌期权；当第 t 周期市场需求 D_t 小于等于 $\underline{y}_{pt}$ 时，零售商将执行全部的看跌期权。零售商在第 t 周期的期望利润 $\pi_{pt}^r(y_{pt}, \underline{y}_{pt})$ 为

$$\begin{aligned}\pi_{pt}^r(y_{pt}, \underline{y}_{pt}) &= p_t E\min(y_{pt}, D_t) - w_t(y_{pt} - I_{pt}^r) - o_{pt}(y_{pt} - \underline{y}_{pt}) \\ &\quad + e_{pt} E\min[(y_{pt} - \underline{y}_{pt}), (y_{pt} - D_t)^+] - h_t E(\underline{y}_{pt} - D_t)^+\end{aligned} \tag{4-3}$$

等式右边的第 1 项表示第 t 周期的期望销售收入；第 2 项表示第 t 周期产品的购买成本；第 3 项表示第 t 周期看跌期权的购买成本；第 4 项表示第 t 周期看跌期权的执行收入；第 5 项表示第 t 周期剩余产品的储存成本。

因此，零售商从第1周期到第 n 周期的期望折扣总利润 $\Pi_p^r(y_{p1}, \cdots, y_{pn}; \underline{y}_{p1}, \cdots, \underline{y}_{pn})$ 为

$$\Pi_p^r(y_{p1}, \cdots, y_{pn}; \underline{y}_{p1}, \cdots, \underline{y}_{pn}) = \sum_{t=1}^{n} \alpha^{t-1} \pi_{pt}^r(y_{pt}, \underline{y}_{pt}) + \alpha^n w_{n+1} I_{pn+1}^r \tag{4-4}$$

其中，$I_{pt}^r = E(\underline{y}_{pt-1} - D_{t-1})^+$，该状态变量表示零售商在第 $t-1$ 周期期末的库存水平，也表示零售商在第 t 周期期初的库存水平。

令 $V_{pt}^r(I_{pt}^r)$ 表示考虑看跌期权合同时零售商在第 t 周期期初库存水平为 I_{pt}^r 的前提下从第 t 周期到第 n 周期的最大期望折扣总利润(即 profit-to-go 函数)。零售商的动态规划问题为

$$V_{pt}^r(I_{pt}^r) = w_t I_{pt}^r + \max_{y_{pt} \geqslant \underline{y}_{pt} \geqslant I_{pt}^r} \{U_{pt}^r(y_{pt}, \underline{y}_{pt})\} \tag{4-5}$$

其中，$V_{pn+1}^r(I_{pn+1}^r) = w_{n+1} I_{pn+1}^r$，且

$$U_{pt}^r(y_{pt}, \underline{y}_{pt}) = H_{pt}^r(y_{pt}, \underline{y}_{pt}) + \alpha E V_{pt+1}^r[(\underline{y}_{pt} - D_t)^+] \tag{4-6}$$

$$\begin{aligned}H_{pt}^r(y_{pt}, \underline{y}_{pt}) &= p_t E\min(y_{pt}, D_t) - w_t y_{pt} - o_{pt}(y_{pt} - \underline{y}_{pt}) + e_p E\min[(y_{pt} - \underline{y}_{pt}), (y_{pt} - D_t)^+] \\ &\quad - h_t E(\underline{y}_{pt} - D_t)^+\end{aligned} \tag{4-7}$$

式(4-7)表示考虑看跌期权合同时零售商在第 t 周期期初库存水平为 0 且期末剩余产品残值为 0 的前提下第 t 周期的期望利润，意味着零售商在第 t 周期期末没有剩余产品可以折现。

为简化模型，令 $V_{pt}^{r+}(I_{pt}^{r})=V_{pt}^{r}(I_{pt}^{r})-w_{t}I_{pt}^{r}$，上述递归方程变为

$$V_{pt}^{r+}(I_{pt}^{r})=\max_{y_{pt}\geqslant \underline{y}_{pt}\geqslant I_{pt}^{r}}\{U_{pt}^{r+}(y_{pt},\underline{y}_{pt})\} \tag{4-8}$$

其中，$V_{pn+1}^{r+}(I_{pn+1}^{r})=0$，且

$$U_{pt}^{r+}(y_{pt},\underline{y}_{pt})=H_{pt}^{r+}(y_{pt},\underline{y}_{pt})+\alpha EV_{pt+1}^{r+}[(\underline{y}_{pt}-D_{t})^{+}] \tag{4-9}$$

$$\begin{aligned}H_{pt}^{r+}(y_{pt},\underline{y}_{pt})=&\ p_{t}E\min(y_{pt},D_{t})-w_{t}y_{pt}-o_{pt}(y_{pt}-\underline{y}_{pt})+e_{p}E\min[(y_{pt}-\underline{y}_{pt}),(y_{pt}-D_{t})^{+}]\\&-(h_{t}-\alpha w_{t+1})E(\underline{y}_{pt}-D_{t})^{+}\end{aligned} \tag{4-10}$$

式(4-10)表示考虑看跌期权合同时零售商在第 t 周期期初库存水平为 0 的前提下第 t 周期的期望利润，意味着零售商在第 t 周期期末可将剩余产品以 αw_{t+1} 的价值折现。基于上述模型分析，可以得到以下定理。

定理 4.2　在任意周期 $t(t=1,\cdots,n)$，$V_{pt}^{r+}(I_{pt}^{r})$ 是 I_{pt}^{r} 的凹函数。

证明：在第 n 周期时，由于 $V_{pn+1}^{r+}(I_{pn+1}^{r})=0$，$U_{pn}^{r+}(y_{pn},\underline{y}_{pn})$ 仅由 $H_{pn}^{r+}(y_{pn},\underline{y}_{pn})$ 一个凹函数构成。因此，$U_{pn}^{r+}(y_{pn},\underline{y}_{pn})$ 是 y_{pn} 和 $\underline{y}_{pn}$ 的联合凹函数。由于 $y_{pn}\geqslant\underline{y}_{pn}\geqslant I_{pn}^{r}$，故 $V_{pn}^{r+}(I_{pn}^{r})$ 为 I_{pn}^{r} 的凹函数。在第 $t(t\neq n)$ 周期时，由于 $V_{pt+1}^{r+}[(\underline{y}_{pt}-D_{t})^{+}]$ 是凹函数，$U_{pt}^{r+}(y_{pt},\underline{y}_{pt})$ 由 $H_{pt}^{r+}(y_{pt},\underline{y}_{pt})$ 和 $V_{pt+1}^{r+}[(\underline{y}_{pt}-D_{t})^{+}]$ 两个凹函数构成。因此，$U_{pt}^{r+}(y_{pt},\underline{y}_{pt})$ 是 y_{pt} 和 $\underline{y}_{pt}$ 的联合凹函数。由于 $y_{pt}\geqslant\underline{y}_{pt}\geqslant I_{pt}^{r}$，故 $V_{pt}^{r+}(I_{pt}^{r})$ 为 I_{pt}^{r} 的凹函数。证毕。

定理 4.2 说明考虑看跌期权合同时使零售商从第1周期到第 n 周期的期望折扣总利润最大的最优订货策略存在且唯一。根据定理 4.2，可以得到以下命题。

命题 4.4　考虑看跌期权合同时，零售商在第 t 周期的最优固定订货量为

$$q_{pt}^{0*}=\begin{cases}\overline{s}_{pt}^{*}-I_{pt}^{r}, & I_{pt}^{r}\leqslant\overline{s}_{pt}^{*}\\0\quad, & I_{pt}^{r}>\overline{s}_{pt}^{*}\end{cases}$$

零售商在第 t 周期的最优看跌期权购买量为

$$q_{pt}^{2*}=\begin{cases}\overline{s}_{pt}^{*}-\underline{s}_{pt}^{*}, & I_{pt}^{r}\leqslant\underline{s}_{pt}^{*}\\\overline{s}_{pt}^{*}-I_{pt}^{r}, & \underline{s}_{pt}^{*}<I_{pt}^{r}\leqslant\overline{s}_{pt}^{*}\\0\quad, & I_{pt}^{r}>\overline{s}_{pt}^{*}\end{cases}$$

其中，$\underline{s}_{pt}^{*}\in\arg\max_{\underline{y}_{pt}}\{U_{pt}^{r+}(y_{pt},\underline{y}_{pt})\}$，$\overline{s}_{pt}^{*}\in\arg\max_{y_{pt}}\{U_{pt}^{r+}(y_{pt},\underline{y}_{pt})\}$。

证明：由定理 4.2 可知，决策变量 y_{pt} 的最优解为

$$y_{pt}^{*}=\begin{cases}\overline{s}_{pt}^{*}, & I_{pt}^{r}\leqslant\overline{s}_{pt}^{*}\\I_{pt}^{r}, & I_{pt}^{r}>\overline{s}_{pt}^{*}\end{cases}$$

这里 $\overline{s}_{pt}^{*}\in\arg\max_{y_{pt}}\{U_{pt}^{r+}(y_{pt},\underline{y}_{pt})\}$。决策变量 $\underline{y}_{pt}$ 的最优解为

$$\underline{y}_{pt}^{*}=\begin{cases}\underline{s}_{pt}^{*}, & I_{pt}^{r}\leqslant\underline{s}_{pt}^{*}\\I_{pt}^{r}, & I_{pt}^{r}>\underline{s}_{pt}^{*}\end{cases}$$

这里 $\underline{s}_{pt}^{*}\in\arg\max_{\underline{y}_{pt}}\{U_{pt}^{r+}(y_{pt},\underline{y}_{pt})\}$。

由于 $q_{pt}^{0*}=y_{pt}^{*}-I_{pt}^{r}$，决策变量 q_{pt}^{0} 的最优解为

$$q_{pt}^{0*}=\begin{cases}\overline{s}_{pt}^{*}-I_{pt}^{r}, & I_{pt}^{r}\leqslant\overline{s}_{pt}^{*}\\0 \quad, & I_{pt}^{r}>\overline{s}_{pt}^{*}\end{cases}$$

由于 $q_{pt}^{2*}=y_{pt}^{*}-\underline{y}_{pt}^{*}$，决策变量 q_{pt}^{2} 的最优解为

$$q_{pt}^{2*}=\begin{cases}\overline{s}_{pt}^{*}-\underline{s}_{pt}^{*}, & I_{pt}^{r}\leqslant\underline{s}_{pt}^{*}\\\overline{s}_{pt}^{*}-I_{pt}^{r}, & \underline{s}_{pt}^{*}<I_{pt}^{r}\leqslant\overline{s}_{pt}^{*}\\0 \quad, & I_{pt}^{r}>\overline{s}_{pt}^{*}\end{cases}$$

证毕。

由命题4.4可知，考虑看跌期权合同时零售商在第 t 周期的最优订货策略为order-up-to类型，即该最优订货策略将使零售商收到固定订货后的库存水平尽可能达到或接近某一目标库存水平，并使零售商执行全部看跌期权后的库存水平尽可能达到或接近另一目标库存水平。具体操作如下：当第 t 周期期初库存水平 I_{pt}^{r} 小于等于 $\underline{s}_{pt}^{*}$ 时，零售商需订购不同数量的产品和看跌期权；当第 t 周期期初库存水平 I_{pt}^{r} 大于 $\underline{s}_{pt}^{*}$ 而小于等于 $\overline{s}_{pt}^{*}$ 时，零售商需订购相同数量的产品和看跌期权；当第 t 周期期初库存水平 I_{pt}^{r} 大于 $\overline{s}_{pt}^{*}$ 时，零售商无需订购任意数量的产品和看跌期权。值得注意的是，$\overline{s}_{pt}^{*}$ 和 $\underline{s}_{pt}^{*}$ 为考虑看跌期权合同时零售商在第 t 周期的最优策略参数，$\overline{s}_{pt}^{*}$ 表示零售商在第 t 周期收到固定订货后最优库存水平的下限临界值，$\underline{s}_{pt}^{*}$ 表示零售商在第 t 周期执行全部看跌期权后最优库存水平的下限临界值。显然，考虑看跌期权合同时零售商在多周期情景下的最优订货策略比其在单周期情景下的最优订货策略更加复杂。在多周期情形下，随着零售商第 t 周期期初库存水平 I_{pt}^{r} 处于不同的范围，其最优订货策略的形式和目标库存水平的高低均存在差异，需要零售商灵活应对。此外，最优策略参数 $\overline{s}_{pt}^{*}$ 和 $\underline{s}_{pt}^{*}$ 与第 t 周期单位产品批发价格 w_t 、第 t 周期单位看跌期权购买价格 o_{pt} 及其执行价格 e_{pt} 相关。由命题4.4，可以得到以下推论。

推论4.3　在任意周期 $t(t=1,\cdots,n)$，$\overline{s}_{pt}^{*}$ 是 (w_t,o_{pt}) 的减函数，是 e_{pt} 的增函数；$\underline{s}_{pt}^{*}$ 是 e_{pt} 的减函数，是 o_{pt} 的增函数，与 w_t 无关。

证明：由 $\frac{\partial^2 U_{pt}^{r+}(y_{pt},\underline{y}_{pt})}{\partial y_{pt}\partial w_t}<0$ 、$\frac{\partial^2 U_{pt}^{r+}(y_{pt},\underline{y}_{pt})}{\partial y_{pt}\partial o_{pt}}<0$ 和 $\frac{\partial^2 U_{pt}^{r+}(y_{pt},\underline{y}_{pt})}{\partial y_{pt}\partial e_{pt}}>0$ 可知，$U_{pt}^{r+}(y_{pt},\underline{y}_{pt})$ 是关于 y_{pt} 和 w_t 的次模(submodular)函数，是关于 y_{pt} 和 o_{pt} 的次模(submodular)函数，是关于 y_{pt} 和 e_{pt} 的超模(supermodular)函数。因此，$\overline{s}_{pt}^{*}$ 是 (w_t,o_{pt}) 的减函数，是 e_{pt} 的增函数。又由 $\frac{\partial^2 U_{pt}^{r+}(y_{pt},\underline{y}_{pt})}{\partial \underline{y}_{pt}\partial w_t}=0$ 、$\frac{\partial^2 U_{pt}^{r+}(y_{pt},\underline{y}_{pt})}{\partial \underline{y}_{pt}\partial o_{pt}}>0$ 和 $\frac{\partial^2 U_{pt}^{r+}(y_{pt},\underline{y}_{pt})}{\partial \underline{y}_{pt}\partial e_{pt}}<0$ 可知，$U_{pt}^{r+}(y_{pt},\underline{y}_{pt})$ 仅是关于 $\underline{y}_{pt}$ 和 o_{pt} 的超模(supermodular)函数，是关于 $\underline{y}_{pt}$ 和 e_{pt} 的次模(submodular)函数。因此，$\underline{s}_{pt}^{*}$ 是 e_{pt} 的减函数，是 o_{pt} 的增函数，与 w_t 无关。证毕。

由推论4.3可知，随着第 t 周期单位产品批发价格 w_t 的增加，考虑看跌期权合同时零售商将减少其在第 t 周期的最优固定订货量 q_{pt}^{0*} 和最优看跌期权购买量 q_{pt}^{2*}。这是因为，当第 t 周期单位产品批发价格越高时，零售商在第 t 周期承担的单位产品购买成本越高，为

避免成本过高，零售商将减少其在第 t 周期的最优固定订货量，这将促使零售商减少其在第 t 周期的最优看跌期权购买量。其次，随着第 t 周期单位看跌期权购买价格 o_{pt} 的增加，考虑看跌期权合同时零售商将减少其在第 t 周期的最优固定订货量 q_{pt}^{0*} 和最优看跌期权购买量 q_{pt}^{2*}。这是因为，当第 t 周期单位看跌期权购买价格越高时，零售商在第 t 周期承担的单位看跌期权购买成本越高，为避免成本过高，零售商将减少其在第 t 周期的最优看跌期权购买量，这将促使零售商减少其在第 t 周期的最优固定订货量。最后，随着第 t 周期单位看跌期权执行价格 e_{pt} 的增加，考虑看跌期权合同时零售商将增加其在第 t 周期的最优固定订货量 q_{pt}^{0*} 和最优看跌期权购买量 q_{pt}^{2*}。这是因为，当第 t 周期单位看跌期权执行价格越高时，零售商在第 t 周期获得的单位看跌期权执行收入越高，为获得更高的利润，零售商将增加其在第 t 周期的最优看跌期权购买量，这将促使零售商增加其在第 t 周期的最优固定订货量。综上所述，考虑看跌期权合同时第 t 周期合同参数的大小将直接影响零售商第 t 周期最优订货策略的制定。考虑看跌期权合同时第 t 周期单位产品批发价格和第 t 周期单位看跌期权购买价格设置较高将直接导致零售商在第 t 周期最优固定订货量和最优看跌期权购买量减少，而第 t 周期单位看跌期权执行价格设置较高将直接导致零售商在第 t 周期最优固定订货量和最优看跌期权购买量增加。

一般来说，最优策略参数 $\overline{s}_{pt}^*$ 和 $\underline{s}_{pt}^*$ 的值是难以精确计算出来的，这里提供其近似估计值。定义 $\overline{s}_{pt}^+$ 和 $\underline{s}_{pt}^+$ 表示考虑看跌期权合同时零售商只最大化其第 t 周期利润而忽略其未来利润时的近似最优策略参数。值得注意的是，$\overline{s}_{pt}^* \leqslant \overline{s}_{pt}^+$ 且 $\underline{s}_{pt}^* \leqslant \underline{s}_{pt}^+$。由式(4-10)，可以得到以下命题。

命题 4.5　在任意周期 $t(t=1,\cdots,n)$，有

$$\begin{cases} \overline{s}_{pt}^+ = F_t^{-1}\left(\dfrac{p_t - w_t - o_{pt}}{p_t - e_{pt}}\right) \\ \underline{s}_{pt}^+ = F_t^{-1}\left(\dfrac{o_{pt}}{e_{pt} + h_t - \alpha w_{t+1}}\right) \end{cases}$$

证明：化简式(4-10)，可得

$$H_{pt}^{r+}(y_{pt}, \underline{y}_{pt}) = (p_t - w_t - o_{pt})y_{pt} + o_{pt}\underline{y}_{pt} - (p_t - e_{pt})\int_0^{y_{pt}} F_t(x)\mathrm{d}x$$
$$- (e_{pt} + h_t - \alpha w_{t+1})\int_0^{\underline{y}_{pt}} F_t(x)\mathrm{d}x$$

求其关于 y_{pt} 和 $\underline{y}_{pt}$ 的一阶偏导和二阶偏导，可得

$$\frac{\partial H_{pt}^{r+}(y_{pt}, \underline{y}_{pt})}{\partial y_{pt}} = (p_t - w_t - o_{pt}) - (p_t - e_{pt})F_t(y_{pt})$$

$$\frac{\partial^2 H_{pt}^{r+}(y_{pt}, \underline{y}_{pt})}{\partial (y_{pt})^2} = -(p_t - e_{pt})f_t(y_{pt}) < 0$$

$$\frac{\partial H_{pt}^{r+}(y_{pt}, \underline{y}_{pt})}{\partial \underline{y}_{pt}} = o_{pt} - (e_{pt} + h_t - \alpha w_{t+1})F_t(\underline{y}_{pt})$$

$$\frac{\partial^2 H_{pt}^{r+}(y_{pt},\underline{y}_{pt})}{\partial(\underline{y}_{pt})^2}=-(e_{pt}+h_t-\alpha w_{t+1})f_t(\underline{y}_{pt})<0$$

又由 $\dfrac{\partial^2 H_{pt}^{r+}(y_{pt},\underline{y}_{pt})}{\partial y_{pt}\partial \underline{y}_{pt}}=\dfrac{\partial^2 H_{pt}^{r+}(y_{pt},\underline{y}_{pt})}{\partial \underline{y}_{pt}\partial y_{pt}}=0$，可得

$$D=\begin{vmatrix}\dfrac{\partial^2 H_{pt}^{r+}(y_{pt},\underline{y}_{pt})}{\partial(y_{pt})^2} & \dfrac{\partial^2 H_{pt}^{r+}(y_{pt},\underline{y}_{pt})}{\partial y_{pt}\partial \underline{y}_{pt}} \\ \dfrac{\partial^2 H_{pt}^{r+}(y_{pt},\underline{y}_{pt})}{\partial \underline{y}_{pt}\partial y_{pt}} & \dfrac{\partial^2 H_{pt}^{r+}(y_{pt},\underline{y}_{pt})}{\partial(\underline{y}_{pt})^2}\end{vmatrix}>0$$

可见 $H_{pt}^{r+}(y_{pt},\underline{y}_{pt})$ 的海塞矩阵是负定的，表明 $H_{pt}^{r+}(y_{pt},\underline{y}_{pt})$ 为 y_{pt} 和 $\underline{y}_{pt}$ 的联合凹函数。令 $\dfrac{\partial \pi_{pt}^{r+}(y_{pt},\underline{y}_{pt})}{\partial y_{pt}}=0$ 和 $\dfrac{\partial \pi_{pt}^{r+}(y_{pt},\underline{y}_{pt})}{\partial \underline{y}_{pt}}=0$，可得

$$\begin{cases}\overline{s}_{pt}^{+}=F_t^{-1}\left(\dfrac{p_t-w_t-o_{pt}}{p_t-e_{pt}}\right)\\ \underline{s}_{pt}^{+}=F_t^{-1}\left(\dfrac{o_{pt}}{e_{pt}+h_t-\alpha w_{t+1}}\right)\end{cases}$$

证毕。

由 $\overline{s}_{pt}^{+}>\underline{s}_{pt}^{+}$ 可推导出 $o_{pt}<\dfrac{(p_t-w_t)(e_{pt}+h_t-\alpha w_{t+1})}{p_t+h_t-\alpha w_{t+1}}$，表明第 t 周期单位看跌期权的购买价格不应过高，否则零售商将不会在第 t 周期订购看跌期权。本节假设成本参数满足该不等式。

由命题 4.5 可知，考虑看跌期权合同时零售商在第 t 周期的近似最优策略参数 $\overline{s}_{pt}^{+}$ 会受到第 t 周期单位产品批发价格 w_t 变化的影响，但不会受到第 $t+1$ 周期单位产品批发价格 w_{t+1} 变化的影响；而零售商在第 t 周期的近似最优策略参数 $\underline{s}_{pt}^{+}$ 不会受到第 t 周期单位产品批发价格 w_t 变化的影响，但会受到第 $t+1$ 周期单位产品批发价格 w_{t+1} 变化的影响。随着第 $t+1$ 周期单位产品批发价格 w_{t+1} 的增加，考虑看跌期权合同时零售商将不改变其在第 t 周期的最优固定订货量 q_{pt}^{0*} 而减少其在第 t 周期的最优看跌期权购买量 q_{pt}^{2*}。这是因为，当第 $t+1$ 周期单位产品批发价格越高时，零售商在第 t 周期期末获得的剩余产品价值越高，为获得更高利润，零售商将不改变其在第 t 周期的最优固定订货量，这将促使零售商减少其在第 t 周期的最优看跌期权购买量。

由命题 4.5，考虑看跌期权合同时零售商在第 t 周期的近似最大期望利润 $\pi_{pt}^{r+}(\overline{s}_{pt}^{+},\underline{s}_{pt}^{+})$ 为

$$\begin{aligned}\pi_{pt}^{r+}(\overline{s}_{pt}^{+},\underline{s}_{pt}^{+})=&(p_t-w_t-o_{pt})\overline{s}_{pt}^{+}+o_{pt}\underline{s}_{pt}^{+}-(p_t-e_{pt})\int_0^{\overline{s}_{pt}^{+}}F_t(x)\mathrm{d}x\\&-(e_{pt}+h_t-\alpha w_{t+1})\int_0^{\underline{s}_{pt}^{+}}F_t(x)\mathrm{d}x\end{aligned}\tag{4-11}$$

故零售商从第1周期到第 n 周期的近似最大期望折扣总利润 $\Pi_p^{r+}(\overline{s}_{p1}^{+},\cdots,\overline{s}_{pn}^{+};\underline{s}_{p1}^{+},\cdots,\underline{s}_{pn}^{+})$ 为

$$\Pi_p^{r+}(\overline{s}_{p1}^+,\cdots,\overline{s}_{pn}^+;\underline{s}_{p1}^+,\cdots,\underline{s}_{pn}^+)=\sum_{t=1}^{n}\alpha^{t-1}\pi_{pt}^{r+}(\overline{s}_{pt}^+,\underline{s}_{pt}^+) \tag{4-12}$$

由式(4-11)和式(4-12)可知，考虑看跌期权合同时零售商的近似最大期望折扣总利润与第 t 周期单位产品批发价格 w_t 、第 t 周期单位看跌期权购买价格 o_{pt} 及其执行价格 e_{pt} 相关。由式(4-11)和式(4-12)，可以得到以下推论。

推论 4.4　考虑看跌期权合同时，零售商的近似最大期望折扣总利润 $\Pi_p^{r+}(\overline{s}_{p1}^+,\cdots,\overline{s}_{pn}^+;\underline{s}_{p1}^+,\cdots,\underline{s}_{pn}^+)$ 是 (w_t,o_{pt}) 的减函数，是 e_{pt} 的增函数。

证明：求式(4-11)关于 w_t 、 o_{pt} 和 e_{pt} 的一阶偏导，可得

$$\frac{\partial\pi_{pt}^{r+}(\overline{s}_{pt}^+,\underline{s}_{pt}^+)}{\partial w_t}=-\overline{s}_{pt}^++[(p_t-w_t-o_{pt})-(p_t-e_{pt})F_t(\overline{s}_{pt}^+)]\frac{\partial\overline{s}_{pt}^+}{\partial w_t}=-\overline{s}_{pt}^+<0$$

$$\begin{aligned}\frac{\partial\pi_{pt}^{r+}(\overline{s}_{pt}^+,\underline{s}_{pt}^+)}{\partial o_{pt}}&=-\overline{s}_{pt}^++\underline{s}_{pt}^++[(p_t-w_t-o_{pt})-(p_t-e_{pt})F_t(\overline{s}_{pt}^+)]\frac{\partial\overline{s}_{pt}^+}{\partial o_{pt}}\\&\quad+[o_{pt}-(e_{pt}+h_t-\alpha w_{t+1})F_t(\underline{s}_{pt}^+)]\frac{\partial\underline{s}_{pt}^+}{\partial o_{pt}}=-\overline{s}_{pt}^++\underline{s}_{pt}^+<0\end{aligned}$$

$$\begin{aligned}\frac{\partial\pi_{pt}^{r+}(\overline{s}_{pt}^+,\underline{s}_{pt}^+)}{\partial e_{pt}}&=\int_{\underline{s}_{pt}^+}^{\overline{s}_{pt}^+}F_t(x)\mathrm{d}x+[(p_t-w_t-o_{pt})-(p_t-e_{pt})F_t(\overline{s}_{pt}^+)]\frac{\partial\overline{s}_{pt}^+}{\partial e_{pt}}\\&\quad+[o_{pt}-(e_{pt}+h_t-\alpha w_{t+1})F_t(\underline{s}_{pt}^+)]\frac{\partial\underline{s}_{pt}^+}{\partial e_{pt}}=\int_{\underline{s}_{pt}^+}^{\overline{s}_{pt}^+}F_t(x)\mathrm{d}x>0\end{aligned}$$

故 $\pi_{pt}^{r+}(\overline{s}_{pt}^+,\underline{s}_{pt}^+)$ 是 (w_t,o_{pt}) 的减函数，是 e_{pt} 的增函数。因此， $\Pi_p^{r+}(\overline{s}_{p1}^+,\cdots,\overline{s}_{pn}^+;\underline{s}_{p1}^+,\cdots,\underline{s}_{pn}^+)$ 是 (w_t,o_{pt}) 的减函数，是 e_{pt} 的增函数。证毕。

由推论 4.4 可知，随着第 t 周期单位产品批发价格 w_t 的增加，考虑看跌期权合同时零售商的近似最大期望折扣总利润 Π_p^{r+} 将减小。这是因为，当第 t 周期单位产品批发价格越高时，零售商在第 t 周期承担的单位产品购买成本越高，这将导致零售商近似最大期望折扣总利润减小。其次，随着第 t 周期单位看跌期权购买价格 o_{pt} 的增加，考虑看跌期权合同时零售商的近似最大期望折扣总利润 Π_p^{r+} 将减小。这是因为，当第 t 周期单位看跌期权购买价格越高时，零售商在第 t 周期承担的单位看跌期权的购买成本越高，这将导致零售商近似最大期望折扣总利润减小。最后，随着第 t 周期单位看跌期权执行价格 e_{pt} 的增加，考虑看跌期权合同时零售商的近似最大期望折扣总利润 Π_p^{r+} 将增大。这是因为，当第 t 周期单位看跌期权执行价格越高时，零售商在第 t 周期获得的单位看跌期权执行收入越高，这将导致零售商近似最大期望折扣总利润增大。综上所述，考虑看跌期权合同时第 t 周期合同参数的大小将直接影响零售商近似最大期望折扣总利润的高低。考虑看跌期权合同时第 t 周期单位产品批发价格和第 t 周期单位看跌期权购买价格设置较高将直接导致零售商近似最大期望折扣总利润减小，而第 t 周期单位看跌期权执行价格设置较高将直接导致零售商近似最大期望折扣总利润增大。

推论 4.3 和推论 4.4 表明，看跌期权合同能为零售商提供订货柔性来规避需求风险。

考虑看跌期权合同时，第 t 周期单位产品批发价格、第 t 周期单位看跌期权购买价格及其执行价格应被合理设置，从而使得零售商愿意采用该合同进行订货。

4.2.3 讨论

下面分别讨论多周期情景下看跌期权合同、需求风险和合同参数对零售商近似最优策略参数和近似最大期望折扣总利润的影响，并给出相应的管理启示。

4.2.3.1 看跌期权合同的影响

这里将不考虑期权合同情形(详见第 2.2 节)作为基准，用来与考虑看跌期权合同情形进行比较，讨论多周期情景下看跌期权合同的运用对零售商近似最优策略参数和近似最大期望折扣总利润的影响，可以得到如下命题。

命题 4.6 在任意周期 $t(t=1,\cdots,n)$，考虑看跌期权合同时零售商的服务水平大于不考虑期权合同时零售商的服务水平，而考虑看跌期权合同时零售商的库存风险小于不考虑期权合同时零售商的库存风险，即 $\underline{s}_{pt}^{+}<s_{wt}^{+}<\overline{s}_{pt}^{+}$。

证明：由 $o_{pt}<\dfrac{(p_t-w_t)(e_{pt}+h_t-\alpha w_{t+1})}{p_t+h_t-\alpha w_{t+1}}$ 可推导出 $\underline{s}_{pt}^{+}=F_t^{-1}\left(\dfrac{o_{pt}}{e_{pt}+h_t-\alpha w_{t+1}}\right)<F_t^{-1}\left(\dfrac{p_t-w_t}{p_t+h_t-\alpha w_{t+1}}\right)=s_{wt}^{+}$ 和 $s_{wt}^{+}=F_t^{-1}\left(\dfrac{p_t-w_t}{p_t+h_t-\alpha w_{t+1}}\right)<F_t^{-1}\left(\dfrac{p_t-w_t-o_{pt}}{p_t-e_{pt}}\right)=\overline{s}_{pt}^{+}$，故 $\underline{s}_{pt}^{+}<s_{wt}^{+}<\overline{s}_{pt}^{+}$。证毕。

由命题 4.6 可知，多周期情景下看跌期权合同的运用会对零售商的近似最优策略参数产生影响。考虑看跌期权合同时，一旦发生第 t 周期市场需求过低的情形，零售商在第 t 周期可以通过执行看跌期权退还部分剩余的产品。这表明联合利用批发价合同与看跌期权合同进行采购时，零售商能够根据实际的市场需求向下调整其采购数量。故与传统的不考虑期权合同情形相比，考虑看跌期权合同时零售商愿意提高其在第 t 周期的服务水平，以避免因订货过少而导致顾客流失的风险增加；还愿意降低其在第 t 周期的库存风险，以避免因订货过多而导致库存积压的风险增加。因此，考虑看跌期权合同时零售商在第 t 周期的服务水平始终大于不考虑期权合同时零售商在第 t 周期的服务水平，而考虑看跌期权合同时零售商在第 t 周期的库存风险始终小于不考虑期权合同时零售商在第 t 周期的库存风险。

命题 4.7 考虑看跌期权合同时零售商的近似最大期望折扣总利润大于不考虑期权合同时零售商的近似最大期望折扣总利润，即 $\Pi_p^{r+}(\overline{s}_{p1}^{+},\cdots,\overline{s}_{pn}^{+};\underline{s}_{p1}^{+},\cdots,\underline{s}_{pn}^{+})>\Pi_w^{r+}(s_{w1}^{+},\cdots,s_{wn}^{+})$。

证明：令 $\Delta_{1t}(\underline{s}_{pt}^{+})=\pi_{pt}^{m+}(s_{wt}^{+},\underline{s}_{pt}^{+})-\pi_{wt}^{r+}(s_{wt}^{+})$，有

$$\Delta_{1t}(\underline{s}_{pt}^{+})=-o_{pt}(s_{wt}^{+}-\underline{s}_{pt}^{+})+(e_{pt}+h_t-\alpha w_{t+1})\int_{\underline{s}_{pt}^{+}}^{s_{wt}^{+}}F_t(x)\mathrm{d}x$$

由 $\int_{\underline{s}_{pt}^{+}}^{s_{wt}^{+}}F_t(x)\mathrm{d}x>(s_{wt}^{+}-\underline{s}_{pt}^{+})F_t(\underline{s}_{pt}^{+})$ 可推导出 $\Delta_{1t}(\underline{s}_{pt}^{+})>0$，故 $\pi_{pt}^{m+}(s_{wt}^{+},\underline{s}_{pt}^{+})>\pi_{wt}^{r+}(s_{wt}^{+})$。又因

$\pi_{pt}^{m+}(\overline{s}_{pt}^{+},\underline{s}_{pt}^{+})>\pi_{pt}^{m+}(s_{wt}^{+},\underline{s}_{pt}^{+})$，故 $\pi_{pt}^{m+}(\overline{s}_{pt}^{+},\underline{s}_{pt}^{+})>\pi_{wt}^{r+}(s_{wt}^{+})$。因此，可以得到 $\Pi_{p}^{r+}(\overline{s}_{p1}^{+},\cdots,\overline{s}_{pn}^{+};\underline{s}_{p1}^{+},\cdots,\underline{s}_{pn}^{+})>\Pi_{w}^{r+}(s_{w1}^{+},\cdots,s_{wn}^{+})$。证毕。

由命题 4.7 可知，多周期情景下看跌期权合同的运用会对零售商的近似最大期望折扣总利润产生影响。考虑看跌期权合同时，零售商须在第 t 周期销售开始前支付购买看跌期权的费用，然而其却获得了在第 t 周期销售期末退还部分剩余产品的权利。故该情形下零售商在第 t 周期销售期末可通过执行看跌期权以转移部分库存积压的风险。对零售商而言，其在考虑看跌期权合同情形下获得的收益远大于其所付出的代价。这意味着与传统的不考虑期权合同情形相比，考虑看跌期权合同时零售商能够获得更大的近似期望折扣总利润。因此，考虑看跌期权合同时零售商的近似最大期望折扣总利润始终大于不考虑期权合同情形时零售商的近似最大期望折扣总利润。综上所述，出于自身利润的考虑，零售商在第 t 周期倾向采用既订购产品又订购看跌期权的组合订货方式。

命题 4.6 和命题 4.7 表明，看跌期权合同的运用将使零售商提高其服务水平，降低其库存风险，增加其最大期望折扣总利润。该结论能帮助零售商更好地运用看跌期权合同来制定其最优订货策略，增加其最大期望折扣总利润。

4.2.3.2　需求风险的影响

这里将利用数值分析的方法，讨论多周期情景下需求风险(具体表现为第 t 周期市场需求的方差 σ_t)的变化对零售商近似最优策略参数和近似最大期望折扣总利润的影响，并给出相应的管理启示。

固定 $p_t=19$，$h_t=7$，$w_t=9$，$o_{pt}=1.4$ 和 $e_{pt}=8$，在第 t 周期随机变量 D_t 分别服从 $N(100,30^2)$、$N(100,35^2)$、$N(100,40^2)$、$N(100,45^2)$ 和 $N(100,50^2)$ 的正态分布下(即均值 μ_t 为 100，方差 σ_t 分别为 30、35、40、45 和 50)，应用 Matlab 编程计算相应的待考察变量(如 $\underline{s}_{pt}^{+}$、$\overline{s}_{pt}^{+}$ 和 Π_{p}^{r+} 等)对应于 σ_t 变化的值，通过 Excel 画图工具绘出相应的变化曲线，如图 4-5 所示(虚线表示不考虑期权合同的情形，实线表示考虑看跌期权合同的情形)。

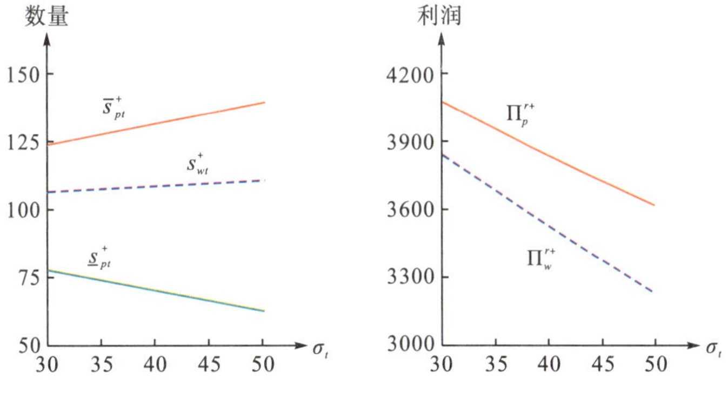

图 4-5　σ_t 的变化对零售商多周期决策和绩效的影响

从图 4-5 可以看出，随着第 t 周期需求风险 σ_t 的增加，不考虑期权合同时零售商的近似最优策略参数 s_{wt}^+ 将明显增大；考虑看跌期权合同时零售商的近似最优策略参数 $\overline{s}_{pt}^+$ 将明显增大，而其近似最优策略参数 $\underline{s}_{pt}^+$ 将明显减小。其次，随着第 t 周期需求风险 σ_t 的增加，考虑看跌期权合同时零售商的近似最优策略参数 $\overline{s}_{pt}^+$ 始终大于不考虑期权合同时零售商的近似最优策略参数 s_{wt}^+；考虑看跌期权合同时零售商的近似最优策略参数 $\underline{s}_{pt}^+$ 始终小于不考虑期权合同时零售商的近似最优策略参数 s_{wt}^+。上述结论证明了命题 4.6。最后，随着第 t 周期需求风险 σ_t 的增加，考虑看跌期权合同时零售商的近似最优策略参数 $\overline{s}_{pt}^+$ 与不考虑期权合同时零售商的近似最优策略参数 s_{wt}^+ 之间的差距 $\left|\overline{s}_{pt}^+ - s_{wt}^+\right|$ 将明显增大；不考虑期权合同时零售商的近似最优策略参数 s_{wt}^+ 与考虑看跌期权合同时零售商的近似最优策略参数 $\underline{s}_{pt}^+$ 之间的差距 $\left|s_{wt}^+ - \underline{s}_{pt}^+\right|$ 将明显增大。从图 4-5 还可以看出，随着第 t 周期需求风险 σ_t 的增加，不考虑期权合同时零售商的近似最大期望折扣总利润 Π_w^{r+} 将明显减小；考虑看跌期权合同时零售商的近似最大期望折扣总利润 Π_p^{r+} 将明显减小。其次，随着第 t 周期需求风险 σ_t 的增加，考虑看跌期权合同时零售商的近似最大期望折扣总利润 Π_p^{r+} 始终大于不考虑期权合同时零售商的近似最大期望折扣总利润 Π_w^{r+}。上述结论证明了命题 4.7。最后，随着第 t 周期需求风险 σ_t 的增加，考虑看跌期权合同时零售商的近似最大期望折扣总利润与不考虑期权合同时零售商的近似最大期望折扣总利润之间的差距 $\left|\Pi_p^{r+} - \Pi_w^{r+}\right|$ 将明显增大。综上所述，第 t 周期需求风险的增加对零售商而言是不利的。因此，在实际运营过程中，风险动态监测机制的建立、先进预测技术的使用和科学分析方法的应用对企业而言是至关重要的。

4.2.3.3 合同参数的影响

这里将利用数值分析的方法，讨论多周期情景下合同参数(具体表现为第 t 周期单位产品批发价格 w_t、第 t 周期单位看跌期权的购买价格 o_{pt} 及其执行价格 e_{pt}) 的变化对零售商近似最优策略参数和近似最大期望折扣总利润的影响，并给出相应的管理启示。为便于数值分析，令 $p_t = 19$，$h_t = 7$，$w_t = 9$，$o_{pt} = 1.4$，$e_{pt} = 8$ 和 $D_t \sim N(100, 40^2)$。其余参数根据后续讨论赋值。

首先讨论多周期情景下第 t 周期单位产品批发价格 w_t 的变化对零售商近似最优策略参数和近似最大期望折扣总利润的影响。保持第 t 周期随机变量 D_t 的均值和方差不变，固定 $o_{pt} = 1.4$ 和 $e_{pt} = 8$。在第 t 周期单位产品批发价格 w_t 分别为 8.6、8.8、9.0、9.2 和 9.4 的情况下，应用 Matlab 编程计算相应的待考察变量(如 $\underline{s}_{pt}^+$、$\overline{s}_{pt}^+$ 和 Π_p^{r+} 等)对应于 w_t 变化的值，通过 Excel 画图工具绘出相应的变化曲线，如图 4-6 所示(虚线表示不考虑期权合同的情形，实线表示考虑跌期权合同的情形)。

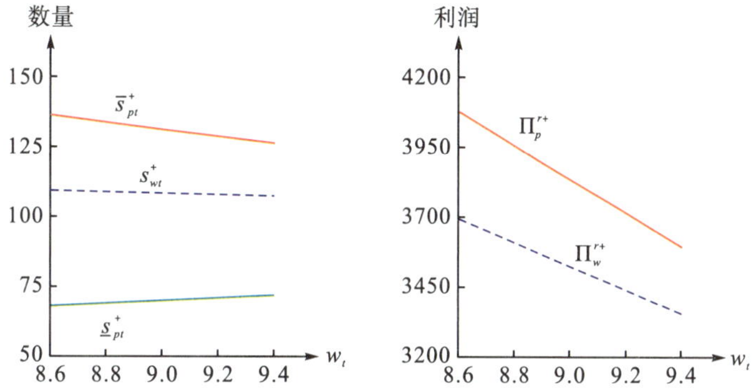

图 4-6　w_t 的变化对零售商多周期决策和绩效的影响

从图 4-6 可以看出，随着第 t 周期单位产品批发价格 w_t 的增加，不考虑期权合同时零售商的近似最优策略参数 s_{wt}^{+} 将略微减小；考虑看跌期权合同时零售商的近似最优策略参数 $\overline{s}_{pt}^{+}$ 将明显减小，而其近似最优策略参数 $\underline{s}_{pt}^{+}$ 将明显增大。上述结论证明了推论 4.3。其次，随着第 t 周期单位产品批发价格 w_t 的增加，考虑看跌期权合同时零售商的近似最优策略参数 $\overline{s}_{pt}^{+}$ 始终大于不考虑期权合同时零售商的近似最优策略参数 s_{wt}^{+}；考虑看跌期权合同时零售商的近似最优策略参数 $\underline{s}_{pt}^{+}$ 始终小于不考虑期权合同时零售商的近似最优策略参数 s_{wt}^{+}。上述结论证明了命题 4.6。最后，随着第 t 周期单位产品批发价格 w_t 的增加，考虑看跌期权合同时零售商的近似最优策略参数 $\overline{s}_{pt}^{+}$ 与不考虑期权合同时零售商的近似最优策略参数 s_{wt}^{+} 之间的差距 $\left|\overline{s}_{pt}^{+}-s_{wt}^{+}\right|$ 将明显减小；不考虑期权合同时零售商的近似最优策略参数 s_{wt}^{+} 与考虑看跌期权合同时零售商的近似最优策略参数 $\underline{s}_{pt}^{+}$ 之间的差距 $\left|s_{wt}^{+}-\underline{s}_{pt}^{+}\right|$ 将明显减小。从图 4-6 还可以看出，随着第 t 周期单位产品批发价格 w_t 的增加，不考虑期权合同时零售商的近似最大期望折扣总利润 Π_w^{r+} 将明显减小；考虑看跌期权合同时零售商的近似最大期望折扣总利润 Π_p^{r+} 将明显减小。上述结论证明了推论 4.4。其次，随着第 t 周期单位产品批发价格 w_t 的增加，考虑看跌期权合同时零售商的近似最大期望折扣总利润 Π_p^{r+} 始终大于不考虑期权合同时零售商的近似最大期望折扣总利润 Π_w^{r+}。上述结论证明了命题 4.7。最后，随着第 t 周期单位产品批发价格 w_t 的增加，考虑看跌期权合同时零售商近似最大期望折扣总利润与不考虑期权合同时零售商近似最大期望折扣总利润之间的差距 $\left|\Pi_p^{r+}-\Pi_w^{r+}\right|$ 将明显减小。

接着讨论多周期情景下第 t 周期单位看跌期权的购买价格 o_{pt} 的变化对零售商近似最优策略参数和近似最大期望折扣总利润的影响。保持第 t 周期随机变量 D_t 的均值和方差不变，固定 $w_t=9$ 和 $e_{pt}=8$。在第 t 周期单位看跌期权的购买价格 o_{pt} 分别为 1.2、1.3、1.4、1.5 和 1.6 的情况下，应用 Matlab 编程计算相应的待考察变量(如 $\underline{s}_{pt}^{+}$、$\overline{s}_{pt}^{+}$ 和 Π_p^{r+} 等)对应于 o_{pt} 变化的值，通过 Excel 画图工具绘出相应的变化曲线，如图 4-7 所示(虚线表示不考虑期权合同的情形，实线表示考虑看跌期权合同的情形)。

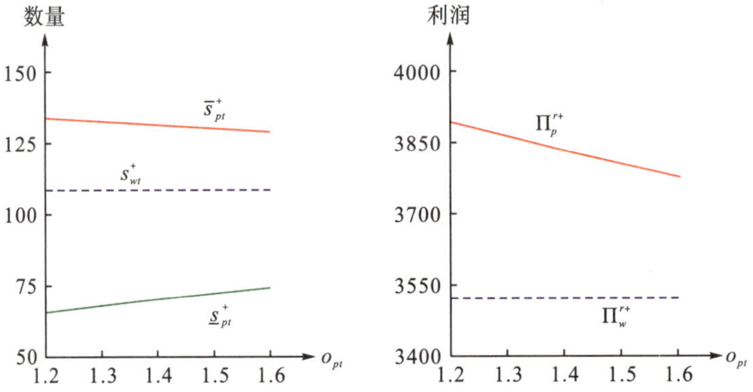

图 4-7 o_{pt} 的变化对零售商多周期决策和绩效的影响

从图 4-7 可以看出，随着第 t 周期单位看跌期权的购买价格 o_{pt} 的增加，不考虑期权合同时零售商的近似最优策略参数 s_{wt}^{+} 将没有变化；考虑看跌期权合同时零售商的近似最优策略参数 $\overline{s}_{pt}^{+}$ 将明显减小，而其近似最优策略参数 $\underline{s}_{pt}^{+}$ 将明显增大。上述结论证明了推论 4.3。其次，随着第 t 周期单位看跌期权的购买价格 o_{pt} 的增加，考虑看跌期权合同时零售商的近似最优策略参数 $\overline{s}_{pt}^{+}$ 始终大于不考虑期权合同时零售商的近似最优策略参数 s_{wt}^{+}；考虑看跌期权合同时零售商的近似最优策略参数 $\underline{s}_{pt}^{+}$ 始终小于不考虑期权合同时零售商的近似最优策略参数 s_{wt}^{+}。上述结论证明了命题 4.6。最后，随着第 t 周期单位看跌期权的购买价格 o_{pt} 的增加，考虑看跌期权合同时零售商的近似最优策略参数 $\overline{s}_{pt}^{+}$ 与不考虑期权合同时零售商的近似最优策略参数 s_{wt}^{+} 之间的差距 $\left|\overline{s}_{pt}^{+}-s_{wt}^{+}\right|$ 将明显减小；不考虑期权合同时零售商的近似最优策略参数 s_{wt}^{+} 与考虑看跌期权合同时零售商的近似最优策略参数 $\underline{s}_{pt}^{+}$ 之间的差距 $\left|s_{wt}^{+}-\underline{s}_{pt}^{+}\right|$ 将明显减小。从图 4-7 还可以看出，随着第 t 周期单位看跌期权的购买价格 o_{pt} 的增加，不考虑期权合同时零售商的近似最大期望折扣总利润 Π_{w}^{r+} 将没有变化；考虑看跌期权合同时零售商的近似最大期望折扣总利润 Π_{p}^{r+} 将明显减小。上述结论证明了推论 4.4。其次，随着第 t 周期单位看跌期权的购买价格 o_{pt} 的增加，考虑看跌期权合同时零售商的近似最大期望折扣总利润 Π_{p}^{r+} 始终大于不考虑期权合同时零售商的近似最大期望折扣总利润 Π_{w}^{r+}。上述结论证明了命题 4.7。最后，随着第 t 周期单位看跌期权的购买价格 o_{pt} 的增加，考虑看跌期权合同时零售商的近似最大期望折扣总利润与不考虑期权合同时零售商的近似最大期望折扣总利润之间的差距 $\left|\Pi_{p}^{r+}-\Pi_{w}^{r+}\right|$ 将明显减小。

最后讨论多周期情景下第 t 周期单位看跌期权的执行价格 e_{pt} 的变化对零售商近似最优策略参数和近似最大期望折扣总利润的影响。保持第 t 周期随机变量 D_t 的均值和方差不变，固定 $w_t=9$ 和 $o_{pt}=1.4$。在第 t 周期单位看跌期权的执行价格 e_{pt} 分别为 7.6、7.8、8.0、8.2 和 8.4 的情况下，应用 Matlab 编程计算相应的待考察变量(如 $\underline{s}_{pt}^{+}$、$\overline{s}_{pt}^{+}$ 和 Π_{p}^{r+} 等)对应于 e_{pt} 变化的值，通过 Excel 画图工具绘出相应的变化曲线，如图 4-8 所示(虚线表示不考虑期权合同的情形，实线表示考虑看跌期权合同的情形)。

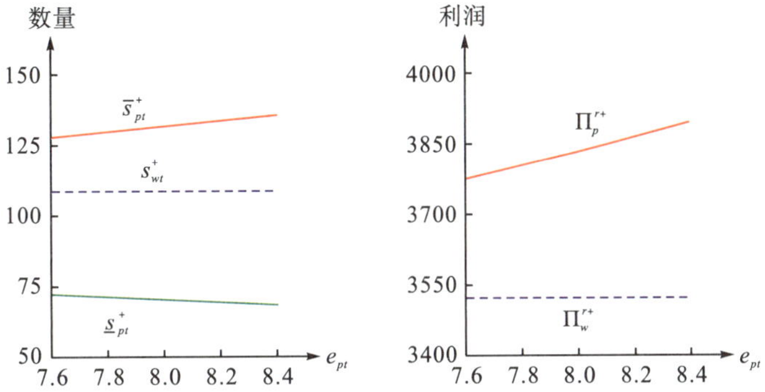

图 4-8　e_{pt} 的变化对零售商多周期决策和绩效的影响

从图 4-8 可以看出，随着第 t 周期单位看跌期权的执行价格 e_{pt} 的增加，不考虑期权合同时零售商的近似最优策略参数 s^{+}_{wt} 将没有变化；考虑看跌期权合同时零售商的近似最优策略参数 $\bar{s}^{+}_{pt}$ 将明显增大，而其近似最优策略参数 $\underline{s}^{+}_{pt}$ 将明显减小。上述结论证明了推论 4.3。其次，随着第 t 周期单位看跌期权的执行价格 e_{pt} 的增加，考虑看跌期权合同时零售商的近似最优策略参数 $\bar{s}^{+}_{pt}$ 始终大于不考虑期权合同时零售商的近似最优策略参数 s^{+}_{wt}；考虑看跌期权合同时零售商的近似最优策略参数 $\underline{s}^{+}_{pt}$ 始终小于不考虑期权合同时零售商的近似最优策略参数 s^{+}_{wt}。上述结论证明了命题 4.6。最后，随着第 t 周期单位看跌期权的执行价格 e_{pt} 的增加，考虑看跌期权合同时零售商的近似最优策略参数 $\bar{s}^{+}_{pt}$ 与不考虑期权合同时零售商的近似最优策略参数 s^{+}_{wt} 之间的差距 $\left|\bar{s}^{+}_{pt}-s^{+}_{wt}\right|$ 将明显增大；不考虑期权合同时零售商的近似最优策略参数 s^{+}_{wt} 与考虑看跌期权合同时零售商的近似最优策略参数 $\underline{s}^{+}_{pt}$ 之间的差距 $\left|s^{+}_{wt}-\underline{s}^{+}_{pt}\right|$ 将明显增大。从图 4-8 还可以看出，随着第 t 周期单位看跌期权的执行价格 e_{pt} 的增加，不考虑期权合同时零售商的近似最大期望折扣总利润 Π^{r+}_{w} 将没有变化；考虑看跌期权合同时零售商的近似最大期望折扣总利润 Π^{r+}_{p} 将明显增大。上述结论证明了推论 4.4。其次，随着第 t 周期单位看跌期权的执行价格 e_{pt} 的增加，考虑看跌期权合同时零售商的近似最大期望折扣总利润 Π^{r+}_{p} 始终大于不考虑期权合同时零售商的近似最大期望折扣总利润 Π^{r+}_{w}。上述结论证明了命题 4.7。最后，随着第 t 周期单位看跌期权的执行价格 e_{pt} 的增加，考虑看跌期权合同时零售商的近似最大期望折扣总利润与不考虑期权合同时零售商的近似最大期望折扣总利润之间的差距 $\left|\Pi^{r+}_{p}-\Pi^{r+}_{w}\right|$ 将明显增大。

4.3　本 章 小 结

本章在单周期和多周期两种情景下研究了考虑看跌期权合同时零售商的订货模型，得到了零售商的最优订货策略或最优订货策略结构，并分析了看跌期权合同、需求风险和合同参数对零售商决策和绩效的影响。

零售商单周期订货模型方面的主要研究结论及管理启示如下：①包含看跌期权的组合合同下使零售商期望利润最大的最优订货策略存在且唯一；②包含看跌期权的组合合同下零售商的最优固定订货量和最优看跌期权购买量将随着单位产品批发价格、单位看跌期权购买价格的增加而减少，随着单位看跌期权执行价格的增加而增加；③包含看跌期权的组合合同下零售商的最大期望利润将随着单位产品批发价格、单位看跌期权购买价格的增加而减小，随着单位看跌期权执行价格的增加而增大；④包含看跌期权的组合合同下零售商的最优固定订货量大于批发价合同下零售商的最优固定订货量；⑤包含看跌期权的组合合同下零售商的最大期望利润大于批发价合同下零售商的最大期望利润。

零售商多周期订货模型方面的主要研究结论及管理启示如下：①考虑看跌期权合同时使零售商从第 1 周期到第 n 周期的期望折扣总利润最大的最优订货策略存在且唯一；②考虑看跌期权合同时零售商在第 t 周期的最优固定订货量和最优看跌期权购买量将随着第 t 周期单位产品批发价格、第 t 周期单位看跌期权购买价格的增加而减少，随着第 t 周期单位看跌期权执行价格的增加而增加；③考虑看跌期权合同时零售商的近似最大期望折扣总利润将随着第 t 周期单位产品批发价格、第 t 周期单位看跌期权购买价格的增加而减小，随着第 t 周期单位看跌期权执行价格的增加而增大；④考虑看跌期权合同时零售商在第 t 周期的服务水平大于不考虑期权合同时零售商在第 t 周期的服务水平，而考虑看跌期权合同时零售商在第 t 周期的库存风险小于不考虑期权合同时零售商在第 t 周期的库存风险；⑤考虑看跌期权合同时零售商的近似最大期望折扣总利润大于不考虑期权合同时零售商的近似最大期望折扣总利润。

第 5 章　基于双期权合同的零售商订货模型

本章针对市场需求的高度不确定性，在单周期和多周期两种情景下研究考虑双期权合同的零售商订货模型。首先，对单周期订货模型进行研究，得到该情景下使零售商期望利润最大的最优订货策略，并分析双期权合同、需求风险和合同参数对零售商最优订货策略和最大期望利润的影响。然后，对多周期订货模型进行研究，得到该情景下使零售商期望折扣总利润最大的最优订货策略结构，提供近似算法来估计相应的最优策略参数，并分析双期权合同、需求风险和合同参数对零售商近似最优策略参数和近似最大期望折扣总利润的影响。最后，对本章内容进行小结。

5.1　单周期基础模型

本节从单周期情景出发，构建包含双期权的组合合同(联合使用批发价合同和双期权合同)情形下零售商的单周期订货模型，研究该情形下零售商的最优订货策略，并讨论双期权合同、需求风险和合同参数对零售商最优订货策略和最大期望利润的影响。

5.1.1　问题描述与假设

考虑一个面临随机需求的零售商采购一类易逝品(如生鲜产品、时装、数码产品等)并销售给终端消费者。由于易逝品的提前期长而销售期短，零售商在销售开始前决策，一旦销售开始零售商将没有机会补货。本节用到的参数和变量见表 5-1。

零售商通过包含双期权的组合合同进行采购。双期权合同是看涨期权合同和看跌期权合同的叠加。看涨期权合同由两个参数刻画：一是单位看涨期权的购买价格，二是单位看涨期权的执行价格。看跌期权合同由两个参数刻画：一是单位看跌期权的购买价格，二是单位看跌期权的执行价格。零售商通过在销售开始前支付看涨期权购买费用购买一定数量的看涨期权，获得在销售期间以约定的看涨期权执行价格增加不超过看涨期权购买量的任意数量产品的权利；通过在销售开始前支付看跌期权购买费用购买一定数量的看跌期权，获得在销售期末以约定的看跌期权执行价格退还不超过看跌期权购买量的任意数量产品的权利。换句话说，双期权合同能为零售商提供向上和向下柔性调整订货数量的权利，且向上和向下调整的柔性范围是不同的。

表 5-1 符号定义

符号	定义
D	零售商面临的随机需求，连续、可导
$f(\cdot)$	D 的概率密度函数
$F(\cdot)$	D 的累积分布函数，非负、可逆、严格递增，且 $F(0)=0$
p	单位产品的零售价格
w	单位产品的批发价格
o_c	单位看涨期权的购买价格
e_c	单位看涨期权的执行价格
o_p	单位看跌期权的购买价格
e_p	单位看跌期权的执行价格
q_d^0	包含双期权的组合合同下零售商的固定订货量
q_d^1	包含双期权的组合合同下零售商的看涨期权购买量
q_d^2	包含双期权的组合合同下零售商的看跌期权购买量

模型的事件序列如下：销售开始前，零售商订购一定数量的产品以及看涨期权和看跌期权；销售开始时，零售商通过固定订货获得产品；销售期间，零售商可根据实际的市场需求来执行看涨期权进行补货；销售期末，零售商可根据剩余产品的数量来执行看跌期权进行退货。由于产品易腐烂变质，零售商剩余的产品将没有残值。

假定零售商是风险中性和完全理性的，以最大化期望利润为目标。零售商的初始库存量为零。为不失一般性，进一步做如下假设：

假设 1 $p>o_c+e_c>w$ 和 $p>w+o_p>e_p$，保证零售商能够获利；

假设 2 $0<o_c<w$，$0<o_p<w$ 和 $e_p<w<e_c$，保证双期权合同的柔性；

假设 3 $o_c+e_c>w>o_c$ 和 $w>e_p-o_p$，保证零售商购买看涨期权和看跌期权。

定义 $z^+=\max(0,z)$，$\bar{F}(\cdot)=1-F(\cdot)$。

5.1.2 包含双期权的组合合同模型

包含双期权的组合合同下，零售商有 3 个决策变量：①固定订货量 q_d^0；②看涨期权购买量 q_d^1；③看跌期权购买量 q_d^2。当市场需求 D 大于等于 $q_d^0+q_d^1$ 时，零售商将执行全部的看涨期权；当市场需求 D 大于 q_d^0 而小于 $q_d^0+q_d^1$ 时，零售商将执行部分的看涨期权；当市场需求 D 大于 $q_d^0-q_d^2$ 而小于 q_d^0 时，零售商将执行部分的看跌期权；当市场需求 D 小于等于 $q_d^0-q_d^2$ 时，零售商将执行全部的看跌期权。零售商的期望利润 $\Pi_d^r(q_d^0,q_d^1,q_d^2)$ 为

$$\begin{aligned}\Pi_d^r(q_d^0,q_d^1,q_d^2)=&\,pE\min(q_d^0+q_d^1,D)-wq_d^0-o_cq_d^1-o_pq_d^2-e_cE\min[q_d^1,(D-q_d^0)^+]\\&+e_pE\min[q_d^2,(q_d^0-D)^+]\end{aligned} \tag{5-1}$$

等式右边的第 1 项表示期望销售收入；第 2 项表示产品的购买成本；第 3 项表示看涨

期权的购买成本；第 4 项表示看跌期权的购买成本；第 5 项表示看涨期权的执行成本；第 6 项表示看跌期权的执行收入。基于上述模型分析，可以得到以下定理。

定理 5.1　$\Pi_d^r(q_d^0,q_d^1,q_d^2)$ 是 q_d^0、q_d^1 和 q_d^2 的联合凹函数。

证明：化简式(5-1)，可得

$$\Pi_d^r(q_d^0,q_d^1,q_d^2)=(p-w)q_d^0+(p-o_c-e_c)q_d^1-o_pq_d^2-(p-e_c)\int_0^{q_d^0+q_d^1}F(x)\mathrm{d}x$$
$$-(e_c-e_p)\int_0^{q_d^0}F(x)\mathrm{d}x-e_p\int_0^{q_d^0-q_d^2}F(x)\mathrm{d}x$$

求其关于 q_d^0、q_d^1 和 q_d^2 的一阶偏导和二阶偏导，可得

$$\frac{\partial\Pi_d^r(q_d^0,q_d^1,q_d^2)}{\partial q_d^0}=(p-w)-(p-e_c)F(q_d^0+q_d^1)-(e_c-e_p)F(q_d^0)-e_pF(q_d^0-q_d^2)$$

$$\frac{\partial^2\Pi_d^r(q_d^0,q_d^1,q_d^2)}{\partial(q_d^0)^2}=-(p-e_c)f(q_d^0+q_d^1)-(e_c-e_p)f(q_d^0)-e_pf(q_d^0-q_d^2)<0$$

$$\frac{\partial\Pi_d^r(q_d^0,q_d^1,q_d^2)}{\partial q_d^1}=(p-o_c-e_c)-(p-e_c)F(q_d^0+q_d^1)$$

$$\frac{\partial^2\Pi_d^r(q_d^0,q_d^1,q_d^2)}{\partial(q_d^1)^2}=-(p-e_c)f(q_d^0+q_d^1)<0$$

$$\frac{\partial\Pi_d^r(q_d^0,q_d^1,q_d^2)}{\partial q_d^2}=-o_p+e_pF(q_d^0-q_d^2)$$

$$\frac{\partial^2\Pi_d^r(q_d^0,q_d^1,q_d^2)}{\partial(q_d^2)^2}=-e_pf(q_d^0-q_d^2)<0$$

又由 $\frac{\partial^2\Pi_d^r(q_d^0,q_d^1,q_d^2)}{\partial q_d^0\partial q_d^1}=\frac{\partial^2\Pi_d^r(q_d^0,q_d^1,q_d^2)}{\partial q_d^1\partial q_d^0}=-(p-e_c)f(q_d^0+q_d^1)$、$\frac{\partial^2\Pi_d^r(q_d^0,q_d^1,q_d^2)}{\partial q_d^0\partial q_d^2}=\frac{\partial^2\Pi_d^r(q_d^0,q_d^1,q_d^2)}{\partial q_d^2\partial q_d^0}=e_pf(q_d^0-q_d^2)$ 和 $\frac{\partial^2\Pi_d^r(q_d^0,q_d^1,q_d^2)}{\partial q_d^1\partial q_d^2}=\frac{\partial^2\Pi_d^r(q_d^0,q_d^1,q_d^2)}{\partial q_d^2\partial q_d^1}=0$，可得

$$D_1=\begin{vmatrix}\frac{\partial^2\Pi_d^r(q_d^0,q_d^1,q_d^2)}{\partial(q_d^0)^2} & \frac{\partial^2\Pi_d^r(q_d^0,q_d^1,q_d^2)}{\partial q_d^0\partial q_d^1}\\ \frac{\partial^2\Pi_d^r(q_d^0,q_d^1,q_d^2)}{\partial q_d^1\partial q_d^0} & \frac{\partial^2\Pi_d^r(q_d^0,q_d^1,q_d^2)}{\partial(q_d^1)^2}\end{vmatrix}>0$$

$$D_2=\begin{vmatrix}\frac{\partial^2\Pi_d^r(q_d^0,q_d^1,q_d^2)}{\partial(q_d^0)^2} & \frac{\partial^2\Pi_d^r(q_d^0,q_d^1,q_d^2)}{\partial q_d^0\partial q_d^1} & \frac{\partial^2\Pi_d^r(q_d^0,q_d^1,q_d^2)}{\partial q_d^0\partial q_d^2}\\ \frac{\partial^2\Pi_d^r(q_d^0,q_d^1,q_d^2)}{\partial q_d^1\partial q_d^0} & \frac{\partial^2\Pi_d^r(q_d^0,q_d^1,q_d^2)}{\partial(q_d^1)^2} & \frac{\partial^2\Pi_d^r(q_d^0,q_d^1,q_d^2)}{\partial q_d^1\partial q_d^2}\\ \frac{\partial^2\Pi_d^r(q_d^0,q_d^1,q_d^2)}{\partial q_d^2\partial q_d^0} & \frac{\partial^2\Pi_d^r(q_d^0,q_d^1,q_d^2)}{\partial q_d^2\partial q_d^1} & \frac{\partial^2\Pi_d^r(q_d^0,q_d^1,q_d^2)}{\partial(q_d^2)^2}\end{vmatrix}<0$$

可见 $\Pi_d^r(q_d^0,q_d^1,q_d^2)$ 的海塞矩阵是负定的，表明 $\Pi_d^r(q_d^0,q_d^1,q_d^2)$ 为 q_d^0、q_d^1 和 q_d^2 的联合凹函数。证毕。

定理 5.1 说明包含双期权的组合合同下使零售商期望利润最大的最优订货策略存在且唯一。根据定理 5.1，可以得到以下命题。

命题 5.1 包含双期权的组合合同下，零售商的最优固定订货量为

$$q_d^{0*}=F^{-1}\left(\frac{o_c+e_c-w-o_p}{e_c-e_p}\right)$$

零售商的最优看涨期权购买量为

$$q_d^{1*}=F^{-1}\left(\frac{p-o_c-e_c}{p-e_c}\right)-F^{-1}\left(\frac{o_c+e_c-w-o_p}{e_c-e_p}\right)$$

零售商的最优看跌期权购买量为

$$q_d^{2*}=F^{-1}\left(\frac{o_c+e_c-w-o_p}{e_c-e_p}\right)-F^{-1}\left(\frac{o_p}{e_p}\right)$$

证明：由定理 5.1 可知，包含双期权的组合合同下使零售商期望利润最大化的固定订货量、看涨期权购买量和看跌期权购买量且存在唯一。令 $\frac{\partial\Pi_d^r(q_d^0,q_d^1,q_d^2)}{\partial q_d^0}=0$、$\frac{\partial\Pi_d^r(q_d^0,q_d^1,q_d^2)}{\partial q_d^1}=0$ 和 $\frac{\partial\Pi_d^r(q_d^0,q_d^1,q_d^2)}{\partial q_d^2}=0$，可得

$$\begin{cases} q_d^{0*}=F^{-1}\left(\dfrac{o_c+e_c-w-o_p}{e_c-e_p}\right) \\ q_d^{1*}=F^{-1}\left(\dfrac{p-o_c-e_c}{p-e_c}\right)-F^{-1}\left(\dfrac{o_c+e_c-w-o_p}{e_c-e_p}\right) \\ q_d^{2*}=F^{-1}\left(\dfrac{o_c+e_c-w-o_p}{e_c-e_p}\right)-F^{-1}\left(\dfrac{o_p}{e_p}\right) \end{cases}$$

证毕。

联立 $q_d^{1*}>0$ 和 $q_d^{2*}>0$ 可推导出 $e_p-o_p+\frac{p-e_p}{p-e_c}o_c<w<o_c+e_c-\frac{e_c}{e_p}o_p$，表明单位产品的批发价格应该控制在一定范围内，否则零售商将不会同时订购看涨期权和看跌期权。本节假设成本参数满足该不等式。

由命题 5.1 可知，包含双期权的组合合同下零售商的最优订货策略与单位产品批发价格 w、单位看涨期权购买价格 o_c 及其执行价格 e_c 和单位看跌期权购买价格 o_p 及其执行价格 e_p 相关。由命题 5.1，可以得到以下推论。

推论 5.1 包含双期权的组合合同下，零售商的最优固定订货量 q_d^{0*} 和最优看跌期权购买量 q_d^{2*} 均是 (w,o_p) 的减函数，是 (o_c,e_c,e_p) 的增函数，但其最优看涨期权购买量 q_d^{1*} 是 (o_c,e_c,e_p) 的减函数，是 (w,o_p) 的增函数。

证明：由 $\frac{\partial q_d^{0*}}{\partial w}<0$、$\frac{\partial q_d^{0*}}{\partial o_c}>0$、$\frac{\partial q_d^{0*}}{\partial e_c}>0$、$\frac{\partial q_d^{0*}}{\partial o_p}<0$ 和 $\frac{\partial q_d^{0*}}{\partial e_p}>0$ 可知，q_d^{0*} 是 (w,o_p) 的减函数，是 (o_c,e_c,e_p) 的增函数。由 $\frac{\partial q_d^{1*}}{\partial w}>0$、$\frac{\partial q_d^{1*}}{\partial o_c}<0$、$\frac{\partial q_d^{1*}}{\partial e_c}<0$、$\frac{\partial q_d^{1*}}{\partial o_p}>0$ 和 $\frac{\partial q_d^{1*}}{\partial e_p}<0$ 可知，

q_d^{1*}是(o_c,e_c,e_p)的减函数，是(w,o_p)的增函数。由$\dfrac{\partial q_d^{2*}}{\partial w}<0$、$\dfrac{\partial q_d^{2*}}{\partial o_c}>0$、$\dfrac{\partial q_d^{2*}}{\partial e_c}>0$、$\dfrac{\partial q_d^{2*}}{\partial o_p}<0$和$\dfrac{\partial q_d^{2*}}{\partial e_p}>0$可知，$q_d^{2*}$是$(w,o_p)$的减函数，是$(o_c,e_c,e_p)$的增函数。证毕。

由推论 5.1 可知，随着单位产品批发价格w的增加，包含双期权的组合合同下零售商将减少其最优固定订货量q_d^{0*}和最优看跌期权购买量q_d^{2*}而增加其最优看涨期权购买量q_d^{1*}。这是因为，当单位产品批发价格越高时，零售商承担的单位产品购买成本越高，为避免成本过高，零售商将减少其最优固定订货量，这将促使零售商减少其最优看跌期权购买量并增加其最优看涨期权购买量。其次，随着单位看涨期权购买价格o_c及其执行价格e_c的增加，包含双期权的组合合同下零售商将减少其最优看涨期权购买量q_d^{1*}而增加其最优固定订货量q_d^{0*}和最优看跌期权购买量q_d^{2*}。这是因为，当单位看涨期权购买价格及其执行价格越高时，零售商承担的单位看涨期权的购买成本和执行成本越高，为避免成本过高，零售商将减少其最优看涨期权购买量，这将促使零售商增加其最优固定订货量和最优看跌期权购买量。再次，随着单位看跌期权购买价格o_p的增加，包含双期权的组合合同下零售商将减少其最优固定订货量q_d^{0*}和最优看跌期权购买量q_d^{2*}而增加其最优看涨期权购买量q_d^{1*}。这是因为，当单位看跌期权购买价格越高时，零售商承担的单位看跌期权购买成本越高，为避免成本过高，零售商将减少其最优看跌期权购买量，这将促使零售商减少其最优固定订货量并增加其最优看涨期权购买量。最后，随着单位看跌期权执行价格e_p的增加，包含双期权的组合合同下零售商将减少其最优看涨期权购买量q_d^{1*}而增加其最优固定订货量q_d^{0*}和最优看跌期权购买量q_d^{2*}。这是因为，当单位看跌期权执行价格越高时，零售商获得的单位看跌期权执行收入越高，为获得更高的利润，零售商将增加其最优看跌期权购买量，这将促使零售商增加其最优固定订货量并减少其最优看涨期权购买量。综上所述，包含双期权的组合合同下合同参数的大小将直接影响零售商最优订货策略的制定。包含双期权的组合合同下单位产品批发价格和单位看跌期权购买价格设置较高将直接导致零售商最优固定订货量和最优看跌期权购买量减少以及最优看涨期权购买量增加，而单位看涨期权购买价格及其执行价格和单位看跌期权执行价格设置较高将直接导致零售商最优看涨期权购买量减少以及最优固定订货量和最优看跌期权购买量增加。

由命题 5.1，包含双期权的组合合同下零售商的最大期望利润$\Pi_d^{r*}(q_d^{0*},q_d^{1*},q_d^{2*})$为

$$\begin{aligned}\Pi_d^{r*}(q_d^{0*},q_d^{1*},q_d^{2*})&=(p-w)q_d^{0*}+(p-o_c-e_c)q_d^{1*}-o_pq_d^{2*}-(p-e_c)\int_0^{q_d^{0*}+q_d^{1*}}F(x)\mathrm{d}x\\&\quad-(e_c-e_p)\int_0^{q_d^{0*}}F(x)\mathrm{d}x-e_p\int_0^{q_d^{0*}-q_d^{2*}}F(x)\mathrm{d}x\end{aligned}\tag{5-2}$$

由式(5-2)可知，包含双期权的组合合同下零售商的最大期望利润与单位产品批发价格w、单位看涨期权购买价格o_c及其执行价格e_c和单位看跌期权购买价格o_p及其执行价格e_p相关。由式(5-2)，可以得到以下推论。

推论 5.2　包含双期权的组合合同下零售商的最大期望利润$\Pi_d^{r*}(q_d^{0*},q_d^{1*},q_d^{2*})$是$(w,o_c,e_c,o_p)$的减函数，是$e_p$的增函数。

证明：求式(5-2)关于w、o_c、e_c、o_p和e_p的一阶偏导，可得

$$\frac{\partial \Pi_d^{r*}(q_d^{0*},q_d^{1*},q_d^{2*})}{\partial w}=-q_d^{0*}+[(o_c+e_c-w-o_p)-(e_c-e_p)F(q_d^{0*})]\frac{\partial q_d^{0*}}{\partial w}=-q_d^{0*}<0$$

$$\frac{\partial \Pi_d^{r*}(q_d^{0*},q_d^{1*},q_d^{2*})}{\partial o_c}=-q_d^{1*}+[(p-w-o_p)-(p-e_c)F(q_d^{0*}+q_d^{1*})-(e_c-e_p)F(q_d^{0*})]\frac{\partial q_d^{0*}}{\partial o_c}$$

$$+[(p-o_c-e_c)-(p-e_c)F(q_d^{0*}+q_d^{1*})]\frac{\partial q_d^{1*}}{\partial o_c}=-q_d^{1*}<0$$

$$\frac{\partial \Pi_d^{r*}(q_d^{0*},q_d^{1*},q_d^{2*})}{\partial e_c}=-q_d^{1*}+\int_{q_d^{0*}}^{q_d^{0*}+q_d^{1*}}F(x)\mathrm{d}x+[(p-w-o_p)-(p-e_c)F(q_d^{0*}+q_d^{1*})-(e_c-e_p)F(q_d^{0*})]$$

$$\frac{\partial q_d^{0*}}{\partial e_c}+[(p-o_c-e_c)-(p-e_c)F(q_d^{0*}+q_d^{1*})]\frac{\partial q_d^{1*}}{\partial e_c}=-q_d^{1*}+\int_{q_d^{0*}}^{q_d^{0*}+q_d^{1*}}F(x)\mathrm{d}x<0$$

$$\frac{\partial \Pi_d^{r*}(q_d^{0*},q_d^{1*},q_d^{2*})}{\partial o_p}=-q_d^{2*}+[(o_c+e_c-w)-(e_c-e_p)F(q_d^{0*})-e_pF(q_d^{0*}-q_d^{2*})]\frac{\partial q_d^{0*}}{\partial o_p}$$

$$-[o_p-e_pF(q_d^{0*}-q_d^{2*})]\frac{\partial q_d^{2*}}{\partial o_p}=-q_d^{2*}<0$$

$$\frac{\partial \Pi_d^{r*}(q_d^{0*},q_d^{1*},q_d^{2*})}{\partial e_p}=e_p\int_{q_d^{0*}-q_d^{2*}}^{q_d^{0*}}F(x)\mathrm{d}x+[(o_c+e_c-w)-(e_c-e_p)F(q_d^{0*})-e_pF(q_d^{0*}-q_d^{2*})]\frac{\partial q_d^{0*}}{\partial e_p}$$

$$-[o_p-e_pF(q_d^{0*}-q_d^{2*})]\frac{\partial q_d^{2*}}{\partial e_p}=e_p\int_{q_d^{0*}-q_d^{2*}}^{q_d^{0*}}F(x)\mathrm{d}x>0$$

故$\Pi_d^{r*}(q_d^{0*},q_d^{1*},q_d^{2*})$是$(w,o_c,e_c,o_p)$的减函数，是$e_p$的增函数。证毕。

由推论 5.2 可知，随着单位产品批发价格w的增加，包含双期权的组合合同下零售商的最大期望利润Π_d^{r*}将减小。这是因为，当单位产品批发价格越高时，零售商承担的单位产品购买成本越高，这将导致零售商的最大期望利润减小。其次，随着单位看涨期权购买价格o_c及其执行价格e_c的增加，包含双期权的组合合同下零售商的最大期望利润Π_d^{r*}将减小。这是因为，当单位看涨期权购买价格及其执行价格越高时，零售商承担的单位看涨期权的购买成本和执行成本越高，这将导致零售商的最大期望利润减小。再次，随着单位看跌期权购买价格o_p的增加，包含双期权的组合合同下零售商的最大期望利润Π_d^{r*}将减小。这是因为，当单位看跌期权购买价格越高时，零售商承担的单位看跌期权购买成本越高，这将导致零售商的最大期望利润减小。最后，随着单位看跌期权执行价格e_p的增加，包含双期权的组合合同下零售商的最大期望利润Π_d^{r*}将增大。这是因为，当单位看跌期权执行价格越高时，零售商获得的单位看跌期权执行收入越高，这将导致零售商的最大期望利润增大。综上所述，包含双期权的组合合同下合同参数的大小将直接影响零售商最大期望利润的高低。包含双期权的组合合同下单位产品批发价格、单位看涨期权购买价格及其执行价格和单位看跌期权的购买价格设置较高将直接导致零售商的最大期望利润减小，而单位看跌期权执行价格设置较高将直接导致零售商的最大期望利润增大。

推论 5.1 和推论 5.2 表明，双期权合同能为零售商提供订货柔性来规避需求风险。包含双期权的组合合同下，单位产品批发价格、单位看涨期权购买价格及其执行价格、单位看

跌期权的购买价格及其执行价格应被合理设置，从而使得零售商愿意采用该合同进行订货。

5.1.3 讨论

下面分别讨论单周期情景下双期权合同、需求风险和合同参数对零售商最优订货策略和最大期望利润的影响，并给出相应的管理启示。

5.1.3.1 双期权合同的影响

这里将批发价合同情形(详见第 2.1 节)作为基准，用来与包含双期权的组合合同情形进行比较，讨论单周期情景下双期权合同的运用对零售商最优订货策略和最大期望利润的影响，可以得到如下命题。

命题 5.2　当 $w>\dfrac{o_c+e_p-o_p}{p-e_c+e_p}p$ 时，包含双期权的组合合同下零售商的最优固定订货量小于批发价合同下零售商的最优固定订货量，即 $q_d^{0*}<q_w^{0*}$。当 $w<\dfrac{o_c+e_p-o_p}{p-e_c+e_p}p$ 时，包含双期权的组合合同下零售商的最优固定订货量大于批发价合同下零售商的最优固定订货量，即 $q_d^{0*}>q_w^{0*}$。

证明：由 $w>\dfrac{o_c+e_p-o_p}{p-e_c+e_p}p$ 可推导出 $q_d^{0*}=F^{-1}\left(\dfrac{o_c+e_c-w-o_p}{e_c-e_p}\right)<F^{-1}\left(\dfrac{p-w}{p}\right)=q_w^{0*}$。由 $w<\dfrac{o_c+e_p-o_p}{p-e_c+e_p}p$ 可推导出 $q_d^{0*}=F^{-1}\left(\dfrac{o_c+e_c-w-o_p}{e_c-e_p}\right)>F^{-1}\left(\dfrac{p-w}{p}\right)=q_w^{0*}$。证毕。

由命题 5.2 可知，单周期情景下双期权合同的运用会对零售商的最优订货策略产生影响。首先，包含双期权的组合合同下，一旦发生市场需求超过固定订货量的情形，零售商可以通过执行看涨期权增加部分额外的产品。这表明联合利用批发价合同与双期权合同进行采购时，零售商能够根据实际的市场需求向上调整其采购数量。故与传统的批发价合同相比，当合同参数满足一定条件时，包含双期权的组合合同下零售商愿意减少其最优固定订货量，以避免因订货过多而导致库存积压的风险增加。因此，在一定的合同参数范围内，包含双期权的组合合同下零售商的最优固定订货量小于批发价合同下零售商的最优固定订货量。其次，包含双期权的组合合同下，一旦发生市场需求低于固定订货量的情形，零售商可以通过执行看跌期权退还部分剩余的产品。这表明联合利用批发价合同与双期权合同进行采购时，零售商能够根据实际的市场需求向下调整其采购数量。故与传统的批发价合同相比，当合同参数满足一定条件时，包含双期权的组合合同下零售商愿意增加其最优固定订货量，以避免因订货过少而导致顾客流失的风险增加。因此，在一定的合同参数范围内，包含双期权的组合合同下零售商的最优固定订货量大于批发价合同下零售商的最优固定订货量。

值得注意的是，该结论与包含看涨期权的组合合同下的结论和包含看跌期权的组合合同下的结论有着明显的区别。根据命题 3.3 的结论，包含看涨期权的组合合同下零售商的最优固定订货量始终小于批发价合同下零售商的最优固定订货量。根据命题 4.2 的结论，包含看跌期权的组合合同下零售商的最优固定订货量始终大于批发价合同下零售商的最优固定订货量。之所以这样，原因在于这 3 种期权合同赋予零售商的权利是不一样的。看涨期权合同赋予的是增加部分额外产品的权利，看跌期权合同赋予的是退还部分剩余产品的权利。而双期权合同是看涨期权合同和看跌期权合同的叠加，它既赋予增加部分额外产品的权利，又赋予退还部分剩余产品的权利。包含看涨期权的组合合同下，零售商在减少最优固定订货量的情形下能获得部分额外的产品。包含看跌期权的组合合同下，零售商在增加最优固定订货量的情形下能退还部分剩余的产品。而包含双期权的组合合同下，零售商在减少最优固定订货量的情形下能获得部分额外的产品，在增加最优固定订货量的情形下能退还部分剩余的产品。因此，联合利用批发价合同与看涨期权合同进行采购时，零售商将减少其最优固定订货量。联合利用批发价合同与看跌期权合同进行采购时，零售商将增加其最优固定订货量。而联合利用批发价合同与双期权合同进行采购时，零售商可能增加其最优固定订货量，也可能减少其最优固定订货量。

命题 5.3　包含双期权的组合合同下零售商的最大期望利润大于批发价合同下零售商的最大期望利润，即 $\Pi_d^{r*}(q_d^{0*},q_d^{1*},q_d^{2*})>\Pi_w^{r*}(q_w^{0*})$。

证明：令 $\varDelta_1(q_d^{1*},q_d^{2*})=\Pi_d^{r*}(q_w^{0*},q_d^{1*},q_d^{2*})-\Pi_w^{r*}(q_w^{0*})$，有

$$\varDelta_1(q_d^{1*},q_d^{2*})=\underbrace{(p-o_c-e_c)q_d^{1*}-(p-e_c)\int_{q_w^{0*}}^{q_w^{0*}+q_d^{1*}}F(x)\mathrm{d}x}_{\varDelta'_1(q_d^{1*})}\underbrace{-o_p q_d^{2*}+e_p\int_{q_w^{0*}-q_d^{2*}}^{q_w^{0*}}F(x)\mathrm{d}x}_{\varDelta''_1(q_d^{2*})}$$

由 $\varDelta'_1(0)=0$ 和 $\left.\dfrac{\mathrm{d}\varDelta'_1(q_d^{1*})}{\mathrm{d}q_d^{1*}}\right|_{q_d^{1*}=0}=(p-o_c-e_c)-(p-e_c)F(q_w^{0*})=(p-e_c)\left[\dfrac{p-o_c-e_c}{p-e_c}-F(q_w^{0*})\right]>0$ 可推导出 $\varDelta'_1(q_d^{1*})>0$。由 $\varDelta''_1(0)=0$ 和 $\left.\dfrac{\mathrm{d}\varDelta''_1(q_d^{2*})}{\mathrm{d}q_d^{2*}}\right|_{q_d^{2*}=0}=-o_p+e_pF(q_w^{0*})=e_p\left[-\dfrac{o_p}{e_p}+F(q_w^{0*})\right]>0$ 可推导出 $\varDelta''_1(q_d^{2*})>0$。由 $\varDelta''_1(q_d^{1*})>0$ 和 $\varDelta''_1(q_d^{2*})>0$ 可推导出 $\varDelta_1(q_d^{1*},q_d^{2*})>0$，故 $\Pi_d^{r*}(q_w^{0*},q_d^{1*},q_d^{2*})>\Pi_w^{r*}(q_w^{0*})$。又因 $\Pi_d^{r*}(q_d^{0*},q_d^{1*},q_d^{2*})>\Pi_d^{r*}(q_w^{0*},q_d^{1*},q_d^{2*})$，故 $\Pi_d^{r*}(q_d^{0*},q_d^{1*},q_d^{2*})>\Pi_w^{r*}(q_w^{0*})$。证毕。

由命题 5.3 可知，单周期情景下双期权合同的运用会对零售商的最大期望利润产生影响。包含双期权的组合合同下，零售商须在销售开始前支付购买看涨期权和看跌期权的费用，然而其却获得了在销售期间增加部分额外产品的权利以及在销售期末退还部分剩余产品的权利。该情形下零售商在销售期间可通过执行看涨期权以转移部分顾客流失的风险，并在销售期末可通过执行看跌期权以转移部分库存积压的风险。对零售商而言，其在包含双期权的组合合同下获得的收益远大于其所付出的代价。这意味着与传统的批发价合同相比，包含双期权的组合合同下零售商能够获得更大的期望利润。因此，包含双期权的组合合同下零售商的最大期望利润始终大于批发价合同下零售商的最大期望利润。因此，出于自身利润的考虑，零售商倾向于采用既订购产品又订购看涨期权和看跌期权的组合订货方式。

命题 5.2 和命题 5.3 表明，双期权合同的运用将使零售商提高其服务水平，降低其库

存风险，增加其最大期望利润。该结论能帮助零售商更好地运用双期权合同来制定其最优订货策略，增加其最大期望利润。

5.1.3.2　需求风险的影响

这里将利用数值分析的方法，讨论单周期情景下需求风险(具体表现为市场需求的方差σ)的变化对零售商最优订货策略和最大期望利润的影响，并给出相应的管理启示。

固定$p=19$，$w=9$，$o_c=0.3$，$o_p=0.4$，$e_c=10$和$e_p=8$，在随机变量D分别服从$N(100,30^2)$、$N(100,35^2)$、$N(100,40^2)$、$N(100,45^2)$和$N(100,50^2)$的正态分布下(即均值μ为 100，方差σ分别为 30、35、40、45 和 50)，应用 Matlab 编程计算相应的待考察变量(如q_d^{0*}、q_d^{1*}、q_d^{2*}和Π_d^{r*}等)对应于σ变化的值，通过 Excel 画图工具绘出相应的变化曲线，如图 5-1 所示(虚线表示不考虑期权合同的情形，实线表示考虑双期权合同的情形)。

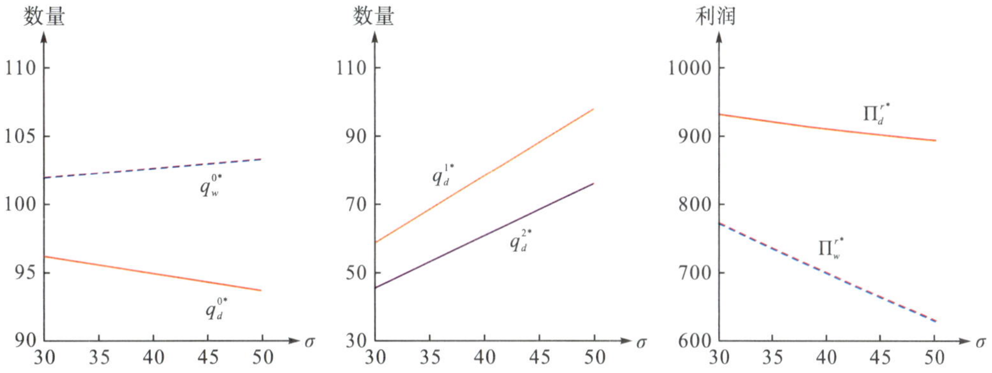

图 5-1　σ的变化对零售商单周期决策和绩效的影响

从图 5-1 可以看出，随着需求风险σ的增加，批发价合同下零售商的最优固定订货量q_w^{0*}将明显增加；包含双期权的组合合同下零售商的最优固定订货量q_d^{0*}将明显减少，其最优看涨期权购买量q_d^{1*}将明显增加，其最优看跌期权购买量q_d^{2*}将明显增加。其次，当合同参数满足一定条件时，随着需求风险σ的增加，包含双期权的组合合同下零售商的最优固定订货量q_d^{0*}小于批发价合同下零售商的最优固定订货量q_w^{0*}。上述结论证明了命题 5.2。最后，当合同参数满足一定条件时，随着需求风险σ的增加，批发价合同下零售商的最优固定订货量与包含双期权的组合合同下零售商的最优固定订货量之间的差距$\left|q_w^{0*}-q_d^{0*}\right|$将明显增大。从图 5-1 还可以看出，随着需求风险σ的增加，批发价合同下零售商的最大期望利润Π_w^{r*}将明显减小；包含双期权的组合合同下零售商的最大期望利润Π_d^{r*}将明显减小。其次，随着需求风险σ的增加，包含双期权的组合合同下零售商的最大期望利润Π_d^{r*}始终大于批发价合同下零售商的最大期望利润Π_w^{r*}。上述结论证明了命题 5.3。最后，随着需求风险σ的增加，包含双期权的组合合同下零售商的最大期望利润与批发价合同下零售商的最大期望利润之间的差距$\left|\Pi_d^{r*}-\Pi_w^{r*}\right|$将明显增大。综上所述，需求风险的增加对零售商而言是不利的。因此，在实际运营过程中，风险动态监测机制的建立、先进预测技术的使

用和科学分析方法的应用对企业而言是至关重要的。

5.1.3.3 合同参数的影响

这里将利用数值分析的方法，讨论单周期情景下合同参数(具体表现为单位产品的批发价格 w、单位看涨期权的购买价格 o_c 及其执行价格 e_c、单位看跌期权的购买价格 o_p 及其执行价格 e_p)的变化对零售商最优订货策略和最大期望利润的影响，并给出相应的管理启示。为便于数值分析，令 $p=19$，$w=9$，$o_c=0.3$，$o_p=0.4$，$e_c=10$，$e_p=8$ 和 $D\sim N(100,40^2)$。其余参数根据后续讨论赋值。

首先讨论单周期情景下单位产品批发价格 w 的变化对零售商最优订货策略和最大期望利润的影响。保持随机变量 D 的均值和方差不变，固定 $o_c=0.3$，$o_p=0.4$，$e_c=10$ 和 $e_p=8$。在单位产品批发价格 w 分别为 8.6、8.8、9.0、9.2 和 9.4 的情况下，应用 Matlab 编程计算相应的待考察变量(如 q_d^{0*}、q_d^{1*}、q_d^{2*} 和 Π_d^{r*} 等)对应于 w 变化的值，通过 Excel 画图工具绘出相应的变化曲线，如图 5-2 所示(虚线表示不考虑期权合同的情形，实线表示考虑双期权合同的情形)。

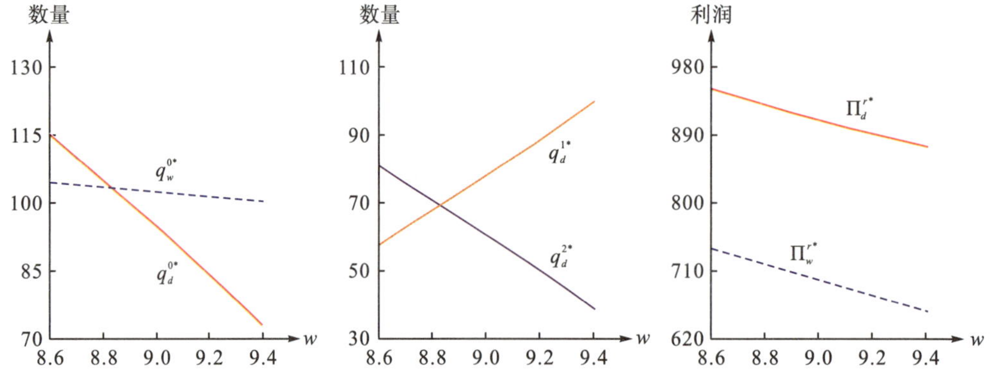

图 5-2 w 的变化对零售商单周期决策和绩效的影响

从图 5-2 可以看出，随着单位产品批发价格 w 的增加，批发价合同下零售商的最优固定订货量 q_w^{0*} 将明显减少；包含双期权的组合合同下零售商的最优固定订货量 q_d^{0*} 将明显减少，其最优看涨期权购买量 q_d^{1*} 将明显增加，其最优看跌期权购买量 q_d^{2*} 将明显减少。上述结论证明了推论 5.1。其次，当合同参数满足一定条件时，随着单位产品批发价格 w 的增加，包含双期权的组合合同下零售商的最优固定订货量 q_d^{0*} 大于批发价合同下零售商的最优固定订货量 q_w^{0*}；当合同参数满足一定条件时，随着单位产品批发价格 w 的增加，包含双期权的组合合同下零售商的最优固定订货量 q_d^{0*} 小于批发价合同下零售商的最优固定订货量 q_w^{0*}。上述结论证明了命题 5.2。最后，随着单位产品批发价格 w 的增加，包含双期权的组合合同下零售商的最优固定订货量与批发价合同下零售商的最优固定订货量之间的差距 $\left|q_d^{0*}-q_w^{0*}\right|$ 将先减小后增大。从图 5-2 还可以看出，随着单位产品批发价格 w 的增加，

批发价合同下零售商的最大期望利润 Π_w^{r*} 将明显减小；包含双期权的组合合同下零售商的最大期望利润 Π_d^{r*} 将明显减小。上述结论证明了推论 5.2。其次，随着单位产品批发价格 w 的增加，包含双期权的组合合同下零售商的最大期望利润 Π_d^{r*} 始终大于批发价合同下零售商的最大期望利润 Π_w^{r*}。上述结论证明了命题 5.3。最后，随着单位产品批发价格 w 的增加，包含双期权的组合合同下零售商的最大期望利润与批发价合同下零售商的最大期望利润之间的差距 $\left|\Pi_d^{r*}-\Pi_w^{r*}\right|$ 将略微减小。

接着讨论单周期情景下单位看涨期权的购买价格 o_c 的变化对零售商最优订货策略和最大期望利润的影响。保持随机变量 D 的均值和方差不变，固定 $w=9$，$o_p=0.3$，$e_c=10$ 和 $e_p=8$。在单位看涨期权的购买价格 o_c 分别为 0.1、0.2、0.3、0.4 和 0.5 的情况下，应用 Matlab 编程计算相应的待考察变量(如 q_d^{0*}、q_d^{1*}、q_d^{2*} 和 Π_d^{r*} 等)对应于 o_c 变化的值，通过 Excel 画图工具绘出相应的变化曲线，如图 5-3 所示(虚线表示不考虑期权合同的情形，实线表示考虑双期权合同的情形)。

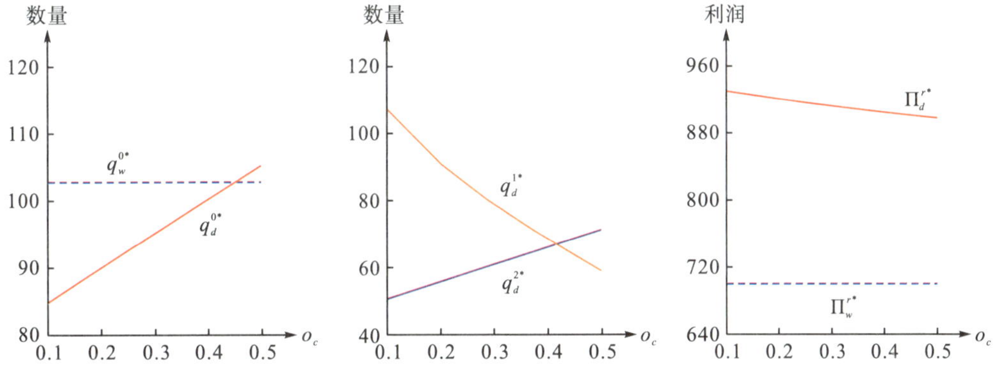

图 5-3　o_c 的变化对零售商单周期决策和绩效的影响

从图 5-3 可以看出，随着单位看涨期权的购买价格 o_c 的增加，批发价合同下零售商的最优固定订货量 q_w^{0*} 将没有变化；包含双期权的组合合同下零售商的最优固定订货量 q_d^{0*} 将明显增加，其最优看涨期权购买量 q_d^{1*} 将明显减少，其最优看跌期权购买量 q_d^{2*} 将明显增加。上述结论证明了推论 5.1。其次，当合同参数满足一定条件时，随着单位看涨期权的购买价格 o_c 的增加，包含双期权的组合合同下零售商的最优固定订货量 q_d^{0*} 小于批发价合同下零售商的最优固定订货量 q_w^{0*}；当合同参数满足一定条件时，随着单位看涨期权的购买价格 o_c 的增加，包含双期权的组合合同下零售商的最优固定订货量 q_d^{0*} 大于批发价合同下零售商的最优固定订货量 q_w^{0*}。上述结论证明了命题 5.2。最后，随着单位看涨期权的购买价格 o_c 的增加，批发价合同下零售商的最优固定订货量与包含双期权的组合合同下零售商的最优固定订货量之间的差距 $\left|q_w^{0*}-q_d^{0*}\right|$ 将先减小后增大。从图 5-3 还可以看出，随着单位看涨期权的购买价格 o_c 的增加，批发价合同下零售商的最大期望利润 Π_w^{r*} 将没有变化；包含双期权的组合合同下零售商的最大期望利润 Π_d^{r*} 将明显减小。上述结论证明了推论 5.2。

其次，随着单位看涨期权的购买价格 o_c 的增加，包含双期权的组合合同下零售商的最大期望利润 Π_d^{r*} 始终大于批发价合同下零售商的最大期望利润 Π_w^{r*}。上述结论证明了命题5.3。最后，随着单位看涨期权的购买价格 o_c 的增加，包含双期权的组合合同下零售商的最大期望利润与批发价合同下零售商的最大期望利润之间的差距 $\left|\Pi_d^{r*}-\Pi_w^{r*}\right|$ 将明显减小。

接着讨论单周期情景下单位看涨期权的执行价格 e_c 的变化对零售商最优订货策略和最大期望利润的影响。保持随机变量 D 的均值和方差不变，固定 $w=9$，$o_c=0.3$，$o_p=0.4$ 和 $e_p=8$。在单位看涨期权的执行价格 e_c 分别为 9.6、9.8、10.0、10.2 和 10.4 的情况下，应用 Matlab 编程计算相应的待考察变量(如 q_d^{0*}、q_d^{1*}、q_d^{2*} 和 Π_d^{r*} 等)对应于 e_c 变化的值，通过Excel画图工具绘出相应的变化曲线，如图5-4所示(虚线表示不考虑期权合同的情形，实线表示考虑双期权合同的情形)。

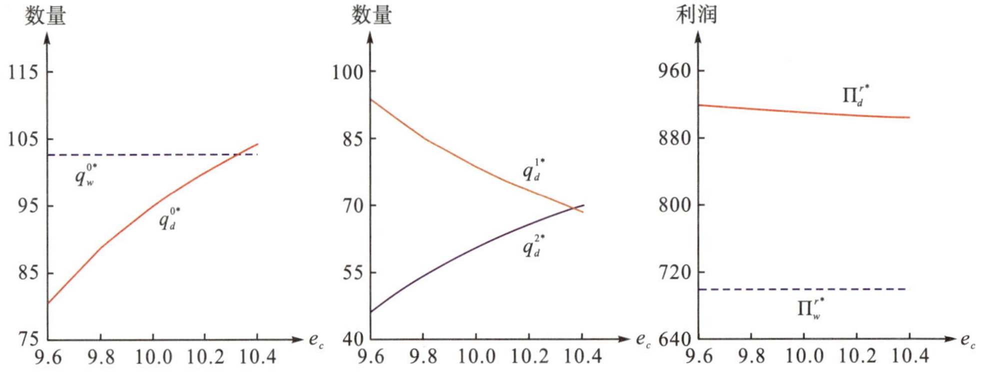

图 5-4 e_c 的变化对零售商单周期决策和绩效的影响

从图 5-4 可以看出，随着单位看涨期权的执行价格 e_c 的增加，批发价合同下零售商的最优固定订货量 q_w^{0*} 将没有变化；包含双期权的组合合同下零售商的最优固定订货量 q_d^{0*} 将明显增加，其最优看涨期权购买量 q_d^{1*} 将明显减少，其最优看跌期权购买量 q_d^{2*} 将明显增加。上述结论证明了推论 5.1。其次，当合同参数满足一定条件时，随着单位看涨期权的执行价格 e_c 的增加，包含双期权的组合合同下零售商的最优固定订货量 q_d^{0*} 小于批发价合同下零售商的最优固定订货量 q_w^{0*}；当合同参数满足一定条件时，随着单位看涨期权的执行价格 e_c 的增加，包含双期权的组合合同下零售商的最优固定订货量 q_d^{0*} 大于批发价合同下零售商的最优固定订货量 q_w^{0*}。上述结论证明了命题 5.2。最后，随着单位看涨期权的执行价格 e_c 的增加，批发价合同下零售商的最优固定订货量与包含双期权的组合合同下零售商的最优固定订货量之间的差距 $\left|q_w^{0*}-q_d^{0*}\right|$ 将先减小后增大。从图 5-4 还可以看出，随着单位看涨期权的执行价格 e_c 的增加，批发价合同下零售商的最大期望利润 Π_w^{r*} 将没有变化；包含双期权的组合合同下零售商的最大期望利润 Π_d^{r*} 将明显减小。上述结论证明了推论 5.2。其次，随着单位看涨期权的执行价格 e_c 的增加，包含双期权的组合合同下零售商的最大期望利润 Π_d^{r*} 始终大于批发价合同下零售商的最大期望利润 Π_w^{r*}。上述结论证明了命题 5.3。

最后，随着单位看涨期权的执行价格 e_c 的增加，包含双期权的组合合同下零售商的最大期望利润与批发价合同下零售商的最大期望利润之间的差距 $\left|\Pi_d^{r*}-\Pi_w^{r*}\right|$ 将明显减小。

接着讨论单周期情景下单位看跌期权的购买价格 o_p 的变化对零售商最优订货策略和最大期望利润的影响。保持随机变量 D 的均值和方差不变，固定 $w=9$，$o_c=0.3$，$e_c=10$ 和 $e_p=8$。在单位看跌期权的购买价格 o_p 分别为 0.2、0.3、0.4、0.5 和 0.6 的情况下，应用 Matlab 编程计算相应的待考察变量(如 q_d^{0*}、q_d^{1*}、q_d^{2*} 和 Π_d^{r*} 等)对应于 o_p 变化的值，通过 Excel 画图工具绘出相应的变化曲线，如图 5-5 所示(虚线表示不考虑期权合同的情形，实线表示考虑双期权合同的情形)。

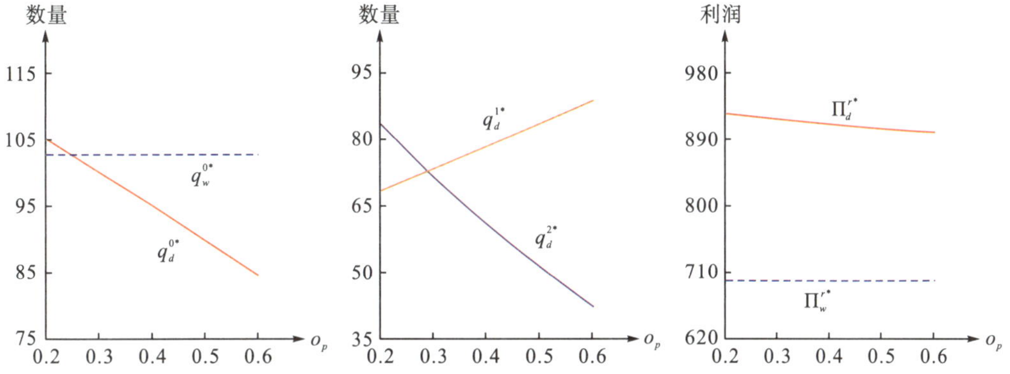

图 5-5　o_p 的变化对零售商单周期决策和绩效的影响

从图 5-5 可以看出，随着单位看跌期权的购买价格 o_p 的增加，批发价合同下零售商的最优固定订货量 q_w^{0*} 将没有变化；包含双期权的组合合同下零售商的最优固定订货量 q_d^{0*} 将明显减少，其最优看涨期权购买量 q_d^{1*} 将明显增加，其最优看跌期权购买量 q_d^{2*} 将明显减少。上述结论证明了推论 5.1。其次，当合同参数满足一定条件时，随着单位看跌期权的购买价格 o_p 的增加，包含双期权的组合合同下零售商的最优固定订货量 q_d^{0*} 大于批发价合同下零售商的最优固定订货量 q_w^{0*}；当合同参数满足一定条件时，随着单位看跌期权的购买价格 o_p 的增加，包含双期权的组合合同下零售商的最优固定订货量 q_d^{0*} 小于批发价合同下零售商的最优固定订货量 q_w^{0*}。上述结论证明了命题 5.2。最后，随着单位看跌期权的购买价格 o_p 的增加，包含双期权的组合合同下零售商的最优固定订货量与批发价合同下零售商的最优固定订货量之间的差距 $\left|q_d^{0*}-q_w^{0*}\right|$ 将先减小后增大。从图 5-5 还可以看出，随着单位看跌期权的购买价格 o_p 的增加，批发价合同下零售商的最大期望利润 Π_w^{r*} 将没有变化；包含双期权的组合合同下零售商的最大期望利润 Π_d^{r*} 将明显减小。上述结论证明了推论 5.2。其次，随着单位看跌期权的购买价格 o_p 的增加，包含双期权的组合合同下零售商的最大期望利润 Π_d^{r*} 始终大于批发价合同下零售商的最大期望利润 Π_w^{r*}。上述结论证明了命题 5.3。最后，随着单位看跌期权的购买价格 o_p 的增加，包含双期权的组合合同下零售商的最大

期望利润与批发价合同下零售商的最大期望利润之间的差距$\left|\Pi_d^{r*}-\Pi_w^{r*}\right|$将明显减小。

最后讨论单周期情景下单位看跌期权的执行价格e_p的变化对零售商最优订货策略和最大期望利润的影响。保持随机变量D的均值和方差不变，固定$w=9$，$o_c=0.3$，$o_p=0.4$和$e_c=10$。在单位看跌期权的执行价格e_p分别为7.6、7.8、8.0、8.2和8.4的情况下，应用Matlab编程计算相应的待考察变量(如q_d^{0*}、q_d^{1*}、q_d^{2*}和Π_d^{r*}等)对应于e_p变化的值，通过Excel画图工具绘出相应的变化曲线，如图5-6所示(虚线表示不考虑期权合同的情形，实线表示考虑双期权合同的情形)。

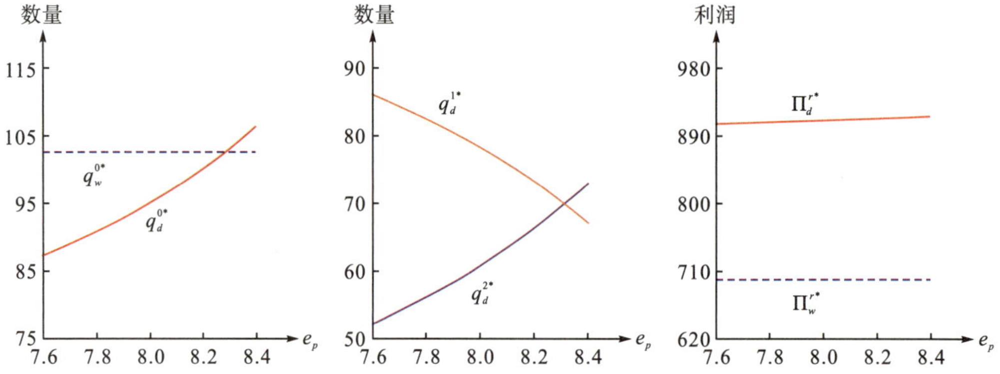

图5-6 e_p的变化对零售商单周期决策和绩效的影响

从图5-6可以看出，随着单位看跌期权的执行价格e_p的增加，批发价合同下零售商的最优固定订货量q_w^{0*}将没有变化；包含双期权的组合合同下零售商的最优固定订货量q_d^{0*}将明显增加，其最优看涨期权购买量q_d^{1*}将明显减少，其最优看跌期权购买量q_d^{2*}将明显增加。上述结论证明了推论5.1。其次，当合同参数满足一定条件时，随着单位看跌期权的执行价格e_p的增加，包含双期权的组合合同下零售商的最优固定订货量q_d^{0*}小于批发价合同下零售商的最优固定订货量q_w^{0*}；当合同参数满足一定条件时，随着单位看跌期权的执行价格e_p的增加，包含双期权的组合合同下零售商的最优固定订货量q_d^{0*}大于批发价合同下零售商的最优固定订货量q_w^{0*}。上述结论证明了命题5.2。最后，随着单位看跌期权的执行价格e_p的增加，批发价合同下零售商的最优固定订货量与包含双期权的组合合同下零售商的最优固定订货量之间的差距$\left|q_w^{0*}-q_d^{0*}\right|$将先减小后增大。从图5-6还可以看出，随着单位看跌期权的执行价格e_p的增加，批发价合同下零售商的最大期望利润Π_w^{r*}将没有变化；包含双期权的组合合同下零售商的最大期望利润Π_d^{r*}将明显增大。上述结论证明了推论5.2。其次，随着单位看跌期权的执行价格e_p的增加，包含双期权的组合合同下零售商的最大期望利润Π_d^{r*}始终大于批发价合同下零售商的最大期望利润Π_w^{r*}。上述结论证明了命题5.3。最后，随着单位看跌期权的执行价格e_p的增加，包含双期权的组合合同下零售商的最大期望利润与批发价合同下零售商的最大期望利润之间的差距$\left|\Pi_d^{r*}-\Pi_w^{r*}\right|$将明显增大。

5.2　多周期拓展模型

本节从多周期情景出发，构建考虑双期权合同情形下零售商的多周期订货模型，研究该情形下零售商的最优订货策略结构，提供近似算法来估计相应的最优策略参数，并讨论双期权合同、需求风险和合同参数对零售商近似最优策略参数和近似最大期望折扣总利润的影响。

5.2.1　问题描述与假设

考虑一个面临随机需求的零售商采购一类耐用品(如电冰箱、汽车、机械设备等)并销售给终端消费者。由于耐用品的销售期被划分为 n 个周期(以 $1,\cdots,n$ 表示)，零售商在任意周期 $t(t=1,\cdots,n)$ 销售开始前决策，一旦销售开始零售商将没有机会补货。本节用到的参数和变量见表 5-2。

表 5-2　符号定义

符号	定义
D_t	第 t 周期时零售商面临的随机需求，连续、可导
$f_t(\cdot)$	D_t 的概率密度函数
$F_t(\cdot)$	D_t 的累积分布函数，非负、可逆、严格递增，且 $F_t(0)=0$
p_t	第 t 周期时单位产品的零售价格
w_t	第 t 周期时单位产品的批发价格
o_{ct}	第 t 周期时单位看涨期权的购买价格
e_{ct}	第 t 周期时单位看涨期权的执行价格
o_{pt}	第 t 周期时单位看跌期权的购买价格
e_{pt}	第 t 周期时单位看跌期权的执行价格
h_t	第 t 周期时单位产品的储存成本
w_{n+1}	第 n 周期时单位剩余产品的残值
I_{dt}^r	第 t 周期期初零售商的库存水平，且 $I_{d1}^r=0$
α	折现因子，且 $0<\alpha\leqslant 1$
q_{dt}^0	考虑双期权合同时零售商在第 t 周期的固定订货量
q_{dt}^1	考虑双期权合同时零售商在第 t 周期的看涨期权购买量
q_{dt}^2	考虑双期权合同时零售商在第 t 周期的看跌期权购买量

在任意周期 $t(t=1,\cdots,n)$，零售商需确定是否运用以及如何运用双期权合同进行采购。双期权合同是看涨期权合同和看跌期权合同的叠加。看涨期权合同由两个参数刻画：一是单位看涨期权的购买价格，二是单位看涨期权的执行价格。看跌期权合同由两个参数刻画：

一是单位看跌期权的购买价格，二是单位看跌期权的执行价格。在任意周期$t(t=1,\cdots,n)$，零售商通过在销售开始前支付看涨期权购买费用购买一定数量的看涨期权，获得在销售期间以约定的看涨期权执行价格增加不超过看涨期权购买量的任意数量产品的权利；通过在销售开始前支付看跌期权购买费用购买一定数量的看跌期权，获得在销售期末以约定的看跌期权执行价格退还不超过看跌期权购买量的任意数量产品的权利。换句话说，双期权合同能为零售商提供向上和向下柔性调整订货数量的权利，且向上和向下调整的柔性范围是不同的。

模型的事件序列如下：在第t周期销售开始前，零售商订购一定数量的产品以及看涨期权和看跌期权；在第t周期销售开始时，零售商通过固定订货获得产品；在第t周期销售期间，零售商可根据实际的市场需求来执行看涨期权进行补货；在第t周期销售期末，零售商可根据剩余产品的数量来执行看跌期权进行退货，零售商剩余的产品将用于满足下一周期的市场需求；在第n周期销售期末，零售商剩余的产品可获得一定的残值。

假定零售商是风险中性和完全理性的，以最大化期望折扣总利润为目标。零售商在第1周期期初的库存水平为零。为不失一般性，进一步做如下假设：

假设 1　$p_t > o_{ct} + e_{ct} > w_t$ 和 $p_t > w_t + o_{pt} > e_{pt}$，保证零售商在第$t$周期能够获利；

假设 2　$0 < o_{ct} < w_t$，$0 < o_{pt} < w_t$ 和 $e_{pt} < w_t < e_{ct}$，保证双期权合同在第t周期的柔性；

假设 3　$o_{ct} + e_{ct} > w_t > o_{ct}$ 和 $w_t > e_{pt} - o_{pt}$，保证零售商在第t周期购买看涨期权和看跌期权；

假设 4　$e_{ct} + h_t > \alpha w_{t+1}$ 和 $e_{pt} + h_t > \alpha w_{t+1}$，避免零售商在第$t$周期通过随意执行看涨期权和看跌期权来获利。

定义 $z^+ = \max(0,z)$，$\bar{F}_t(\cdot) = 1 - F_t(\cdot)$。

5.2.2 考虑双期权合同模型

考虑双期权合同时，零售商在第t周期有3个决策变量：①固定订货量q_{dt}^0；②看涨期权购买量q_{dt}^1；③看跌期权购买量q_{dt}^2。令$y_{dt} = I_{dt}^r + q_{dt}^0$，该决策变量表示零售商在第$t$周期收到固定订货后的库存水平。令$\overline{y}_{dt} = I_{dt}^r + q_{dt}^0 + q_{dt}^1$，该决策变量表示零售商在第$t$周期执行全部看涨期权后的库存水平。令$\underline{y}_{dt} = I_{dt}^r + q_{dt}^0 - q_{dt}^2$，该决策变量表示零售商在第$t$周期执行全部看跌期权后的库存水平。决策$(q_{dt}^0, q_{dt}^1, q_{dt}^2)$等同于决策$(y_{dt}, \overline{y}_{dt}, \underline{y}_{dt})$。当第$t$周期市场需求$D_t$大于等于$\overline{y}_{dt}$时，零售商将执行全部的看涨期权；当第$t$周期市场需求$D_t$大于$y_{dt}$而小于$\overline{y}_{dt}$时，零售商将执行部分的看涨期权；当第$t$周期市场需求$D_t$大于$\underline{y}_{dt}$而小于$y_{dt}$时，零售商将执行部分的看跌期权；当第$t$周期市场需求$D_t$小于等于$\underline{y}_{dt}$时，零售商将执行全部的看跌期权。零售商在第$t$周期的期望利润$\pi_{dt}^r(y_{dt}, \overline{y}_{dt}, \underline{y}_{dt})$为

$$\begin{aligned}\pi_{dt}^{r}(y_{dt},\overline{y}_{dt},\underline{y}_{dt})=&p_{t}E\min(\overline{y}_{dt},D_{t})-w_{t}(y_{dt}-I_{dt}^{r})-o_{ct}(\overline{y}_{dt}-y_{dt})-o_{pt}(y_{dt}-\underline{y}_{dt})\\&-e_{ct}E\min[(\overline{y}_{dt}-y_{dt}),(D_{t}-y_{dt})^{+}]+e_{pt}E\min[(y_{dt}-\underline{y}_{dt}),(y_{dt}-D_{t})^{+}]\\&-h_{t}E(\underline{y}_{dt}-D_{t})^{+}\end{aligned}\tag{5-3}$$

等式右边的第 1 项表示第 t 周期的期望销售收入；第 2 项表示第 t 周期产品的购买成本；第 3 项表示第 t 周期看涨期权的购买成本；第 4 项表示第 t 周期看跌期权的购买成本；第 5 项表示第 t 周期看涨期权的执行成本；第 6 项表示第 t 周期看跌期权的执行收入；第 7 项表示第 t 周期剩余产品的储存成本。

因此，零售商从第 1 周期到第 n 周期的期望折扣总利润 $\Pi_{d}^{r}(y_{d1},\cdots,y_{dn};\overline{y}_{d1},\cdots,\overline{y}_{dn};\underline{y}_{d1},\cdots,\underline{y}_{dn})$ 为

$$\Pi_{d}^{r}(y_{d1},\cdots,y_{dn};\overline{y}_{d1},\cdots,\overline{y}_{dn};\underline{y}_{d1},\cdots,\underline{y}_{dn})=\sum_{t=1}^{n}\alpha^{t-1}\pi_{dt}^{r}(y_{dt},\overline{y}_{dt},\underline{y}_{dt})+\alpha^{n}w_{n+1}I_{dn+1}^{r}\tag{5-4}$$

其中，$I_{dt}^{r}=E(\underline{y}_{dt-1}-D_{t-1})^{+}$，该状态变量表示零售商在第 $t-1$ 周期期末的库存水平，也表示零售商在第 t 周期期初的库存水平。

令 $V_{dt}^{r}(I_{dt}^{r})$ 表示考虑双期权合同时零售商在第 t 周期期初库存水平为 I_{dt}^{r} 前提下从第 t 周期到第 n 周期的最大期望折扣总利润(即 profit-to-go 函数)。零售商的动态规划问题为

$$V_{dt}^{r}(I_{dt}^{r})=w_{t}I_{dt}^{r}+\max_{\overline{y}_{dt}\geqslant y_{dt}\geqslant \underline{y}_{dt}\geqslant I_{dt}^{r}}\{U_{dt}^{r}(y_{dt},\overline{y}_{dt},\underline{y}_{dt})\}\tag{5-5}$$

其中，$V_{dn+1}^{r}(I_{dn+1}^{r})=w_{n+1}I_{dn+1}^{r}$，且

$$U_{dt}^{r}(y_{dt},\overline{y}_{dt},\underline{y}_{dt})=H_{dt}^{r}(y_{dt},\overline{y}_{dt},\underline{y}_{dt})+\alpha EV_{dt+1}^{r}[(\underline{y}_{dt}-D_{t})^{+}]\tag{5-6}$$

$$\begin{aligned}H_{dt}^{r}(y_{dt},\overline{y}_{dt},\underline{y}_{dt})=&p_{t}E\min(\overline{y}_{dt},D_{t})-w_{t}y_{dt}-o_{ct}(\overline{y}_{dt}-y_{dt})-o_{pt}(y_{dt}-\underline{y}_{dt})\\&-e_{ct}E\min[(\overline{y}_{dt}-y_{dt}),(D_{t}-y_{dt})^{+}]+e_{pt}E\min[(y_{dt}-\underline{y}_{dt}),(y_{dt}-D_{t})^{+}]\\&-h_{t}E(\underline{y}_{dt}-D_{t})^{+}\end{aligned}\tag{5-7}$$

式(5-7)表示考虑双期权合同时零售商在第 t 周期期初库存水平为 0 且期末剩余产品残值为 0 的前提下第 t 周期的期望利润，意味着零售商在第 t 周期期末没有剩余产品可以折现。

为简化模型，令 $V_{dt}^{r+}(I_{dt}^{r})=V_{dt}^{r}(I_{dt}^{r})-w_{t}I_{dt}^{r}$，上述递归方程变为

$$V_{dt}^{r+}(I_{dt}^{r})=\max_{\overline{y}_{dt}\geqslant y_{dt}\geqslant \underline{y}_{dt}\geqslant I_{dt}^{r}}\{U_{dt}^{r+}(y_{dt},\overline{y}_{dt},\underline{y}_{dt})\}\tag{5-8}$$

其中，$V_{dn+1}^{r+}(I_{dn+1}^{r})=0$，且

$$U_{dt}^{r+}(y_{dt},\overline{y}_{dt},\underline{y}_{dt})=H_{dt}^{r+}(y_{dt},\overline{y}_{dt},\underline{y}_{dt})+\alpha EV_{dt+1}^{r+}[(\underline{y}_{dt}-D_{t})^{+}]\tag{5-9}$$

$$\begin{aligned}H_{dt}^{r+}(y_{dt},\overline{y}_{dt},\underline{y}_{dt})=&p_{t}E\min(\overline{y}_{dt},D_{t})-w_{t}y_{dt}-o_{ct}(\overline{y}_{dt}-y_{dt})-o_{pt}(y_{dt}-\underline{y}_{dt})\\&-e_{ct}E\min[(\overline{y}_{dt}-y_{dt}),(D_{t}-y_{dt})^{+}]+e_{pt}E\min[(y_{dt}-\underline{y}_{dt}),(y_{dt}-D_{t})^{+}]\\&-(h_{t}-\alpha w_{t+1})E(\underline{y}_{dt}-D_{t})^{+}\end{aligned}\tag{5-10}$$

式(5-10)表示考虑双期权合同时零售商在第 t 周期期初库存水平为 0 的前提下第 t 周期的期望利润，意味着零售商在第 t 周期期末可将剩余产品以 αw_{t+1} 的价值折现。基于上述模型分析，可以得到以下定理。

定理 5.2　在任意周期 $t(t=1,\cdots,n)$，$V_{dt}^{r+}(I_{dt}^{r})$ 是 I_{dt}^{r} 的凹函数。

证明：在第 n 周期时，由于 $V_{dn+1}^{r+}(I_{dn+1}^{r})=0$，$U_{dn}^{r+}(y_{dn},\overline{y}_{dn},\underline{y}_{dn})$ 仅由 $H_{dn}^{r+}(y_{dn},\overline{y}_{dn},\underline{y}_{dn})$ 一个凹函数构成。因此，$U_{dn}^{r+}(y_{dn},\overline{y}_{dn},\underline{y}_{dn})$ 是 y_{dn}、$\overline{y}_{dn}$ 和 $\underline{y}_{dn}$ 的联合凹函数。由于 $\overline{y}_{dn}\geqslant y_{dn}\geqslant\underline{y}_{dn}\geqslant I_{dn}^{r}$，故 $V_{dn}^{r+}(I_{dn}^{r})$ 为 I_{dn}^{r} 的凹函数。在第 $t(t\neq n)$ 周期时，由于 $V_{dt+1}^{r+}[(\underline{y}_{dt}-D_t)^+]$ 是凹函数，$U_{dt}^{r+}(y_{dt},\overline{y}_{dt},\underline{y}_{dt})$ 由 $H_{dt}^{r+}(y_{dt},\overline{y}_{dt},\underline{y}_{dt})$ 和 $V_{dt+1}^{r+}[(\underline{y}_{dt}-D_t)^+]$ 两个凹函数构成。因此，$U_{dt}^{r+}(y_{dt},\overline{y}_{dt},\underline{y}_{dt})$ 是 y_{dt}、$\overline{y}_{dt}$ 和 $\underline{y}_{dt}$ 的联合凹函数。由于 $\overline{y}_{dt}\geqslant y_{dt}\geqslant\underline{y}_{dt}\geqslant I_{dt}^{r}$，故 $V_{dt}^{r+}(I_{dt}^{r})$ 为 I_{dt}^{r} 的凹函数。证毕。

定理 5.2 说明考虑双期权合同时使零售商从第1周期到第 n 周期的期望折扣总利润最大的最优订货策略存在且唯一。根据定理 5.2，可以得到以下命题。

命题 5.4　考虑双期权合同时，零售商在第 t 周期的最优固定订货量为

$$q_{dt}^{0*}=\begin{cases}s_{dt}^{*}-I_{dt}^{r}, & I_{dt}^{r}\leqslant s_{dt}^{*}\\ 0\quad, & I_{dt}^{r}>s_{dt}^{*}\end{cases}$$

零售商在第 t 周期的最优看涨期权购买量为

$$q_{dt}^{1*}=\begin{cases}\overline{s}_{dt}^{*}-s_{dt}^{*}, & I_{dt}^{r}\leqslant s_{dt}^{*}\\ \overline{s}_{dt}^{*}-I_{dt}^{r}, & s_{dt}^{*}<I_{dt}^{r}\leqslant\overline{s}_{dt}^{*}\\ 0\quad, & I_{dt}^{r}>\overline{s}_{dt}^{*}\end{cases}$$

零售商在第 t 周期的最优看跌期权购买量为

$$q_{pt}^{1*}=\begin{cases}s_{dt}^{*}-\underline{s}_{dt}^{*}, & I_{dt}^{r}\leqslant\underline{s}_{dt}^{*}\\ s_{dt}^{*}-I_{dt}^{r}, & \underline{s}_{dt}^{*}<I_{dt}^{r}\leqslant s_{dt}^{*}\\ 0\quad, & I_{dt}^{r}>s_{dt}^{*}\end{cases}$$

其中，$s_{dt}^{*}\in\arg\max_{y_{dt}}\{U_{dt}^{r+}(y_{dt},\overline{y}_{dt},\underline{y}_{dt})\}$，$\overline{s}_{dt}^{*}\in\arg\max_{\overline{y}_{dt}}\{U_{dt}^{r+}(y_{dt},\overline{y}_{dt},\underline{y}_{dt})\}$，$\underline{s}_{dt}^{*}\in\arg\max_{\underline{y}_{dt}}\{U_{dt}^{r+}(y_{dt},\overline{y}_{dt},\underline{y}_{dt})\}$。

证明：由定理 5.2 可知，决策变量 y_{dt} 的最优解为

$$y_{dt}^{*}=\begin{cases}s_{dt}^{*}, & I_{dt}^{r}\leqslant s_{dt}^{*}\\ I_{dt}^{r}, & I_{dt}^{r}>s_{dt}^{*}\end{cases}$$

这里 $s_{dt}^{*}\in\arg\max_{y_{dt}}\{U_{dt}^{r+}(y_{dt},\overline{y}_{dt},\underline{y}_{dt})\}$。决策变量 $\overline{y}_{dt}$ 的最优解为

$$\overline{y}_{dt}^{*}=\begin{cases}\overline{s}_{dt}^{*}, & I_{dt}^{r}\leqslant\overline{s}_{dt}^{*}\\ I_{dt}^{r}, & I_{dt}^{r}>\overline{s}_{dt}^{*}\end{cases}$$

这里 $\overline{s}_{dt}^{*}\in\arg\max_{\overline{y}_{dt}}\{U_{dt}^{r+}(y_{dt},\overline{y}_{dt},\underline{y}_{dt})\}$。决策变量 $\underline{y}_{dt}$ 的最优解为

$$\underline{y}_{dt}^{*}=\begin{cases}\underline{s}_{pt}^{*}, & I_{dt}^{r}\leqslant\underline{s}_{dt}^{*}\\ I_{dt}^{r}, & I_{dt}^{r}>\underline{s}_{dt}^{*}\end{cases}$$

这里 $\underline{s}_{dt}^{*}\in\arg\max_{y_{dt}}\{U_{dt}^{r+}(y_{dt},\overline{y}_{dt},\underline{y}_{dt})\}$。

由于 $q_{dt}^{0*}=y_{dt}^{*}-I_{dt}^{r}$，决策变量 q_{dt}^{0*} 的最优解为

$$q_{dt}^{0*}=\begin{cases}s_{dt}^{*}-I_{dt}^{r}, & I_{dt}^{r}\leqslant s_{dt}^{*}\\ 0\quad, & I_{dt}^{r}>s_{dt}^{*}\end{cases}$$

由于 $q_{dt}^{1*}=\overline{y}_{dt}^{*}-y_{dt}^{*}$，决策变量 q_{dt}^{1*} 的最优解为

$$q_{dt}^{1*}=\begin{cases}\overline{s}_{dt}^{*}-s_{dt}^{*}, & I_{dt}^{r}\leqslant s_{dt}^{*}\\ \overline{s}_{dt}^{*}-I_{dt}^{r}, & s_{dt}^{*}<I_{dt}^{r}\leqslant\overline{s}_{dt}^{*}\\ 0\quad, & I_{dt}^{r}>\overline{s}_{dt}^{*}\end{cases}$$

由于 $q_{dt}^{2*}=y_{dt}^{*}-\underline{y}_{dt}^{*}$，决策变量 q_{dt}^{2*} 的最优解为

$$q_{dt}^{2*}=\begin{cases}s_{dt}^{*}-\underline{s}_{dt}^{*}, & I_{dt}^{r}\leqslant\underline{s}_{dt}^{*}\\ s_{dt}^{*}-I_{dt}^{r}, & \underline{s}_{dt}^{*}<I_{dt}^{r}\leqslant s_{dt}^{*}\\ 0\quad, & I_{dt}^{r}>s_{dt}^{*}\end{cases}$$

证毕。

由命题 5.4 可知，考虑双期权合同时零售商在第 t 周期的最优订货策略为 order-up-to 类型，即该最优订货策略将使零售商收到固定订货后的库存水平尽可能达到或接近某一目标库存水平，并使零售商执行全部看涨期权后的库存水平尽可能达到或接近另一目标库存水平，还使零售商执行全部看跌期权后的库存水平尽可能达到或接近又一目标库存水平。具体操作如下：当第 t 周期期初库存水平 I_{dt}^{r} 小于等于 $\underline{s}_{dt}^{*}$ 时，零售商需订购不同数量的产品以及看涨期权和看跌期权；当第 t 周期期初库存水平 I_{dt}^{r} 大于 $\underline{s}_{dt}^{*}$ 而小于等于 s_{dt}^{*} 时，零售商需订购相同数量的产品和看跌期权以及不同数量的看涨期权；当第 t 周期期初库存水平 I_{dt}^{r} 大于 s_{dt}^{*} 而小于等于 $\overline{s}_{dt}^{*}$ 时，零售商仅需订购一定数量的看涨期权；当第 t 周期期初库存水平 I_{dt}^{r} 大于 $\overline{s}_{dt}^{*}$ 时，零售商无需订购任意数量的产品以及看涨期权和看跌期权。值得注意的是，s_{dt}^{*}、$\overline{s}_{dt}^{*}$ 和 $\underline{s}_{dt}^{*}$ 为考虑双期权合同时零售商在第 t 周期的最优策略参数，s_{dt}^{*} 表示零售商在第 t 周期收到固定订货后最优库存水平的下限临界值，$\overline{s}_{dt}^{*}$ 表示零售商在第 t 周期执行全部看涨期权后最优库存水平的下限临界值，$\underline{s}_{dt}^{*}$ 表示零售商在第 t 周期执行全部看跌期权后最优库存水平的下限临界值。显然，考虑双期权合同时零售商在多周期情景下的最优订货策略比其在单周期情景下的最优订货策略更加复杂。在多周期情形下，随着零售商第 t 周期期初库存水平 I_{dt}^{r} 处于不同的范围，其最优订货策略的形式和目标库存水平的高低均存在差异，需要零售商灵活应对。此外，最优策略参数 s_{dt}^{*}、$\overline{s}_{dt}^{*}$ 和 $\underline{s}_{dt}^{*}$ 与第 t 周期单位产品批发价格 w_t、第 t 周期单位看涨期权购买价格 o_{ct} 及其执行价格 e_{ct}、第 t 周期单位看跌期权购买价格 o_{pt} 及其执行价格 e_{pt} 相关。由命题 5.4，可以得到以下推论。

推论 5.3　在任意周期 $t(t=1,\cdots,n)$，s_{dt}^{*} 是 (w_t,o_{pt}) 的减函数，是 (o_{ct},e_{ct},e_{pt}) 的增函数；$\overline{s}_{dt}^{*}$ 是 (o_{ct},e_{ct}) 的减函数，与 (w_t,o_{pt},e_{pt}) 无关；$\underline{s}_{dt}^{*}$ 是 e_{pt} 的减函数，是 o_{pt} 的增函数，与 (w_t,o_{ct},e_{ct}) 无关。

证明：由 $\dfrac{\partial^2 U_{dt}^{r+}(y_{dt},\overline{y}_{dt},\underline{y}_{dt})}{\partial y_{dt}\partial w_t}<0$、$\dfrac{\partial^2 U_{dt}^{r+}(y_{dt},\overline{y}_{dt},\underline{y}_{dt})}{\partial y_{dt}\partial o_{ct}}>0$、$\dfrac{\partial^2 U_{dt}^{r+}(y_{dt},\overline{y}_{dt},\underline{y}_{dt})}{\partial y_{dt}\partial e_{ct}}>0$、$\dfrac{\partial^2 U_{dt}^{r+}(y_{dt},\overline{y}_{dt},\underline{y}_{dt})}{\partial y_{dt}\partial o_{pt}}<0$ 和 $\dfrac{\partial^2 U_{dt}^{r+}(y_{dt},\overline{y}_{dt},\underline{y}_{dt})}{\partial y_{dt}\partial e_{pt}}>0$ 可知，$U_{dt}^{r+}(y_{dt},\overline{y}_{dt},\underline{y}_{dt})$ 是关于 y_{dt} 和 w_t 的次模(submodular)函数，是关于 y_{dt} 和 o_{ct} 的超模(supermodular)函数，是关于 y_{dt} 和 e_{ct} 的超模

(supermodular) 函数，是关于 y_{dt} 和 o_{pt} 的次模(submodular)函数，是关于 y_{dt} 和 e_{pt} 的超模(supermodular) 函数。因此，s_{dt}^* 是 (w_t,o_{pt}) 的减函数，是 (o_{ct},e_{ct},e_{pt}) 的增函数。又由 $\frac{\partial^2 U_{dt}^{r+}(y_{dt},\overline{y}_{dt},\underline{y}_{dt})}{\partial\overline{y}_{dt}\partial w_t}=0$、$\frac{\partial^2 U_{dt}^{r+}(y_{dt},\overline{y}_{dt},\underline{y}_{dt})}{\partial\overline{y}_{dt}\partial o_{ct}}<0$、$\frac{\partial^2 U_{dt}^{r+}(y_{dt},\overline{y}_{dt},\underline{y}_{dt})}{\partial\overline{y}_{dt}\partial e_{ct}}<0$、$\frac{\partial^2 U_{dt}^{r+}(y_{dt},\overline{y}_{dt},\underline{y}_{dt})}{\partial\overline{y}_{dt}\partial o_{pt}}=0$ 和 $\frac{\partial^2 U_{dt}^{r+}(y_{dt},\overline{y}_{dt},\underline{y}_{dt})}{\partial\overline{y}_{dt}\partial e_{pt}}=0$ 可知，$U_{dt}^{r+}(y_{dt},\overline{y}_{dt},\underline{y}_{dt})$ 仅是关于 $\overline{y}_{dt}$ 和 o_{ct} 的次模(submodular)函数，是关于 $\overline{y}_{dt}$ 和 e_{ct} 的次模(submodular)函数。因此，$\overline{s}_{dt}^*$ 是 (o_{ct},e_{ct}) 的减函数，与 (w_t,o_{pt},e_{pt}) 无关。又由 $\frac{\partial^2 U_{dt}^{r+}(y_{dt},\overline{y}_{dt},\underline{y}_{dt})}{\partial\underline{y}_{dt}\partial w_t}=0$、$\frac{\partial^2 U_{dt}^{r+}(y_{dt},\overline{y}_{dt},\underline{y}_{dt})}{\partial\underline{y}_{dt}\partial o_{ct}}=0$、$\frac{\partial^2 U_{dt}^{r+}(y_{dt},\overline{y}_{dt},\underline{y}_{dt})}{\partial\underline{y}_{dt}\partial e_{ct}}=0$、$\frac{\partial^2 U_{dt}^{r+}(y_{dt},\overline{y}_{dt},\underline{y}_{dt})}{\partial\underline{y}_{dt}\partial o_{pt}}>0$ 和 $\frac{\partial^2 U_{dt}^{r+}(y_{dt},\overline{y}_{dt},\underline{y}_{dt})}{\partial\underline{y}_{dt}\partial e_{pt}}<0$ 可知，$U_{dt}^{r+}(y_{dt},\overline{y}_{dt},\underline{y}_{dt})$ 仅是关于 $\underline{y}_{dt}$ 和 o_{pt} 的超模(supermodular)函数，是关于 $\underline{y}_{dt}$ 和 e_{pt} 的次模(submodular)函数。因此，$\underline{s}_{dt}^*$ 是 e_{pt} 的减函数，是 o_{pt} 的增函数，与 (w_t,o_{ct},e_{ct}) 无关。证毕。

由推论 5.3 可知，随着第 t 周期单位产品批发价格 w_t 的增加，考虑双期权合同时零售商将减少其在第 t 周期的最优固定订货量 q_{dt}^{0*} 和最优看跌期权购买量 q_{dt}^{2*} 而增加其在第 t 周期的最优看涨期权购买量 q_{dt}^{1*}。这是因为，当第 t 周期单位产品批发价格越高时，零售商在第 t 周期承担的单位产品购买成本越高，为避免成本过高，零售商将减少其在第 t 周期的最优固定订货量，这将促使零售商减少其在第 t 周期的最优看跌期权购买量并将增加其在第 t 周期的最优看涨期权购买量。其次，随着第 t 周期单位看涨期权购买价格 o_{ct} 及其执行价格 e_{ct} 的增加，考虑双期权合同时零售商将减少其在第 t 周期的最优看涨期权购买量 q_{dt}^{1*} 而增加其在第 t 周期的最优固定订货量 q_{dt}^{0*} 和最优看跌期权购买量 q_{dt}^{2*}。这是因为，当第 t 周期单位看涨期权购买价格及其执行价格越高时，零售商在第 t 周期承担的单位看涨期权的购买成本和执行成本越高，为避免成本过高，零售商将减少其在第 t 周期的最优看涨期权购买量，这将促使零售商增加其在第 t 周期的最优固定订货量和最优看跌期权购买量。再次，随着第 t 周期单位看跌期权购买价格 o_{pt} 的增加，考虑双期权合同时零售商将减少其在第 t 周期的最优固定订货量 q_{dt}^{0*} 和最优看跌期权购买量 q_{dt}^{2*} 而增加其在第 t 周期的最优看涨期权购买量 q_{dt}^{1*}。这是因为，当第 t 周期单位看跌期权购买价格越高时，零售商在第 t 周期承担的单位看跌期权购买成本越高，为避免成本过高，零售商将减少其在第 t 周期的最优看跌期权购买量，这将促使零售商减少其在第 t 周期的最优固定订货量并增加其在第 t 周期的最优看涨期权购买量。最后，随着第 t 周期单位看跌期权执行价格 e_{pt} 的增加，考虑双期权合同时零售商将减少其在第 t 周期的最优看涨期权购买量 q_{dt}^{1*} 而增加其在第 t 周期的最优固定订货量 q_{dt}^{0*} 和最优看跌期权购买量 q_{dt}^{2*}。这是因为，当第 t 周期单位看跌期权执行价格越高时，零售商在第 t 周期获得的单位看跌期权执行收入越高，为获得更高的利润，零售商将增加其在第 t 周期的最优看跌期权购买量，这将促使零售商增加其在第 t 周期的最优固定订货量并减少其在第 t 周期的最优看涨期权购买量。综上所述，考虑双期权合同

时第 t 周期合同参数的大小将直接影响零售商第 t 周期最优订货策略的制定。考虑双期权合同时第 t 周期单位产品批发价格和第 t 周期单位看跌期权购买价格设置较高将直接导致零售商在第 t 周期最优固定订货量和最优看跌期权购买量减少以及在第 t 周期最优看涨期权购买量增加，而第 t 周期单位看涨期权购买价格及其执行价格和第 t 周期单位看跌期权执行价格设置较高将直接导致零售商在第 t 周期最优看涨期权购买量减少以及在第 t 周期最优固定订货量和最优看跌期权购买量增加。

一般来说，最优策略参数 s_{dt}^{*}、$\overline{s}_{dt}^{*}$ 和 $\underline{s}_{dt}^{*}$ 的值是难以精确计算出来的，这里提供其近似估计值。定义 s_{dt}^{+}、$\overline{s}_{dt}^{+}$ 和 $\underline{s}_{dt}^{+}$ 表示考虑双期权合同时零售商只最大化其第 t 周期利润而忽略其未来利润时的近似最优策略参数。值得注意的是，$s_{dt}^{*}\leqslant s_{dt}^{+}$、$\overline{s}_{dt}^{*}\leqslant \overline{s}_{dt}^{+}$ 且 $\underline{s}_{dt}^{*}\leqslant \underline{s}_{dt}^{+}$。由式(5-10)，可以得到以下命题。

命题 5.5　在任意周期 $t(t=1,\cdots,n)$，有

$$\begin{cases} s_{dt}^{+}=F_t^{-1}\left(\dfrac{o_{ct}+e_{ct}-w_t-o_{pt}}{e_{ct}-e_{pt}}\right) \\ \overline{s}_{dt}^{+}=F_t^{-1}\left(\dfrac{p_t-o_{ct}-e_{ct}}{p_t-e_{ct}}\right) \\ \underline{s}_{dt}^{+}=F_t^{-1}\left(\dfrac{o_{pt}}{e_{pt}+h_t-\alpha w_{t+1}}\right) \end{cases}$$

证明：化简式(5-10)，可得

$$H_{dt}^{r+}(y_{dt},\overline{y}_{dt},\underline{y}_{dt})=(p_t-o_{ct}-e_{ct})\overline{y}_{dt}+(o_{ct}+e_{ct}-w_t-o_{pt})y_{dt}+o_{pt}\underline{y}_{dt}-(p_t-e_{ct})\int_0^{\overline{y}_{dt}}F_t(x)\mathrm{d}x$$
$$-(e_{ct}-e_{pt})\int_0^{y_{dt}}F_t(x)\mathrm{d}x-(e_{pt}+h_t-\alpha w_{t+1})\int_0^{\underline{y}_{dt}}F_t(x)\mathrm{d}x$$

求其关于 y_{dt}、$\overline{y}_{dt}$ 和 $\underline{y}_{dt}$ 的一阶偏导和二阶偏导，可得

$$\frac{\partial H_{dt}^{r+}(y_{dt},\overline{y}_{dt},\underline{y}_{dt})}{\partial y_{dt}}=(o_{ct}+e_{ct}-w_t-o_{pt})-(e_{ct}-e_{pt})F_t(y_{dt})$$

$$\frac{\partial^2 H_{dt}^{r+}(y_{dt},\overline{y}_{dt},\underline{y}_{dt})}{\partial(y_{dt})^2}=-(e_{ct}-e_{pt})f_t(y_{dt})<0$$

$$\frac{\partial H_{dt}^{r+}(y_{dt},\overline{y}_{dt},\underline{y}_{dt})}{\partial \overline{y}_{dt}}=\left(p_t-o_{ct}-e_{ct}\right)-(p_t-e_{ct})F_t(\overline{y}_{dt})$$

$$\frac{\partial^2 H_{dt}^{r+}(y_{dt},\overline{y}_{dt},\underline{y}_{dt})}{\partial(\overline{y}_{dt})^2}=-(p_t-e_{ct})f_t(\overline{y}_{dt})<0$$

$$\frac{\partial H_{dt}^{r+}(y_{dt},\overline{y}_{dt},\underline{y}_{dt})}{\partial \underline{y}_{dt}}=o_{pt}-(e_{pt}+h_t-\alpha w_{t+1})F_t(\underline{y}_{dt})$$

$$\frac{\partial^2 H_{dt}^{r+}(y_{dt},\overline{y}_{dt},\underline{y}_{dt})}{\partial(\underline{y}_{dt})^2}=-(e_{pt}+h_t-\alpha w_{t+1})F_t(\underline{y}_{dt})<0$$

又由 $\dfrac{\partial^2 H_{dt}^{r+}(y_{dt},\overline{y}_{dt},\underline{y}_{dt})}{\partial y_{dt}\partial \overline{y}_{dt}}=\dfrac{\partial^2 H_{dt}^{r+}(y_{dt},\overline{y}_{dt},\underline{y}_{dt})}{\partial \overline{y}_{dt}\partial y_{dt}}=0$、$\dfrac{\partial^2 H_{dt}^{r+}(y_{dt},\overline{y}_{dt},\underline{y}_{dt})}{\partial y_{dt}\partial \underline{y}_{dt}}=\dfrac{\partial^2 H_{dt}^{r+}(y_{dt},\overline{y}_{dt},\underline{y}_{dt})}{\partial \underline{y}_{dt}\partial y_{dt}}=0$

和 $\frac{\partial^2 H_{dt}^{r+}(y_{dt},\overline{y}_{dt},\underline{y}_{dt})}{\partial\overline{y}_{dt}\partial\underline{y}_{dt}}=\frac{\partial^2 H_{dt}^{r+}(y_{dt},\overline{y}_{dt},\underline{y}_{dt})}{\partial\underline{y}_{dt}\partial\overline{y}_{dt}}=0$，可得

$$D_1=\begin{vmatrix}\frac{\partial^2 H_{dt}^{r+}(y_{dt},\overline{y}_{dt},\underline{y}_{dt})}{\partial(y_{dt})^2} & \frac{\partial^2 H_{dt}^{r+}(y_{dt},\overline{y}_{dt},\underline{y}_{dt})}{\partial y_{dt}\partial\overline{y}_{dt}}\\ \frac{\partial^2 H_{dt}^{r+}(y_{dt},\overline{y}_{dt},\underline{y}_{dt})}{\partial\overline{y}_{dt}\partial y_{dt}} & \frac{\partial^2 H_{dt}^{r+}(y_{dt},\overline{y}_{dt},\underline{y}_{dt})}{\partial(\overline{y}_{dt})^2}\end{vmatrix}>0$$

$$D_2=\begin{vmatrix}\frac{\partial^2 H_{dt}^{r+}(y_{dt},\overline{y}_{dt},\underline{y}_{dt})}{\partial(y_{dt})^2} & \frac{\partial^2 H_{dt}^{r+}(y_{dt},\overline{y}_{dt},\underline{y}_{dt})}{\partial y_{dt}\partial\overline{y}_{dt}} & \frac{\partial^2 H_{dt}^{r+}(y_{dt},\overline{y}_{dt},\underline{y}_{dt})}{\partial y_{dt}\partial\underline{y}_{dt}}\\ \frac{\partial^2 H_{dt}^{r+}(y_{dt},\overline{y}_{dt},\underline{y}_{dt})}{\partial\overline{y}_{dt}\partial y_{dt}} & \frac{\partial^2 H_{dt}^{r+}(y_{dt},\overline{y}_{dt},\underline{y}_{dt})}{\partial(\overline{y}_{dt})^2} & \frac{\partial^2 H_{dt}^{r+}(y_{dt},\overline{y}_{dt},\underline{y}_{dt})}{\partial\overline{y}_{dt}\partial\underline{y}_{dt}}\\ \frac{\partial^2 H_{dt}^{r+}(y_{dt},\overline{y}_{dt},\underline{y}_{dt})}{\partial\underline{y}_{dt}\partial y_{dt}} & \frac{\partial^2 H_{dt}^{r+}(y_{dt},\overline{y}_{dt},\underline{y}_{dt})}{\partial\underline{y}_{dt}\partial\overline{y}_{dt}} & \frac{\partial^2 H_{dt}^{r+}(y_{dt},\overline{y}_{dt},\underline{y}_{dt})}{\partial(\underline{y}_{dt})^2}\end{vmatrix}<0$$

可见 $H_{dt}^{r+}(y_{dt},\overline{y}_{dt},\underline{y}_{dt})$ 的海塞矩阵是负定的，表明 $H_{dt}^{r+}(y_{dt},\overline{y}_{dt},\underline{y}_{dt})$ 为 y_{dt}、$\overline{y}_{dt}$ 和 $\underline{y}_{dt}$ 的联合凹函数。令 $\frac{\partial H_{dt}^{r+}(y_{dt},\overline{y}_{dt},\underline{y}_{dt})}{\partial y_{dt}}=0$、$\frac{\partial H_{dt}^{r+}(y_{dt},\overline{y}_{dt},\underline{y}_{dt})}{\partial\overline{y}_{dt}}=0$ 和 $\frac{\partial H_{dt}^{r+}(y_{dt},\overline{y}_{dt},\underline{y}_{dt})}{\partial\underline{y}_{dt}}=0$，可得

$$\begin{cases}s_{dt}^{+}=F_t^{-1}\left(\dfrac{o_{ct}+e_{ct}-w_t-o_{pt}}{e_{ct}-e_{pt}}\right)\\ \overline{s}_{dt}^{+}=F_t^{-1}\left(\dfrac{p_t-o_{ct}-e_{ct}}{p_t-e_{ct}}\right)\\ \underline{s}_{dt}^{+}=F_t^{-1}\left(\dfrac{o_{pt}}{e_{pt}+h_t-\alpha w_{t+1}}\right)\end{cases}$$

证毕。

由 $\overline{s}_{dt}^{+}>s_{dt}^{+}>\underline{s}_{dt}^{+}$ 可推导出 $e_{pt}-o_{pt}+\frac{p_t-e_{pt}}{p_t-e_{ct}}o_{ct}<w_t<o_{ct}+e_{ct}-\frac{e_{ct}+h_t-\alpha w_{t+1}}{e_{pt}+h_t-\alpha w_{t+1}}o_{pt}$，表明第 t 周期单位产品的批发价格应该控制在一定范围内，否则零售商将不会在第 t 周期同时订购看涨期权和看跌期权。本节假设成本参数满足该不等式。

由命题 5.5 可知，考虑双期权合同时零售商在第 t 周期的近似最优策略参数 s_{dt}^{+} 会受到第 t 周期单位产品批发价格 w_t 变化的影响，但不会受到第 $t+1$ 周期单位产品批发价格 w_{t+1} 变化的影响；零售商在第 t 周期的近似最优策略参数 $\overline{s}_{dt}^{+}$ 不会受到第 t 周期单位产品批发价格 w_t 变化的影响，也不会受到第 $t+1$ 周期单位产品批发价格 w_{t+1} 变化的影响；而零售商在第 t 周期的近似最优策略参数 $\underline{s}_{dt}^{+}$ 不会受到第 t 周期单位产品批发价格 w_t 变化的影响，但会受到第 $t+1$ 周期单位产品批发价格 w_{t+1} 变化的影响。随着第 $t+1$ 周期单位产品批发价格 w_{t+1} 的增加，考虑双期权合同时零售商将不改变其在第 t 周期的最优固定订货量 q_{dt}^{0*} 和最优看涨期权购买量 q_{dt}^{1*} 而减少其在第 t 周期的最优看跌期权购买量 q_{dt}^{2*}。这是因为，当第 $t+1$ 周期单位产品批发价格越高时，零售商在第 t 周期期末获得的剩余产品价值越高，为获得更

高利润，零售商将不改变其在第 t 周期的最优固定订货量和最优看涨期权购买量，这将促使零售商减少其在第 t 周期的最优看跌期权购买量。

由命题 5.5，考虑双期权合同时零售商在第 t 周期的近似最大期望利润 $\pi_{dt}^{r+}(s_{dt}^{+},\overline{s}_{dt}^{+},\underline{s}_{dt}^{+})$ 为

$$\begin{aligned}\pi_{dt}^{r+}(s_{dt}^{+},\overline{s}_{dt}^{+},\underline{s}_{dt}^{+})=&(p_t-o_{ct}-e_{ct})\overline{s}_{dt}^{+}+(o_{ct}+e_{ct}-w_t-o_{pt})s_{dt}^{+}+o_{pt}\underline{s}_{dt}^{+}-(p_t-e_{ct})\int_0^{\overline{s}_{dt}^{+}}F_t(x)\mathrm{d}x\\&-(e_{ct}-e_{pt})\int_0^{s_{dt}^{+}}F_t(x)\mathrm{d}x-(e_{pt}+h_t-\alpha w_{t+1})\int_0^{\underline{s}_{dt}^{+}}F_t(x)\mathrm{d}x\end{aligned}\tag{5-11}$$

故零售商从第 1 周期到第 n 周期的近似最大期望折扣总利润 $\Pi_d^{r+}(s_{d1}^{+},\cdots,s_{dn}^{+};\overline{s}_{d1}^{+},\cdots,\overline{s}_{dn}^{+};\underline{s}_{d1}^{+},\cdots,\underline{s}_{dn}^{+})$ 为

$$\Pi_d^{r+}(s_{d1}^{+},\cdots,s_{dn}^{+};\overline{s}_{d1}^{+},\cdots,\overline{s}_{dn}^{+};\underline{s}_{d1}^{+},\cdots,\underline{s}_{dn}^{+})=\sum_{t=1}^{n}\alpha^{t-1}\pi_{dt}^{r+}(s_{dt}^{+},\overline{s}_{dt}^{+},\underline{s}_{dt}^{+})\tag{5-12}$$

由式(5-11)和式(5-12)可知，考虑双期权合同时零售商的近似最大期望折扣总利润与第 t 周期单位产品批发价格 w_t、第 t 周期单位看涨期权购买价格 o_{ct} 及其执行价格 e_{ct}、第 t 周期单位看跌期权购买价格 o_{pt} 及其执行价格 e_{pt} 相关。由式(5-11)和式(5-12)，可以得到以下推论。

推论 5.4 考虑双期权合同时，零售商的近似最大期望折扣总利润 $\Pi_d^{r+}(s_{d1}^{+},\cdots,s_{dn}^{+};\overline{s}_{d1}^{+},\cdots,\overline{s}_{dn}^{+};\underline{s}_{d1}^{+},\cdots,\underline{s}_{dn}^{+})$ 是 $(w_t,o_{ct},e_{ct},o_{pt})$ 的减函数，是 e_{pt} 的增函数。

证明：求式(5-11)关于 w_t、o_{ct}、e_{ct}、o_{pt} 和 e_{pt} 的一阶偏导，可得

$$\frac{\partial\pi_{dt}^{r+}(s_{dt}^{+},\overline{s}_{dt}^{+},\underline{s}_{dt}^{+})}{\partial w_t}=-s_{dt}^{+}+[(o_{ct}+e_{ct}-w_t-o_{pt})-(e_{ct}-e_{pt})F_t(s_{dt}^{+})]\frac{\partial s_{dt}^{+}}{\partial w_t}=-s_{dt}^{+}<0$$

$$\begin{aligned}\frac{\partial\pi_{dt}^{r+}(s_{dt}^{+},\overline{s}_{dt}^{+},\underline{s}_{dt}^{+})}{\partial o_{ct}}=&-\overline{s}_{dt}^{+}+s_{dt}^{+}+[(p_t-o_{ct}-e_{ct})-(p_t-e_{ct})F_t(\overline{s}_{dt}^{+})]\frac{\partial\overline{s}_{dt}^{+}}{\partial o_{ct}}\\&+[(o_{ct}+e_{ct}-w_t-o_{pt})-(e_{ct}-e_{pt})F_t(s_{dt}^{+})]\frac{\partial s_{dt}^{+}}{\partial o_{ct}}\\=&-\overline{s}_{dt}^{+}+s_{dt}^{+}<0\end{aligned}$$

$$\begin{aligned}\frac{\partial\pi_{dt}^{r+}(s_{dt}^{+},\overline{s}_{dt}^{+},\underline{s}_{dt}^{+})}{\partial e_{ct}}=&-\overline{s}_{dt}^{+}+s_{dt}^{+}+\int_{s_{dt}^{+}}^{\overline{s}_{dt}^{+}}F_t(x)\mathrm{d}x+[(p_t-o_{ct}-e_{ct})-(p_t-e_{ct})F_t(\overline{s}_{dt}^{+})]\frac{\partial\overline{s}_{dt}^{+}}{\partial e_{ct}}\\&+[(o_{ct}+e_{ct}-w_t-o_{pt})-(e_{ct}-e_{pt})F_t(s_{dt}^{+})]\frac{\partial s_{dt}^{+}}{\partial e_{ct}}\\=&-\overline{s}_{dt}^{+}+s_{dt}^{+}+\int_{s_{dt}^{+}}^{\overline{s}_{dt}^{+}}F_t(x)\mathrm{d}x<0\end{aligned}$$

$$\begin{aligned}\frac{\partial\pi_{dt}^{r+}(s_{dt}^{+},\overline{s}_{dt}^{+},\underline{s}_{dt}^{+})}{\partial o_{pt}}=&-s_{dt}^{+}+\underline{s}_{dt}^{+}+[(o_{ct}+e_{ct}-w_t-o_{pt})-(e_{ct}-e_{pt})F_t(s_{dt}^{+})]\frac{\partial s_{dt}^{+}}{\partial o_{pt}}\\&+[o_{pt}-(e_{pt}+h_t-\alpha w_{t+1})F_t(\underline{s}_{dt}^{+})]\frac{\partial\underline{s}_{dt}^{+}}{\partial o_{pt}}=-s_{dt}^{+}+\underline{s}_{dt}^{+}<0\end{aligned}$$

$$\frac{\partial\pi_{dt}^{r+}(s_{dt}^{+},\overline{s}_{dt}^{+},\underline{s}_{dt}^{+})}{\partial e_{pt}}=\int_{\underline{s}_{dt}^{+}}^{s_{dt}^{+}}F_t(x)\mathrm{d}x+[(p_t-o_{ct}-e_{ct})-(p_t-e_{ct})F_t(s_{dt}^{+})]\frac{\partial s_{dt}^{+}}{\partial e_{pt}}$$

$$+[o_{pt}-(e_{pt}+h_t-\alpha w_{t+1})F_t(\underline{s}_{dt}^{+})]\frac{\partial\underline{s}_{dt}^{+}}{\partial e_{pt}}=\int_{\underline{s}_{dt}^{+}}^{s_{dt}^{+}}F_t(x)\mathrm{d}x>0$$

故 $\pi_{dt}^{r+}(s_{dt}^{+},\overline{s}_{dt}^{+},\underline{s}_{dt}^{+})$ 是 $(w_t,o_{ct},e_{ct},o_{pt})$ 的减函数，是 e_{pt} 的增函数。因此，$\Pi_d^{r+}(s_{d1}^{+},\cdots,s_{dn}^{+};\overline{s}_{d1}^{+},\cdots,\overline{s}_{dn}^{+};\underline{s}_{d1}^{+},\cdots,\underline{s}_{dn}^{+})$ 是 $(w_t,o_{ct},e_{ct},o_{pt})$ 的减函数，是 e_{pt} 的增函数。证毕。

由推论 5.4 可知，随着第 t 周期单位产品批发价格 w_t 的增加，考虑双期权合同时零售商的近似最大期望折扣总利润 Π_d^{r+} 将减小。这是因为，当第 t 周期单位产品批发价格越高时，零售商在第 t 周期承担的单位产品购买成本越高，这将导致零售商的近似最大期望折扣总利润减小。其次，随着第 t 周期单位看涨期权购买价格 o_{ct} 及其执行价格 e_{ct} 的增加，考虑双期权合同时零售商的近似最大期望折扣总利润 Π_d^{r+} 将减小。这是因为，当第 t 周期单位看涨期权购买价格及其执行价格越高时，零售商在第 t 周期承担的单位看涨期权的购买成本和执行成本越高，这将导致零售商的近似最大期望折扣总利润减小。再次，随着第 t 周期单位看跌期权购买价格 o_{pt} 的增加，考虑双期权合同时零售商的近似最大期望折扣总利润 Π_d^{r+} 将减小。这是因为，当第 t 周期单位看跌期权购买价格越高时，零售商在第 t 周期承担的单位看跌期权购买成本越高，这将导致零售商的近似最大期望折扣总利润减小。最后，随着第 t 周期看跌期权执行价格 e_{pt} 的增加，考虑双期权合同时零售商的近似最大期望折扣总利润 Π_d^{r+} 将增大。这是因为，当第 t 周期单位看跌期权执行价格越高时，零售商在第 t 周期获得的单位看跌期权执行收入越高，这将导致零售商的近似最大期望折扣总利润增大。综上所述，考虑双期权合同时第 t 周期合同参数的大小将直接影响零售商近似最大期望折扣总利润的高低。考虑双期权合同时第 t 周期单位产品批发价格、第 t 周期单位看涨期权购买价格及其执行价格和第 t 周期单位看跌期权的购买价格设置较高将直接导致零售商的近似最大期望折扣总利润减小，而第 t 周期单位看跌期权执行价格设置较高将直接导致零售商的近似最大期望折扣总利润增大。

推论 5.3 和推论 5.4 表明，双期权合同能为零售商提供订货柔性来规避需求风险。考虑双期权合同时，第 t 周期单位产品批发价格、第 t 周期单位看涨期权购买价格及其执行价格、第 t 周期单位看跌期权购买价格及其执行价格应被合理设置，从而使得零售商愿意采用该合同进行订货。

5.2.3 讨论

下面分别讨论多周期情景下双期权合同、需求风险和合同参数对零售商近似最优策略参数和近似最大期望折扣总利润的影响，并给出相应的管理启示。

5.2.3.1 双期权合同的影响

这里将不考虑期权合同情形(详见第 2.2 节)作为基准，用来与考虑双期权合同情形进行比较，讨论多周期情景下双期权合同的运用对零售商近似最优策略参数和近似最大期望折扣总利润的影响，可以得到如下命题。

命题 5.6　在任意周期 $t(t=1,\cdots,n)$，考虑双期权合同时零售商的服务水平大于不考虑期权合同时零售商的服务水平，而考虑双期权合同时零售商的库存风险小于不考虑期权合同时零售商的库存风险，即 $\underline{s}_{dt}^{+}<s_{wt}^{+}<\overline{s}_{dt}^{+}$。

证明：由前面的分析可知 $\underline{s}_{dt}^{+}=F_t^{-1}\left(\dfrac{o_{pt}}{e_{pt}+h_t-\alpha w_{t+1}}\right)<F_t^{-1}\left(\dfrac{p_t-w_t}{p_t+h_t-\alpha w_{t+1}}\right)=s_{wt}^{+}$ 和 $s_{wt}^{+}=F_t^{-1}\left(\dfrac{p_t-w_t}{p_t+h_t-\alpha w_{t+1}}\right)<F_t^{-1}\left(\dfrac{p_t-o_{ct}-e_{ct}}{p_t-e_{ct}}\right)=\overline{s}_{dt}^{+}$，故 $\underline{s}_{dt}^{+}<s_{wt}^{+}<\overline{s}_{dt}^{+}$。证毕。

由命题 5.6 可知，多周期情景下双期权合同的运用会对零售商的近似最优策略参数产生影响。考虑双期权合同时，一旦发生第 t 周期市场需求过高的情形，零售商在第 t 周期可以通过执行看涨期权增加部分额外的产品；一旦发生第 t 周期市场需求过低的情形，零售商在第 t 周期可以通过执行看跌期权退还部分剩余的产品。这表明联合利用批发价合同与双期权合同进行采购时，零售商能够根据实际的市场需求向上和向下调整其采购数量。故与传统的不考虑期权合同情形相比，考虑双期权合同时零售商愿意提高其在第 t 周期的服务水平，以避免因订货过少而导致顾客流失的风险增加；还愿意降低其在第 t 周期的库存风险，以避免因订货过多而导致库存积压的风险增加。因此，考虑双期权合同时零售商在第 t 周期的服务水平始终大于不考虑期权合同时零售商在第 t 周期的服务水平，而考虑双期权合同时零售商在第 t 周期的库存风险始终小于不考虑期权合同时零售商在第 t 周期的库存风险。

命题 5.7　考虑双期权合同时零售商的近似最大期望折扣总利润大于不考虑期权合同时零售商的近似最大期望折扣总利润，即 $\Pi_d^{r+}(s_{d1}^{+},\cdots,s_{dn}^{+};\overline{s}_{d1}^{+},\cdots,\overline{s}_{dn}^{+};\underline{s}_{d1}^{+},\cdots,\underline{s}_{dn}^{+})>\Pi_w^{r+}(s_{w1}^{+},\cdots,s_{wn}^{+})$。

证明：令 $\varDelta_{1t}(\overline{s}_{dt}^{+},\underline{s}_{dt}^{+})=\pi_{dt}^{r+}(s_{wt}^{+},\overline{s}_{dt}^{+},\underline{s}_{dt}^{+})-\pi_{wt}^{r+}(s_{wt}^{+})$，有

$$\begin{aligned}\varDelta_{1t}(\overline{s}_{dt}^{+},\underline{s}_{dt}^{+})=&(p_t-o_{ct}-e_{ct})(\overline{s}_{dt}^{+}-s_{wt}^{+})-o_{pt}(s_{wt}^{+}-\underline{s}_{dt}^{+})-(p_t-e_{ct})\int_{s_{wt}^{+}}^{\overline{s}_{dt}^{+}}F_t(x)\mathrm{d}x\\&+(e_{pt}+h_t-\alpha w_{t+1})\int_{\underline{s}_{dt}^{+}}^{s_{wt}^{+}}F_t(x)\mathrm{d}x\end{aligned}$$

由 $\int_{s_{wt}^{+}}^{\overline{s}_{dt}^{+}}F_t(x)\mathrm{d}x<(\overline{s}_{dt}^{+}-s_{wt}^{+})F_t(\overline{s}_{dt}^{+})$ 和 $\int_{\underline{s}_{dt}^{+}}^{s_{wt}^{+}}F_t(x)\mathrm{d}x>(s_{wt}^{+}-\underline{s}_{dt}^{+})F_t(\underline{s}_{dt}^{+})$ 可推导出 $\varDelta_{1t}(\overline{s}_{dt}^{+},\underline{s}_{dt}^{+})>0$，即 $\pi_{dt}^{r+}(s_{wt}^{+},\overline{s}_{dt}^{+},\underline{s}_{dt}^{+})>\pi_{wt}^{r+}(s_{wt}^{+})$。又因 $\pi_{dt}^{r+}(s_{dt}^{+},\overline{s}_{dt}^{+},\underline{s}_{dt}^{+})>\pi_{dt}^{r+}(s_{wt}^{+},\overline{s}_{dt}^{+},\underline{s}_{dt}^{+})$，故 $\pi_{dt}^{r+}(s_{dt}^{+},\overline{s}_{dt}^{+},\underline{s}_{dt}^{+})>\pi_{wt}^{r+}(s_{wt}^{+})$。因此，可以得到 $\Pi_d^{r+}(s_{d1}^{+},\cdots,s_{dn}^{+};\overline{s}_{d1}^{+},\cdots,\overline{s}_{dn}^{+};\underline{s}_{d1}^{+},\cdots,\underline{s}_{dn}^{+})>\Pi_w^{r+}(s_{w1}^{+},\cdots,s_{wn}^{+})$。证毕。

由命题 5.7 可知，多周期情景下双期权合同的运用会对零售商的近似最大期望折扣总利润产生影响。考虑双期权合同时，零售商须在第 t 周期销售开始前支付购买看涨期权和看跌期权的费用，然而其却获得了在第 t 周期销售期间增加部分额外产品的权利以及在第 t 周期销售期末退还部分剩余产品的权利。故该情形下零售商在第 t 周期销售期间可通过执行看涨期权以转移部分顾客流失的风险，并在第 t 周期销售期末可通过执行看跌期权以转移部分库存积压的风险。对零售商而言，其在考虑双期权合同情形下获得的收益远大于其所付出的代价。这意味着与传统的不考虑期权合同情形相比，考虑双期权合同时零售商

能够获得更大的近似期望折扣总利润。因此，考虑双期权合同时零售商的近似最大期望折扣总利润始终大于不考虑期权合同情形时零售商的近似最大期望折扣总利润。综上所述，出于自身利润的考虑，零售商在第 t 周期倾向采用既订购产品又订购看涨期权和看跌期权的组合订货方式。

命题 5.6 和命题 5.7 表明，双期权合同的运用将使零售商提高其服务水平，降低其库存风险，增加其最大期望折扣总利润。该结论能帮助零售商更好地运用双期权合同来制定其最优订货策略，增加其最大期望折扣总利润。

5.2.3.2 需求风险的影响

这里将利用数值分析的方法，讨论多周期情景下需求风险(具体表现为第 t 周期市场需求的方差 σ_t)的变化对零售商近似最优策略参数和近似最大期望折扣总利润的影响，并给出相应的管理启示。

固定 $p_t=19$， $h_t=7$， $w_t=9$， $o_{ct}=1.3$， $o_{pt}=1.4$， $e_{ct}=10$ 和 $e_{pt}=8$，在第 t 周期随机变量 D_t 分别服从 $N(100,30^2)$、$N(100,35^2)$、$N(100,40^2)$、$N(100,45^2)$ 和 $N(100,50^2)$ 的正态分布下(即均值 μ_t 为 100，方差 σ_t 分别为 30、35、40、45 和 50)，应用 Matlab 编程计算相应的待考察变量(如 $\underline{s}_{dt}^+$、s_{dt}^+、$\overline{s}_{dt}^+$ 和 Π_d^{r+} 等)对应于 σ_t 变化的值，通过 Excel 画图工具绘出相应的变化曲线，如图 5-7 所示(虚线表示不考虑期权合同的情形，实线表示考虑双期权合同的情形)。

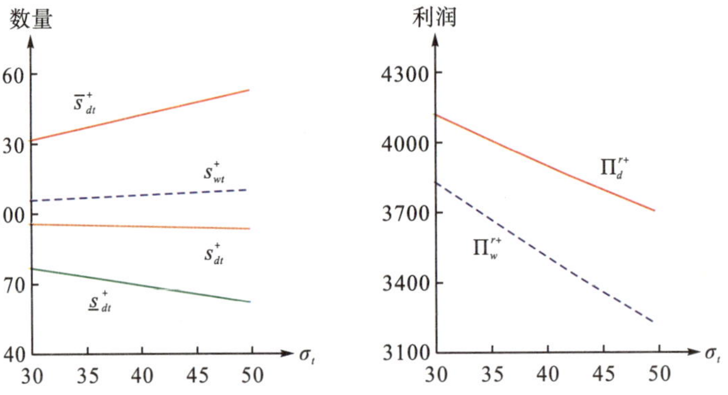

图 5-7 σ_t 的变化对零售商多周期决策和绩效的影响

从图 5-7 可以看出，随着第 t 周期需求风险 σ_t 的增加，不考虑期权合同时零售商的近似最优策略参数 s_{wt}^+ 将明显增大；考虑双期权合同时零售商的近似最优策略参数 $\overline{s}_{dt}^+$ 将明显增大，其近似最优策略参数 s_{dt}^+ 将略微减小，其近似最优策略参数 $\underline{s}_{dt}^+$ 将明显减小。其次，随着需求风险 σ_t 的增加，考虑双期权合同时零售商的近似最优策略参数 $\overline{s}_{dt}^+$ 始终大于不考虑期权合同时零售商的近似最优策略参数 s_{wt}^+；考虑双期权合同时零售商的近似最优策略参数 $\underline{s}_{dt}^+$ 始终小于不考虑期权合同时零售商的近似最优策略参数 s_{wt}^+。上述结论证明了命题 5.6。最后，随着需求风险 σ_t 的增加，考虑双期权合同时零售商近似最优策略参数 $\overline{s}_{dt}^+$ 与不

考虑期权合同时零售商近似最优策略参数 s_{wt}^{+} 之间的差距 $\left|\overline{s}_{dt}^{+}-s_{wt}^{+}\right|$ 将明显增大；不考虑期权合同时零售商的近似最优策略参数 s_{wt}^{+} 与考虑双期权合同时零售商的近似最优策略参数 $\underline{s}_{dt}^{+}$ 之间的差距 $\left|s_{wt}^{+}-\underline{s}_{dt}^{+}\right|$ 将明显增大。从图 5-7 还可以看出，随着第 t 周期需求风险 σ_t 的增加，不考虑期权合同时零售商的近似最大期望折扣总利润 Π_w^{r+} 将明显减小；考虑双期权合同时零售商的近似最大期望折扣总利润 Π_d^{r+} 将明显减小。其次，随着需求风险 σ_t 的增加，考虑双期权合同时零售商的近似最大期望折扣总利润 Π_d^{r+} 始终大于不考虑期权合同时零售商的近似最大期望折扣总利润 Π_w^{r+}。上述结论证明了命题 5.7。最后，考虑双期权合同时零售商的近似最大期望折扣总利润与不考虑期权合同时零售商的近似最大期望折扣总利润之间的差距 $\left|\Pi_d^{r+}-\Pi_w^{r+}\right|$ 将明显增大。综上所述，第 t 周期需求风险的增加对零售商而言是不利的。因此，在实际运营过程中，风险动态监测机制的建立、先进预测技术的使用和科学分析方法的应用对企业而言是至关重要的。

5.2.3.3　合同参数的影响

这里将利用数值分析的方法，讨论多周期情景下合同参数(具体表现为第 t 周期单位产品的批发价格 w_t、第 t 周期单位看涨期权的购买价格 o_{ct} 及其执行价格 e_{ct}、第 t 周期单位看跌期权的购买价格 o_{pt} 及其执行价格 e_{pt})的变化对零售商近似最优策略参数和近似最大期望折扣总利润的影响，并给出相应的管理启示。为便于数值分析，令 $p_t=19$，$h_t=7$，$w_t=9$，$o_{ct}=1.3$，$o_{pt}=1.4$，$e_{ct}=10$，$e_{pt}=8$ 和 $D_t \sim N(100,40^2)$。其余参数根据后续讨论赋值。

首先讨论多周期情景下第 t 周期单位产品批发价格 w_t 的变化对零售商近似最优策略参数和近似最大期望折扣总利润的影响。保持第 t 周期随机变量 D_t 的均值和方差不变，固定 $o_{ct}=1.3$，$o_{pt}=1.4$，$e_{ct}=10$ 和 $e_{pt}=8$。在第 t 周期单位产品批发价格 w_t 分别为 8.6、8.8、9.0、9.2 和 9.4 的情况下，应用 Matlab 编程计算相应的待考察变量(如 $\underline{s}_{dt}^{+}$、s_{dt}^{+}、$\overline{s}_{dt}^{+}$ 和 Π_d^{r+} 等)对应于 w_t 变化的值，通过 Excel 画图工具绘出相应的变化曲线，如图 5-8 所示(虚线表示不考虑期权合同的情形，实线表示考虑双期权合同的情形)。

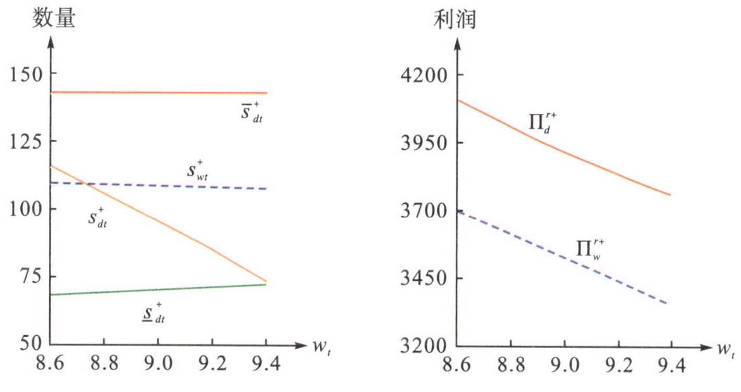

图 5-8　w_t 的变化对零售商多周期决策和绩效的影响

从图 5-8 可以看出，随着第 t 周期单位产品批发价格 w_t 的增加，不考虑期权合同时零售商的近似最优策略参数 s_{wt}^+ 将略微减小；考虑双期权合同时零售商的近似最优策略参数 $\overline{s}_{dt}^+$ 将没有变化，其近似最优策略参数 s_{dt}^+ 将明显减小，其近似最优策略参数 $\underline{s}_{dt}^+$ 将明显增大。上述结论证明了推论 5.3。其次，随着第 t 周期单位产品批发价格 w_t 的增加，考虑双期权合同时零售商的近似最优策略参数 $\overline{s}_{dt}^+$ 始终大于不考虑期权合同时零售商的近似最优策略参数 s_{wt}^+；考虑双期权合同时零售商的近似最优策略参数 $\underline{s}_{dt}^+$ 始终小于不考虑期权合同时零售商的近似最优策略参数 s_{wt}^+。上述结论证明了命题 5.6。最后，随着第 t 周期单位产品批发价格 w_t 的增加，考虑双期权合同时零售商的近似最优策略参数 $\overline{s}_{dt}^+$ 与不考虑期权合同时零售商的近似最优策略参数 s_{wt}^+ 之间的差距 $\left|\overline{s}_{dt}^+ - s_{wt}^+\right|$ 将略微增大；不考虑期权合同时零售商的近似最优策略参数 s_{wt}^+ 与考虑双期权合同时零售商的近似最优策略参数 $\underline{s}_{dt}^+$ 之间的差距 $\left|s_{wt}^+ - \underline{s}_{dt}^+\right|$ 将明显减小。从图 5-8 还可以看出，随着第 t 周期单位产品批发价格 w_t 的增加，不考虑期权合同时零售商的近似最大期望折扣总利润 Π_w^{r+} 将明显减小；考虑双期权合同时零售商的近似最大期望折扣总利润 Π_d^{r+} 将明显减小。上述结论证明了推论 5.4。其次，随着第 t 周期单位产品批发价格 w_t 的增加，考虑双期权合同时零售商的近似最大期望折扣总利润 Π_d^{r+} 始终大于不考虑期权合同时零售商的近似最大期望折扣总利润 Π_w^{r+}。上述结论证明了命题 5.7。最后，随着第 t 周期单位产品批发价格 w_t 的增加，考虑双期权合同时零售商的近似最大期望折扣总利润与不考虑期权合同时零售商的近似最大期望折扣总利润之间的差距 $\left|\Pi_d^{r+} - \Pi_w^{r+}\right|$ 将略微减小。

接着讨论多周期情景下第 t 周期单位看涨期权的购买价格 o_{ct} 的变化对零售商近似最优策略参数和近似最大期望折扣总利润的影响。保持第 t 周期随机变量 D_t 的均值和方差不变，固定 $w_t = 9$，$o_{pt} = 1.4$，$e_{ct} = 10$ 和 $e_{pt} = 8$。在第 t 周期单位看涨期权的购买价格 o_{ct} 分别为 1.1、1.2、1.3、1.4 和 1.5 的情况下，应用 Matlab 编程计算相应的待考察变量（如 $\underline{s}_{dt}^+$、s_{dt}^+、$\overline{s}_{dt}^+$ 和 Π_d^{r+} 等）对应于 o_{ct} 变化的值，通过 Excel 画图工具绘出相应的变化曲线，如图 5-9 所示（虚线表示不考虑期权合同的情形，实线表示考虑双期权合同的情形）。

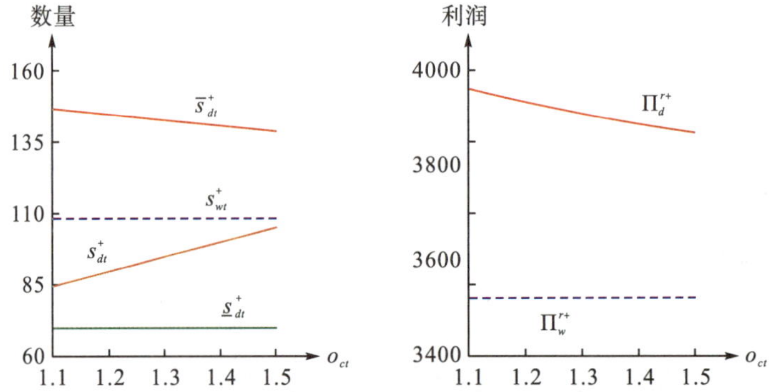

图 5-9 o_{ct} 的变化对零售商多周期决策和绩效的影响

从图 5-9 可以看出，随着第 t 周期单位看涨期权的购买价格 o_{ct} 的增加，不考虑期权合同时零售商的近似最优策略参数 s_{wt}^{+} 将没有变化；考虑双期权合同时零售商的近似最优策略参数 $\overline{s}_{dt}^{+}$ 将明显减小，其近似最优策略参数 s_{dt}^{+} 将明显增大，其近似最优策略参数 $\underline{s}_{dt}^{+}$ 将没有变化。上述结论证明了推论 5.3。其次，随着第 t 周期单位看涨期权的购买价格 o_{ct} 的增加，考虑双期权合同时零售商的近似最优策略参数 $\overline{s}_{dt}^{+}$ 始终大于不考虑期权合同时零售商的近似最优策略参数 s_{wt}^{+}；考虑双期权合同时零售商的近似最优策略参数 $\underline{s}_{dt}^{+}$ 始终小于不考虑期权合同时零售商的近似最优策略参数 s_{wt}^{+}。上述结论证明了命题 5.6。最后，随着第 t 周期单位看涨期权的购买价格 o_{ct} 的增加，考虑双期权合同时零售商的近似最优策略参数 $\overline{s}_{dt}^{+}$ 与不考虑期权合同时零售商的近似最优策略参数 s_{wt}^{+} 之间的差距 $\left|\overline{s}_{dt}^{+}-s_{wt}^{+}\right|$ 将明显减小；不考虑期权合同时零售商的近似最优策略参数 s_{wt}^{+} 与考虑双期权合同时零售商的近似最优策略参数 $\underline{s}_{dt}^{+}$ 之间的差距 $\left|s_{wt}^{+}-\underline{s}_{dt}^{+}\right|$ 将没有变化。从图 5-9 还可以看出，随着第 t 周期单位看涨期权的购买价格 o_{ct} 的增加，不考虑期权合同时零售商的近似最大期望折扣总利润 Π_{w}^{r+} 将没有变化；考虑双期权合同时零售商的近似最大期望折扣总利润 Π_{d}^{r+} 将明显减小。上述结论证明了推论 5.4。其次，随着第 t 周期单位看涨期权的购买价格 o_{ct} 的增加，考虑双期权合同时零售商的近似最大期望折扣总利润 Π_{d}^{r+} 始终大于不考虑期权合同时零售商的近似最大期望折扣总利润 Π_{w}^{r+}。上述结论证明了命题 5.7。最后，随着第 t 周期单位看涨期权的购买价格 o_{ct} 的增加，考虑双期权合同时零售商的近似最大期望折扣总利润与不考虑期权合同时零售商的近似最大期望折扣总利润之间的差距 $\left|\Pi_{d}^{r+}-\Pi_{w}^{r+}\right|$ 将明显减小。

接着讨论多周期情景下第 t 周期单位看涨期权的执行价格 e_{ct} 的变化对零售商近似最优策略参数和近似最大期望折扣总利润的影响。保持第 t 周期随机变量 D_t 的均值和方差不变，固定 $w_t=9$，$o_{ct}=1.3$，$o_{pt}=1.4$ 和 $e_{pt}=8$。在第 t 周期单位看涨期权的执行价格 e_{ct} 分别为 9.6、9.8、10.0、10.2 和 10.4 的情况下，应用 Matlab 编程计算相应的待考察变量(如 $\underline{s}_{dt}^{+}$、s_{dt}^{+}、$\overline{s}_{dt}^{+}$ 和 Π_{d}^{r+} 等)对应于 e_{ct} 变化的值，通过 Excel 画图工具绘出相应的变化曲线，如图 5-10 所示(虚线表示不考虑期权合同的情形，实线表示考虑双期权合同的情形)。

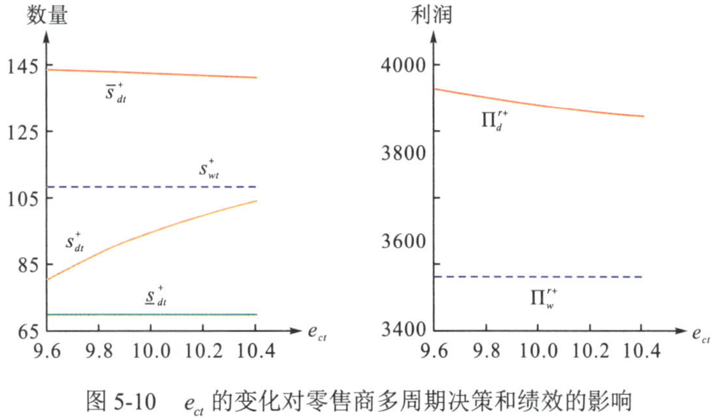

图 5-10 e_{ct} 的变化对零售商多周期决策和绩效的影响

从图 5-10 可以看出，随着第 t 周期单位看涨期权的执行价格 e_{ct} 的增加，不考虑期权合同时零售商的近似最优策略参数 s_{wt}^{+} 将没有变化；考虑双期权合同时零售商的近似最优策略参数 $\overline{s}_{dt}^{+}$ 将略微减小，其近似最优策略参数 s_{dt}^{+} 将明显增大，其近似最优策略参数 $\underline{s}_{dt}^{+}$ 将没有变化。上述结论证明了推论 5.3。其次，随着第 t 周期单位看涨期权的执行价格 e_{ct} 的增加，考虑双期权合同时零售商的近似最优策略参数 $\overline{s}_{dt}^{+}$ 始终大于不考虑期权合同时零售商的近似最优策略参数 s_{wt}^{+}；考虑双期权合同时零售商的近似最优策略参数 $\underline{s}_{dt}^{+}$ 始终小于不考虑期权合同时零售商的近似最优策略参数 s_{wt}^{+}。上述结论证明了命题 5.6。最后，随着第 t 周期单位看涨期权的执行价格 e_{ct} 的增加，考虑双期权合同时零售商的近似最优策略参数 $\overline{s}_{dt}^{+}$ 与不考虑期权合同时零售商的近似最优策略参数 s_{wt}^{+} 之间的差距 $\left|\overline{s}_{dt}^{+}-s_{wt}^{+}\right|$ 将略微减小；不考虑期权合同时零售商的近似最优策略参数 s_{wt}^{+} 与考虑双期权合同时零售商的近似最优策略参数 $\underline{s}_{dt}^{+}$ 之间的差距 $\left|s_{wt}^{+}-\underline{s}_{dt}^{+}\right|$ 将没有变化。从图 5-10 还可以看出，随着第 t 周期单位看涨期权的执行价格 e_{ct} 的增加，不考虑期权合同时零售商的近似最大期望折扣总利润 Π_{w}^{r+} 将没有变化；考虑双期权合同时零售商的近似最大期望折扣总利润 Π_{d}^{r+} 将明显减小。上述结论证明了推论 5.4。其次，随着第 t 周期单位看涨期权的执行价格 e_{ct} 的增加，考虑双期权合同时零售商的近似最大期望折扣总利润 Π_{d}^{r+} 始终大于不考虑期权合同时零售商的近似最大期望折扣总利润 Π_{w}^{r+}。上述结论证明了命题 5.7。最后，随着第 t 周期单位看涨期权的执行价格 e_{ct} 的增加，考虑双期权合同时零售商的近似最大期望折扣总利润与不考虑期权合同时零售商的近似最大期望折扣总利润之间的差距 $\left|\Pi_{d}^{r+}-\Pi_{w}^{r+}\right|$ 将明显减小。

接着讨论多周期情景下第 t 周期单位看跌期权的购买价格 o_{pt} 的变化对零售商近似最优策略参数和近似最大期望折扣总利润的影响。保持第 t 周期随机变量 D_t 的均值和方差不变，固定 $w_t=9$，$o_{ct}=1.3$，$e_{ct}=10$ 和 $e_{pt}=8$。在第 t 周期单位看跌期权的购买价格 o_{pt} 分别为 1.2、1.3、1.4、1.5 和 1.6 的情况下，应用 Matlab 编程计算相应的待考察变量（如 $\underline{s}_{dt}^{+}$、s_{dt}^{+}、$\overline{s}_{dt}^{+}$ 和 Π_{d}^{r+} 等）对应于 o_{pt} 变化的值，通过 Excel 画图工具绘出相应的变化曲线，如图 5-11 所示（虚线表示不考虑期权合同的情形，实线表示考虑双期权合同的情形）。

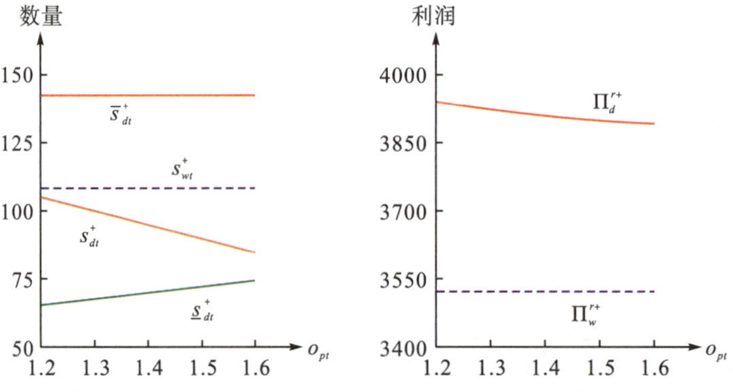

图 5-11　o_{pt} 的变化对零售商多周期决策和绩效的影响

从图 5-11 可以看出，随着第 t 周期单位看跌期权的购买价格 o_{pt} 的增加，不考虑期权合同时零售商的近似最优策略参数 s_{wt}^+ 将没有变化；考虑双期权合同时零售商的近似最优策略参数 $\overline{s}_{dt}^+$ 将没有变化，其近似最优策略参数 s_{dt}^+ 将明显减小，其近似最优策略参数 $\underline{s}_{dt}^+$ 将明显增大。上述结论证明了推论 5.3。其次，随着第 t 周期单位看跌期权的购买价格 o_{pt} 的增加，考虑双期权合同时零售商的近似最优策略参数 $\overline{s}_{dt}^+$ 始终大于不考虑期权合同时零售商的近似最优策略参数 s_{wt}^+；考虑双期权合同时零售商的近似最优策略参数 $\underline{s}_{dt}^+$ 始终小于不考虑期权合同时零售商的近似最优策略参数 s_{wt}^+。上述结论证明了命题 5.6。最后，随着第 t 周期单位看跌期权的购买价格 o_{pt} 的增加，考虑双期权合同时零售商的近似最优策略参数 $\overline{s}_{dt}^+$ 与不考虑期权合同时零售商的近似最优策略参数 s_{wt}^+ 之间的差距 $\left|\overline{s}_{dt}^+ - s_{wt}^+\right|$ 将没有变化；不考虑期权合同时零售商的近似最优策略参数 s_{wt}^+ 与考虑双期权合同时零售商的近似最优策略参数 $\underline{s}_{dt}^+$ 之间的差距 $\left|s_{wt}^+ - \underline{s}_{dt}^+\right|$ 将明显减小。从图 5-11 还可以看出，随着第 t 周期单位看跌期权的购买价格 o_{pt} 的增加，不考虑期权合同时零售商的近似最大期望折扣总利润 Π_w^{r+} 将没有变化；考虑双期权合同时零售商的近似最大期望折扣总利润 Π_d^{r+} 将明显减小。上述结论证明了推论 5.4。其次，随着第 t 周期单位看跌期权的购买价格 o_{pt} 的增加，考虑双期权合同时零售商的近似最大期望折扣总利润 Π_d^{r+} 始终大于不考虑期权合同时零售商的近似最大期望折扣总利润 Π_w^{r+}。上述结论证明了命题 5.7。最后，随着第 t 周期单位看跌期权的购买价格 o_{pt} 的增加，考虑双期权合同时零售商的近似最大期望折扣总利润与不考虑期权合同时零售商的近似最大期望折扣总利润之间的差距 $\left|\Pi_d^{r+} - \Pi_w^{r+}\right|$ 将明显减小。

最后讨论多周期情景下第 t 周期单位看跌期权的执行价格 e_{pt} 的变化对零售商近似最优策略参数和近似最大期望折扣总利润的影响。保持第 t 周期随机变量 D_t 的均值和方差不变，固定 $w_t = 9$，$o_{ct} = 1.3$，$o_{pt} = 1.4$ 和 $e_{ct} = 10$。在第 t 周期单位看跌期权的执行价格 e_{pt} 分别为 7.6、7.7、8.0、8.2 和 8.4 的情况下，应用 Matlab 编程计算相应的待考察变量（如 $\underline{s}_{dt}^+$、s_{dt}^+、$\overline{s}_{dt}^+$ 和 Π_d^{r+} 等）对应于 e_{pt} 变化的值，通过 Excel 画图工具绘出相应的变化曲线，如图 5-12 所示（虚线表示不考虑期权合同的情形，实线表示考虑双期权合同的情形）。

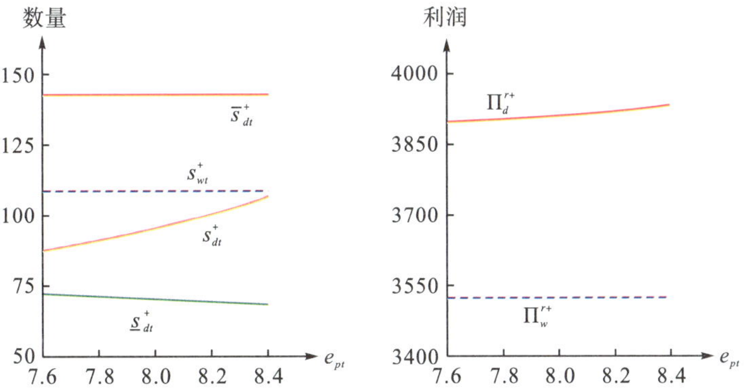

图 5-12　e_{pt} 的变化对零售商多周期决策和绩效的影响

从图 5-12 可以看出，随着第 t 周期单位看跌期权的执行价格 e_{pt} 的增加，不考虑期权合同时零售商的近似最优策略参数 s_{wt}^{+} 将没有变化；考虑双期权合同时零售商的近似最优策略参数 $\overline{s}_{dt}^{+}$ 将没有变化，其近似最优策略参数 s_{dt}^{+} 将明显增大，其近似最优策略参数 $\underline{s}_{dt}^{+}$ 将明显减小。上述结论证明了推论 5.3。其次，随着第 t 周期单位看跌期权的执行价格 e_{pt} 的增加，考虑双期权合同时零售商的近似最优策略参数 $\overline{s}_{dt}^{+}$ 始终大于不考虑期权合同时零售商的近似最优策略参数 s_{wt}^{+}；考虑双期权合同时零售商的近似最优策略参数 $\underline{s}_{dt}^{+}$ 始终小于不考虑期权合同时零售商的近似最优策略参数 s_{wt}^{+}。上述结论证明了命题 5.6。最后，随着第 t 周期单位看跌期权的执行价格 e_{pt} 的增加，考虑双期权合同时零售商的近似最优策略参数 $\overline{s}_{dt}^{+}$ 与不考虑期权合同时零售商的近似最优策略参数 s_{wt}^{+} 之间的差距 $\left|\overline{s}_{dt}^{+}-s_{wt}^{+}\right|$ 将没有变化；不考虑期权合同时零售商的近似最优策略参数 s_{wt}^{+} 与考虑双期权合同时零售商的近似最优策略参数 $\underline{s}_{dt}^{+}$ 之间的差距 $\left|s_{wt}^{+}-\underline{s}_{dt}^{+}\right|$ 将明显增大。从图 5-12 还可以看出，随着第 t 周期单位看跌期权的执行价格 e_{pt} 的增加，不考虑期权合同时零售商的近似最大期望折扣总利润 Π_{w}^{r+} 将没有变化；考虑双期权合同时零售商的近似最大期望折扣总利润 Π_{d}^{r+} 将明显增大。上述结论证明了推论 5.4。其次，随着第 t 周期单位看跌期权的执行价格 e_{pt} 的增加，考虑双期权合同时零售商的近似最大期望折扣总利润 Π_{d}^{r+} 始终大于不考虑期权合同时零售商的近似最大期望折扣总利润 Π_{w}^{r+}。上述结论证明了命题 5.7。最后，随着第 t 周期单位看跌期权的执行价格 e_{pt} 的增加，考虑双期权合同时零售商的近似最大期望折扣总利润与不考虑期权合同时零售商的近似最大期望折扣总利润之间的差距 $\left|\Pi_{d}^{r+}-\Pi_{w}^{r+}\right|$ 将明显增大。

5.3 本章小结

本章在单周期和多周期两种情景下研究了考虑双期权合同时零售商的订货模型，得到了零售商的最优订货策略或最优订货策略结构，并分析了双期权合同、需求风险和合同参数对零售商决策和绩效的影响。

零售商单周期订货模型方面的主要研究结论及管理启示如下：①包含双期权的组合合同下使零售商期望利润最大的最优订货策略存在且唯一；②包含双期权的组合合同下零售商的最优固定订货量和最优看跌期权购买量随着单位产品批发价格、单位看跌期权购买价格的增加而减少，随着单位看涨期权购买价格及其执行价格、单位看跌期权执行价格的增加而增加，而其最优看涨期权购买量随着单位看涨期权购买价格及其执行价格、单位看跌期权执行价格的增加而减少，随着单位产品批发价格、单位看跌期权购买价格的增加而增加；③包含双期权的组合合同下零售商的最大期望利润随着单位产品批发价格、单位看涨期权购买价格及其执行价格、单位看跌期权购买价格的增加而减小，随着单位看跌期权执行价格的增加而增大；④包含双期权的组合合同下零售商的最优固定订货量可能大于、等于或小于批发价合同下零售商的最优固定订货量；⑤包含双期权的组合合同下零售商的最大期望利润大于批发价合同下零售商的最大期望利润。

零售商多周期订货模型方面的主要研究结论及管理启示如下：①考虑双期权合同时使零售商从第 1 周期到第 n 周期的期望折扣总利润最大的最优订货策略存在且唯一；②考虑双期权合同时零售商在第 t 周期的最优固定订货量和最优看跌期权购买量随着第 t 周期单位产品批发价格、第 t 周期单位看跌期权购买价格的增加而减少，随着第 t 周期单位看涨期权购买价格及其执行价格、第 t 周期单位看跌期权执行价格的增加而增加，而其在第 t 周期的最优看涨期权购买量随着第 t 周期单位看涨期权购买价格及其执行价格、第 t 周期单位看跌期权执行价格的增加而减少，随着第 t 周期单位产品批发价格、第 t 周期单位看跌期权购买价格的增加而增加；③考虑双期权合同时零售商的近似最大期望折扣总利润随着第 t 周期单位产品批发价格、第 t 周期单位看涨期权购买价格及其执行价格、第 t 周期单位看跌期权购买价格的增加而减小，随着第 t 周期单位看跌期权执行价格的增加而增大；④考虑双期权合同时零售商在第 t 周期的服务水平大于不考虑期权合同时零售商在第 t 周期的服务水平，而考虑双期权合同时零售商在第 t 周期的库存风险小于不考虑期权合同时零售商在第 t 周期的库存风险；⑤考虑双期权合同时零售商的近似最大期望折扣总利润大于不考虑期权合同时零售商的近似最大期望折扣总利润。

第6章　基于双向期权合同的零售商订货模型

本章针对市场需求的高度不确定性，在单周期和多周期两种情景下研究考虑双向期权合同的零售商订货模型。首先，对单周期订货模型进行研究，得到该情景下使零售商期望利润最大的最优订货策略，并分析双向期权合同、需求风险和合同参数对零售商最优订货策略和最大期望利润的影响。然后，对多周期订货模型进行研究，得到该情景下使零售商期望折扣总利润最大的最优订货策略结构，提供近似算法来估计相应的最优策略参数，并分析双向期权合同、需求风险和合同参数对零售商近似最优策略参数和近似最大期望折扣总利润的影响。最后，对本章内容进行小结。

6.1　单周期基础模型

本节从单周期情景出发，构建包含双向期权的组合合同(联合使用批发价合同和双向期权合同)情形下零售商的单周期订货模型，研究该情形下零售商的最优订货策略，并讨论双向期权合同、需求风险和合同参数对零售商最优订货策略和最大期望利润的影响。

6.1.1　问题描述与假设

考虑一个面临随机需求的零售商采购一类易逝品(如生鲜产品、时装、数码产品等)并销售给终端消费者。由于易逝品的提前期长而销售期短，零售商在销售开始前决策，一旦销售开始零售商将没有机会补货。本节用到的参数和变量见表6-1。

表6-1　符号定义

符号	定义
D	零售商面临的随机需求，连续、可导
$f(\cdot)$	D的概率密度函数
$F(\cdot)$	D的累积分布函数，非负、可逆、严格递增，且$F(0)=0$
p	单位产品的零售价格
w	单位产品的批发价格
o_b	单位双向期权的购买价格
e_c	单位看涨期权的执行价格
e_p	单位看跌期权的执行价格
q_b^0	包含双向期权的组合合同下零售商的固定订货量
q_b^3	包含双向期权的组合合同下零售商的双向期权购买量

零售商通过包含双向期权的组合合同进行采购。双向期权合同是看涨期权合同和看跌期权合同的拓展。双向期权合同由 3 个参数刻画：一是单位双向期权的购买价格，二是单位看涨期权的执行价格，三是单位看跌期权的执行价格。零售商通过在销售开始前支付双向期权购买费用购买一定数量的双向期权，获得在销售期间以约定的看涨期权执行价格增加不超过双向期权购买量的任意数量产品的权利（该情形下双向期权以看涨期权的形式执行）以及在销售期末以约定的看跌期权执行价格退还不超过双向期权购买量的任意数量产品的权利（该情形下双向期权以看跌期权的形式执行）。双向期权合同能为零售商提供向上和向下柔性调整订货数量的权利，但向上和向下调整的柔性范围是相同的。

模型的事件序列如下：销售开始前，零售商订购一定数量的产品和双向期权；销售开始时，零售商通过固定订货获得产品；销售期间，零售商可根据实际的市场需求以看涨期权形式来执行双向期权进行补货；销售期末，零售商可根据剩余产品的数量以看跌期权形式来执行双向期权进行退货。由于产品易腐烂变质，零售商剩余的产品将没有残值。

假定零售商是风险中性和完全理性的，以最大化期望利润为目标。零售商的初始库存量为零。为不失一般性，进一步做如下假设：

假设 1　$p>o_b+e_c>w$ 和 $p>w+o_b>e_p$，保证零售商能够获利；

假设 2　$0<o_c<o_b<w$，$0<o_p<o_b<w$ 和 $e_p<w<e_c$，保证双向期权合同的柔性；

假设 3　$o_b+e_c>w>o_b$ 和 $w>e_p-o_b$，保证零售商购买双向期权。

令 $z^+=\max(0,z)$，$\bar{F}(\cdot)=1-F(\cdot)$。

6.1.2　包含双向期权的组合合同模型

包含双向期权的组合合同下，零售商有两个决策变量：①固定订货量 q_b^0；②双向期权购买量 q_b^3。当市场需求 D 大于等于 $q_b^0+q_b^3$ 时，零售商将以看涨期权的形式执行全部的双向期权；当市场需求 D 大于等于 q_b^0 而小于 $q_b^0+q_b^3$ 时，零售商将以看涨期权的形式执行部分的双向期权；当市场需求 D 大于 $q_b^0-q_b^3$ 而小于 q_b^0 时，零售商将以看跌期权的形式执行部分的双向期权；当市场需求 D 小于等于 $q_b^0-q_b^3$，零售商将以看跌期权的形式执行全部的双向期权。零售商的期望利润 $\Pi_b^r(q_b^0,q_b^3)$ 为

$$\begin{aligned}\Pi_b^r(q_b^0,q_b^3)=&pE\min(q_b^0+q_b^3,D)-wq_b^0-o_bq_b^3-e_cE\min[q_b^3,(D-q_b^0)^+]\\&+e_pE\min[q_b^3,(q_b^0-D)^+]\end{aligned}\tag{6-1}$$

等式右边的第 1 项表示期望销售收入；第 2 项表示产品的购买成本；第 3 项表示双向期权的购买成本；第 4 项表示双向期权以看涨期权的形式执行时的执行成本；第 5 项表示双向期权以看跌期权的形式执行时的执行收入。基于上述模型分析，可以得到以下定理。

定理 6.1　$\Pi_b^r(q_b^0,q_b^3)$ 是 q_b^0 和 q_b^3 的联合凹函数。

证明：化简式(6-1)，可得

$$\Pi_b^r(q_b^0,q_b^3)=(p-w)q_b^0+(p-o_b-e_c)q_b^3-(p-e_c)\int_0^{q_b^0+q_b^3}F(x)\mathrm{d}x$$
$$-(e_c-e_p)\int_0^{q_b^0}F(x)\mathrm{d}x-e_p\int_0^{q_b^0-q_b^3}F(x)\mathrm{d}x$$

求其关于 q_b^0 和 q_b^3 的一阶偏导和二阶偏导，得到

$$\frac{\partial\Pi_b^r(q_b^0,q_b^3)}{\partial q_b^0}=(p-w)-(p-e_c)F(q_b^0+q_b^3)-(e_c-e_p)F(q_b^0)-e_pF(q_b^0-q_b^3)$$

$$\frac{\partial^2\Pi_b^r(q_b^0,q_b^3)}{\partial(q_b^0)^2}=-(p-e_c)f(q_b^0+q_b^3)-(e_c-e_p)f(q_b^0)-e_pf(q_b^0-q_b^3)<0$$

$$\frac{\partial\Pi_b^r(q_b^0,q_b^3)}{\partial q_b^3}=(p-o_b-e_c)-(p-e_c)F(q_b^0+q_b^3)+e_pF(q_b^0-q_b^3)$$

$$\frac{\partial^2\Pi_b^r(q_b^0,q_b^3)}{\partial(q_b^3)^2}=-(p-e_c)f(q_b^0+q_b^3)-e_pf(q_b^0-q_b^3)<0$$

又由 $\frac{\partial^2\Pi_b^r(q_b^0,q_b^3)}{\partial q_b^0\partial q_b^3}=\frac{\partial^2\Pi_b^r(q_b^0,q_b^3)}{\partial q_b^3\partial q_b^0}=-(p-e_c)f(q_b^0+q_b^3)+e_pf(q_b^0-q_b^3)$，可得

$$D=\begin{vmatrix}\frac{\partial^2\Pi_b^r(q_b^0,q_b^3)}{\partial(q_b^0)^2} & \frac{\partial^2\Pi_b^r(q_b^0,q_b^3)}{\partial q_b^0\partial q_b^3}\\ \frac{\partial^2\Pi_b^r(q_b^0,q_b^3)}{\partial q_b^3\partial q_b^0} & \frac{\partial^2\Pi_b^r(q_b^0,q_b^3)}{\partial(q_b^3)^2}\end{vmatrix}>0$$

可见 $\Pi_b^r(q_b^0,q_b^3)$ 的海塞矩阵是负定的，表明 $\Pi_b^r(q_b^0,q_b^3)$ 为 q_b^0 和 q_b^3 的联合凹函数。证毕。

定理 6.1 说明包含双向期权的组合合同下使零售商期望利润最大的最优订货策略存在且唯一。根据定理 6.1，可以得到以下命题。

命题 6.1 包含双向期权的组合合同下，零售商的最优固定订货量和最优双向期权购买量满足

$$\begin{cases}F(q_b^{0*}+q_b^{3*})=\frac{1}{2}\left[\frac{2p-w-o_b-e_c}{p-e_c}-\frac{e_c-e_p}{p-e_c}F(q_b^{0*})\right]\\ F(q_b^{0*}-q_b^{3*})=\frac{1}{2}\left[\frac{o_b+e_c-w}{e_p}-\frac{e_c-e_p}{e_p}F(q_b^{0*})\right]\end{cases}$$

证明：由定理 6.1 可知，包含双向期权的组合合同下使零售商期望利润最大化的固定订货量和双向期权购买量存在且唯一。令 $\frac{\partial\Pi_b^r(q_b^0,q_b^3)}{\partial q_b^0}=0$ 和 $\frac{\partial\Pi_b^r(q_b^0,q_b^3)}{\partial q_b^3}=0$，可得

$$\begin{cases}F(q_b^{0*}+q_b^{3*})=\frac{1}{2}\left[\frac{2p-w-o_b-e_c}{p-e_c}-\frac{e_c-e_p}{p-e_c}F(q_b^{0*})\right]\\ F(q_b^{0*}-q_b^{3*})=\frac{1}{2}\left[\frac{o_b+e_c-w}{e_p}-\frac{e_c-e_p}{e_p}F(q_b^{0*})\right]\end{cases}$$

证毕。

由命题 6.1 可知，包含双向期权的组合合同下零售商的最优订货策略与单位产品批发

价格 w、单位双向期权购买价格 o_b、单位看涨期权执行价格 e_c 和单位看跌期权执行价格 e_p 相关。然而，我们无法通过公式推导判断它们之间的关系。根据第 6.1.3.2 节和第 6.1.3.3 节的数值分析，可以得到以下结论。

结论 6.1　包含双向期权的组合合同下，零售商的最优固定订货量 q_b^{0*} 是 w 的减函数，是 (e_c,e_p) 的增函数，但其最优双向期权购买量 q_b^{3*} 是 o_b 的减函数。

由结论 6.1 可知，随着单位产品批发价格 w 的增加，包含双向期权的组合合同下零售商将减少其最优固定订货量 q_b^{0*}。这是因为，当单位产品批发价格越高时，零售商承担的单位产品购买成本越高，为避免成本过高，零售商将减少其最优固定订货量。其次，随着单位双向期权购买价格 o_b 的增加，包含双向期权的组合合同下零售商将减少其最优双向期权购买量 q_b^{3*}。这是因为，当单位双向期权购买价格越高时，零售商承担的单位双向期权的购买成本越高，为避免成本过高，零售商将减少其最优双向期权购买量。再次，随着单位看涨期权执行价格 e_c 的增加，包含双向期权的组合合同下零售商将增加其最优固定订货量 q_b^{0*}。这是因为，当单位看涨期权执行价格越高时，零售商承担的单位双向期权以看涨期权的形式执行时的执行成本越高，为避免成本过高，零售商将增加其最优固定订货量。最后，随着单位看跌期权执行价格 e_p 的增加，包含双向期权的组合合同下零售商将增加其最优固定订货量 q_b^{0*}。这是因为，当单位看跌期权执行价格越高时，零售商获得的单位双向期权以看跌期权的形式执行时的执行收入越高，为获得更高的利润，零售商将增加其最优固定订货量。综上所述，包含双向期权的组合合同下合同参数的大小将直接影响零售商最优订货策略的制定。包含双向期权的组合合同下单位产品批发价格设置较高将直接导致零售商的最优固定订货量减少，单位看涨期权执行价格和单位看跌期权执行价格设置较高将导致零售商的最优固定订货量增加，而单位双向期权执行价格设置较高将直接导致零售商的最优双向期权购买量减少。

由命题 6.1，包含双向期权的组合合同下零售商的最大期望利润 $\Pi_b^{r*}(q_b^{0*},q_b^{3*})$ 为

$$\begin{aligned}\Pi_b^{r*}(q_b^{0*},q_b^{3*}) &= (p-w)q_b^{0*}+(p-o_b-e_c)q_b^{3*}-(p-e_c)\int_0^{q_b^{0*}+q_b^{3*}}F(x)\mathrm{d}x \\ &\quad -(e_c-e_p)\int_0^{q_b^{0*}}F(x)\mathrm{d}x-e_p\int_0^{q_b^{0*}-q_b^{3*}}F(x)\mathrm{d}x\end{aligned} \tag{6-2}$$

由式(6-2)可知，包含双向期权的组合合同下零售商的最大期望利润与单位产品批发价格 w、单位双向期权购买价格 o_b、单位看涨期权执行价格 e_c 和单位看跌期权执行价格 e_p 相关。然而，我们无法通过公式推导判断它们之间的关系。根据第 6.1.3.2 节和第 6.1.3.3 节的数值分析，可以得到以下结论。

结论 6.2　包含双向期权的组合合同下，零售商的最大期望利润 $\Pi_b^{r*}(q_b^{0*},q_b^{3*})$ 是 (w,o_b,e_c) 的减函数，是 e_p 的增函数。

由结论 6.2 可知，随着单位产品批发价格 w 的增加，包含双向期权的组合合同下零售商的最大期望利润 Π_b^{r*} 将减小。这是因为，当单位产品批发价格越高时，零售商承担的单位产品购买成本越高，这将导致零售商的最大期望利润减小。其次，随着单位双向期权购买价格 o_b 的增加，包含双向期权的组合合同下零售商的最大期望利润 Π_b^{r*} 将减小。这是因

为，当单位双向期权购买价格越高时，零售商承担的单位双向期权购买成本越高，这将导致零售商的最大期望利润减小。再次，随着单位看涨期权执行价格 e_c 的增加，包含双向期权的组合合同下零售商的最大期望利润 Π_b^{r*} 将减小。这是因为，当单位看涨期权执行价格越高时，零售商承担的单位双向期权以看涨期权的形式执行时的执行成本越高，这将导致零售商的最大期望利润减小。最后，随着单位看跌期权执行价格 e_p 的增加，包含双向期权的组合合同下零售商的最大期望利润 Π_b^{r*} 将增大。这是因为，当单位看跌期权执行价格越高时，零售商获得的单位双向期权以看跌期权的形式执行时的执行收入越高，这将导致零售商的最大期望利润增大。综上所述，包含双向期权的组合合同下合同参数的大小将直接影响零售商最大期望利润的高低。包含双向期权的组合合同下单位产品批发价格、单位双向期权购买价格和单位看涨期权执行价格设置较高将直接导致零售商的最大期望利润减小，而单位看跌期权执行价格设置较高将直接导致零售商的最大期望利润增大。

结论 6.1 和结论 6.2 表明，双向期权合同能为零售商提供订货柔性来规避需求风险。包含双向期权的组合合同下，单位产品批发价格、单位双向期权购买价格、单位看涨期权执行价格、单位看跌期权执行价格应被合理设置，从而使得零售商愿意采用该合同进行订货。

6.1.3 讨论

下面分别讨论单周期情景下双向期权合同、需求风险和合同参数对零售商最优订货策略和最大期望利润的影响。

6.1.3.1 双向期权合同的影响

这里将批发价合同情形(详见第 2.1 节)作为基准，用来与包含双向期权的组合合同情形进行比较，讨论单周期情景下双向期权合同的运用对零售商最优订货策略和最大期望利润的影响。然而，我们无法通过公式推导判断它们之间的关系。根据第 6.1.3.2 节和第 6.1.3.3 节的数值分析，可以得到如下结论。

结论 6.3 当合同参数满足一定条件时，包含双向期权的组合合同下零售商的最优固定订货量小于批发价合同下零售商的最优固定订货量，即 $q_b^{0*}<q_w^{0*}$。当合同参数满足一定条件时，包含双向期权的组合合同下零售商的最优固定订货量大于批发价合同下零售商的最优固定订货量，即 $q_b^{0*}>q_w^{0*}$。

由结论 6.3 可知，单周期情景下双向期权合同的运用会对零售商的最优订货策略产生影响。首先，包含双向期权的组合合同下，一旦发生市场需求超过固定订货量的情形，零售商可以通过以看涨期权的形式执行双向期权增加部分额外的产品。这表明联合利用批发价合同与双向期权合同进行采购时，零售商能够根据实际的市场需求向上调整其采购数量。故与传统的批发价合同相比，当合同参数满足一定条件时，包含双向期权的组合合同下零售商减少其最优固定订货量，以避免因订货过多而导致库存积压的风险增加。因此，在一定的合同参数范围内，包含双向期权的组合合同下零售商的最优固定订货量小于批发价合同下零售商的最优固定订货量。其次，包含双向期权的组合合同下，一旦发生市场需求低于固定订货量的情形，零售商可以通过以看跌期权的形式执行双向期权退还部分剩余的产品。这表明联合利用批发价合同与双向期权合同进行采购时，零售商能够根据实际的市场需求向下调整其采购数量。故与传统的批发价合同相比，当合同参数满足一定条件时，包含双向期权的组合合同下零售商愿意增加其最优固定订货量，以避免因订货过少而导致顾客流失的风险增加。因此，在一定的合同参数范围内，包含双向期权的组合合同下零售商的最优固定订货量大于批发价合同下零售商的最优固定订货量。

值得注意的是，该结论与包含看涨期权的组合合同下的结论和包含看跌期权的组合合同下的结论有着明显的区别。根据命题 3.3 的结论，包含看涨期权的组合合同下零售商的最优固定订货量始终小于批发价合同下零售商的最优固定订货量。根据命题 4.2 的结论，包含看跌期权的组合合同下零售商的最优固定订货量始终大于批发价合同下零售商的最优固定订货量。之所以这样，原因在于这 3 种期权合同赋予零售商的权利是不一样的。看涨期权合同赋予的是增加部分额外产品的权利，看跌期权合同赋予的是退还部分剩余产品的权利。而双向期权合同是看涨期权合同和看跌期权合同的拓展，它既赋予增加部分额外产品的权利，又赋予退还部分剩余产品的权利。包含看涨期权的组合合同下，零售商在减少最优固定订货量的情形下能获得部分额外的产品。包含看跌期权的组合合同下，零售商在增加最优固定订货量的情形下能退还部分剩余的产品。而包含双向期权的组合合同下，零售商在减少最优固定订货量的情形下能获得部分额外的产品，在增加最优固定订货量的情形下能退还部分剩余的产品。因此，联合利用批发价合同与看涨期权合同进行采购时，零售商将减少其最优固定订货量。联合利用批发价合同与看跌期权合同进行采购时，零售商将增加其最优固定订货量。而联合利用批发价合同与双向期权合同进行采购时，零售商可能增加其最优固定订货量，也可能减少其最优固定订货量。

还值得注意的是，该结论与包含双期权的组合合同下的结论有着明显的类似。根据命题 5.2 的结论，在一定的合同参数范围内，包含双期权的组合合同下零售商的最优固定订货量小于批发价合同下零售商的最优固定订货量；在一定的合同参数范围内，包含双期权的组合合同下零售商的最优固定订货量大于批发价合同下零售商的最优固定订货量。之所以这样，原因在于这两种期权合同赋予零售商的权利是一样的。双期权合同是看涨期权合同和看跌期权合同的叠加，它既赋予增加部分额外产品的权利，又赋予退还部分剩余产品的权利。而双向期权合同是看涨期权合同和看跌期权合同的拓展，它既赋予增加部分额外产品的权利，又赋予退还部分剩余产品的权利。因此，联合利用批发价合同与双期权合同进行采购时，零售商可能增加其最优固定订货量，也可能减少其最优固定订货量。而联合利用批发价合同与双向期权合同进行采购时，零售商可能增加其最优固定订货量，也可能减少其最优固定订货量。

结论 6.4　包含双向期权的组合合同下零售商的最大期望利润大于批发价合同下零售商的最大期望利润，即 $\Pi_b^{r*}(q_b^{0*},q_b^{3*})>\Pi_w^{r*}(q_w^{0*})$。

由结论 6.4 可知，单周期情景下双向期权合同的运用会对零售商的最大期望利润产生影响。包含双向期权的组合合同下，零售商须在销售期初支付购买双向期权的费用，然而其却获得了在销售期间增加部分额外产品的权利以及在销售期末退还部分剩余产品的权利。该情形下零售商在销售期间可通过以看涨期权的形式执行双向期权以转移部分顾客流失的风险，并在销售期末可通过以看跌期权的形式执行双向期权以转移部分库存积压的风险。对零售商而言，其在包含双向期权的组合合同下获得的收益远大于其所付出的代价。这意味着与传统的批发价合同相比，包含双向期权的组合合同下零售商能够获得更大的期望利润。因此，包含双向期权的组合合同下零售商的最大期望利润始终大于批发价合同下零售商的最大期望利润。因此，出于自身利润的考虑，零售商倾向于采用既订购产品又订购双向期权的组合订货方式。

结论 6.3 和结论 6.4 表明，双向期权合同的运用将使零售商提高其服务水平，降低其库存风险，增加其最大期望利润。该结论能帮助零售商更好地运用双向期权合同来制定其最优订货策略，增加其最大期望利润。

6.1.3.2 需求风险的影响

这里将利用数值分析的方法，讨论单周期情景下需求风险(具体表现为市场需求的方差σ)的变化对零售商最优订货策略和最大期望利润的影响，并给出相应的管理启示。

固定$p=19$，$w=9$，$o_b=0.7$，$e_c=10$和$e_p=8$，在随机变量D分别服从$N(100,30^2)$、$N(100,35^2)$、$N(100,40^2)$、$N(100,45^2)$和$N(100,50^2)$的正态分布下(即均值μ为 100，方差σ分别为 30、35、40、45 和 50)，应用 Matlab 编程计算相应的待考察变量(如q_b^{0*}、q_b^{3*}和Π_b^{r*}等)对应于σ变化的值，通过 Excel 画图工具绘出相应的变化曲线，如图 6-1 所示(虚线表示不考虑期权合同的情形，实线表示考虑双向期权合同的情形)。

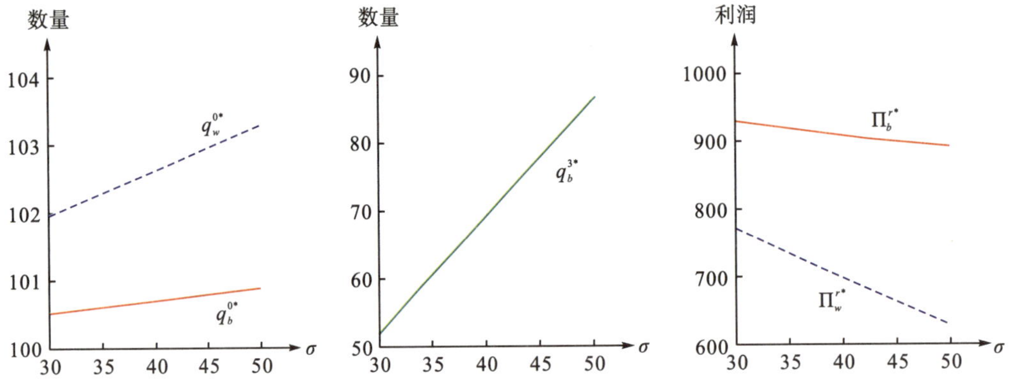

图 6-1 σ的变化对零售商单周期决策和绩效的影响

从图 6-1 可以看出，随着需求风险σ的增加，批发价合同下零售商的最优固定订货量q_w^{0*}将明显增加；包含双向期权的组合合同下零售商的最优固定订货量q_b^{0*}将明显增加，其最优双向期权购买量q_b^{3*}也将明显增加。其次，当合同参数满足一定条件时，随着需求风险σ的增加，包含双向期权的组合合同下零售商的最优固定订货量q_b^{0*}小于批发价合同下零售商的最优固定订货量q_w^{0*}。最后，当合同参数满足一定条件时，随着需求风险σ的增加，批发价合同下零售商的最优固定订货量与包含双向期权的组合合同下零售商的最优固

定订货量之间的差距$\left|q_w^{0*}-q_b^{0*}\right|$将明显增大。从图 6-1 还可以看出，随着需求风险σ的增加，批发价合同下零售商的最大期望利润Π_w^{r*}将明显减小；包含双向期权的组合合同下零售商的最大期望利润Π_b^{r*}将明显减小。其次，随着需求风险σ的增加，包含双向期权的组合合同下零售商的最大期望利润Π_b^{r*}始终大于批发价合同下零售商的最大期望利润Π_w^{r*}。最后，随着需求风险σ的增加，包含双向期权的组合合同下零售商的最大期望利润与批发价合同下零售商的最大期望利润之间的差距$\left|\Pi_b^{r*}-\Pi_w^{r*}\right|$将明显增大。综上所述，需求风险的增加对零售商而言是不利的。因此，在实际运营过程中，风险动态监测机制的建立、先进预测技术的使用和科学分析方法的应用对企业而言是至关重要的。

6.1.3.3　合同参数的影响

这里将利用数值分析的方法，讨论单周期情景下合同参数(具体表现为单位产品的批发价格w、单位双向期权的购买价格o_b、单位看涨期权的执行价格e_c、单位看跌期权的执行价格e_p)的变化对零售商最优订货策略和最大期望利润的影响，并给出相应的管理启示。为便于数值分析，令$p=19$，$w=9$，$o_b=0.7$，$e_c=10$，$e_p=8$和$D\sim N(100,40^2)$。其余参数根据后续讨论赋值。

首先讨论单周期情景下单位产品批发价格w的变化对零售商最优订货策略和最大期望利润的影响。保持随机变量D的均值和方差不变，固定$o_b=0.7$，$e_c=10$和$e_p=8$。在单位产品批发价格w分别为 8.2、8.6、9.0、9.4 和 9.8 的情况下，应用 Matlab 编程计算相应的待考察变量(如q_b^{0*}、q_b^{3*}和Π_b^{r*}等)对应于w变化的值，通过 Excel 画图工具绘出相应的变化曲线，如图 6-2 所示(虚线表示不考虑期权合同的情形，实线表示考虑双向期权合同的情形)。

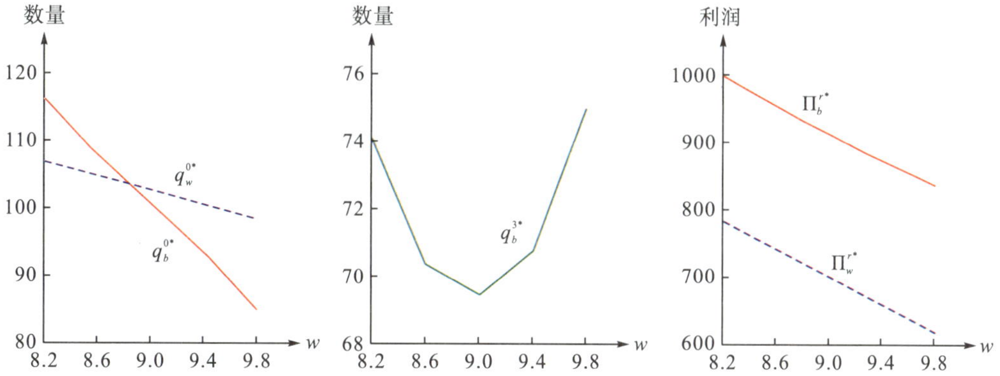

图 6-2　w的变化对零售商单周期决策和绩效的影响

从图 6-2 可以看出，随着单位产品批发价格w的增加，批发价合同下零售商的最优固定订货量q_w^{0*}将明显减少；包含双向期权的组合合同下零售商的最优固定订货量q_b^{0*}将明显减少，而其最优双向期权购买量q_b^{3*}将先减少后增加。其次，当合同参数满足一定条件时，随着单位产品批发价格w的增加，包含双向期权的组合合同下零售商的最优固定订货量

q_b^{0*} 大于批发价合同下零售商的最优固定订货量 q_w^{0*}；当合同参数满足一定条件时，随着单位产品批发价格 w 的增加，包含双向期权的组合合同下零售商的最优固定订货量 q_b^{0*} 小于批发价合同下零售商的最优固定订货量 q_w^{0*}。最后，随着单位产品批发价格 w 的增加，包含双向期权的组合合同下零售商的最优固定订货量与批发价合同下零售商的最优固定订货量之间的差距 $\left|q_b^{0*}-q_w^{0*}\right|$ 将先减小后增大。从图 6-2 还可以看出，随着单位产品批发价格 w 的增加，批发价合同下零售商的最大期望利润 Π_w^{r*} 将明显减小；包含双向期权的组合合同下零售商的最大期望利润 Π_b^{r*} 将明显减小。其次，随着单位产品批发价格 w 的增加，包含双向期权的组合合同下零售商的最大期望利润 Π_b^{r*} 始终大于批发价合同下零售商的最大期望利润 Π_w^{r*}。最后，随着单位产品批发价格 w 的增加，包含双向期权的组合合同下零售商的最大期望利润与批发价合同下零售商的最大期望利润之间的差距 $\left|\Pi_b^{r*}-\Pi_w^{r*}\right|$ 将略微减小。

接着讨论单周期情景下单位双向期权的购买价格 o_b 的变化对零售商最优订货策略和最大期望利润的影响。保持随机变量 D 的均值和方差不变，固定 $w=9$，$e_c=10$ 和 $e_p=8$。在单位双向期权的购买价格 o_b 分别为 0.5、0.6、0.7、0.8 和 0.9 的情况下，应用 Matlab 编程计算相应的待考察变量(如 q_b^{0*}、q_b^{3*} 和 Π_b^{r*} 等)对应于 o_b 变化的值，通过 Excel 画图工具绘出相应的变化曲线，如图 6-3 所示(虚线表示不考虑期权合同的情形，实线表示考虑双向期权合同的情形)。

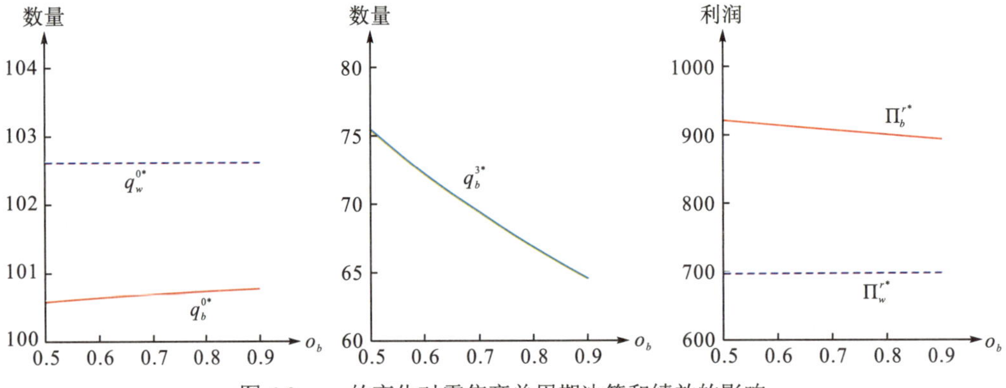

图 6-3 o_b 的变化对零售商单周期决策和绩效的影响

从图 6-3 可以看出，随着单位双向期权的购买价格 o_b 的增加，批发价合同下零售商的最优固定订货量 q_w^{0*} 将没有变化；包含双向期权的组合合同下零售商的最优固定订货量 q_b^{0*} 将明显增加，而其最优双向期权购买量 q_b^{3*} 将明显减少。其次，当合同参数满足一定条件时，随着单位双向期权的购买价格 o_b 的增加，包含双向期权的组合合同下零售商的最优固定订货量 q_b^{0*} 小于批发价合同下零售商的最优固定订货量 q_w^{0*}。最后，当合同参数满足一定条件时，随着单位双向期权的购买价格 o_b 的增加，批发价合同下零售商的最优固定订货量与包含双向期权的组合合同下零售商的最优固定订货量之间的差距 $\left|q_w^{0*}-q_b^{0*}\right|$ 将明显减小。从图 6-3 还可以看出，随着单位双向期权的购买价格 o_b 的增加，批发价合同下零售

商的最大期望利润 Π_w^{r*} 将没有变化；包含双向期权的组合合同下零售商的最大期望利润 Π_b^{r*} 将明显减小。其次，随着单位双向期权的购买价格 o_b 的增加，包含双向期权的组合合同下零售商的最大期望利润 Π_b^{r*} 始终大于批发价合同下零售商的最大期望利润 Π_w^{r*}。最后，随着单位双向期权的购买价格 o_b 的增加，包含双向期权的组合合同下零售商的最大期望利润与批发价合同下零售商的最大期望利润之间的差距 $\left|\Pi_b^{r*}-\Pi_w^{r*}\right|$ 将明显减小。

接着讨论单周期情景下单位看涨期权的执行价格 e_c 的变化对零售商最优订货策略和最大期望利润的影响。保持随机变量 D 的均值和方差不变，固定 $w=9$，$o_b=0.7$ 和 $e_p=8$。在单位看涨期权的执行价格 e_c 分别为 9.2、9.6、10.0、10.4 和 10.8 的情况下，应用 Matlab 编程计算相应的待考察变量(如 q_b^{0*}、q_b^{3*} 和 Π_b^{r*} 等)对应于 e_c 变化的值，通过 Excel 画图工具绘出相应的变化曲线，如图 6-4 所示(虚线表示不考虑期权合同的情形，实线表示考虑双向期权合同的情形)。

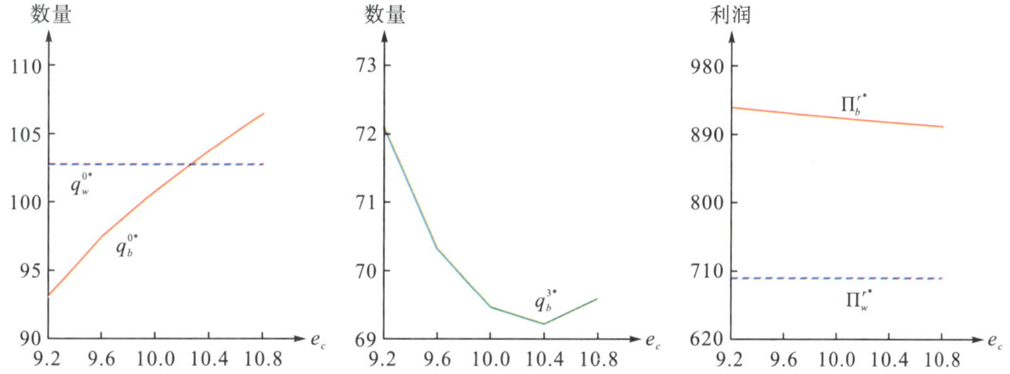

图 6-4　e_c 的变化对零售商单周期决策和绩效的影响

从图 6-4 可以看出，随着单位看涨期权的执行价格 e_c 的增加，批发价合同下零售商的最优固定订货量 q_w^{0*} 将没有变化；包含双向期权的组合合同下零售商的最优固定订货量 q_b^{0*} 将明显增加，而其最优双向期权购买量 q_b^{3*} 将先减少后增加。其次，当合同参数满足一定条件时，随着单位看涨期权的执行价格 e_c 的增加，包含双向期权的组合合同下零售商的最优固定订货量 q_b^{0*} 小于批发价合同下零售商的最优固定订货量 q_w^{0*}；当合同参数满足一定条件时，随着单位看涨期权的执行价格 e_c 的增加，包含双向期权的组合合同下零售商的最优固定订货量 q_b^{0*} 大于批发价合同下零售商的最优固定订货量 q_w^{0*}。最后，随着单位看涨期权的执行价格 e_c 的增加，批发价合同下零售商的最优固定订货量与包含双向期权的组合合同下零售商的最优固定订货量之间的差距 $\left|q_w^{0*}-q_b^{0*}\right|$ 将先减小后增大。从图 6-4 还可以看出，随着单位看涨期权的执行价格 e_c 的增加，批发价合同下零售商的最大期望利润 Π_w^{r*} 将没有变化；包含双向期权的组合合同下零售商的最大期望利润 Π_b^{r*} 将明显减小。其次，随着单位看涨期权的执行价格 e_c 的增加，包含双向期权的组合合同下零售商的最大期望利润 Π_b^{r*} 始终大于批发价合同下零售商的最大期望利润 Π_w^{r*}。最后，随着单位看涨期权的执行价格 e_c 的增加，包含双向期权的组合合同下零售商的最大期望利润与批发价合同下零售商的最

大期望利润之间的差距$\left|\Pi_b^{r*}-\Pi_w^{r*}\right|$将明显减小。

最后讨论单周期情景下单位看跌期权的执行价格e_p的变化对零售商最优订货策略和最大期望利润的影响。保持随机变量D的均值和方差不变，固定$w=9$，$o_b=0.7$和$e_c=10$。在单位看跌期权的执行价格e_p分别为7.2、7.6、8.0、8.4和8.8的情况下，应用Matlab编程计算相应的待考察变量(如q_b^{0*}、q_b^{3*}和Π_b^{r*}等)对应于e_p变化的值，通过Excel画图工具绘出相应的变化曲线，如图6-5所示(虚线表示不考虑期权合同的情形，实线表示考虑双向期权合同的情形)。

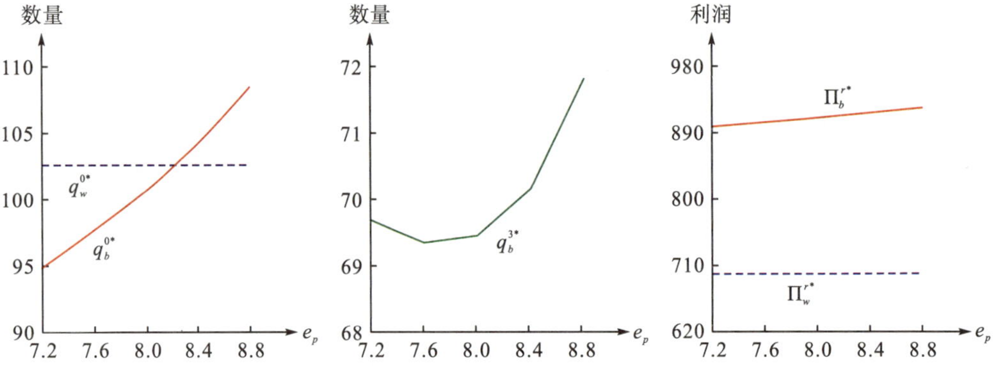

图6-5 e_p的变化对零售商单周期决策和绩效的影响

从图6-5可以看出，随着单位看跌期权的执行价格e_p的增加，批发价合同下零售商的最优固定订货量q_w^{0*}将没有变化；包含双向期权的组合合同下零售商的最优固定订货量q_b^{0*}将明显增加，而其最优双向期权购买量q_b^{3*}将先减少后增加。其次，当合同参数满足一定条件时，随着单位看跌期权的执行价格e_p的增加，包含双向期权的组合合同下零售商的最优固定订货量q_b^{0*}小于批发价合同下零售商的最优固定订货量q_w^{0*}；当合同参数满足一定条件时，随着单位看跌期权的执行价格e_p的增加，包含双向期权的组合合同下零售商的最优固定订货量q_b^{0*}大于批发价合同下零售商的最优固定订货量q_w^{0*}。最后，随着单位看跌期权的执行价格e_p的增加，批发价合同下零售商的最优固定订货量与包含双向期权的组合合同下零售商的最优固定订货量之间的差距$\left|q_w^{0*}-q_b^{0*}\right|$将先减小后增大。从图6-5还可以看出，随着单位看跌期权的执行价格e_p的增加，批发价合同下零售商的最大期望利润Π_w^{r*}将没有变化；包含双向期权的组合合同下零售商的最大期望利润Π_b^{r*}将明显增大。其次，随着单位看跌期权的执行价格e_p的增加，包含双向期权的组合合同下零售商的最大期望利润Π_b^{r*}始终大于批发价合同下零售商的最大期望利润Π_w^{r*}。最后，随着单位看跌期权的执行价格e_p的增加，包含双向期权的组合合同下零售商的最大期望利润与批发价合同下零售商的最大期望利润之间的差距$\left|\Pi_b^{r*}-\Pi_w^{r*}\right|$将明显增大。

6.2　多周期拓展模型

本节从多周期情景出发，构建考虑双向期权合同情形下零售商的多周期订货模型，研究该情形下零售商的最优订货策略结构，提供近似算法来估计相应的最优策略参数，并讨论双向期权合同、需求风险和合同参数对零售商近似最优策略参数和近似最大期望折扣总利润的影响。

6.2.1　问题描述与假设

考虑一个面临随机需求的零售商采购一类耐用品(如电冰箱、汽车、机械设备等)并销售给终端消费者。由于耐用品的销售期被划分为 n 个周期(以 $1,\cdots,n$ 表示)，零售商在任意周期 $t(t=1,\cdots,n)$ 销售开始前决策，一旦销售开始零售商将没有机会补货。本节用到的参数和变量见表 6-2。

表 6-2　符号定义

符号	定义
D_t	第 t 周期时零售商面临的随机需求，连续、可导
$f_t(\cdot)$	D_t 的概率密度函数
$F_t(\cdot)$	D_t 的累积分布函数，非负、可逆、严格递增，且 $F_t(0)=0$
p_t	第 t 周期时单位产品的零售价格
w_t	第 t 周期时单位产品的批发价格
o_{bt}	第 t 周期时单位双向期权的购买价格
e_{ct}	第 t 周期时单位看涨期权的执行价格
e_{pt}	第 t 周期时单位看跌期权的执行价格
h_t	第 t 周期时单位产品的储存成本
w_{n+1}	第 n 周期时单位剩余产品的残值
I_{bt}^r	第 t 周期期初零售商的库存水平，且 $I_{b1}^r=0$
α	折现因子，且 $0<\alpha\leqslant1$
q_{bt}^0	考虑双向期权合同时零售商在第 t 周期的固定订货量
q_{bt}^3	考虑双向期权合同时零售商在第 t 周期的双向期权购买量

在任意周期 $t(t=1,\cdots,n)$，零售商需确定是否运用以及如何运用双向期权合同进行采购。双向期权合同是看涨期权合同和看跌期权合同的拓展。双向期权合同由 3 个参数刻画：一是单位双向期权的购买价格，二是单位看涨期权的执行价格，三是单位看跌期权的执行价格。在任意周期 $t(t=1,\cdots,n)$，零售商通过在销售开始前支付双向期权购买费用购买一定数量的双向期权，获得在销售期间以约定的看涨期权执行价格增加不超过双向期权购买量的任意数量产品的权利(该情形下双向期权以看涨期权的形式执行)以及在销售期末以约定的看跌期权执行价格退还不超过双向期权购买量的任意数量产品的权利(该情形下双向

期权以看跌期权的形式执行）。换句话说，双向期权合同能为零售商提供向上和向下柔性调整订货数量的权利，但向上和向下调整的柔性范围是相同的。

模型的事件序列如下：在第 t 周期销售开始前，零售商订购一定数量的产品和双向期权；在第 t 周期销售开始时，零售商通过固定订货获得产品；在第 t 周期销售期间，零售商可根据实际的市场需求以看涨期权的形式来执行双向期权进行补货；在第 t 周期销售期末，零售商可根据剩余产品的数量以看跌期权的形式来执行双向期权进行退货，零售商剩余的产品将用于满足下一周期的市场需求；在第 n 周期销售期末，零售商剩余的产品可获得一定的残值。

假定零售商是风险中性和完全理性的，以最大化期望折扣总利润为目标。零售商在第 1 周期期初的库存水平为 0。为不失一般性，进一步做如下假设：

假设 1 $p_t > o_{bt} + e_{ct} > w_t$ 和 $p_t > w_t + o_{bt} > e_{pt}$，保证零售商在第 t 周期能够获利；

假设 2 $0 < o_{ct} < o_{bt} < w_t$，$0 < o_{pt} < o_{bt} < w_t$ 和 $e_{pt} < w_t < e_{ct}$，保证双向期权合同在第 t 周期的柔性；

假设 3 $o_{bt} + e_{ct} > w_t > o_{bt}$ 和 $w_t > e_{pt} - o_{bt}$，保证零售商在第 t 周期购买双向期权；

假设 4 $e_{ct} + h_t > \alpha w_{t+1}$ 和 $e_{pt} + h_t > \alpha w_{t+1}$，避免零售商在第 t 周期通过随意执行双向期权来获利。

定义 $z^+ = \max(0, z)$，$\bar{F}_t(\cdot) = 1 - F_t(\cdot)$。

6.2.2 考虑双向期权合同模型

考虑双向期权合同时，零售商在第 t 周期有两个决策变量：①固定订货量 q_{bt}^0；②双向期权购买量 q_{bt}^3。令 $\overline{y}_{bt} = I_{bt}^r + q_{bt}^0 + q_{bt}^3$，该决策变量表示零售商在第 t 周期以看涨期权的形式执行全部双向期权后的库存水平。令 $\underline{y}_{bt} = I_{bt}^r + q_{bt}^0 - q_{bt}^3$，该决策变量表示零售商在第 t 周期以看跌期权的形式执行全部双向期权后的库存水平。决策 (q_{bt}^0, q_{bt}^3) 等同于决策 $(\overline{y}_{bt}, \underline{y}_{bt})$。当第 t 周期市场需求 D_t 大于等于 $\overline{y}_{bt}$ 时，零售商将以看涨期权的形式执行全部的双向期权；当第 t 周期市场需求 D_t 大于 $\frac{\overline{y}_{bt} + \underline{y}_{bt}}{2}$ 而小于 $\overline{y}_{bt}$ 时，零售商将以看涨期权的形式执行部分的双向期权；当第 t 周期市场需求 D_t 大于 $\underline{y}_{bt}$ 而小于 $\frac{\overline{y}_{bt} + \underline{y}_{bt}}{2}$ 时，零售商将以看跌期权的形式执行部分的双向期权；当第 t 周期市场需求 D_t 小于等于 $\underline{y}_{bt}$ 时，零售商将以看跌期权的形式执行全部的双向期权。零售商在第 t 周期的期望利润 $\pi_{bt}^r(\overline{y}_{bt}, \underline{y}_{bt})$ 为

$$\begin{aligned}\pi_{bt}^r(\overline{y}_{bt}, \underline{y}_{bt}) = {} & p_t E\min(\overline{y}_{bt}, D_t) - w_t\left(\frac{\overline{y}_{bt} + \underline{y}_{bt}}{2} - I_{bt}^r\right) - o_{bt}\frac{\overline{y}_{bt} - \underline{y}_{bt}}{2} \\ & - e_{ct} E\min\left[\frac{\overline{y}_{bt} - \underline{y}_{bt}}{2}, \left(D_t - \frac{\overline{y}_{bt} + \underline{y}_{bt}}{2}\right)^+\right] \\ & + e_{pt} E\min\left[\frac{\overline{y}_{bt} - \underline{y}_{bt}}{2}, \left(\frac{\overline{y}_{bt} + \underline{y}_{bt}}{2} - D_t\right)^+\right] - h_t E(\underline{y}_{bt} - D_t)^+\end{aligned} \tag{6-3}$$

等式右边的第 1 项表示第 t 周期的期望销售收入；第 2 项表示第 t 周期产品的购买成本；第 3 项表示第 t 周期双向期权的购买成本；第 4 项表示第 t 周期双向期权以看涨期权的形式执行时的执行成本；第 5 项表示第 t 周期双向期权以看跌期权的形式执行时的执行收入；第 6 项表示第 t 周期剩余产品的储存成本。

因此，零售商从第 1 周期到第 n 周期的期望折扣总利润 $\Pi_b^r(\overline{y}_{b1},\cdots,\overline{y}_{bn};\underline{y}_{b1},\cdots,\underline{y}_{bn})$ 为

$$\Pi_b^r(\overline{y}_{b1},\cdots,\overline{y}_{bn};\underline{y}_{b1},\cdots,\underline{y}_{bn})=\sum_{t=1}^{n}\alpha^{t-1}\pi_{bt}^r(\overline{y}_{bt},\underline{y}_{bt})+\alpha^n w_{n+1}I_{bn+1}^r \tag{6-4}$$

其中，$I_{bt}^r=E(\underline{y}_{bt-1}-D_{t-1})^+$，该状态变量表示零售商在第 $t-1$ 周期期末的库存水平，也表示零售商在第 t 周期期初的库存水平。

令 $V_{bt}^r(I_{bt}^r)$ 表示考虑双向期权合同时零售商在第 t 周期期初库存水平为 I_{bt}^r 前提下从第 t 周期到第 n 周期的最大期望折扣总利润(即 profit-to-go 函数)。零售商的动态规划问题为

$$V_{bt}^r(I_{bt}^r)=w_t I_{bt}^r+\max_{\overline{y}_{bt}\geqslant\underline{y}_{bt}\geqslant I_{bt}^r}\{U_{bt}^r(\overline{y}_{bt},\underline{y}_{bt})\} \tag{6-5}$$

其中，$V_{bn+1}^r(I_{bn+1}^r)=w_{n+1}I_{bn+1}^r$，且

$$U_{bt}^r(\overline{y}_{bt},\underline{y}_{bt})=H_{bt}^r(\overline{y}_{bt},\underline{y}_{bt})+\alpha EV_{bt+1}^r[(\underline{y}_{bt}-D_t)^+] \tag{6-6}$$

$$\begin{aligned}H_{bt}^r(\overline{y}_{bt},\underline{y}_{bt})=&\,p_t E\min(\overline{y}_{bt},D_t)-w_t\frac{\overline{y}_{bt}+\underline{y}_{bt}}{2}-o_{bt}\frac{\overline{y}_{bt}-\underline{y}_{bt}}{2}\\&-e_{ct}E\min\left[\frac{\overline{y}_{bt}-\underline{y}_{bt}}{2},\left(D_t-\frac{\overline{y}_{bt}+\underline{y}_{bt}}{2}\right)^+\right]\\&+e_{pt}E\min\left[\frac{\overline{y}_{bt}-\underline{y}_{bt}}{2},\left(\frac{\overline{y}_{bt}+\underline{y}_{bt}}{2}-D_t\right)^+\right]-h_tE(\underline{y}_{bt}-D_t)^+\end{aligned} \tag{6-7}$$

式(6-7)表示考虑双向期权合同时零售商在第 t 周期期初库存水平为 0 且期末剩余产品残值为 0 的前提下第 t 周期的期望利润，意味着零售商在第 t 周期期末没有剩余产品可以折现。

为简化模型，令 $V_{bt}^{r+}(I_{bt}^r)=V_{bt}^r(I_{bt}^r)-w_tI_{bt}^r$，上述递归方程变为

$$V_{bt}^{r+}(I_{bt}^r)=\max_{\overline{y}_{bt}\geqslant\underline{y}_{bt}\geqslant I_{bt}^r}\{U_{bt}^{r+}(\overline{y}_{bt},\underline{y}_{bt})\} \tag{6-8}$$

其中，$V_{bn+1}^{r+}(I_{bn+1}^r)=0$，且

$$U_{bt}^{r+}(\overline{y}_{bt},\underline{y}_{bt})=H_{bt}^{r+}(\overline{y}_{bt},\underline{y}_{bt})+\alpha EV_{bt+1}^{r+}[(\underline{y}_{bt}-D_t)^+] \tag{6-9}$$

$$\begin{aligned}H_{bt}^{r+}(\overline{y}_{bt},\underline{y}_{bt})=&\,p_t E\min(\overline{y}_{bt},D_t)-w_t\frac{\overline{y}_{bt}+\underline{y}_{bt}}{2}-o_{bt}\frac{\overline{y}_{bt}-\underline{y}_{bt}}{2}\\&-e_{ct}E\min\left[\frac{\overline{y}_{bt}-\underline{y}_{bt}}{2},\left(D_t-\frac{\overline{y}_{bt}+\underline{y}_{bt}}{2}\right)^+\right]\\&+e_{pt}E\min\left[\frac{\overline{y}_{bt}-\underline{y}_{bt}}{2},\left(\frac{\overline{y}_{bt}+\underline{y}_{bt}}{2}-D_t\right)^+\right]-(h_t-\alpha w_{t+1})E(\underline{y}_{bt}-D_t)^+\end{aligned} \tag{6-10}$$

式(6-10)表示考虑双向期权合同时零售商在第 t 周期期初库存水平为 0 的前提下第 t 周期的期望利润，意味着零售商在第 t 周期期末可将剩余产品以 αw_{t+1} 的价值折现。基于上

述模型分析，可以得到以下定理。

定理 6.2 在任意周期 $t(t=1,\cdots,n)$，$V_{bt}^{r+}(I_{bt}^r)$ 是 I_{bt}^r 的凹函数。

证明：在第 n 周期时，由于 $V_{bn+1}^{r+}(I_{bn+1}^r)=0$，$U_{bn}^{r+}(\overline{y}_{bn},\underline{y}_{bn})$ 仅由 $H_{bn}^{r+}(\overline{y}_{bn},\underline{y}_{bn})$ 一个凹函数构成。因此，$U_{bn}^{r+}(\overline{y}_{bn},\underline{y}_{bn})$ 是 $\overline{y}_{bn}$ 和 $\underline{y}_{bn}$ 的联合凹函数。由于 $\overline{y}_{bn}\geqslant\underline{y}_{bn}\geqslant I_{bn}^r$，故 $V_{bn}^{r+}(I_{bn}^r)$ 为 I_{bn}^r 的凹函数。在第 $t(t\neq n)$ 周期时，由于 $V_{bt+1}^{r+}[(\underline{y}_{bt}-D_t)^+]$ 是凹函数，$U_{bt}^{r+}(\overline{y}_{bt},\underline{y}_{bt})$ 由 $H_{bt}^{r+}(\overline{y}_{bt},\underline{y}_{bt})$ 和 $V_{bt+1}^{r+}[(\underline{y}_{bt}-D_t)^+]$ 两个凹函数构成。因此，$U_{bt}^{r+}(\overline{y}_{bt},\underline{y}_{bt})$ 是 $\overline{y}_{bt}$ 和 $\underline{y}_{bt}$ 的联合凹函数。由于 $\overline{y}_{bt}\geqslant\underline{y}_{bt}\geqslant I_{bt}^r$，故 $V_{bt}^{r+}(I_{bt}^r)$ 是 I_{bt}^r 的凹函数。证毕。

定理 6.2 说明考虑双向期权合同时使零售商从第1周期到第 n 周期的期望折扣总利润最大的最优订货策略存在且唯一。根据定理 6.2，可以得到以下命题。

命题 6.2 考虑双向期权合同时，零售商在第 t 周期的最优固定订货量为

$$q_{bt}^{0*}=\begin{cases}\dfrac{\overline{s}_{bt}^*+\underline{s}_{bt}^*}{2}-I_{bt}^r, & I_{bt}^r\leqslant\underline{s}_{bt}^*\\[2ex] \dfrac{\overline{s}_{bt}^*-I_{bt}^r}{2}, & \underline{s}_{bt}^*<I_{bt}^r\leqslant\overline{s}_{bt}^*\\[2ex] 0, & I_{bt}^r>\overline{s}_{bt}^*\end{cases}$$

零售商在第 t 周期的最优双向期权购买量为

$$q_{bt}^{3*}=\begin{cases}\dfrac{\overline{s}_{bt}^*-\underline{s}_{bt}^*}{2}, & I_{bt}^r\leqslant\underline{s}_{bt}^*\\[2ex] \dfrac{\overline{s}_{bt}^*-I_{bt}^r}{2}, & \underline{s}_{bt}^*<I_{bt}^r\leqslant\overline{s}_{bt}^*\\[2ex] 0, & I_{bt}^r>\overline{s}_{bt}^*\end{cases}$$

其中，$\overline{s}_{bt}^*\in\arg\max_{\overline{y}_{bt}}\{U_{bt}^{r+}(\overline{y}_{bt},\underline{y}_{bt})\}$，$\underline{s}_{bt}^*\in\arg\max_{\underline{y}_{bt}}\{U_{bt}^{r+}(\overline{y}_{bt},\underline{y}_{bt})\}$。

证明：由定理 6.2 可知，决策变量 $\overline{y}_{bt}$ 的最优解为

$$\overline{y}_{bt}^*=\begin{cases}\overline{s}_{bt}^*, & I_{bt}^r\leqslant\overline{s}_{bt}^*\\ I_{bt}^r, & I_{bt}^r>\overline{s}_{bt}^*\end{cases}$$

这里 $\overline{s}_{bt}^*\in\arg\max_{y_{bt}}\{U_{bt}^{r+}(\overline{y}_{bt},\underline{y}_{bt})\}$。决策变量 $\underline{y}_{bt}$ 的最优解为

$$\underline{y}_{bt}^*=\begin{cases}\underline{s}_{bt}^*, & I_{bt}^r\leqslant\underline{s}_{bt}^*\\ I_{bt}^r, & I_{bt}^r>\underline{s}_{bt}^*\end{cases}$$

这里 $\underline{s}_{bt}^*\in\arg\max_{\underline{y}_{bt}}\{U_{bt}^{r+}(\overline{y}_{bt},\underline{y}_{bt})\}$。

由于 $q_{bt}^{0*}=\dfrac{\overline{y}_{bt}^*+\underline{y}_{bt}^*}{2}-I_{bt}^r$，决策变量 q_{bt}^{0*} 的最优解为

$$q_{bt}^{0*}=\begin{cases}\dfrac{\overline{s}_{bt}^{*}+\underline{s}_{bt}^{*}}{2}-I_{bt}^{r}, & I_{bt}^{r}\leqslant \underline{s}_{bt}^{*}\\ \dfrac{\overline{s}_{bt}^{*}-I_{bt}^{r}}{2}, & \underline{s}_{bt}^{*}<I_{bt}^{r}\leqslant \overline{s}_{bt}^{*}\\ 0, & I_{bt}^{r}>\overline{s}_{bt}^{*}\end{cases}$$

由于 $q_{bt}^{3*}=\dfrac{\overline{y}_{bt}^{*}-\underline{y}_{bt}^{*}}{2}$，决策变量 q_{bt}^{3*} 的最优解为

$$q_{bt}^{3*}=\begin{cases}\dfrac{\overline{s}_{bt}^{*}-\underline{s}_{bt}^{*}}{2}, & I_{bt}^{r}\leqslant \underline{s}_{bt}^{*}\\ \dfrac{\overline{s}_{bt}^{*}-I_{bt}^{r}}{2}, & \underline{s}_{bt}^{*}<I_{bt}^{r}\leqslant \overline{s}_{bt}^{*}\\ 0, & I_{bt}^{r}>\overline{s}_{bt}^{*}\end{cases}$$

证毕。

由命题 6.2 可知，考虑双向期权合同时零售商在第 t 周期的最优订货策略为 order-up-to 类型，即该最优订货策略将使零售商以看涨期权的形式执行全部双向期权后的库存水平尽可能达到或接近某一目标库存水平，并使零售商以看跌期权的形式执行全部双向期权后的库存水平尽可能达到或接近另一目标库存水平。具体操作如下：当第 t 周期期初库存水平 I_{bt}^{r} 小于等于 $\underline{s}_{bt}^{*}$ 时，零售商需订购不同数量的产品和双向期权；当第 t 周期期初库存水平 I_{bt}^{r} 大于 $\underline{s}_{bt}^{*}$ 而小于等于 $\overline{s}_{bt}^{*}$ 时，零售商需订购相同数量的产品和双向期权；当第 t 周期期初库存水平 I_{bt}^{r} 大于 $\overline{s}_{bt}^{*}$ 时，零售商无需订购任意数量的产品和双向期权。值得注意的是，$\overline{s}_{bt}^{*}$ 和 $\underline{s}_{bt}^{*}$ 为考虑双向期权合同时零售商在第 t 周期的最优策略参数，$\overline{s}_{bt}^{*}$ 表示零售商在第 t 周期以看涨期权的形式执行全部双向期权后最优库存水平的下限临界值，$\underline{s}_{bt}^{*}$ 表示零售商在第 t 周期以看跌期权的形式执行全部双向期权后最优库存水平的下限临界值。显然，考虑双向期权合同时零售商在多周期情景下的最优订货策略比其在单周期情景下的最优订货策略更加复杂。在多周期情景下，随着零售商第 t 周期期初库存水平 I_{bt}^{r} 处于不同的范围，其最优订货策略的形式和目标库存水平的高低均存在差异，需要零售商灵活应对。此外，最优策略参数 $\overline{s}_{bt}^{*}$ 和 $\underline{s}_{bt}^{*}$ 与第 t 周期单位产品批发价格 w_t、第 t 周期单位双向期权的单位购买价格 o_{bt}、第 t 周期单位看涨期权的单位执行价格 e_{ct}、第 t 周期单位看跌期权的单位购买价格 e_{pt} 相关。然而，我们无法通过公式推导判断它们之间的关系。根据第 6.2.3.2 节和第 6.2.3.3 节的数值分析，可以得到以下结论。

结论 6.5　在任意周期 $t(t=1,\cdots,n)$，$\overline{s}_{bt}^{*}$ 是 (w_t,o_{bt}) 的减函数，是 (e_{ct},e_{pt}) 的增函数；$\underline{s}_{bt}^{*}$ 是 w_t 的减函数，是 (o_{bt},e_{ct},e_{pt}) 的增函数。

由结论 6.5 可知，随着第 t 周期单位产品批发价格 w_t 的增加，考虑双向期权合同时零售商将减少其在第 t 周期的最优固定订货量 q_{bt}^{0*}。这是因为，当第 t 周期单位产品批发价格越高时，零售商在第 t 周期承担的单位产品购买成本越高，为避免成本过高，零售商将减少其在

第t周期的最优固定订货量。其次，随着第t周期单位双向期权购买价格o_{bt}的增加，考虑双向期权合同时零售商将减少其在第t周期的最优双向期权购买量q_{bt}^{3*}。这是因为，当第t周期单位双向期权购买价格越高时，零售商在第t周期承担的单位双向期权的购买成本越高，为避免成本过高，零售商将减少其在第t周期的最优双向期权购买量。再次，随着第t周期单位看涨期权执行价格e_{ct}的增加，考虑双向期权合同时零售商将增加其在第t周期的最优固定订货量q_{bt}^{0*}。这是因为，当第t周期单位看涨期权执行价格越高时，零售商在第t周期承担的单位双向期权以看涨期权的形式执行时的执行成本越高，为避免成本过高，零售商将增加其在第t周期的最优固定订货量。最后，随着第t周期单位看跌期权执行价格e_{pt}的增加，考虑双向期权合同时零售商将增加其在第t周期的最优固定订货量q_{bt}^{0*}。这是因为，当第t周期单位看跌期权执行价格越高时，零售商在第t周期获得的单位双向期权以看跌期权的形式执行时的执行收入越高，为获得更高的利润，零售商将增加其在第t周期的最优固定订货量。综上所述，考虑双向期权合同时第t周期合同参数的大小将直接影响零售商第t周期最优订货策略的制定。考虑双向期权合同时第t周期单位产品批发价格设置较高将直接导致零售商在第t周期的最优固定订货量减少，第t周期单位看涨期权执行价格和第t周期单位看跌期权执行价格设置较高将导致零售商的最优固定订货量增加，而第t周期单位双向期权购买价格设置较高将直接导致零售商在第t周期的最优双向期权购买量减少。

一般来说，最优策略参数$\overline{s}_{bt}^{*}$和$\underline{s}_{bt}^{*}$的值是难以精确计算出来的，这里提供其近似估计值。定义$\overline{s}_{bt}^{+}$和$\underline{s}_{bt}^{+}$表示考虑双向期权合同时零售商只最大化其第t周期利润而忽略其未来利润时的近似最优策略参数。值得注意的是，$\overline{s}_{bt}^{*}\leqslant\overline{s}_{bt}^{+}$且$\underline{s}_{bt}^{*}\leqslant\underline{s}_{bt}^{+}$。由式(6-10)，可以得到以下命题。

命题6.3　在任意周期$t(t=1,\cdots,n)$，有

$$\begin{cases}F(\overline{s}_{bt}^{+})=\dfrac{1}{2}\left[\dfrac{2p_t-w_t-o_{bt}-e_{ct}}{p_t-e_{ct}}-\dfrac{e_{ct}-e_{pt}}{p_t-e_{ct}}F\left(\dfrac{\overline{s}_{bt}^{+}+\underline{s}_{bt}^{+}}{2}\right)\right]\\ F(\underline{s}_{bt}^{+})=\dfrac{1}{2}\left[\dfrac{o_{bt}+e_{ct}-w_t}{e_{pt}+h_t-\alpha w_{t+1}}-\dfrac{e_{ct}-e_{pt}}{e_{pt}+h_t-\alpha w_{t+1}}F\left(\dfrac{\overline{s}_{bt}^{+}+\underline{s}_{bt}^{+}}{2}\right)\right]\end{cases}$$

证明：化简式(6-10)，可得

$$H_{bt}^{r+}(\overline{y}_{bt},\underline{y}_{bt})=\frac{1}{2}(2p_t-w_t-o_{bt}-e_{ct})\overline{y}_{bt}+\frac{1}{2}(o_{bt}+e_{ct}-w_t)\underline{y}_{bt}-(p_t-e_{ct})\int_0^{\overline{y}_{bt}}F(x)\mathrm{d}x$$
$$-(e_{ct}-e_{pt})\int_0^{\frac{\overline{y}_{bt}+\underline{y}_{bt}}{2}}F(x)\mathrm{d}x-(e_{pt}+h_t-\alpha w_{t+1})\int_0^{\underline{y}_{bt}}F(x)\mathrm{d}x$$

求其关于$\overline{y}_{bt}$和$\underline{y}_{bt}$的一阶偏导和二阶偏导，可得

$$\frac{\partial H_{bt}^{r+}(\overline{y}_{bt},\underline{y}_{bt})}{\partial\overline{y}_{bt}}=\frac{1}{2}(2p_t-w_t-o_{bt}-e_{ct})-(p_t-e_{ct})F(\overline{y}_{bt})-\frac{1}{2}(e_{ct}-e_{pt})F\left(\frac{\overline{y}_{bt}+\underline{y}_{bt}}{2}\right)$$

$$\frac{\partial^2 H_{bt}^{r+}(\overline{y}_{bt},\underline{y}_{bt})}{\partial\overline{y}_{bt}^2}=-(p_t-e_{ct})f(\overline{y}_{bt})-\frac{1}{4}(e_{ct}-e_{pt})f\left(\frac{\overline{y}_{bt}+\underline{y}_{bt}}{2}\right)<0$$

$$\frac{\partial H_{bt}^{r+}(\overline{y}_{bt},\underline{y}_{bt})}{\partial \underline{y}_{bt}}=\frac{1}{2}(o_{bt}+e_{ct}-w_t)-\frac{1}{2}(e_{ct}-e_{pt})F\left(\frac{\overline{y}_{bt}+\underline{y}_{bt}}{2}\right)-(e_{pt}+h_t-\alpha w_{t+1})F(\underline{y}_{bt})$$

$$\frac{\partial^2 H_{bt}^{r+}(\overline{y}_{bt},\underline{y}_{bt})}{\partial \underline{y}_{bt}^2}=-\frac{1}{4}(e_{ct}-e_{pt})f\left(\frac{\overline{y}_{bt}+\underline{y}_{bt}}{2}\right)-(e_{pt}+h_t-\alpha w_{t+1})f(\underline{y}_{bt})<0$$

又由 $\frac{\partial^2 H_{bt}^{r+}(\overline{y}_{bt},\underline{y}_{bt})}{\partial \overline{y}_{bt}\partial \underline{y}_{bt}}=\frac{\partial^2 H_{bt}^{r+}(\overline{y}_{bt},\underline{y}_{bt})}{\partial \underline{y}_{bt}\partial \overline{y}_{bt}}=-\frac{1}{4}(e_{ct}-e_{pt})f\left(\frac{\overline{y}_{bt}+\underline{y}_{bt}}{2}\right)$，可得

$$D_1=\begin{vmatrix}\frac{\partial^2 H_{bt}^{r+}(\overline{y}_{bt},\underline{y}_{bt})}{\partial \overline{y}_{bt}^2} & \frac{\partial^2 H_{bt}^{r+}(\overline{y}_{bt},\underline{y}_{bt})}{\partial \overline{y}_{bt}\partial \underline{y}_{bt}}\\ \frac{\partial^2 H_{bt}^{r+}(\overline{y}_{bt},\underline{y}_{bt})}{\partial \underline{y}_{bt}\partial \overline{y}_{bt}} & \frac{\partial^2 H_{bt}^{r+}(\overline{y}_{bt},\underline{y}_{bt})}{\partial \underline{y}_{bt}^2}\end{vmatrix}>0$$

可见 $H_{bt}^{r+}(\overline{y}_{bt},\underline{y}_{bt})$ 的海塞矩阵是负定的，表明 $H_{bt}^{r+}(\overline{y}_{bt},\underline{y}_{bt})$ 为 $\overline{y}_{bt}$ 和 $\underline{y}_{bt}$ 的联合凹函数。令 $\frac{\partial H_{bt}^{r+}(\overline{y}_{bt},\underline{y}_{bt})}{\partial \overline{y}_{bt}}=0$ 和 $\frac{\partial H_{bt}^{r+}(\overline{y}_{bt},\underline{y}_{bt})}{\partial \underline{y}_{bt}}=0$，可得

$$\begin{cases}F(\overline{s}_{bt}^{+})=\frac{1}{2}\left[\frac{2p_t-w_t-o_{bt}-e_{ct}}{p_t-e_{ct}}-\frac{e_{ct}-e_{pt}}{p_t-e_{ct}}F\left(\frac{\overline{s}_{bt}^{+}+\underline{s}_{bt}^{+}}{2}\right)\right]\\ F(\underline{s}_{bt}^{+})=\frac{1}{2}\left[\frac{o_{bt}+e_{ct}-w_t}{e_{pt}+h_t-\alpha w_{t+1}}-\frac{e_{ct}-e_{pt}}{e_{pt}+h_t-\alpha w_{t+1}}F\left(\frac{\overline{s}_{bt}^{+}+\underline{s}_{bt}^{+}}{2}\right)\right]\end{cases}$$

证毕。

由命题 6.3 可知，考虑双向期权合同时零售商在第 t 周期的近似最优策略参数 $\overline{s}_{bt}^{*}$ 和 $\underline{s}_{bt}^{*}$ 会受到第 t 周期单位产品批发价格 w_t 变化的影响，也会受到第 t+1 周期单位产品批发价格 w_{t+1} 变化的影响。然而，我们无法通过公式推导判断它们之间的关系。

由命题 6.3，考虑双向期权合同时零售商在第 t 周期的近似最大期望利润 $\pi_{bt}^{r+}(\overline{s}_{bt}^{+},\underline{s}_{bt}^{+})$ 为

$$\begin{aligned}\pi_{bt}^{r+}(\overline{s}_{bt}^{+},\underline{s}_{bt}^{+})=&\frac{1}{2}(2p-w-o_b-e_c)\overline{s}_{bt}^{+}+\frac{1}{2}(o_b+e_c-w)\underline{s}_{bt}^{+}-(p-e_c)\int_0^{\overline{s}_{bt}^{+}}F(x)\mathrm{d}x\\&-(e_c-e_p)\int_0^{\frac{\overline{s}_{bt}^{+}+\underline{s}_{bt}^{+}}{2}}F(x)\mathrm{d}x-(e_p+h_t-\alpha w_{t+1})\int_0^{\underline{s}_{bt}^{+}}F(x)\mathrm{d}x\end{aligned}\tag{6-11}$$

故零售商从第 1 周期到第 n 周期的近似最大期望折扣总利润 $\Pi_b^{r+}(\overline{s}_{b1}^{+},\cdots,\overline{s}_{bn}^{+};\underline{s}_{b1}^{+},\cdots,\underline{s}_{bn}^{+})$ 为

$$\Pi_b^{r+}(\overline{s}_{b1}^{+},\cdots,\overline{s}_{bn}^{+};\underline{s}_{b1}^{+},\cdots,\underline{s}_{bn}^{+})=\sum_{t=1}^{n}\alpha^{t-1}\pi_{bt}^{r+}(\overline{s}_{bt}^{+},\underline{s}_{bt}^{+})\tag{6-12}$$

由式(6-11)和式(6-12)可知，考虑双向期权合同时零售商的近似最大期望折扣总利润与第 t 周期单位产品批发价格 w_t、第 t 周期单位双向期权的单位购买价格 o_{bt}、第 t 周期单位看涨期权的单位执行价格 e_{ct}、第 t 周期单位看跌期权的单位购买价格 e_{pt} 相关。然而，我们无法通过公式推导判断它们之间的关系。根据第 6.2.3.2 节和第 6.2.3.3 节的数值分析，可以得到以下结论。

结论 6.6　考虑双向期权合同时零售商的近似最大期望折扣总利润 $\Pi_b^{r+}(\overline{s}_{b1}^{+},\cdots,\overline{s}_{bn}^{+};$

$\underline{s}_{b1}^{+},\cdots,\underline{s}_{bn}^{+})$ 是 (w_t,o_{bt},e_{ct}) 的减函数，是 e_{pt} 的增函数。

由结论 6.6 可知，随着第 t 周期单位产品批发价格 w 的增加，考虑双向期权合同时零售商的近似最大期望折扣总利润 Π_b^{r+} 将减小。这是因为，当第 t 周期单位产品批发价格越高时，零售商在第 t 周期承担的单位产品购买成本越高，这将导致零售商的近似最大期望折扣总利润减小。其次，随着第 t 周期单位双向期权购买价格 o_b 的增加，考虑双向期权合同时零售商的近似最大期望折扣总利润 Π_b^{r+} 将减小。这是因为，当第 t 周期单位双向期权购买价格时，零售商在第 t 周期承担的单位双向期权购买成本越高，这将导致零售商的近似最大期望折扣总利润减小。再次，随着第 t 周期单位看涨期权执行价格 e_c 的增加，考虑双向期权合同时零售商的近似最大期望折扣总利润 Π_b^{r+} 将减小。这是因为，当第 t 周期单位看涨期权执行价格越高时，零售商在第 t 周期承担的单位双向期权以看涨期权的形式执行时的执行成本越高，这将导致零售商的近似最大期望折扣总利润减小。最后，随着第 t 周期单位看跌期权执行价格 e_p 的增加，考虑双向期权合同时零售商的近似最大期望折扣总利润 Π_b^{r+} 将增大。这是因为，当第 t 周期单位看跌期权执行价格越高时，零售商在第 t 周期获得的单位双向期权以看跌期权的形式执行时的执行收入越高，这将导致零售商的近似最大期望折扣总利润增大。综上所述，考虑双向期权合同时第 t 周期合同参数的大小将直接影响零售商近似最大期望折扣总利润的高低。考虑双向期权合同时第 t 周期单位产品批发价格、第 t 周期单位双向期权购买价格和第 t 周期单位看涨期权执行价格设置较高将直接导致零售商的近似最大期望折扣总利润减小，而第 t 周期单位看跌期权执行价格设置较高将直接导致零售商的近似最大期望折扣总利润增大。

结论 6.5 和结论 6.6 表明，双向期权合同能为零售商提供订货柔性来规避需求风险。考虑双向期权的组合合同时，第 t 周期单位产品批发价格、第 t 周期单位双向期权购买价格、第 t 周期单位看涨期权执行价格、第 t 周期单位看跌期权的执行价格应被合理设置，从而使得零售商愿意采用该合同进行订货。

6.2.3 讨论

下面分别讨论多周期情景下双向期权合同、需求风险和合同参数对零售商近似最优策略参数和近似最大期望折扣总利润的影响，并给出相应的管理启示。

6.2.3.1 双向期权合同的影响

这里将不考虑期权合同情形(详见第 2.2 节)作为基准，用来与考虑双向期权合同情形进行比较，讨论多周期情景下双向期权合同的运用对零售商近似最优策略参数和近似最大期望折扣总利润的影响。然而，我们无法通过公式推导判断它们之间的关系。由第 6.2.3.2 节和第 6.2.3.3 节的数值分析，可以得到如下结论。

结论 6.7 在任意周期 $t(t=1,\cdots,n)$，考虑双向期权合同时零售商的服务水平大于不考虑期权合同时零售商的服务水平，而考虑双向期权合同时零售商的库存风险小于不考虑期权合同时零售商的库存风险，即 $\underline{s}_{bt}^{+}<s_{wt}^{+}<\overline{s}_{bt}^{+}$。

由结论 6.7 可知，多周期情景下双向期权合同的运用会对零售商的近似最优策略参数产生影响。考虑双向期权合同时，一旦发生第 t 周期市场需求过高的情形，零售商在第 t 周期可以通过以看涨期权的形式执行双向期权以增加部分额外的产品；一旦发生第 t 周期市场需求过低的情形，零售商在第 t 周期可以通过以看跌期权的形式执行双向期权以退还部分剩余的产品。这表明联合利用批发价合同与双向期权合同进行采购时，零售商能够根据实际的市场需求向上和向下调整其采购数量。故与传统的不考虑期权合同情形相比，考虑双向期权合同时零售商愿意提高其在第 t 周期的服务水平，以避免因订货过少而导致顾客流失的风险增加；还愿意降低其在第 t 周期的库存风险，以避免因订货过多而导致库存积压的风险增加。因此，考虑双向期权合同时零售商在第 t 周期的服务水平始终大于不考虑期权合同时零售商在第 t 周期的服务水平，而考虑双向期权合同时零售商在第 t 周期的库存风险始终小于不考虑期权合同时零售商在第 t 周期的库存风险。

结论 6.8　考虑双向期权合同时零售商的近似最大期望折扣总利润大于不考虑期权合同时零售商的近似最大期望折扣总利润，即 $\Pi_b^{r+}(\overline{s}_{b1}^+,\cdots,\overline{s}_{bn}^+;\underline{s}_{b1}^+,\cdots,\underline{s}_{bn}^+)>\Pi_w^{r+}(s_{w1}^+,\cdots,s_{wn}^+)$。

由结论 6.8 可知，多周期情景下双向期权合同的运用会对零售商的近似最大期望折扣总利润产生影响。考虑双向期权合同时，零售商须在第 t 周期销售开始前支付购买双向期权的费用，然而其却获得了在第 t 周期销售期间增加部分额外产品的权利以及在第 t 周期销售期末退还部分剩余产品的权利。故该情形下零售商在第 t 周期销售期间可通过以看涨期权的形式执行双向期权以转移部分顾客流失的风险，并在第 t 周期销售期末可通过以看跌期权的形式执行双向期权以转移部分库存积压的风险。对零售商而言，其在考虑双向期权合同情形下获得的收益远大于其所付出的代价。这意味着与传统的不考虑期权合同情形相比，考虑双向期权合同时零售商能够获得更大的近似期望折扣总利润。因此，考虑双向期权合同时零售商的近似最大期望折扣总利润始终大于不考虑期权合同时零售商的近似最大期望折扣总利润。综上所述，出于自身利润的考虑，零售商在第 t 周期倾向于采用既订购产品又订购双向期权的组合订货方式。

结论 6.7 和结论 6.8 表明，双向期权合同的运用将使零售商提高其服务水平，降低其库存风险，增加其最大期望折扣总利润。该结论能帮助零售商更好地运用双向期权合同来制定其最优订货策略，增加其最大期望折扣总利润。

6.2.3.2　需求风险的影响

这里将利用数值分析的方法，讨论多周期情景下需求风险(具体表现为第 t 周期市场需求的方差 σ)的变化对零售商近似最优策略参数和近似最大期望折扣总利润的影响，并给出相应的管理启示。

固定 $p_t=19$，$h_t=7$，$w_t=9$，$o_{bt}=0.7$，$e_{ct}=10$ 和 $e_{pt}=8$，在第 t 周期随机变量 D_t 分别服从 $N(100,30^2)$、$N(100,35^2)$、$N(100,40^2)$、$N(100,45^2)$ 和 $N(100,50^2)$ 的正态分布下(即均值 μ_t 为 100，方差 σ_t 分别为 30、35、40、45 和 50)，应用 Matlab 编程计算相应的待考察变量(如 $\underline{s}_{bt}^+$、$\overline{s}_{bt}^+$ 和 Π_b^{r+} 等)对应于 σ_t 变化的值，通过 Excel 画图工具绘出相应的变化曲线，如图 6-6 所示(虚线表示不考虑期权合同的情形，实线表示考虑双向期权合同的情形)。

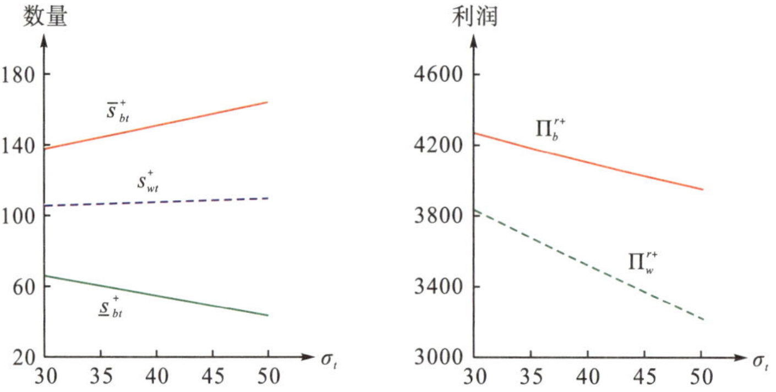

图 6-6 σ_t 的变化对零售商多周期决策和绩效的影响

从图 6-6 可以看出，随着第 t 周期需求风险 σ_t 的增加，不考虑期权合同时零售商的近似最优策略参数 s_{wt}^{+} 将略微增大；考虑双向期权合同时零售商的近似最优策略参数 $\overline{s}_{bt}^{+}$ 将明显增大，而其近似最优策略参数 $\underline{s}_{bt}^{+}$ 将明显减小。其次，随着第 t 周期需求风险 σ_t 的增加，考虑双向期权合同时零售商近似最优策略参数 $\overline{s}_{bt}^{+}$ 始终大于不考虑期权合同时零售商的近似最优策略参数 s_{wt}^{+}；考虑双向期权合同时零售商的近似最优策略参数 $\underline{s}_{bt}^{+}$ 始终小于不考虑期权合同时零售商的近似最优策略参数 s_{wt}^{+}。最后，随着第 t 周期需求风险 σ_t 的增加，考虑双向期权合同时零售商的近似最优策略参数 $\overline{s}_{bt}^{+}$ 与不考虑期权合同时零售商的近似最优策略参数 s_{wt}^{+} 之间的差距 $\left|\overline{s}_{bt}^{+}-s_{wt}^{+}\right|$ 将明显增大；不考虑期权合同时零售商的近似最优策略参数 s_{wt}^{+} 与考虑双向期权合同时零售商的近似最优策略参数 $\underline{s}_{bt}^{+}$ 之间的差距 $\left|s_{wt}^{+}-\underline{s}_{bt}^{+}\right|$ 将明显增大。从图 6-6 还可以看出，随着第 t 周期需求风险 σ_t 的增加，不考虑期权合同时零售商的近似最大期望折扣总利润 Π_w^{r+} 将明显减小；考虑双向期权合同时零售商的近似最大期望折扣总利润 Π_d^{r+} 将明显减小。其次，随着第 t 周期需求风险 σ_t 的增加，考虑双向期权合同时零售商的近似最大期望折扣总利润 Π_d^{r+} 始终大于不考虑期权合同时零售商的近似最大期望折扣总利润 Π_w^{r+}。最后，随着第 t 周期需求风险 σ_t 的增加，考虑双向期权合同时零售商的近似最大期望折扣总利润与不考虑期权合同时零售商的近似最大期望折扣总利润之间的差距 $\left|\Pi_b^{r+}-\Pi_w^{r+}\right|$ 将明显增大。综上所述，第 t 周期需求风险的增加对零售商而言是不利的。因此，在实际运营过程中，风险动态监测机制的建立、先进预测技术的使用和科学分析方法的应用对企业而言是至关重要的。

6.2.3.3 合同参数的影响

这里将利用数值分析的方法，讨论多周期情景下合同参数(具体表现为第 t 周期单位产品的批发价格 w_t、第 t 周期单位双向期权的购买价格 o_{bt}、第 t 周期单位看涨期权的执行价格 e_{ct}、第 t 周期单位看跌期权的执行价格 e_{pt}) 的变化对零售商近似最优策略参数和近似最大期望折扣总利润的影响，并给出相应的管理启示。为便于数值分析，令 $p_t=19$，$h_t=7$，$w_t=9$，$o_{bt}=0.7$，$e_{ct}=10$，$e_{pt}=8$ 和 $D_t \sim N(100,40^2)$。其余参数根据后续讨论赋值。

首先讨论多周期情景下第 t 周期单位产品批发价格 w_t 的变化对零售商近似最优策略

参数和近似最大期望折扣总利润的影响。保持第 t 周期随机变量 D_t 的均值和方差不变，固定 $o_{bt}=0.7$，$e_{ct}=10$ 和 $e_{pt}=8$。在单位产品批发价格 w_t 分别为 8.6、8.8、9.0、9.2 和 9.4 的情况下，应用 Matlab 编程计算相应的待考察变量(如 $\underline{s}_{bt}^{+}$、$\overline{s}_{bt}^{+}$ 和 Π_b^{r+} 等)对应于 w_t 变化的值，通过 Excel 画图工具绘出相应的变化曲线，如图 6-7 所示(虚线表示不考虑期权合同的情形，实线表示考虑双向期权合同的情形)。

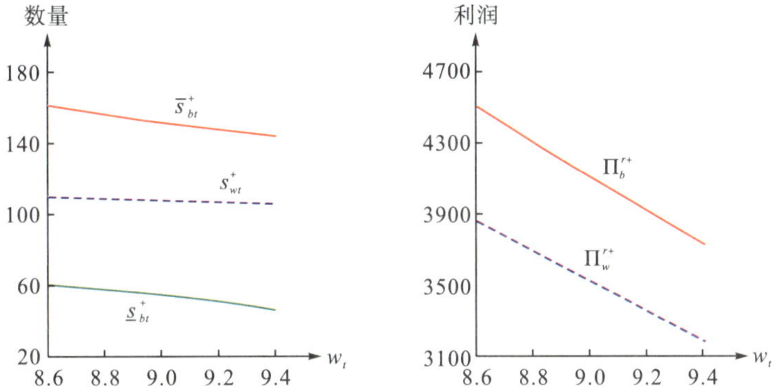

图 6-7　w_t 的变化对零售商多周期决策和绩效的影响

从图 6-7 可以看出，随着第 t 周期单位产品批发价格 w_t 的增加，不考虑期权合同时零售商的近似最优策略参数 s_{wt}^{+} 将略微减小；考虑双向期权合同时零售商的近似最优策略参数 $\overline{s}_{bt}^{+}$ 将明显减小，其近似最优策略参数 $\underline{s}_{bt}^{+}$ 也将明显减小。其次，随着第 t 周期单位产品批发价格 w_t 的增加，考虑双向期权合同时零售商近似最优策略参数 $\overline{s}_{bt}^{+}$ 始终大于不考虑期权合同时零售商的近似最优策略参数 s_{wt}^{+}；考虑双向期权合同时零售商的近似最优策略参数 $\underline{s}_{bt}^{+}$ 始终小于不考虑期权合同时零售商的近似最优策略参数 s_{wt}^{+}。最后，随着第 t 周期单位产品批发价格 w_t 的增加，考虑双向期权合同时零售商的近似最优策略参数 $\overline{s}_{bt}^{+}$ 与不考虑期权合同时零售商的近似最优策略 参数s_{wt}^{+} 之间的差距 $\left|\overline{s}_{bt}^{+}-s_{wt}^{+}\right|$ 将明显减小；不考虑期权合同时零售商的近似最优策略 s_{wt}^{+} 与考虑双向期权合同时零售商的近似最优策略 $\underline{s}_{bt}^{+}$ 之间的差距 $\left|s_{wt}^{+}-\underline{s}_{bt}^{+}\right|$ 将明显增大。从图 6-7 还可以看出，随着第 t 周期单位产品批发价格 w_t 的增加，不考虑期权合同时零售商的近似最大期望折扣总利润 Π_w^{r+} 将明显减小；考虑双向期权合同时零售商的近似最大期望折扣总利润 Π_d^{r+} 将明显减小。其次，随着第 t 周期单位产品批发价格 w_t 的增加，考虑双向期权合同时零售商的近似最大期望折扣总利润 Π_d^{r+} 始终大于不考虑期权合同时零售商的近似最大期望折扣总利润 Π_w^{r+}。最后，随着第 t 周期单位产品批发价格 w_t 的增加，考虑双向期权合同时零售商的近似最大期望折扣总利润与不考虑期权合同时零售商的近似最大期望折扣总利润之间的差距 $\left|\Pi_b^{r+}-\Pi_w^{r+}\right|$ 将明显减小。

接着讨论多周期情景下第 t 周期单位双向期权的购买价格 o_{bt} 的变化对零售商近似最优策略参数和近似最大期望折扣总利润的影响。保持第 t 周期随机变量 D_t 的均值和方差不变，固定 $w_t=9$，$e_{ct}=10$ 和 $e_{pt}=8$。在单位双向期权的购买价格 o_{bt} 分别为 1.5、1.6、1.7、1.8 和 1.9 的情况下，应用 Matlab 编程计算相应的待考察变量(如 $\underline{s}_{bt}^{+}$、$\overline{s}_{bt}^{+}$ 和 Π_b^{r+} 等)对应

于 o_{bt} 变化的值，通过 Excel 画图工具绘出相应的变化曲线，如图 6-8 所示(虚线表示不考虑期权合同的情形，实线表示考虑双向期权合同的情形)。

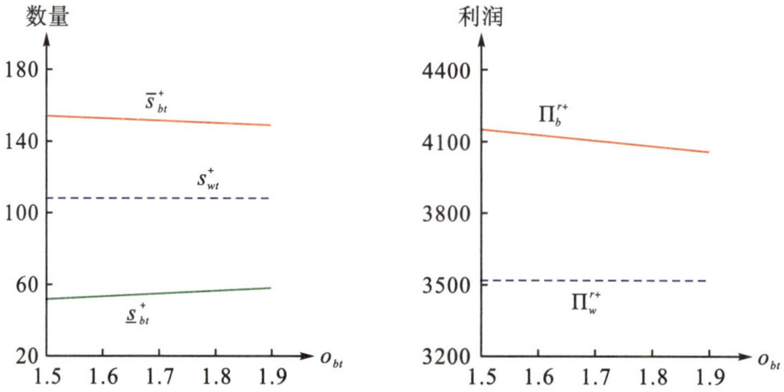

图 6-8 o_{bt} 的变化对零售商多周期决策和绩效的影响

从图 6-8 可以看出，随着第 t 周期单位双向期权的购买价格 o_{bt} 的增加，不考虑期权合同时零售商的近似最优策略参数 s_{wt}^{+} 将没有变化；考虑双向期权合同时零售商的近似最优策略参数 $\overline{s}_{bt}^{+}$ 将明显减小，而其近似最优策略参数 $\underline{s}_{bt}^{+}$ 将明显增大。其次，随着第 t 周期单位双向期权的购买价格 o_{bt} 的增加，考虑双向期权合同时零售商近似最优策略参数 $\overline{s}_{bt}^{+}$ 始终大于不考虑期权合同时零售商的近似最优策略参数 s_{wt}^{+}；考虑双向期权合同时零售商的近似最优策略参数 $\underline{s}_{bt}^{+}$ 始终小于不考虑期权合同时零售商的近似最优策略参数 s_{wt}^{+}。最后，随着第 t 周期单位双向期权的购买价格 o_{bt} 的增加，考虑双向期权合同时零售商的近似最优策略参数 $\overline{s}_{bt}^{+}$ 与不考虑期权合同时零售商的近似最优策略参数 s_{wt}^{+} 之间的差距 $\left|\overline{s}_{bt}^{+}-s_{wt}^{+}\right|$ 将明显减小；不考虑期权合同时零售商的近似最优策略参数 s_{wt}^{+} 与考虑双向期权合同时零售商的近似最优策略参数 $\underline{s}_{bt}^{+}$ 之间的差距 $\left|s_{wt}^{+}-\underline{s}_{bt}^{+}\right|$ 将明显减小。从图 6-8 还可以看出，随着第 t 周期单位双向期权的购买价格 o_{bt} 的增加，不考虑期权合同时零售商的近似最大期望折扣总利润 Π_w^{r+} 将没有变化；考虑双向期权合同时零售商的近似最大期望折扣总利润 Π_d^{r+} 将明显减小。其次，随着第 t 周期单位双向期权的购买价格 o_{bt} 的增加，考虑双向期权合同时零售商的近似最大期望折扣总利润 Π_d^{r+} 始终大于不考虑期权合同时零售商的近似最大期望折扣总利润 Π_w^{r+}。最后，随着第 t 周期单位双向期权的购买价格 o_{bt} 的增加，考虑双向期权合同时零售商的近似最大期望折扣总利润与不考虑期权合同时零售商的近似最大期望折扣总利润之间的差距 $\left|\Pi_b^{r+}-\Pi_w^{r+}\right|$ 将明显减小。

接着讨论多周期情景下第 t 周期单位看涨期权的执行价格 e_{ct} 的变化对零售商近似最优策略参数和近似最大期望折扣总利润的影响。保持第 t 周期随机变量 D_t 的均值和方差不变，固定 $w_t=9$，$o_{bt}=0.7$ 和 $e_{pt}=8$。在单位看涨期权的执行价格 e_{ct} 分别为 9.2、9.6、10.0、10.4 和 10.8 的情况下，应用 Matlab 编程计算相应的待考察变量(如 $\underline{s}_{bt}^{+}$、$\overline{s}_{bt}^{+}$ 和 Π_b^{r+} 等)对应于 e_{ct} 变化的值，通过 Excel 画图工具绘出相应的变化曲线，如图 6-9 所示(虚线表示不考虑期权合同的情形，实线表示考虑双向期权合同的情形)。

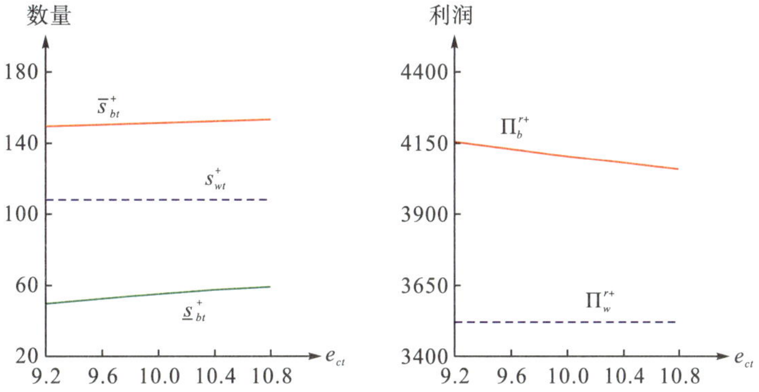

图 6-9　e_{ct} 的变化对零售商多周期决策和绩效的影响

从图 6-9 可以看出，随着第 t 周期单位看涨期权的执行价格 e_{ct} 的增加，不考虑期权合同时零售商的近似最优策略参数 s_{wt}^{+} 将没有变化；考虑双向期权合同时零售商的近似最优策略参数 $\overline{s}_{bt}^{+}$ 将略微增大，其近似最优策略参数 $\underline{s}_{bt}^{+}$ 将明显增大。其次，随着第 t 周期单位看涨期权的执行价格 e_{ct} 的增加，考虑双向期权合同时零售商近似最优策略参数 $\overline{s}_{bt}^{+}$ 始终大于不考虑期权合同时零售商的近似最优策略参数 s_{wt}^{+}；考虑双向期权合同时零售商的近似最优策略参数 $\underline{s}_{bt}^{+}$ 始终小于不考虑期权合同时零售商的近似最优策略参数 s_{wt}^{+}。最后，随着第 t 周期单位看涨期权的执行价格 e_{ct} 的增加，考虑双向期权合同时零售商的近似最优策略参数 $\overline{s}_{bt}^{+}$ 与不考虑期权合同时零售商的近似最优策略参数 s_{wt}^{+} 之间的差距 $\left|\overline{s}_{bt}^{+}-s_{wt}^{+}\right|$ 将明显增大；不考虑期权合同时零售商近似最优策略参数 s_{wt}^{+} 与考虑双向期权合同时零售商近似最优策略参数 $\underline{s}_{bt}^{+}$ 之间的差距 $\left|s_{wt}^{+}-\underline{s}_{bt}^{+}\right|$ 将明显减小。从图 6-9 还可以看出，随着第 t 周期单位看涨期权的执行价格 e_{ct} 的增加，不考虑期权合同时零售商的近似最大期望折扣总利润 Π_w^{r+} 将没有变化；考虑双向期权合同时零售商的近似最大期望折扣总利润 Π_d^{r+} 将明显减小。其次，随着第 t 周期单位看涨期权的执行价格 e_{ct} 的增加，考虑双向期权合同时零售商的近似最大期望折扣总利润 Π_d^{r+} 始终大于不考虑期权合同时零售商的近似最大期望折扣总利润 Π_w^{r+}。最后，随着第 t 周期单位看涨期权的执行价格 e_{ct} 的增加，考虑双向期权合同时零售商的近似最大期望折扣总利润与不考虑期权合同时零售商的近似最大期望折扣总利润之间的差距 $\left|\Pi_b^{r+}-\Pi_w^{r+}\right|$ 将明显减小。

最后讨论多周期情景下第 t 周期单位看跌期权的执行价格 e_{pt} 的变化对零售商近似最优策略参数和近似最大期望折扣总利润的影响。保持第 t 周期随机变量 D_t 的均值和方差不变，固定 $w_t=9$，$o_{bt}=0.7$ 和 $e_{ct}=10$。在单位看跌期权的执行价格 e_{pt} 分别为 7.2、7.6、8.0、8.4 和 8.8 的情况下，应用 Matlab 编程计算相应的待考察变量(如 $\underline{s}_{bt}^{+}$、$\overline{s}_{bt}^{+}$ 和 Π_b^{r+} 等)对应于 e_{pt} 变化的值，通过 Excel 画图工具绘出相应的变化曲线，如图 6-10 所示(虚线表示不考虑期权合同的情形，实线表示考虑双向期权合同的情形)。

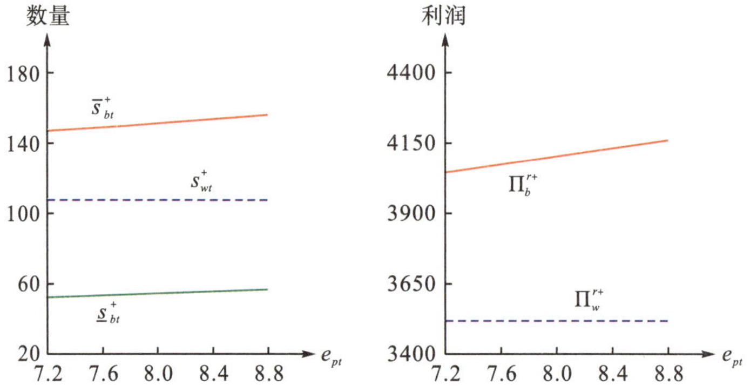

图 6-10 e_{pt} 的变化对零售商多周期决策和绩效的影响

从图 6-10 可以看出，随着第 t 周期单位看跌期权的执行价格 e_{pt} 的增加，不考虑期权合同时零售商的近似最优策略参数 s_{wt}^{+} 将没有变化；考虑双向期权合同时零售商的近似最优策略参数 $\bar{s}_{bt}^{+}$ 将明显增大，其近似最优策略参数 $\underline{s}_{bt}^{+}$ 也将明显增大。其次，随着第 t 周期单位看跌期权的执行价格 e_{pt} 的增加，考虑双向期权合同时零售商近似最优策略参数 $\bar{s}_{bt}^{+}$ 始终大于不考虑期权合同时零售商的近似最优策略参数 s_{wt}^{+}；考虑双向期权合同时零售商的近似最优策略参数 $\underline{s}_{bt}^{+}$ 始终小于不考虑期权合同时零售商的近似最优策略参数 s_{wt}^{+}。最后，随着第 t 周期单位看跌期权的执行价格 e_{pt} 的增加，考虑双向期权合同时零售商的近似最优策略参数 $\bar{s}_{bt}^{+}$ 与不考虑期权合同时零售商的近似最优策略参数 s_{wt}^{+} 之间的差距 $\left|\bar{s}_{bt}^{+} - s_{wt}^{+}\right|$ 将明显增大；不考虑期权合同时零售商的近似最优策略参数 s_{wt}^{+} 与考虑双向期权合同时零售商的近似最优策略参数 $\underline{s}_{bt}^{+}$ 之间的差距 $\left|s_{wt}^{+} - \underline{s}_{bt}^{+}\right|$ 将明显减小。从图 6-10 还可以看出，随着第 t 周期单位看跌期权的执行价格 e_{pt} 的增加，不考虑期权合同时零售商的近似最大期望折扣总利润 Π_w^{r+} 将没有变化；考虑双向期权合同时零售商的近似最大期望折扣总利润 Π_d^{r+} 将明显增大。其次，随着第 t 周期单位看跌期权的执行价格 e_{pt} 的增加，考虑双向期权合同时零售商的近似最大期望折扣总利润 Π_d^{r+} 始终大于不考虑期权合同时零售商的近似最大期望折扣总利润 Π_w^{r+}。最后，随着第 t 周期单位看跌期权的执行价格 e_{pt} 的增加，考虑双向期权合同时零售商的近似最大期望折扣总利润与不考虑期权合同时零售商的近似最大期望折扣总利润之间的差距 $\left|\Pi_b^{r+} - \Pi_w^{r+}\right|$ 将明显增大。

6.3 本 章 小 结

本章在单周期和多周期两种情景下研究了考虑双向期权合同时零售商的订货模型，得到了零售商的最优订货策略或最优订货策略结构，并分析了双向期权合同、需求风险和合同参数对零售商决策和绩效的影响。

零售商单周期订货模型方面的主要研究结论及管理启示如下：①包含双向期权的组合

合同下使零售商期望利润最大的最优订货策略存在且唯一；②包含双向期权的组合合同下零售商的最优固定订货量随着单位产品批发价格的增加而减少，随着单位看涨期权执行价格、单位看跌期权执行价格的增加而增加，而其最优双向期权购买量随着单位双向期权购买价格的增加而减少；③包含双向期权的组合合同下零售商的最大期望利润随着单位产品批发价格、单位双向期权购买价格、单位看涨期权执行价格的增加而减小，随着单位看跌期权执行价格的增加而增大；④包含双向期权的组合合同下零售商的最优固定订货量可能大于、等于或小于批发价合同下零售商的最优固定订货量；⑤包含双向期权的组合合同下零售商的最大期望利润大于批发价合同下零售商的最大期望利润。

零售商多周期订货模型方面的主要研究结论及管理启示如下：①考虑双向期权合同时使零售商从第1周期到第 n 周期的期望折扣总利润最大的最优订货策略存在且唯一；②考虑双向期权合时零售商在第 t 周期的最优固定订货量随着第 t 周期单位产品批发价格的增加而减少，随着第 t 周期单位看涨期权执行价格、第 t 周期单位看跌期权执行价格的增加而增加；而其在第 t 周期的最优双向期权购买量随着第 t 周期单位双向期权购买价格的增加而减少；③考虑双向期权合时零售商的近似最大期望折扣总利润随着第 t 周期单位产品批发价格、第 t 周期单位双向期权购买价格、第 t 周期单位看涨期权执行价格的增加而减小，随着第 t 周期单位看跌期权执行价格的增加而增大；④考虑双向期权合同时零售商在第 t 周期的服务水平大于不考虑期权合同时零售商在第 t 周期的服务水平，而考虑双向期权合同时零售商在第 t 周期的库存风险小于不考虑期权合同时零售商在第 t 周期的库存风险；⑤考虑双向期权合同时零售商的近似最大期望折扣总利润大于不考虑期权合同时零售商的近似最大期望折扣总利润。

第7章　基于单向期权和双期权的零售商合同选择

本章针对市场需求的高度不确定性，在单周期和多周期两种情景下研究基于单向期权和双期权的零售商合同类型选择决策。首先，将考虑单向期权合同的单周期订货模型和考虑双期权合同的单周期订货模型进行对比分析，得到该情景下零售商期权合同类型选择决策。然后，将考虑单向期权合同的多周期订货模型和考虑双期权合同的多周期订货模型进行对比分析，得到该情景下零售商期权合同类型选择决策。最后，对本章内容进行小结。

7.1　单周期选择问题

本节从单周期情景出发，分别将包含看涨期权的组合合同情形(详见第3.1节)和包含看跌期权的组合合同情形(详见第4.1节)作为基准，用来与包含双期权的组合合同情形(详见第5.1节)进行比较，讨论基于单向期权和双期权的零售商合同选择决策。

7.1.1　看涨期权合同 vs.双期权合同

首先讨论包含看涨期权的组合合同下零售商的最优订货策略和包含双期权的组合合同下零售商的最优订货策略之间的关系，可以得到如下命题。

命题 7.1　包含双期权的组合合同下零售商的最优固定订货量大于包含看涨期权的组合合同下零售商的最优固定订货量，即 $q_d^{0*}>q_c^{0*}$。包含双期权的组合合同下零售商的最优看涨期权购买量小于包含看涨期权的组合合同下零售商的最优看涨期权购买量，即 $q_d^{1*}<q_c^{1*}$。

证明：由 $w<o_c+e_c-\frac{e_c}{e_p}o_p$ 可推导出 $q_d^{0*}=F^{-1}\left(\frac{o_c+e_c-w-o_p}{e_c-e_p}\right)>F^{-1}\left(\frac{o_c+e_c-w}{e_c}\right)=q_c^{0*}$，故 $q_d^{0*}>q_c^{0*}$。由命题3.1和命题5.1可知 $q_d^{0*}+q_d^{1*}=F^{-1}\left(\frac{p-o_c-e_c}{p-e_c}\right)=q_c^{0*}+q_c^{1*}$，故 $q_d^{1*}<q_c^{1*}$。证毕。

由命题7.1可知，单周期情景下看涨期权合同和双期权合同的运用会对零售商的最优订货策略产生不同的影响。包含看涨期权的组合合同下，零售商只订购产品和看涨期权，没有订购看跌期权。包含双期权的组合合同下，零售商既订购产品，又订购看涨期权和看跌期权。故与包含双期权的组合合同相比，包含看涨期权的组合合同下零售商愿意减少其最优固定订货量，以避免因订货过多而导致库存积压的风险增加，这将促使零售商增加其最优看涨期权购买量，以避免因订货过少而导致顾客流失的风险增加。因此，包含看涨期权的组合合同下零售商的最优固定订货量始终小于包含双期权的组合合同下零售商的最优固定订货量，而包含看涨期权的组合合同下零售商的最优看涨期权购买量始终大于包含双期权的组合合同下零售商的最优看涨期权购买量。

接着讨论包含看涨期权的组合合同下零售商的最大期望利润和包含双期权的组合合同下零售商的最大期望利润之间的关系，可以得到如下命题。

命题 7.2　包含双期权的组合合同下零售商的最大期望利润大于包含看涨期权的组合合同下零售商的最大期望利润，即 $\Pi_d^{r*}(q_d^{0*},q_d^{1*},q_d^{2*})>\Pi_c^{r*}(q_c^{0*},q_c^{1*})$。

证明：令 $\Delta_1(q_d^{2*})=\Pi_d^{r*}(q_c^{0*},q_c^{1*},q_d^{2*})-\Pi_c^{r*}(q_c^{0*},q_c^{1*})$，有

$$\Delta_1(q_d^{2*})=-o_p q_d^{2*}+e_p\int_{q_c^{0*}-q_d^{2*}}^{q_c^{0*}}F(x)\mathrm{d}x$$

由 $\Delta_1(0)=0$ 和 $\left.\dfrac{\mathrm{d}\Delta_1(q_d^{2*})}{\mathrm{d}q_d^{2*}}\right|_{q_d^{2*}=0}=-o_p+e_pF(q_c^{0*})=e_p\left[-\dfrac{o_p}{e_p}+F(q_c^{0*})\right]>0$ 可推导出 $\Delta_1(q_d^{2*})>0$，故 $\Pi_d^{r*}(q_c^{0*},q_c^{1*},q_d^{2*})>\Pi_c^{r*}(q_c^{0*},q_c^{1*})$。又因 $\Pi_d^{r*}(q_d^{0*},q_d^{1*},q_d^{2*})>\Pi_d^{r*}(q_c^{0*},q_c^{1*},q_d^{2*})$，故 $\Pi_d^{r*}(q_d^{0*},q_d^{1*},q_d^{2*})>\Pi_c^{r*}(q_c^{0*},q_c^{1*})$。证毕。

由命题 7.2 可知，单周期情景下看涨期权合同和双期权合同的运用会对零售商的最大期望利润产生不同的影响。双期权既包括看涨期权，又包括看跌期权。包含双期权的组合合同下，一旦发生市场需求超过固定订货量的情形，零售商可以通过执行看涨期权增加部分额外的产品；一旦发生市场需求低于固定订货量的情形，零售商可以通过执行看跌期权退还部分剩余的产品。故与包含看涨期权的组合合同的情形相比，包含双期权的组合合同下零售商的订货策略更具灵活性。综上所述，出于自身利润的考虑，零售商倾向于采用既订购产品又订购看涨期权和看跌期权的组合订货方式。

最后利用数值分析的方法，讨论单周期情景下单位看涨期权的购买价格 o_c 的变化对基于看涨期权和双期权的零售商合同类型选择决策的影响。保持随机变量 D 的均值和方差不变，固定 $w=9$，$o_p=0.4$，$e_c=10$ 和 $e_p=8$。在单位看涨期权的购买价格 o_c 分别为 0.1、0.2、0.3、0.4 和 0.5 的情况下，应用 Matlab 编程计算相应的待考察变量(如 q_c^{0*}、q_c^{1*}、q_d^{0*}、q_d^{1*}、q_d^{2*}、Π_c^{r*} 和 Π_d^{r*} 等)对应于 o_c 变化的值，通过 Excel 画图工具绘出相应的变化曲线，如图 7-1 所示(虚线表示考虑看涨期权合同的情形，实线表示考虑双期权合同的情形)。

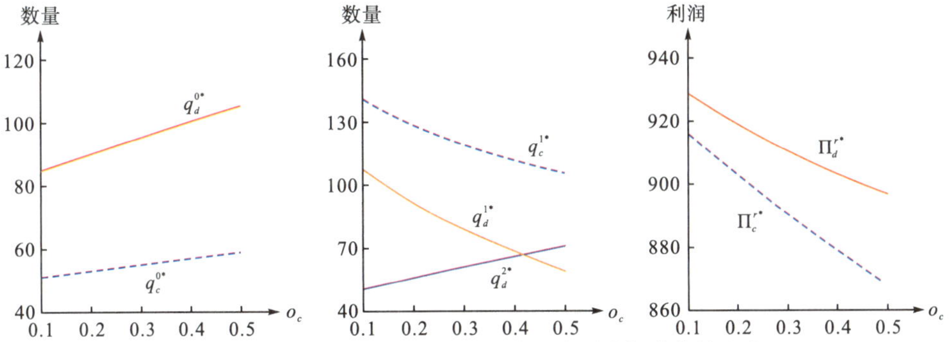

图 7-1　o_c 的变化对零售商期权合同类型选择决策的影响

从图 7-1 可以看出，随着单位看涨期权的购买价格 o_c 的增加，包含双期权的组合合同下零售商的最优固定订货量 q_d^{0*} 始终大于包含看涨期权的组合合同下零售商的最优固定订货量 q_c^{0*}；包含双期权的组合合同下零售商的最优看涨期权购买量 q_d^{1*} 始终小于包含看涨期权的组合合同下零售商的最优看涨期权购买量 q_c^{1*}。上述结论证明了命题 7.1。其次，随着单位看涨期权的购买价格 o_c 的增加，包含双期权的组合合同下零售商的最优固定订货量与包含看涨期权的组合合同下零售商的最优固定订货量之间的差距 $\left|q_d^{0*}-q_c^{0*}\right|$ 将明显增大；包含看涨期权的组合合同下零售商的最优看涨期权购买量与包含双期权的组合合同下零售商的最优看涨期权购买量之间的差距 $\left|q_c^{1*}-q_d^{1*}\right|$ 将明显增大。从图 7-1 还可以看出，随着单位看涨期权的购买价格 o_c 的增加，包含双期权的组合合同下零售商的最大期望利润 Π_d^{r*} 始终大于包含看涨期权的组合合同下零售商的最大期望利润 Π_c^{r*}。上述结论证明了命题 7.2。其次，随着单位看涨期权的购买价格 o_c 的增加，包含双期权的组合合同下零售商的最大期望利润与包含看涨期权的组合合同下零售商的最大期望利润之间的差距 $\left|\Pi_d^{r*}-\Pi_c^{r*}\right|$ 将明显增大。

7.1.2 看跌期权合同 vs.双期权合同

首先讨论包含看跌期权的组合合同下零售商的最优订货策略和包含双期权的组合合同下零售商的最优订货策略之间的关系，可以得到如下命题。

命题 7.3 包含双期权的组合合同下零售商的最优固定订货量小于包含看跌期权的组合合同下零售商的最优固定订货量，即 $q_d^{0*}<q_p^{0*}$。包含双期权的组合合同下零售商的最优看跌期权购买量小于包含看跌期权的组合合同下零售商的最优看跌期权购买量，即 $q_d^{2*}<q_p^{2*}$。

证明：由 $w>e_p-o_p+\dfrac{p-e_p}{p-e_c}o_c$ 可推导出 $q_p^{0*}=F^{-1}\left(\dfrac{p-w-o_p}{p-e_p}\right)>F^{-1}\left(\dfrac{o_c+e_c-w-o_p}{e_c-e_p}\right)=q_d^{0*}$，故 $q_d^{0*}<q_p^{0*}$。由命题 4.1 和命题 5.1 可知 $q_d^{0*}-q_d^{2*}=F^{-1}\left(\dfrac{o_p}{e_p}\right)=q_p^{0*}-q_p^{2*}$，故 $q_d^{2*}<q_p^{2*}$。证毕。

由命题 7.3 可知，单周期情景下看跌期权合同和双期权合同的运用会对零售商的最优订货策略产生不同的影响。包含看跌期权的组合合同下，零售商只订购产品和看跌期权，没有订购看涨期权。包含双期权的组合合同下，零售商既订购产品，又订购看涨期权和看跌期权。故与包含双期权的组合合同相比，包含看跌期权的组合合同下零售商愿意增加其最优固定订货量，以避免因订货过少而导致顾客流失的风险增加，这将促使零售商增加其最优看跌期权购买量，以避免因订货过多而导致库存积压的风险增加。因此，包含看跌期权的组合合同下零售商的最优固定订货量始终大于包含双期权的组合合同下零售商的最优固定订货量，且包含看跌期权的组合合同下零售商的最优看跌期权购买量始终大于包含双期权的组合合同下零售商的最优看跌期权购买量。

接着讨论包含看跌期权的组合合同下零售商的最大期望利润和包含双期权的组合合同下零售商的最大期望利润之间的关系，可以得到如下命题。

命题 7.4　包含双期权的组合合同下零售商的最大期望利润大于包含看跌期权的组合合同下零售商的最大期望利润，即$\Pi_d^{r*}(q_d^{0*},q_d^{1*},q_d^{2*})>\Pi_p^{r*}(q_p^{0*},q_p^{2*})$。

证明：令$\varDelta_2(q_p^{0*})=\Pi_d^{r*}(q_p^{0*},q_d^{1*},q_p^{2*})-\Pi_p^{r*}(q_p^{0*},q_p^{2*})$，有

$$\varDelta_2(q_d^{1*})=(p-o_c-e_c)q_d^{1*}-(p-e_c)\int_{q_p^{0*}}^{q_p^{0*}+q_d^{1*}}F(x)\mathrm{d}x$$

由 $\varDelta_2(0)=0$ 和 $\left.\dfrac{\mathrm{d}\varDelta_2(q_d^{1*})}{\mathrm{d}q_d^{1*}}\right|_{q_d^{1*}=0}=(p-o_c-e_c)-(p-e_c)F(q_p^{0*})=(p-e_c)\left[\dfrac{p-o_c-e_c}{p-e_c}-F(q_p^{0*})\right]>0$ 可推导出 $\varDelta_2(q_d^{1*})>0$，故 $\Pi_d^{r*}(q_p^{0*},q_d^{1*},q_p^{2*})>\Pi_p^{r*}(q_p^{0*},q_p^{2*})$。又因 $\Pi_d^{r*}(q_d^{0*},q_d^{1*},q_d^{2*})>\Pi_d^{r*}(q_p^{0*},q_d^{1*},q_p^{2*})$，故$\Pi_d^{r*}(q_d^{0*},q_d^{1*},q_d^{2*})>\Pi_p^{r*}(q_p^{0*},q_p^{2*})$。证毕。

由命题 7.4 可知，单周期情景下看跌期权合同和双期权合同的运用会对零售商的最大期望利润产生不同的影响。双期权既包括看涨期权，又包括看跌期权。包含双期权的组合合同下，一旦发生市场需求超过固定订货量的情形，零售商可以通过执行看涨期权增加部分额外的产品；一旦发生市场需求低于固定订货量的情形，零售商可以通过执行看跌期权退还部分剩余的产品。故与包含看跌期权的组合合同相比，包含双期权的组合合同下零售商的订货策略更具灵活性。综上所述，出于自身利润的考虑，零售商倾向于采用既订购产品又订购看涨期权和看跌期权的组合订货方式。

最后利用数值分析的方法，讨论单周期情景下单位看跌期权的购买价格o_p的变化对基于看跌期权和双期权的零售商合同类型选择决策的影响。保持随机变量D的均值和方差不变，固定$w=9$，$o_c=0.3$，$e_c=10$和$e_p=8$。在单位看跌期权的购买价格o_p分别为 0.2、0.3、0.4、0.5 和 0.6 的情况下，应用 Matlab 编程计算相应的待考察变量(如q_c^{0*}、q_c^{1*}、q_d^{0*}、q_d^{1*}、q_d^{2*}、Π_c^{r*}和Π_d^{r*}等)对应于o_c变化的值，通过 Excel 画图工具绘出相应的变化曲线，如图 7-2 所示(虚线表示考虑看跌期权合同的情形，实线表示考虑双期权合同的情形)。

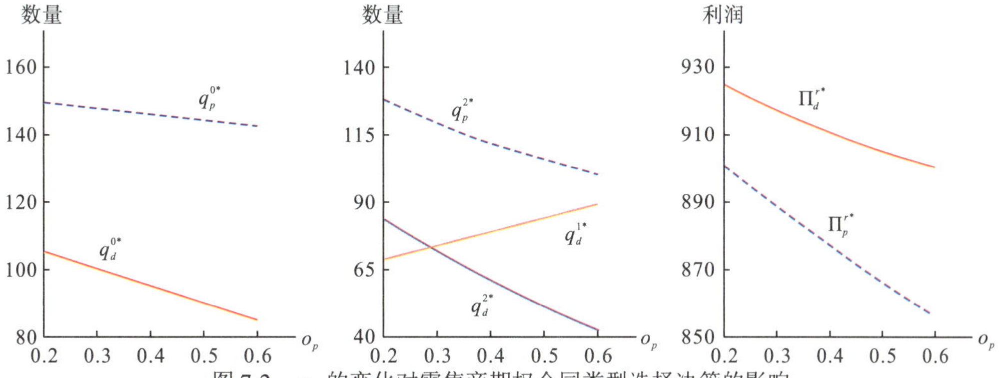

图 7-2　o_p 的变化对零售商期权合同类型选择决策的影响

从图 7-2 可以看出，随着单位看跌期权的购买价格o_p的增加，包含双期权的组合合同下零售商的最优固定订货量q_d^{0*}始终小于包含看跌期权的组合合同下零售商的最优固定订

货量 q_p^{0*}；包含双期权的组合合同下零售商的最优看跌期权购买量 q_d^{2*} 始终小于包含看跌期权的组合合同下零售商的最优看跌期权购买量 q_p^{2*}。上述结论证明了命题 7.3。其次，随着单位看跌期权的购买价格 o_p 的增加，包含看跌期权的组合合同下零售商的最优固定订货量与包含双期权的组合合同下零售商的最优固定订货量之间的差距 $\left|q_p^{0*}-q_d^{0*}\right|$ 将明显增大；包含看跌期权的组合合同下零售商的最优看跌期权购买量与包含双期权的组合合同下零售商的最优看跌期权购买量之间的差距 $\left|q_p^{2*}-q_d^{2*}\right|$ 将明显增大。从图 7-2 还可以看出，随着单位看跌期权的购买价格 o_p 的增加，包含双期权的组合合同下零售商的最大期望利润 Π_d^{r*} 始终大于包含看跌期权的组合合同下零售商的最大期望利润 Π_p^{r*}。上述结论证明了命题 7.4。其次，随着单位看跌期权的购买价格 o_p 的增加，包含双期权的组合合同下零售商的最大期望利润与包含看跌期权的组合合同下零售商的最大期望利润之间的差距 $\left|\Pi_d^{r*}-\Pi_p^{r*}\right|$ 将明显增大。

7.2 多周期选择问题

本节从多周期情景出发，分别将考虑看涨期权合同情形(详见第 3.2 节)和考虑看跌期权合同情形(详见第 4.2 节)作为基准，用来与考虑双期权合同情形(详见第 5.2 节)进行比较，讨论基于单向期权和双期权的零售商合同选择决策。

7.2.1 看涨期权合同 vs.双期权合同

首先讨论考虑看涨期权时零售商的近似最优策略参数和考虑双期权合同时零售商的近似最优策略参数之间的关系，可以得到如下命题。

命题 7.5 在任意周期 $t(t=1,\cdots,n)$，考虑双期权合同时零售商的服务水平等于考虑看涨期权合同时零售商的服务水平，而考虑双期权合同时零售商的库存风险小于考虑看涨期权合同时零售商的库存风险，即 $\overline{s}_{dt}^{+}=\overline{s}_{ct}^{+}>s_{dt}^{+}>\underline{s}_{ct}^{+}>\underline{s}_{dt}^{+}$。

证明：由命题 3.6 和命题 5.5 可知 $\overline{s}_{dt}^{+}=F_t^{-1}\left(\dfrac{p_t-o_{ct}-e_{ct}}{p_t-e_{ct}}\right)=\overline{s}_{ct}^{+}$，故 $\overline{s}_{dt}^{+}=\overline{s}_{ct}^{+}$。由 $w_t<o_{ct}+e_{ct}-\dfrac{e_{ct}+h_t-\alpha w_{t+1}}{e_{pt}+h_t-\alpha w_{t+1}}o_{pt}$ 可推导出 $\underline{s}_{ct}^{+}=F_t^{-1}\left(\dfrac{o_{ct}+e_{ct}-w_t}{e_{ct}+h_t-\alpha w_{t+1}}\right)>F_t^{-1}\left(\dfrac{o_{pt}}{e_{pt}+h_t-\alpha w_{t+1}}\right)=\underline{s}_{dt}^{+}$，故 $\underline{s}_{ct}^{+}>\underline{s}_{dt}^{+}$。由 $w_t<o_{ct}+e_{ct}-\dfrac{e_{ct}+h_t-\alpha w_{t+1}}{e_{pt}+h_t-\alpha w_{t+1}}o_{pt}$ 可推导出 $s_{dt}^{+}=F_t^{-1}\left(\dfrac{o_{ct}+e_{ct}-w_t-o_{pt}}{e_{ct}-e_{pt}}\right)>F_t^{-1}\left(\dfrac{o_{ct}+e_{ct}-w_t}{e_{ct}+h_t-\alpha w_{t+1}}\right)=\underline{s}_{ct}^{+}$，故 $s_{dt}^{+}>\underline{s}_{ct}^{+}$。证毕。

由命题 7.5 可知，多周期情景下看涨期权合同和双期权合同的运用会对零售商的近似最优策略参数产生不同的影响。考虑看涨期权合同时，零售商只订购产品和看涨期权，没有订购看跌期权。考虑双期权合同时，零售商既订购产品，又订购看涨期权和看跌期权。故与考虑看涨期权合同情形相比，考虑双期权合同时零售商愿意维持其在第 t 周期的服务水平，以避免因订货过少而导致顾客流失的风险增加；还愿意降低其在第 t 周期的库存风险，以避免因订货过多而导致库存积压的风险增加。因此，考虑看涨期权合同时零售商在第 t 周期的服务水平始终等于考虑双期权合同时零售商在第 t 周期的服务水平，而考虑看涨期权合同时零售商在第 t 周期的库存风险始终大于考虑双期权合同时零售商在第 t 周期的库存风险。

接着讨论考虑看涨期权时零售的商近似最大期望折扣总利润和考虑双期权合同时零售商的近似最大期望折扣总利润之间的关系，可以得到如下命题。

命题 7.6　考虑双期权合同时零售商的近似最大期望折扣总利润大于考虑看涨期权合同时零售商的近似最大期望折扣总利润，即 $\Pi_d^{r+}(s_{d1}^+,\cdots,s_{dn}^+;\overline{s}_{d1}^+,\cdots,\overline{s}_{dn}^+;\underline{s}_{d1}^+,\cdots,\underline{s}_{dn}^+)>\Pi_c^{r+}(\underline{s}_{c1}^+,\cdots,\underline{s}_{cn}^+;\overline{s}_{c1}^+,\cdots,\overline{s}_{cn}^+)$。

证明：令 $\Delta_{1t}(s_{dt}^+)=\pi_{dt}^{r+}(s_{dt}^+,\overline{s}_{ct}^+,\underline{s}_{ct}^+)-\pi_{ct}^{r+}(\underline{s}_{ct}^+,\overline{s}_{ct}^+)$，有

$$\Delta_{1t}(s_{dt}^+)=(o_{ct}+e_{ct}-w_t-o_{pt})(s_{dt}^+-\underline{s}_{ct}^+)-(e_{ct}-e_{pt})\int_{\underline{s}_{ct}^+}^{s_{dt}^+}F_t(x)\mathrm{d}x$$

由 $\int_{\underline{s}_{ct}^+}^{s_{dt}^+}F_t(x)\mathrm{d}x<(s_{dt}^+-\underline{s}_{ct}^+)F_t(s_{dt}^+)$ 可推导出 $\Delta_{1t}(s_{dt}^+)>0$，即 $\pi_{dt}^{r+}(s_{dt}^+,\overline{s}_{ct}^+,\underline{s}_{ct}^+)>\pi_{ct}^{r+}(\underline{s}_{ct}^+,\overline{s}_{ct}^+)$。又因 $\pi_{dt}^{r+}(s_{dt}^+,\overline{s}_{dt}^+,\underline{s}_{dt}^+)>\pi_{dt}^{r+}(s_{dt}^+,\overline{s}_{ct}^+,\underline{s}_{ct}^+)$，故 $\pi_{dt}^{r+}(s_{dt}^+,\overline{s}_{dt}^+,\underline{s}_{dt}^+)>\pi_{ct}^{r+}(\underline{s}_{ct}^+,\overline{s}_{ct}^+)$。因此，可以得到 $\Pi_d^{r+}(s_{d1}^+,\cdots,s_{dn}^+;\overline{s}_{d1}^+,\cdots,\overline{s}_{dn}^+;\underline{s}_{d1}^+,\cdots,\underline{s}_{dn}^+)>\Pi_c^{r+}(\underline{s}_{c1}^+,\cdots,\underline{s}_{cn}^+;\overline{s}_{c1}^+,\cdots,\overline{s}_{cn}^+)$。证毕。

由命题 7.6 可知，多周期情景下看涨期权合同和双期权合同的运用会对零售商的近似最大期望折扣总利润产生不同的影响。双期权既包括看涨期权，又包括看跌期权。考虑双期权合同时，一旦发生第 t 周期市场需求过高的情形，零售商在第 t 周期可以通过执行看涨期权增加部分额外的产品；一旦发生第 t 周期市场需求过低的情形，零售商在第 t 周期可以通过执行看跌期权退还部分剩余的产品。故与考虑看涨期权合同情形相比，考虑双期权合同时零售商的订货策略更具灵活性。综上所述，出于自身利润的考虑，零售商倾向采用既订购产品又订购看涨期权和看跌期权的组合订货方式。

最后利用数值分析的方法，讨论多周期情景下第 t 周期单位看涨期权的购买价格 o_{ct} 的变化对基于看涨期权和双期权的零售商合同类型选择决策的影响。保持第 t 周期随机变量 D_t 的均值和方差不变，固定 $w_t=9$，$o_{pt}=1.4$，$e_{ct}=10$ 和 $e_{pt}=8$。在单位看涨期权的购买价格 o_{ct} 分别为 1.1、1.2、1.3、1.4 和 1.5 的情况下，应用 Matlab 编程计算相应的待考察变量(如 $\underline{s}_{ct}^+$、$\overline{s}_{ct}^+$、$\underline{s}_{dt}^+$、s_{dt}^+、$\overline{s}_{dt}^+$、Π_c^{r+} 和 Π_d^{r+} 等)对应于 o_{ct} 变化的值，通过 Excel 画图工具绘出相应的变化曲线，如图 7-3 所示(虚线表示考虑看涨期权合同的情形，实线表示考虑双期权合同的情形)。

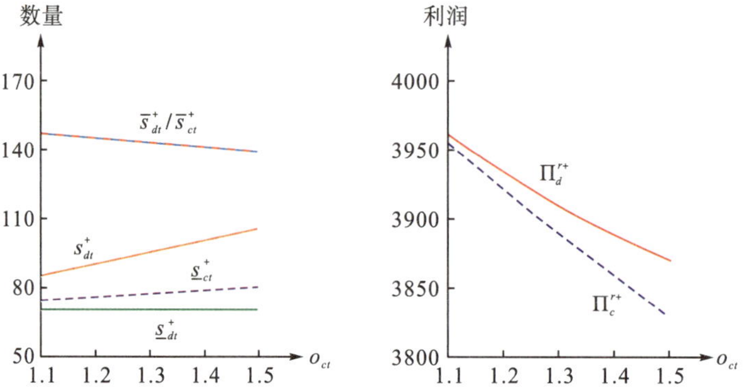

图 7-3 o_{ct} 的变化零售商期权合同类型选择决策的影响

从图 7-3 可以看出，随着第 t 周期单位看涨期权的购买价格 o_{ct} 的增加，考虑双期权合同时零售商的近似最优策略参数 $\bar{s}_{dt}^{+}$ 始终等于考虑看涨期权合同时零售商的近似最优策略参数 $\bar{s}_{ct}^{+}$；考虑双期权合同时零售商的近似最优策略参数 s_{dt}^{+} 始终小于考虑看涨期权合同时零售商的近似最优策略参数 $\bar{s}_{ct}^{+}$，而始终大于考虑看涨期权合同时零售商的近似最优策略参数 $\underline{s}_{ct}^{+}$；考虑双期权合同时零售商的近似最优策略参数 $\underline{s}_{dt}^{+}$ 始终小于考虑看涨期权合同时零售商的近似最优策略参数 $\underline{s}_{ct}^{+}$。上述结论证明了命题 7.5。其次，随着第 t 周期单位看涨期权的购买价格 o_{ct} 的增加，考虑双期权合同时零售商的近似最优策略参数 $\bar{s}_{dt}^{+}$ 与考虑看涨期权合同时零售商的近似最优策略参数 $\bar{s}_{ct}^{+}$ 之间的差距 $\left|\bar{s}_{dt}^{+}-\bar{s}_{ct}^{+}\right|$ 将没有变化；考虑看涨期权合同时零售商的近似最优策略参数 $\underline{s}_{ct}^{+}$ 与考虑双期权合同时零售商的近似最优策略参数 $\underline{s}_{dt}^{+}$ 之间的差距 $\left|\underline{s}_{ct}^{+}-\underline{s}_{dt}^{+}\right|$ 将明显增大。从图 7-3 还可以看出，随着第 t 周期单位看涨期权的购买价格 o_{ct} 的增加，考虑双期权合同时零售商的近似最大期望折扣总利润 Π_d^{r+} 大于考虑看涨期权合同时零售商的近似最大期望折扣总利润 Π_c^{r+}。上述结论证明了命题 7.6。其次，随着第 t 周期单位看涨期权的购买价格 o_{ct} 的增加，考虑双期权合同时零售商的近似最大期望折扣总利润与考虑看涨期权合同时零售商的近似最大期望折扣总利润之间的差距 $\left|\Pi_d^{r+}-\Pi_c^{r+}\right|$ 将明显增大。

7.2.2 看跌期权合同 vs.双期权合同

首先讨论考虑看跌期权时零售商的近似最优策略参数和考虑双期权合同时零售商的近似最优策略参数之间的关系，可以得到如下命题。

命题 7.7 在任意周期 $t(t=1,\cdots,n)$，考虑双期权合同时零售商的服务水平大于考虑看跌期权合同时零售商的服务水平，而考虑双期权合同时零售商的库存风险等于考虑看跌期权合同时零售商的库存风险，即 $\bar{s}_{dt}^{+}>\bar{s}_{pt}^{+}>s_{dt}^{+}>\underline{s}_{pt}^{+}=\underline{s}_{dt}^{+}$。

证明：由命题 4.5 和命题 5.5 可知 $\underline{s}_{pt}^{+}=F_t^{-1}\left(\dfrac{o_{pt}}{e_{pt}+h_t-\alpha w_{t+1}}\right)=\underline{s}_{dt}^{+}$，故 $\underline{s}_{pt}^{+}=\underline{s}_{dt}^{+}$。由

$w_t > e_{pt} - o_{pt} + \dfrac{p_t - e_{pt}}{p_t - e_{ct}} o_{ct}$ 可推导出 $\overline{s}_{dt}^{+} = F_t^{-1}\left(\dfrac{p_t - o_{ct} - e_{ct}}{p_t - e_{ct}}\right) > F_t^{-1}\left(\dfrac{p_t - w_t - o_{pt}}{p_t - e_{pt}}\right) = \overline{s}_{pt}^{+}$，故 $\overline{s}_{dt}^{+} > \overline{s}_{pt}^{+}$。由 $w_t < o_{ct} + e_{ct} - \dfrac{e_{ct} + h_t - \alpha w_{t+1}}{e_{pt} + h_t - \alpha w_{t+1}} o_{pt}$ 可推导出 $s_{dt}^{+} = F_t^{-1}\left(\dfrac{o_{ct} + e_{ct} - w_t - o_{pt}}{e_{ct} - e_{pt}}\right) > F_t^{-1}\left(\dfrac{o_{pt}}{e_{pt} + h_t - \alpha w_{t+1}}\right) = \underline{s}_{pt}^{+}$，故 $s_{dt}^{+} > \underline{s}_{pt}^{+}$。证毕。

由命题 7.7 可知，多周期情景下看跌期权合同和双期权合同的运用会对零售商的近似最优策略参数产生不同的影响。考虑看跌期权合同时，零售商只订购产品和看跌期权，没有订购看涨期权。考虑双期权合同时，零售商既订购产品，又订购看涨期权和看跌期权。故与考虑看跌期权合同情形相比，考虑双期权合同时零售商愿意提高其在第 t 周期的服务水平，以避免因订货过少而导致顾客流失的风险增加；还愿意维持其在第 t 周期的库存风险，以避免因订货过多而导致库存积压的风险增加。因此，考虑看跌期权合同时零售商在第 t 周期的服务水平始终小于考虑双期权合同时零售商在第 t 周期的服务水平，而考虑看跌期权合同时零售商在第 t 周期的库存风险始终等于考虑双期权合同时零售商在第 t 周期的库存风险。

接着讨论考虑看跌期权时零售商的近似最大期望折扣总利润和考虑双期权合同时零售商的近似最大期望折扣总利润之间的关系，可以得到如下命题。

命题 7.8　考虑双期权合同时零售商的近似最大期望折扣总利润大于考虑看跌期权合同时零售商的近似最大期望折扣总利润，即 $\Pi_d^{r+}(s_{d1}^{+},\cdots,s_{dn}^{+};\overline{s}_{d1}^{+},\cdots,\overline{s}_{dn}^{+};\underline{s}_{d1}^{+},\cdots,\underline{s}_{dn}^{+}) > \Pi_p^{r+}(\overline{s}_{p1}^{+},\cdots,\overline{s}_{pn}^{+};\underline{s}_{p1}^{+},\cdots,\underline{s}_{pn}^{+})$。

证明：令 $\varDelta_{2t}(s_{dt}^{+}) = \pi_{dt}^{r+}(s_{dt}^{+},\overline{s}_{pt}^{+},\underline{s}_{pt}^{+}) - \pi_{pt}^{r+}(\overline{s}_{pt}^{+},\underline{s}_{pt}^{+})$，有

$$\varDelta_{2t}(s_{dt}^{+}) = -(o_{ct} + e_{ct} - w_t - o_{pt})(\overline{s}_{pt}^{+} - s_{dt}^{+}) + (e_{ct} - e_{pt})\int_{s_{dt}^{+}}^{\overline{s}_{pt}^{+}} F_t(x)\mathrm{d}x$$

由 $\int_{s_{dt}^{+}}^{\overline{s}_{pt}^{+}} F_t(x)\mathrm{d}x > (\overline{s}_{pt}^{+} - s_{dt}^{+})F_t(s_{dt}^{+})$ 可推导出 $\varDelta_{2t}(s_{dt}^{+}) > 0$，即 $\pi_{dt}^{r+}(s_{dt}^{+},\overline{s}_{pt}^{+},\underline{s}_{pt}^{+}) > \pi_{pt}^{r+}(\overline{s}_{pt}^{+},\underline{s}_{pt}^{+})$。又因 $\pi_{dt}^{r+}(s_{dt}^{+},\overline{s}_{dt}^{+},\underline{s}_{dt}^{+}) > \pi_{dt}^{r+}(s_{dt}^{+},\overline{s}_{pt}^{+},\underline{s}_{pt}^{+})$，故 $\pi_{dt}^{r+}(s_{dt}^{+},\overline{s}_{dt}^{+},\underline{s}_{dt}^{+}) > \pi_{pt}^{r+}(\overline{s}_{pt}^{+},\underline{s}_{pt}^{+})$。因此，可以得到 $\Pi_d^{r+}(s_{d1}^{+},\cdots,s_{dn}^{+};\overline{s}_{d1}^{+},\cdots,\overline{s}_{dn}^{+};\underline{s}_{d1}^{+},\cdots,\underline{s}_{dn}^{+}) > \Pi_p^{r+}(\overline{s}_{p1}^{+},\cdots,\overline{s}_{pn}^{+};\underline{s}_{p1}^{+},\cdots,\underline{s}_{pn}^{+})$。证毕。

由命题 7.8 可知，多周期情景下看跌期权合同和双期权合同的运用会对零售商的近似最大期望折扣总利润产生不同的影响。双期权既包括看涨期权，又包括看跌期权。考虑双期权合同时，一旦发生第 t 周期市场需求过高的情形，零售商在第 t 周期可以通过执行看涨期权增加部分额外的产品；一旦发生第 t 周期市场需求过低的情形，零售商在第 t 周期可以通过执行看跌期权退还部分剩余的产品。故与考虑看跌期权合同情形相比，考虑双期权合同时零售商的订货策略更具灵活性。综上所述，出于自身利润的考虑，零售商倾向于采用既订购产品又订购看涨期权和看跌期权的组合订货方式。

最后利用数值分析的方法，讨论多期情景下第 t 周期单位看跌期权的购买价格 o_{pt} 的变化对基于看涨期权和双期权的零售商合同类型选择决策的影响。保持第 t 周期随机变量

D_t 的均值和方差不变，固定 $w_t=9$，$o_{ct}=1.3$，$e_{ct}=10$ 和 $e_{pt}=8$。在单位看跌期权的购买价格 o_{pt} 分别为 1.2、1.3、1.4、1.5 和 1.6 的情况下，应用 Matlab 编程计算相应的待考察变量(如 $\underline{s}_{pt}^{+}$、$\overline{s}_{pt}^{+}$、$\underline{s}_{dt}^{+}$、s_{dt}^{+}、$\overline{s}_{dt}^{+}$、Π_p^{r+} 和 Π_d^{r+} 等)对应于 o_{pt} 变化的值，通过 Excel 画图工具绘出相应的变化曲线，如图 7-4 所示(虚线表示考虑看跌期权合同的情形，实线表示考虑双期权合同的情形)。

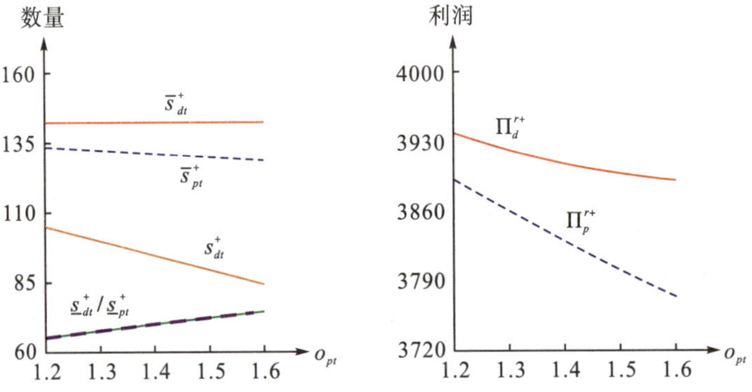

图 7-4　o_{pt} 的变化对零售商期权合同类型选择决策的影响

从图 7-4 可以看出，随着第 t 周期单位看跌期权的购买价格 o_{pt} 的增加，考虑双期权合同时零售商的近似最优策略参数 $\overline{s}_{dt}^{+}$ 始终大于考虑看跌期权合同时零售商的近似最优策略参数 $\overline{s}_{pt}^{+}$；考虑双期权合同时零售商的近似最优策略参数 s_{dt}^{+} 始终小于考虑看跌期权合同时零售商的近似最优策略参数 $\overline{s}_{pt}^{+}$，而始终大于考虑看跌期权合同时零售商的近似最优策略参数 $\underline{s}_{pt}^{+}$；考虑双期权合同时零售商的近似最优策略参数 $\underline{s}_{dt}^{+}$ 始终等于考虑看跌期权合同时零售商的近似最优策略参数 $\underline{s}_{pt}^{+}$。上述结论证明了命题 7.7。其次，随着第 t 周期单位看跌期权的购买价格 o_{pt} 的增加，考虑双期权合同时零售商的近似最优策略参数 $\overline{s}_{dt}^{+}$ 与考虑看跌期权合同时零售商的近似最优策略参数 $\overline{s}_{pt}^{+}$ 之间的差距 $\left|\overline{s}_{dt}^{+}-\overline{s}_{pt}^{+}\right|$ 将明显增大；考虑看跌期权合同时零售商的近似最优策略参数 $\underline{s}_{pt}^{+}$ 与考虑双期权合同时零售商的近似最优策略参数 $\underline{s}_{dt}^{+}$ 之间的差距 $\left|\underline{s}_{pt}^{+}-\underline{s}_{dt}^{+}\right|$ 将没有变化。从图 7-4 还可以看出，随着第 t 周期单位看跌期权的购买价格 o_{pt} 的增加，考虑双期权合同时零售商的近似最大期望折扣总利润 Π_d^{r+} 始终大于考虑看跌期权合同时零售商的近似最大期望折扣总利润 Π_p^{r+}。上述结论证明了命题 7.8。随着第 t 周期单位看跌期权的购买价格 o_{pt} 的增加，考虑双期权合同时零售商的近似最大期望折扣总利润与考虑看涨期权合同时零售商的近似最大期望折扣总利润之间的差距 $\left|\Pi_d^{r+}-\Pi_p^{r+}\right|$ 将明显增大。

7.3 本章小结

本章在单周期和多周期两种情景下研究了基于单向期权和双期权合同的零售商合同选择决策，分析了单向期权合同和双期权合同对零售商决策和绩效的影响。

零售商单周期选择决策方面的主要研究结论及管理启示如下：①包含双期权的组合合同下零售商的最优固定订货量大于包含看涨期权的组合合同下零售商的最优固定订货量，包含双期权的组合合同下零售商的最优看涨期权购买量小于包含看涨期权的组合合同下零售商的最优看涨期权购买量；②包含双期权的组合合同下零售商的最大期望利润大于包含看涨期权的组合合同下零售商的最大期望利润；③包含双期权的组合合同下零售商的最优固定订货量小于包含看跌期权的组合合同下零售商的最优固定订货量，包含双期权的组合合同下零售商的最优看跌期权购买量小于包含看跌期权的组合合同下零售商的最优看跌期权购买量；④包含双期权的组合合同下零售商的最大期望利润大于包含看跌期权的组合合同下零售商的最大期望利润。

零售商多周期选择决策方面的主要研究结论及管理启示如下：①考虑双期权合同时零售商在第 t 周期的服务水平等于考虑看涨期权合同时零售商在第 t 周期的服务水平，而考虑双期权合同时零售商在第 t 周期的库存风险小于考虑看涨期权合同时零售商在第 t 周期的库存风险；②考虑双期权合同时零售商的近似最大期望折扣总利润大于考虑看涨期权合同时零售商的近似最大期望折扣总利润；③考虑双期权合同时零售商在第 t 周期的服务水平大于考虑看跌期权合同时零售商在第 t 周期的服务水平，而考虑双期权合同时零售商在第 t 周期的库存风险等于考虑看跌期权合同时零售商在第 t 周期的库存风险；④考虑双期权合同时零售商的近似最大期望折扣总利润大于考虑看跌期权合同时零售商的近似最大期望折扣总利润。

第 8 章　基于单向期权和双向期权的零售商合同选择

本章针对市场需求的高度不确定性，在单周期和多周期两种情景下研究基于单向期权和双向期权的零售商合同类型选择决策。首先，将考虑单向期权合同的单周期订货模型和考虑双向期权合同的单周期订货模型进行对比分析，得到该情景下零售商期权合同类型选择决策。然后，将考虑单向期权合同的多周期订货模型和考虑双向期权合同的多周期订货模型进行对比分析，得到该情景下零售商期权合同类型选择决策。最后，对本章内容进行小结。

8.1　单周期选择问题

本节从单周期情景出发，分别将包含看涨期权的组合合同情形(详见第 3.1 节)和包含看跌期权的组合合同情形(详见第 4.1 节)作为基准，用来与包含双向期权的组合合同情形(详见第 6.1 节)进行比较，讨论基于单向期权和双向期权的零售商合同选择决策。

8.1.1　看涨期权合同 vs.双向期权合同

这里讨论包含看涨期权的组合合同下零售商的最优订货策略和最大期望利润与包含双向期权的组合合同下零售商的最优订货策略和最大期望利润之间的关系。然而，我们无法通过公式推导判断它们之间的关系。这里将利用数值分析的方法，讨论单周期情景下单位双向期权的购买价格 o_b 的变化对基于看涨期权和双向期权的零售商合同类型选择决策的影响。

保持随机变量 D 的均值和方差不变，固定 $w=9$，$o_c=0.3$，$e_c=10$ 和 $e_p=8$。在单位双向期权的购买价格 o_b 分别为 0.7、1.7、2.7、3.7 和 4.7 的情况下，应用 Matlab 编程计算相应的待考察变量(如 q_c^{0*}、q_c^{1*}、q_b^{0*}、q_b^{3*}、Π_c^{r*} 和 Π_b^{r*} 等)对应于 o_b 变化的值，通过 Excel 画图工具绘出相应的变化曲线，如图 8-1 所示(虚线表示考虑看涨期权合同的情形，实线表示考虑双向期权合同的情形)。

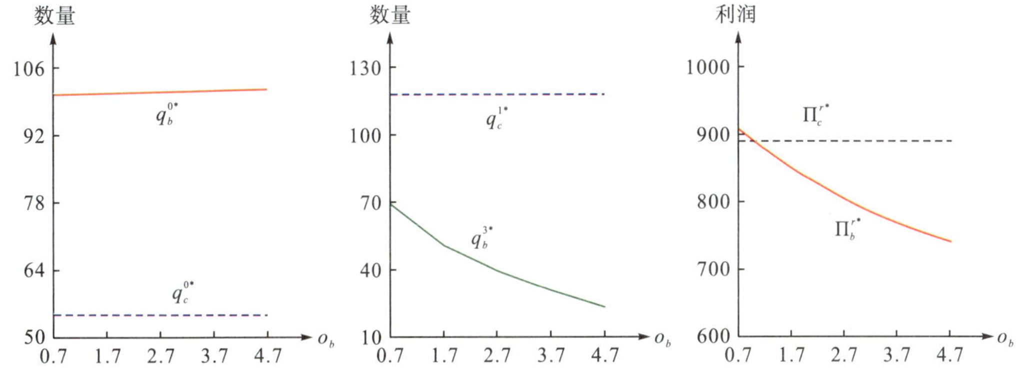

图 8-1　o_b 的变化对零售商期权合同类型选择决策的影响

从图 8-1 可以看出，随着单位双向期权的购买价格 o_b 的增加，包含双向期权的组合合同下零售商的最优固定订货量 q_b^{0*} 始终大于包含看涨期权的组合合同下零售商的最优固定订货量 q_c^{0*}。其次，随着单位双向期权的购买价格 o_b 的增加，包含双向期权的组合合同下零售商的最优固定订货量与包含看涨期权的组合合同下零售商的最优固定订货量之间的差距 $\left|q_b^{0*}-q_c^{0*}\right|$ 将略微增大。从图 8-1 还可以看出，当合同参数满足一定条件时，随着单位双向期权的购买价格 o_b 的增加，包含双向期权的组合合同下零售商的最大期望利润 Π_b^{r*} 大于包含看涨期权的组合合同下零售商的最大期望利润 Π_c^{r*}；当合同参数满足一定条件时，随着单位双向期权的购买价格 o_b 的增加，包含双向期权的组合合同下零售商的最大期望利润 Π_b^{r*} 小于包含看涨期权的组合合同下零售商的最大期望利润 Π_c^{r*}。其次，随着单位双向期权的购买价格 o_b 的增加，包含双向期权的组合合同下零售商的最大期望利润与包含看涨期权的组合合同下零售商的最大期望利润之间的差距 $\left|\Pi_b^{r*}-\Pi_c^{r*}\right|$ 将先减小后增大。

基于上述算例分析，可以得到以下结论。

结论 8.1　包含双向期权的组合合同下零售商的最优固定订货量大于包含看涨期权的组合合同下零售商的最优固定订货量，即 $q_b^{0*}>q_c^{0*}$。

由结论 8.1 可知，单周期情景下看涨期权合同和双向期权合同的运用会对零售商的最优订货策略产生不同的影响。包含看涨期权的组合合同下，零售商只订购产品和看涨期权，没有订购看跌期权。包含双向期权的组合合同下，零售商既订购产品，又订购双向期权(双向期权既可以执行为看涨期权，又可以执行为看跌期权)。故与包含双向期权的组合合同相比，包含看涨期权的组合合同下零售商愿意减少其最优固定订货量，以避免因订货过多而导致库存积压的风险增加。因此，包含看涨期权的组合合同下零售商的最优固定订货量始终小于包含双向期权的组合合同下零售商的最优固定订货量。

结论 8.2　当合同参数满足一定条件时，包含双向期权的组合合同下零售商的最大期望利润大于包含看涨期权的组合合同下零售商的最大期望利润，即 $\Pi_b^{r*}(q_b^{0*},q_b^{3*})>\Pi_c^{r*}(q_c^{0*},q_c^{1*})$；当合同参数满足一定条件时，包含双向期权的组合合同下零售商的最大期望利润小于包含看涨期权的组合合同下零售商的最大期望利润，即 $\Pi_b^{r*}(q_b^{0*},q_b^{3*})<\Pi_c^{r*}(q_c^{0*},q_c^{1*})$。

由结论 8.2 可知，单周期情景下看涨期权合同和双向期权合同的运用会对零售商的最大期望利润产生不同的影响。双向期权既可以执行为看涨期权，又可以执行为看跌期权。包含双向期权的组合合同下，一旦发生市场需求超过固定订货量的情形，零售商可以通过以看涨期权的形式执行双向期权增加部分额外的产品；一旦发生市场需求低于固定订货量的情形，零售商可以通过以看跌期权的形式执行双向期权退还部分剩余的产品。由于单位双向期权购买价格大于单位看涨期权购买价格，故与包含看涨期权的组合合同相比，当合同参数满足一定条件时，包含双向期权的组合合同下零售商的订货策略更具灵活性。综上所述，在一定的合同参数范围内，零售商倾向于采用既订购产品又订购双向期权的组合订货方式。

8.1.2 看跌期权合同 vs.双向期权合同

这里讨论包含看跌期权的组合合同下零售商的最优订货策略和最大期望利润与包含双向期权的组合合同下零售商的最优订货策略和最大期望利润之间的关系。然而，我们无法通过公式推导判断它们之间的关系。这里将利用数值分析的方法，讨论单周期情景下单位双向期权的购买价格 o_b 的变化对基于看跌期权和双向期权的零售商合同类型选择决策的影响。

保持随机变量 D 的均值和方差不变，固定 $w=9$，$o_p=0.4$，$e_c=10$ 和 $e_p=8$。在单位双向期权的购买价格 o_b 分别为 0.7、1.7、2.7、3.7 和 4.7 的情况下，应用 Matlab 编程计算相应的待考察变量(如 q_p^{0*}、q_p^{2*}、q_b^{0*}、q_b^{3*}、Π_p^{r*} 和 Π_b^{r*} 等)对应于 o_b 变化的值，通过 Excel 画图工具绘出相应的变化曲线，如图 8-2 所示(虚线表示考虑看跌期权合同的情形，实线表示考虑双向期权合同的情形)。

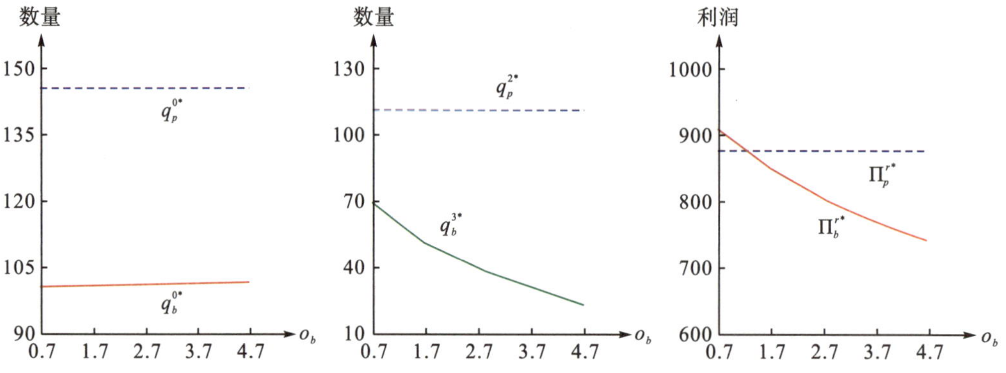

图 8-2 o_b 的变化对零售商期权合同类型选择决策的影响

从图 8-2 可以看出，随着单位双向期权的购买价格 o_b 的增加，包含双向期权的组合合同下零售商的最优固定订货量 q_b^{0*} 始终小于包含看跌期权的组合合同下零售商的最优固定订货量 q_p^{0*}。其次，随着单位双向期权的购买价格 o_b 的增加，包含看跌期权的组合合同下

零售商的最优固定订货量与包含双向期权的组合合同下零售商的最优固定订货量之间的差距$\left|q_p^{0*}-q_b^{0*}\right|$将略微减小。从图 8-2 还可以看出，当合同参数满足一定条件时，随着单位双向期权的购买价格o_b的增加，包含双向期权的组合合同下零售商的最大期望利润Π_b^{r*}大于包含看跌期权的组合合同下零售商的最大期望利润Π_p^{r*}；当合同参数满足一定条件时，随着单位双向期权的购买价格o_b的增加，包含双向期权的组合合同下零售商的最大期望利润Π_b^{r*}小于包含看跌期权的组合合同下零售商的最大期望利润Π_p^{r*}。其次，随着单位双向期权的购买价格o_b的增加，包含双向期权的组合合同下零售商的最大期望利润与包含看跌期权的组合合同下零售商的最大期望利润之间的差距$\left|\Pi_b^{r*}-\Pi_p^{r*}\right|$将先减小后增大。

基于上述算例分析，可以得到以下结论。

结论 8.3　包含双向期权的组合合同下零售商的最优固定订货量小于包含看跌期权的组合合同下零售商的最优固定订货量，即$q_b^{0*}<q_p^{0*}$。

由结论 8.3 可知，单周期情景下看跌期权合同和双向期权合同的运用会对零售商的最优订货策略产生不同的影响。包含看跌期权的组合合同下，零售商只订购产品和看跌期权，没有订购看涨期权。包含双向期权的组合合同下，零售商既订购产品，又订购双向期权(双向期权既可以执行为看涨期权，又可以执行为看跌期权)。故与包含双向期权的组合合同相比，包含看跌期权的组合合同下零售商愿意增加其最优固定订货量，以避免因订货过少而导致顾客流失的风险增加。因此，包含看跌期权的组合合同下零售商的最优固定订货量始终大于包含双向期权的组合合同下零售商的最优固定订货量。

结论 8.4　当合同参数满足一定条件时，包含双向期权的组合合同下零售商的最大期望利润大于包含看跌期权的组合合同下零售商的最大期望利润，即$\Pi_b^{r*}(q_b^{0*},q_b^{3*})>\Pi_p^{r*}(q_p^{0*},q_p^{2*})$；当合同参数满足一定条件时，包含双向期权的组合合同下零售商的最大期望利润小于包含看跌期权的组合合同下零售商的最大期望利润，即$\Pi_b^{r*}(q_b^{0*},q_b^{3*})<\Pi_p^{r*}(q_p^{0*},q_p^{2*})$。

由结论 8.4 可知，单周期情景下看跌期权合同和双向期权合同的运用会对零售商的最大期望利润产生不同的影响。双向期权既可以执行为看涨期权，又可以执行为看跌期权。包含双向期权的组合合同下，一旦发生市场需求超过固定订货量的情形，零售商可以通过以看涨期权的形式执行双向期权增加部分额外的产品；一旦发生市场需求低于固定订货量的情形，零售商可以通过以看跌期权的形式执行双向期权退还部分剩余的产品。由于单位双向期权购买价格大于单位看涨期权购买价格，故与包含看跌期权的组合合同相比，当合同参数满足一定条件时，包含双向期权的组合合同下零售商的订货策略更具灵活性。综上所述，在一定的合同参数范围内，零售商倾向于采用既订购产品又订购双向期权的组合订货方式。

8.2　多周期选择问题

本节从多周期情景出发，分别将考虑看涨期权合同情形(详见第 3.2 节)和考虑看跌期权合同情形(详见第 4.2 节)作为基准，用来与考虑双向期权合同情形(详见第 6.2 节)进行比较，讨论基于单向期权和双向期权的零售商合同选择决策。

8.2.1 看涨期权合同 vs.双向期权合同

这里讨论考虑看涨期权时零售商的近似最优策略参数和近似最大期望折扣总利润与考虑双向期权合同时零售商的近似最优策略参数和近似最大期望折扣总利润之间的关系。然而，我们无法通过公式推导判断它们之间的关系。这里将利用数值分析的方法，讨论多周期情景下第 t 周期单位双向期权的购买价格 o_{bt} 的变化对基于看涨期权和双向期权的零售商合同类型选择决策的影响。

保持第 t 周期随机变量 D_t 的均值和方差不变，固定 $w_t=9$，$o_{ct}=1.3$，$e_{ct}=10$ 和 $e_{pt}=8$。在第 t 周期单位双向期权的购买价格 o_{bt} 分别为 1.7、2.7、3.7、4.7 和 5.7 的情况下，应用 Matlab 编程计算相应的待考察变量(如 $\underline{s}_{ct}^+$、$\overline{s}_{ct}^+$、$\underline{s}_{bt}^+$、$\overline{s}_{bt}^+$、Π_c^{r+} 和 Π_b^{r+} 等)对应于 o_{bt} 变化的值，通过 Excel 画图工具绘出相应的变化曲线，如图 8-3 所示(虚线表示考虑看涨期权合同的情形，实线表示考虑双向期权合同的情形)。

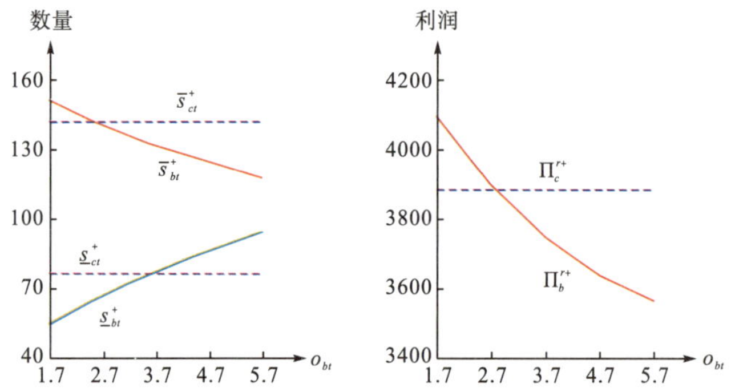

图 8-3 o_{bt} 的变化对零售商期权合同类型选择决策的影响

从图 8-3 可以看出，当合同参数满足一定条件时，随着第 t 周期单位双向期权的购买价格 o_b 的增加，考虑双向期权合同时零售商的近似最优策略参数 $\overline{s}_{bt}^+$ 大于考虑看涨期权合同时零售商的最优近似策略参数 $\overline{s}_{ct}^+$，而考虑双向期权合同时零售商的近似最优策略参数 $\underline{s}_{bt}^+$ 小于考虑看涨期权合同时零售商的最优近似策略参数 $\underline{s}_{ct}^+$；当合同参数满足一定条件时，随着第 t 周期单位双向期权的购买价格 o_b 的增加，考虑双向期权合同时零售商的近似最优策略参数 $\overline{s}_{bt}^+$ 小于考虑看涨期权合同时零售商的最优近似策略参数 $\overline{s}_{ct}^+$，而考虑双向期权合同时零售商的近似最优策略参数 $\underline{s}_{bt}^+$ 小于考虑看涨期权合同时零售商的最优近似策略参数 $\underline{s}_{ct}^+$；当合同参数满足一定条件时，随着第 t 周期单位双向期权的购买价格 o_b 的增加，考虑双向期权合同时零售商的近似最优策略参数 $\overline{s}_{bt}^+$ 小于考虑看涨期权合同时零售商的最优近似策略参数 $\overline{s}_{ct}^+$，而考虑双向期权合同时零售商的近似最优策略参数 $\underline{s}_{bt}^+$ 大于考虑看涨期权合同时零售商的最优近似策略参数 $\underline{s}_{ct}^+$。其次，随着第 t 周期单位双向期权的购买价

格 o_{bt} 的增加，考虑双向期权合同时零售商的近似最优策略参数 $\overline{s}_{bt}^{+}$ 与考虑看涨期权合同时零售商的近似最优策略参数 $\underline{s}_{ct}^{+}$ 之间的差距 $\left|\overline{s}_{bt}^{+}-\overline{s}_{ct}^{+}\right|$ 将先减小后增大；考虑看涨期权合同时零售商的近似最优策略参数 $\underline{s}_{ct}^{+}$ 与考虑双向期权合同时零售商的近似最优策略参数 $\underline{s}_{bt}^{+}$ 之间的差距 $\left|\underline{s}_{ct}^{+}-\underline{s}_{bt}^{+}\right|$ 将先减小后增大。从图 8-3 还可以看出，当合同参数满足一定条件时，考虑双向期权合同时零售商的近似最大期望折扣总利润 Π_{b}^{r+} 大于考虑看涨期权合同时零售商的近似最大期望折扣总利润 Π_{c}^{r+}；当合同参数满足一定条件时，考虑双向期权合同时零售商的近似最大期望折扣总利润 Π_{b}^{r+} 小于考虑看涨期权合同时零售商的近似最大期望折扣总利润 Π_{c}^{r+}。其次，随着第 t 周期单位双向期权的购买价格 o_{b} 的增加，考虑双向期权合同时零售商的近似最大期望折扣总利润与考虑看涨期权合同时零售商的近似最大期望折扣总利润之间的差距 $\left|\Pi_{b}^{r+}-\Pi_{c}^{r+}\right|$ 将先减小后增大。

基于上述算例分析，可以得到以下结论。

结论 8.5　在任意周期 $t(t=1,\cdots,n)$，当合同参数满足一定条件时，考虑双向期权合同时零售商的服务水平大于考虑看涨期权合同时零售商的服务水平，而考虑双向期权合同时零售商的库存风险小于考虑看涨期权合同时零售商的库存风险，即 $\overline{s}_{bt}^{+}>\overline{s}_{ct}^{+}>\underline{s}_{ct}^{+}>\underline{s}_{bt}^{+}$；当合同参数满足一定条件时，考虑双向期权合同时零售商的服务水平小于考虑看涨期权合同时零售商的服务水平，而考虑双向期权合同时零售商的库存风险小于考虑看涨期权合同时零售商的库存风险，即 $\overline{s}_{ct}^{+}>\overline{s}_{bt}^{+}>\underline{s}_{ct}^{+}>\underline{s}_{bt}^{+}$；当合同参数满足一定条件时，考虑双向期权合同时零售商的服务水平小于考虑看涨期权合同时零售商的服务水平，而考虑双向期权合同时零售商的库存风险大于考虑看涨期权合同时零售商的库存风险，即 $\overline{s}_{ct}^{+}>\overline{s}_{bt}^{+}>\underline{s}_{bt}^{+}>\underline{s}_{ct}^{+}$。

由结论 8.5 可知，多周期情景下看涨期权合同和双向期权合同的运用会对零售商的近似最优策略参数产生不同的影响。考虑看涨期权合同时，零售商只订购产品和看涨期权，没有订购看跌期权。考虑双向期权合同时，零售商既订购产品，又订购双向期权(双向期权既可以执行为看涨期权，又可以执行为看跌期权)。由于第 t 周期单位双向期权的购买价格大于第 t 周期单位看涨期权的购买价格，故与考虑看涨期权合同情形相比，当合同参数满足一定条件时，考虑双向期权合同时零售商愿意提高其在第 t 周期的服务水平，以避免因订货过少而导致顾客流失的风险增加；还愿意降低其在第 t 周期的库存风险，以避免因订货过多而导致库存积压的风险增加。因此，只有在一定的合同参数范围内，考虑看涨期权合同时零售商在第 t 周期的服务水平小于考虑双向期权合同时零售商在第 t 周期的服务水平；考虑看涨期权合同时零售商在第 t 周期的库存风险大于考虑双向期权合同时零售商在第 t 周期的库存风险。

结论 8.6　当合同参数满足一定条件时，考虑双向期权合同时零售商的近似最大期望折扣总利润大于考虑看涨期权合同时零售商的近似最大期望折扣总利润，即 $\Pi_{b}^{r+}(\overline{s}_{b1}^{+},\cdots,\overline{s}_{bn}^{+};\underline{s}_{b1}^{+},\cdots,\underline{s}_{bn}^{+})>\Pi_{c}^{r+}(\underline{s}_{c1}^{+},\cdots,\underline{s}_{cn}^{+};\overline{s}_{c1}^{+},\cdots,\overline{s}_{cn}^{+})$；当合同参数满足一定条件时，考虑双向期权合同时零售商的最大期望利润小于考虑看涨期权合同时零售商的近似最大期望折扣总利润，即 $\Pi_{b}^{r+}(\overline{s}_{b1}^{+},\cdots,\overline{s}_{bn}^{+};\underline{s}_{b1}^{+},\cdots,\underline{s}_{bn}^{+})<\Pi_{c}^{r+}(\underline{s}_{c1}^{+},\cdots,\underline{s}_{cn}^{+};\overline{s}_{c1}^{+},\cdots,\overline{s}_{cn}^{+})$。

由结论 8.6 可知，多周期情景下看涨期权合同和双向期权合同的运用会对零售商的近似最大期望折扣总利润产生不同的影响。双向期权既可以被执行为看涨期权，又可以被执行为看跌期权。考虑双向期权合同时，一旦发生第t周期市场需求过高的情形，零售商在第t周期可以通过以看涨期权的形式执行双向期权增加部分额外的产品；一旦发生第t周期市场需求过低的情形，零售商在第t周期可以通过以看跌期权的形式执行双向期权退还部分剩余的产品。由于第t周期单位双向期权的购买价格大于第t周期单位看涨期权的购买价格，故与考虑看涨期权合同情形相比，当合同参数满足一定条件时，考虑双向期权合同时零售商的订货策略更具灵活性。综上所述，在一定的合同参数范围内，零售商倾向于采用既订购产品又订购双向期权的组合订货方式。

8.2.2 看跌期权合同 vs.双向期权合同

这里讨论考虑看跌期权时零售商的近似最优策略参数和近似最大期望折扣总利润与考虑双向期权合同时零售商的近似最优策略参数和近似最大期望折扣总利润之间的关系。然而，我们无法通过公式推导判断它们之间的关系。这里将利用数值分析的方法，讨论多周期情景下第t周期单位双向期权的购买价格o_{bt}的变化对基于看跌期权和双向期权的零售商合同类型选择决策的影响。

保持第t周期随机变量D_t的均值和方差不变，固定$w_t=9$，$o_{pt}=1.4$，$e_{ct}=10$和$e_{pt}=8$。在第t周期单位双向期权的购买价格o_{bt}分别为1.7、2.7、3.7、4.7和5.7的情况下，应用Matlab编程计算相应的待考察变量(如$\underline{s}_{pt}^{+}$、$\overline{s}_{pt}^{+}$、$\underline{s}_{bt}^{+}$、$\overline{s}_{bt}^{+}$、Π_{p}^{r+}和Π_{b}^{r+}等)对应于o_{bt}变化的值，通过Excel画图工具绘出相应的变化曲线，如图8-4所示(虚线表示考虑看跌期权合同的情形，实线表示考虑双向期权合同的情形)。

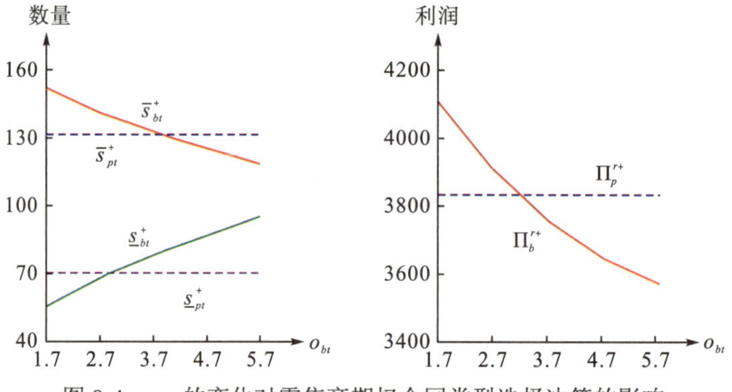

图8-4 o_{bt}的变化对零售商期权合同类型选择决策的影响

从图8-4可以看出，当合同参数满足一定条件时，随着第t周期单位双向期权的购买价格o_b的增加，考虑双向期权合同时零售商的近似最优策略参数$\overline{s}_{bt}^{+}$大于考虑看跌期权合同时零售商的最优近似策略参数$\overline{s}_{pt}^{+}$，而考虑双向期权合同时零售商的近似最优策略参数$\underline{s}_{bt}^{+}$小于考虑看跌期权合同时零售商的最优近似策略参数$\underline{s}_{pt}^{+}$；当合同参数满足一定条件时，随着第t周期单位双向期权的购买价格o_b的增加，考虑双向期权合同时零售商的近似

最优策略参数 $\overline{s}_{bt}^{+}$ 大于考虑看跌期权合同时零售商的最优近似策略参数 $\overline{s}_{pt}^{+}$，而考虑双向期权合同时零售商的近似最优策略参数 $\underline{s}_{bt}^{+}$ 大于考虑看跌期权合同时零售商的最优近似策略参数 $\underline{s}_{pt}^{+}$；当合同参数满足一定条件时，随着第 t 周期单位双向期权的购买价格 o_b 的增加，考虑双向期权合同时零售商的近似最优策略参数 $\overline{s}_{bt}^{+}$ 小于考虑看跌期权合同时零售商的最优近似策略参数 $\overline{s}_{pt}^{+}$，而考虑双向期权合同时零售商的近似最优策略参数 $\underline{s}_{bt}^{+}$ 大于考虑看跌期权合同时零售商的最优近似策略参数 $\underline{s}_{pt}^{+}$。其次，随着第 t 周期单位双向期权的购买价格 o_{bt} 的增加，考虑双向期权合同时零售商的近似最优策略参数 $\overline{s}_{bt}^{+}$ 与考虑看跌期权合同时零售商的近似最优策略参数 $\overline{s}_{pt}^{+}$ 之间的差距 $\left|\overline{s}_{bt}^{+}-\overline{s}_{pt}^{+}\right|$ 将先减小后增大；考虑看跌期权合同时零售商的最优近似策略参数 $\underline{s}_{pt}^{+}$ 与考虑双向期权合同时零售商的近似最优策略参数 $\underline{s}_{bt}^{+}$ 之间的差距 $\left|\underline{s}_{pt}^{+}-\underline{s}_{bt}^{+}\right|$ 将先减小后增大。从图 8-4 还可以看出，当合同参数满足一定条件时，考虑双向期权合同时零售商的近似最大期望折扣总利润 Π_b^{r+} 大于考虑看跌期权合同时零售商的近似最大期望折扣总利润 Π_p^{r+}；当合同参数满足一定条件时，考虑双向期权合同时零售商的近似最大期望折扣总利润 Π_b^{r+} 小于考虑看跌期权合同时零售商的近似最大期望折扣总利润 Π_p^{r+}。其次，随着第 t 周期单位双向期权的购买价格 o_b 的增加，考虑双向期权合同时零售商的近似最大期望折扣总利润与考虑看跌期权合同时零售商的近似最大期望折扣总利润之间的差距 $\left|\Pi_b^{r+}-\Pi_p^{r+}\right|$ 将先减小后增大。

基于上述算例分析，可以得到以下结论。

结论 8.7　在任意周期 $t(t=1,\cdots,n)$，当合同参数满足一定条件时，考虑双向期权合同时零售商的服务水平大于考虑看跌期权合同时零售商的服务水平，而考虑双向期权合同时零售商的库存风险小于考虑看跌期权合同时零售商的库存风险，即 $\overline{s}_{bt}^{+}>\overline{s}_{pt}^{+}>\underline{s}_{pt}^{+}>\underline{s}_{bt}^{+}$；当合同参数满足一定条件时，考虑双向期权合同时零售商的服务水平大于考虑看跌期权合同时零售商的服务水平，而考虑双向期权合同时零售商的库存风险大于考虑看涨期权合同时零售商的库存风险，即 $\overline{s}_{bt}^{+}>\overline{s}_{pt}^{+}>\underline{s}_{bt}^{+}>\underline{s}_{pt}^{+}$；当合同参数满足一定条件时，考虑双向期权合同时零售商的服务水平小于考虑看跌期权合同时零售商的服务水平，而考虑双向期权合同时零售商的库存风险大于考虑看跌期权合同时零售商的库存风险，即 $\overline{s}_{pt}^{+}>\overline{s}_{bt}^{+}>\underline{s}_{bt}^{+}>\underline{s}_{pt}^{+}$。

由结论 8.7 可知，多周期情景下看跌期权合同和双向期权合同的运用会对零售商的近似最优策略参数产生不同的影响。考虑看跌期权合同时，零售商只订购产品和看跌期权，没有订购看涨期权。考虑双向期权合同时，零售商既订购产品，又订购双向期权(双向期权既可以执行为看涨期权，又可以执行为看跌期权)。由于第 t 周期单位双向期权的购买价格大于第 t 周期单位看跌期权的购买价格，故与考虑看跌期权合同情形相比，当合同参数满足一定条件时，考虑双向期权合同时零售商愿意提高其在第 t 周期的服务水平，以避免因订货过少而导致顾客流失的风险增加；还愿意降低其在第 t 周期的库存风险，以避免因订货过多而导致库存积压的风险增加。因此，只有在一定的合同参数范围内，考虑看跌期权合同时零售商在第 t 周期的服务水平小于考虑双向期权合同时零售商在第 t 周期的服务水平；考虑看跌期权合同时零售商在第 t 周期的库存风险大于考虑双向期权合同时零售商在第 t 周期的库存风险。

结论 8.8 当合同参数满足一定条件时，考虑双向期权合同时零售商的近似最大期望折扣总利润大于考虑看跌期权合同时零售商的近似最大期望折扣总利润，即 $\Pi_b^{r+}(\overline{s}_{b1}^+,\cdots,\overline{s}_{bn}^+;\underline{s}_{b1}^+,\cdots,\underline{s}_{bn}^+)>\Pi_p^{r+}(\overline{s}_{p1}^+,\cdots,\overline{s}_{pn}^+;\underline{s}_{p1}^+,\cdots,\underline{s}_{pn}^+)$；当合同参数满足一定条件时，考虑双向期权合同时零售商的最大期望利润小于考虑看跌期权合同时零售商的近似最大期望折扣总利润，即 $\Pi_b^{r+}(\overline{s}_{b1}^+,\cdots,\overline{s}_{bn}^+;\underline{s}_{b1}^+,\cdots,\underline{s}_{bn}^+)<\Pi_p^{r+}(\overline{s}_{p1}^+,\cdots,\overline{s}_{pn}^+;\underline{s}_{p1}^+,\cdots,\underline{s}_{pn}^+)$。

由结论 8.8 可知，多周期情景下看跌期权合同和双向期权合同的运用会对零售商的近似最大期望折扣总利润产生不同的影响。双向期权既可以被执行为看涨期权，又可以被执行为看跌期权。考虑双向期权合同时，一旦发生第 t 周期市场需求过高的情形，零售商在第 t 周期可以通过以看涨期权的形式执行双向期权增加部分额外的产品；一旦发生第 t 周期市场需求过低的情形，零售商在第 t 周期可以通过以看跌期权的形式执行双向期权退还部分剩余的产品。由于第 t 周期单位双向期权的购买价格大于第 t 周期单位看跌期权的购买价格，故与考虑看跌期权合同情形相比，当合同参数满足一定条件时，考虑双向期权合同时零售商的订货策略更具灵活性。综上所述，在一定的合同参数范围内，零售商倾向于采用既订购产品又订购双向期权的组合订货方式。

8.3 本 章 小 结

本章在单周期和多周期两种情景下研究了基于单向期权和双向期权合同的零售商合同类型选择决策，分析了单向期权合同和双向期权合同对零售商决策和绩效的影响。

零售商单周期选择决策方面的主要研究结论及管理启示如下：①包含双向期权的组合合同下零售商的最优固定订货量大于包含看涨期权的组合合同下零售商的最优固定订货量；②包含双向期权的组合合同下零售商的最大期望利润可能大于、等于或小于包含看涨期权的组合合同下零售商的最大期望利润；③包含双向期权的组合合同下零售商的最优固定订货量小于包含看跌期权的组合合同下零售商的最优固定订货量；④包含双向期权的组合合同下零售商的最大期望利润可能大于、等于或小于包含看跌期权的组合合同下零售商的最大期望利润。

零售商多周期选择决策方面的主要研究结论及管理启示如下：①考虑双向期权合同时零售商在第 t 周期的服务水平可能大于、等于或小于考虑看涨期权合同时零售商在第 t 周期的服务水平，而考虑双向期权合同时零售商在第 t 周期的库存风险可能大于、等于或小于考虑看涨期权合同时零售商在第 t 周期的库存风险；②考虑双向期权合同时零售商的近似最大期望折扣总利润可能大于、等于或小于考虑看涨期权合同时零售商的近似最大期望折扣总利润；③考虑双向期权合同时零售商在第 t 周期的服务水平可能大于、等于或小于考虑看跌期权合同时零售商在第 t 周期的服务水平，而考虑双向期权合同时零售商在第 t 周期的库存风险可能大于、等于或小于考虑看跌期权合同时零售商在第 t 周期的库存风险；④考虑双向期权合同时零售商的近似最大期望折扣总利润可能大于、等于或小于考虑看跌期权合同时零售商的近似最大期望折扣总利润。

第9章　基于看涨期权和看跌期权的零售商合同选择

本章针对市场需求的高度不确定性，在单周期和多周期两种情景下研究基于看涨期权和看跌期权的零售商合同类型选择决策。将考虑看涨期权合同的单周期订货模型和考虑看跌期权合同的单周期订货模型进行相互对比分析，讨论该情景下零售商期权合同类型选择决策。然后，将考虑看涨期权合同的多周期订货模型和考虑看跌期权合同的多周期订货模型进行对比分析，得到该情景下零售商期权合同类型选择决策。最后，对本章内容进行小结。

9.1　单周期选择问题

本节从单周期情景出发，将包含看涨期权的组合合同情形(详见第3.1节)作为基准，用来与包含看跌期权的组合合同情形(详见第4.1节)进行比较，讨论基于看涨期权和看跌期权的零售商合同选择决策。然而，我们无法通过公式推导判断包含看涨期权的组合合同下零售商的最优订货策略和最大期望利润与包含看跌期权的组合合同下零售商的最优订货策略和最大期望利润之间的关系。这里将利用数值分析的方法，讨论单周期情景下单位看跌期权的购买价格 o_p 的变化对基于看涨期权和看跌期权的零售商合同类型选择决策的影响。

保持随机变量 D 的均值和方差不变，固定 $w=9$，$o_c=0.3$，$e_c=10$ 和 $e_p=8$。在单位看跌期权的购买价格 o_p 分别为0.2、0.4、0.6、0.8和1.0的情况下，应用Matlab编程计算相应的待考察变量(如 q_c^{0*}、q_c^{1*}、q_p^{0*}、q_p^{2*}、Π_c^{r*} 和 Π_p^{r*} 等)对应于 o_p 变化的值，通过Excel画图工具绘出相应的变化曲线，如图9-1所示(虚线表示考虑看涨期权合同的情形，实线表示考虑看跌期权合同的情形)。

从图9-1可以看出，随着单位看跌期权的购买价格 o_p 的增加，包含看跌期权的组合合同下零售商的最优固定订货量 q_p^{0*} 始终大于包含看涨期权的组合合同下零售商的最优固定订货量 q_c^{0*}。其次，随着单位看跌期权的购买价格 o_p 的增加，包含看跌期权的组合合同下零售商的最优固定订货量与包含看涨期权的组合合同下零售商的最优固定订货量之间的差距 $\left|q_p^{0*}-q_c^{0*}\right|$ 将明显减小。从图9-1还可以看出，当合同参数满足一定条件时，随着单位看跌期权的购买价格 o_p 的增加，包含看跌期权的组合合同下零售商的最大期望利润 Π_p^{r*} 大

于包含看涨期权的组合合同下零售商的最大期望利润Π_c^{r*}；当合同参数满足一定条件时，随着单位看跌期权的购买价格o_p的增加，包含看跌期权的组合合同下零售商的最大期望利润Π_p^{r*}小于包含看涨期权的组合合同下零售商的最大期望利润Π_c^{r*}。其次，随着单位看跌期权的购买价格o_p的增加，包含看跌期权的组合合同下零售商的最大期望利润与包含看涨期权的组合合同下零售商的最大期望利润之间的差距$\left|\Pi_p^{r*}-\Pi_c^{r*}\right|$将先减小后增大。

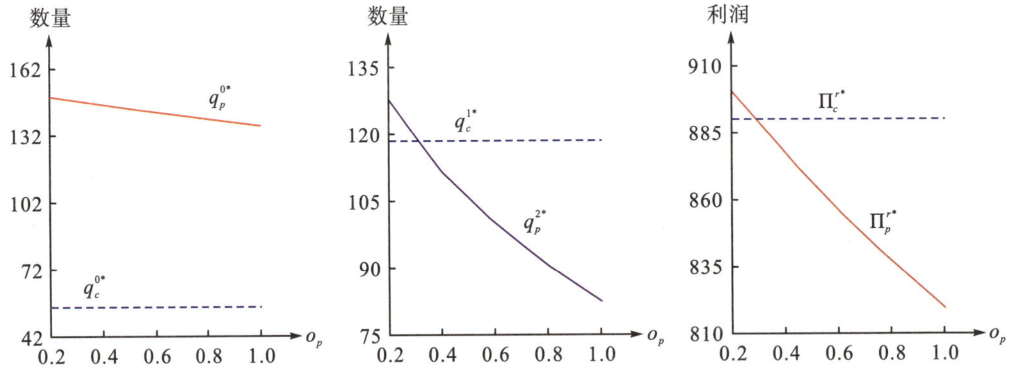

图 9-1　o_p 的变化对零售商期权合同类型选择决策的影响

基于上述算例分析，可以得到以下结论。

结论 9.1　包含看跌期权的组合合同下零售商的最优固定订货量大于包含看涨期权的组合合同下零售商的最优固定订货量，即$q_p^{0*}>q_c^{0*}$。

由结论 9.1 可知，单周期情景下看涨期权合同和看跌期权合同的运用会对零售商的最优订货策略产生不同的影响。包含看涨期权的组合合同下，零售商只订购产品和看涨期权，没有订购看跌期权。包含看跌期权的组合合同下，零售商只订购产品和看跌期权，没有订购看涨期权。故与包含看涨期权的组合合同相比，包含看跌期权的组合合同下零售商愿意增加其最优固定订货量，以避免因订货过少而导致顾客流失的风险增加。因此，包含看涨期权的组合合同下零售商的最优固定订货量始终小于包含看跌期权的组合合同下零售商的最优固定订货量。

结论 9.2　当合同参数满足一定条件时，包含看跌期权的组合合同下零售商的最大期望利润大于包含看涨期权的组合合同下零售商的最大期望利润，即$\Pi_p^{r*}(q_p^{0*},q_p^{2*})>\Pi_c^{r*}(q_c^{0*},q_c^{1*})$；当合同参数满足一定条件时，包含看跌期权的组合合同下零售商的最大期望利润小于包含看涨期权的组合合同下零售商的最大期望利润，即$\Pi_p^{r*}(q_p^{0*},q_p^{2*})<\Pi_c^{r*}(q_c^{0*},q_c^{1*})$。

由结论 9.2 可知，单周期情景下看涨期权合同和看跌期权合同的运用会对零售商的最大期望利润产生不同的影响。包含看涨期权的组合合同下，一旦发生市场需求超过固定订货量的情形，零售商可以通过执行看涨期权增加部分额外的产品。包含看跌期权的组合合同下，一旦发生市场需求低于固定订货量的情形，零售商可以通过执行看跌期权退还部分剩余的产品。由于单位看涨期权购买价格不等于单位看跌期权购买价格，故与包含看涨期权的组合合同相比，当合同参数满足一定条件时，包含看跌期权的组合合同下零售商的订货策略更具灵活性。综上所述，在一定的合同参数范围内，零售商倾向于采用既订购产品又订购看跌期权的组合订货方式。

9.2　多周期选择问题

本节从多周期情景出发，将考虑看涨期权合同情形(详见第 3.2 节)作为基准，用来与考虑看跌期权合同情形(详见第 4.2 节)进行比较，讨论基于看涨期权和看跌期权的零售商合同选择决策。然而，我们无法通过公式推导判断考虑看涨期权合同时零售商的近似最优策略参数和近似最大期望折扣总利润与考虑看跌期权合同时零售商的近似最优策略参数和近似最大期望折扣总利润之间的关系。这里将利用数值分析的方法，讨论多周期情景下第 t 周期单位看跌期权的购买价格 o_{pt} 的变化对基于看涨期权和看跌期权的零售商合同类型的选择决策。

保持第 t 周期随机变量 D_t 的均值和方差不变，固定 $w_t=9$，$o_{ct}=1.3$，$e_{ct}=10$ 和 $e_{pt}=8$。在第 t 周期单位看跌期权的购买价格 o_{pt} 分别为 0.4、0.9、1.4、1.9 和 2.4 的情况下，应用 Matlab 编程计算相应的待考察变量(如 $\underline{s}_{ct}^{+}$、$\overline{s}_{ct}^{+}$、$\underline{s}_{pt}^{+}$、$\overline{s}_{pt}^{+}$、Π_c^{r+} 和 Π_p^{r+} 等)对应于 o_{pt} 变化的值，通过 Excel 画图工具绘出相应的变化曲线，如图 9-2 所示(虚线表示考虑看涨期权合同的情形，实线表示考虑看跌期权合同的情形)。

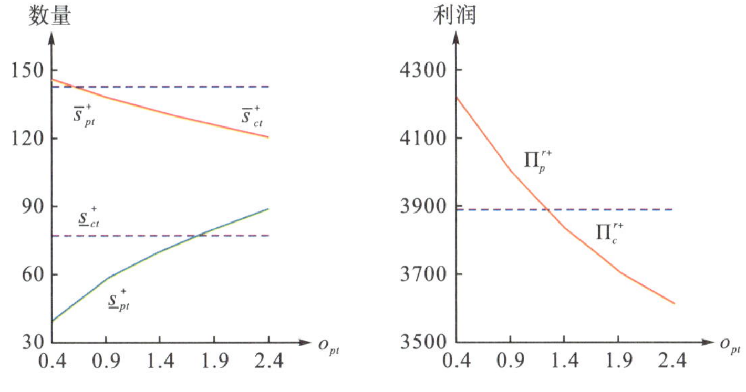

图 9-2　o_{pt} 的变化对零售商期权合同类型选择决策的影响

从图 9-2 可以看出，当合同参数满足一定条件时，随着第 t 周期单位看跌期权的购买价格 o_{pt} 的增加，考虑看跌期权合同时零售商的近似最优策略参数 $\overline{s}_{pt}^{+}$ 大于考虑看涨期权合同时零售商的最优近似策略参数 $\overline{s}_{ct}^{+}$，而考虑看跌期权合同时零售商的最优近似策略参数 $\underline{s}_{pt}^{+}$ 小于考虑看涨期权合同时零售商的近似最优策略参数 $\underline{s}_{ct}^{+}$；当合同参数满足一定条件时，随着第 t 周期单位看跌期权的购买价格 o_{pt} 的增加，考虑看跌期权合同时零售商的近似

最优策略参数 $\overline{s}_{pt}^{+}$ 小于考虑看涨期权合同时零售商的最优近似策略参数 $\overline{s}_{ct}^{+}$，而考虑看跌期权合同时零售商的最优近似策略参数 $\underline{s}_{pt}^{+}$ 小于考虑看涨期权合同时零售商的近似最优策略参数 $\underline{s}_{ct}^{+}$；当合同参数满足一定条件时，随着第 t 周期单位看跌期权的购买价格 o_{pt} 的增加，考虑看跌期权合同时零售商的近似最优策略参数 $\overline{s}_{pt}^{+}$ 小于考虑看涨期权合同时零售商的最优近似策略参数 $\overline{s}_{ct}^{+}$，而考虑看跌期权合同时零售商的最优近似策略参数 $\underline{s}_{pt}^{+}$ 大于考虑看涨期权合同时零售商的近似最优策略参数 $\underline{s}_{ct}^{+}$。其次，随着第 t 周期单位看跌期权的购买价格 o_{pt} 的增加，考虑看跌期权合同时零售商的近似最优策略参数 $\overline{s}_{pt}^{+}$ 与考虑看涨期权合同时零售商的最优近似策略参数 $\overline{s}_{ct}^{+}$ 之间的差距 $\left|\overline{s}_{pt}^{+}-\overline{s}_{ct}^{+}\right|$ 将先减小后增大；考虑看涨期权合同时零售商的近似最优策略参数 $\underline{s}_{ct}^{+}$ 与考虑看跌期权合同时零售商的最优近似策略参数 $\underline{s}_{pt}^{+}$ 之间的差距 $\left|\underline{s}_{ct}^{+}-\underline{s}_{pt}^{+}\right|$ 将先减小后增大。从图 9-2 还可以看出，当合同参数满足一定条件时，考虑看跌期权合同时零售商的近似最大期望折扣总利润 Π_{p}^{r+} 大于考虑看涨期权合同时零售商的近似最大期望折扣总利润 Π_{c}^{r+}；当合同参数满足一定条件时，考虑看跌期权合同时零售商的近似最大期望折扣总利润 Π_{p}^{r+} 小于考虑看涨期权合同时零售商的近似最大期望折扣总利润 Π_{c}^{r+}。其次，随着第 t 周期单位看跌期权的购买价格 o_{pt} 的增加，考虑看跌期权合同时零售商的近似最大期望折扣总利润与考虑看涨期权合同时零售商的近似最大期望折扣总利润之间的差距 $\left|\Pi_{p}^{r+}-\Pi_{c}^{r+}\right|$ 将先减小后增大。

基于上述算例分析，可以得到以下结论。

结论 9.3 在任意周期 $t(t=1,\cdots,n)$，当合同参数满足一定条件时，考虑看跌期权合同时零售商的服务水平大于考虑看涨期权合同时零售商的服务水平，而考虑看跌期权合同时零售商的库存风险小于考虑看涨期权合同时零售商的库存风险，即 $\overline{s}_{pt}^{+}>\overline{s}_{ct}^{+}>\underline{s}_{ct}^{+}>\underline{s}_{pt}^{+}$；当合同参数满足一定条件时，考虑看跌期权合同时零售商的服务水平小于考虑看涨期权合同时零售商的服务水平，而考虑看跌期权合同时零售商的库存风险小于考虑看涨期权合同时零售商的库存风险，即 $\overline{s}_{ct}^{+}>\overline{s}_{pt}^{+}>\underline{s}_{ct}^{+}>\underline{s}_{pt}^{+}$；当合同参数满足一定条件时，考虑看跌期权合同时零售商的服务水平小于考虑看涨期权合同时零售商的服务水平，而考虑看跌期权合同时零售商的库存风险大于考虑看涨期权合同时零售商的库存风险，即 $\overline{s}_{ct}^{+}>\overline{s}_{pt}^{+}>\underline{s}_{pt}^{+}>\underline{s}_{ct}^{+}$。

由结论 9.3 可知，多周期情景下看涨期权合同和看跌期权合同的运用会对零售商的近似最优策略参数产生不同的影响。考虑看涨期权合同时，零售商只订购产品和看涨期权，没有订购看跌期权。考虑看跌期权合同时，零售商只订购产品和看跌期权，没有订购看涨期权。由于第 t 周期单位看涨期权的购买价格不等于第 t 周期单位看跌期权的购买价格，故与考虑看涨期权合同情形相比，当合同参数满足一定条件时，考虑看跌期权合同时零售商愿意提高其在第 t 周期的服务水平，以避免因订货过少而导致顾客流失的风险增加；还愿意降低其在第 t 周期的库存风险，以避免因订货过多而导致库存积压的风险增加。因此，只有在一定的合同参数范围内，考虑看涨期权合同时零售商在第 t 周期的服务水平小于考虑看跌期权合同时零售商在第 t 周期的服务水平；考虑看涨期权合同时零售商在第 t 周期的库存风险大于考虑看跌期权合同时零售商在第t周期的库存风险。

结论 9.4　当合同参数满足一定条件时，考虑看跌期权合同时零售商的近似最大期望折扣总利润大于考虑看涨期权合同时零售商的近似最大期望折扣总利润，即$\Pi_p^{r+}(\overline{s}_{p1}^+,\cdots,\overline{s}_{pn}^+;\underline{s}_{p1}^+,\cdots,\underline{s}_{pn}^+)>\Pi_c^{r+}(\underline{s}_{c1}^+,\cdots,\underline{s}_{cn}^+;\overline{s}_{c1}^+,\cdots,\overline{s}_{cn}^+)$；当合同参数满足一定条件时，考虑看跌期权合同时零售商的近似最大期望折扣总利润小于考虑看涨期权合同时零售商的近似最大期望折扣总利润，即$\Pi_p^{r+}(\overline{s}_{p1}^+,\cdots,\overline{s}_{pn}^+;\underline{s}_{p1}^+,\cdots,\underline{s}_{pn}^+)<\Pi_c^{r+}(\underline{s}_{c1}^+,\cdots,\underline{s}_{cn}^+;\overline{s}_{c1}^+,\cdots,\overline{s}_{cn}^+)$。

由结论 9.4 可知，多周期情景下看涨期权合同和看跌期权合同的运用会对零售商的近似最大期望折扣总利润产生不同的影响。考虑看涨期权合同时，一旦发生第t周期市场需求过高的情形，零售商在第t周期可以通过执行看涨期权增加部分额外的产品。考虑看跌期权合同时，一旦发生第t周期市场需求过低的情形，零售商在第t周期可以通过执行看跌期权退还部分剩余的产品。由于第t周期单位看涨期权的购买价格不等于第t周期单位看跌期权的购买价格，故与考虑看涨期权合同情形相比，当合同参数满足一定条件时，考虑看跌期权合同时零售商的订货策略更具灵活性。综上所述，在一定的合同参数范围内，零售商倾向于采用既订购产品又订购看跌期权的组合订货方式。

9.3　本 章 小 结

本章在单周期和多周期两种情景下研究了基于看涨期权和看跌期权合同的零售商合同类型选择决策，分析了单向期权合同和双向期权合同对零售商决策和绩效的影响。

零售商单周期选择决策方面的主要研究结论及管理启示如下：①包含看跌期权的组合合同下零售商的最优固定订货量大于包含看涨期权的组合合同下零售商的最优固定订货量；②包含看跌期权的组合合同下零售商的最大期望利润可能大于、等于或小于包含看涨期权的组合合同下零售商的最大期望利润。

零售商多周期选择决策方面的主要研究结论及管理启示如下：①考虑看跌期权合同时零售商在第t周期的服务水平可能大于、等于或小于考虑看涨期权合同时零售商在第t周期的服务水平，而考虑看跌期权合同时零售商在第t周期的库存风险可能大于、等于或小于考虑看涨期权合同时零售商在第t周期的库存风险；②考虑看跌期权合同时零售商的近似最大期望折扣总利润可能大于、等于或小于考虑看涨期权合同时零售商的近似最大期望折扣总利润。

第 10 章　基于双期权和双向期权的零售商合同选择

本章针对市场需求的高度不确定性，在单周期和多周期两种情景下研究基于双期权和双向期权的零售商合同类型选择决策。将考虑双期权合同的单周期订货模型和考虑双向期权合同的单周期订货模型进行相互对比分析，讨论该情景下零售商期权合同类型选择决策。然后，将考虑双期权合同的多周期订货模型和考虑双向期权合同的多周期订货模型进行对比分析，得到该情景下零售商期权合同类型选择决策。最后，对本章内容进行小结。

10.1　单周期选择问题

本节从单周期情景出发，将包含双期权的组合合同情形(详见第 5.1 节)作为基准，用来与包含双向期权的组合合同情形(详见第 6.1 节)进行比较，讨论基于双期权和双向期权的零售商合同选择决策。然而，我们无法通过公式推导判断包含双期权的组合合同下零售商的最优订货策略和最大期望利润与包含双向期权的组合合同下零售商的最优订货策略和最大期望利润之间的关系。这里将利用数值分析的方法，讨论单周期情景下单位双向期权的购买价格 o_b 的变化对基于双期权和双向期权的零售商合同类型选择决策的影响。

保持随机变量 D 的均值和方差不变，固定 $w=9$，$o_c=0.3$，$o_p=0.4$，$e_c=10$ 和 $e_p=8$。在单位双向期权的购买价格 o_b 分别为 0.5、0.7、0.9、1.1 和 1.3 的情况下，应用 Matlab 编程计算相应的待考察变量(如 q_d^{0*}、q_d^{1*}、q_d^{2*}、q_b^{0*}、q_b^{3*}、Π_b^{r*} 和 Π_d^{r*} 等)对应于 o_b 变化的值，通过 Excel 画图工具绘出相应的变化曲线，如图 10-1 所示(虚线表示考虑双期权合同的情形，实线表示考虑双向期权合同的情形)。

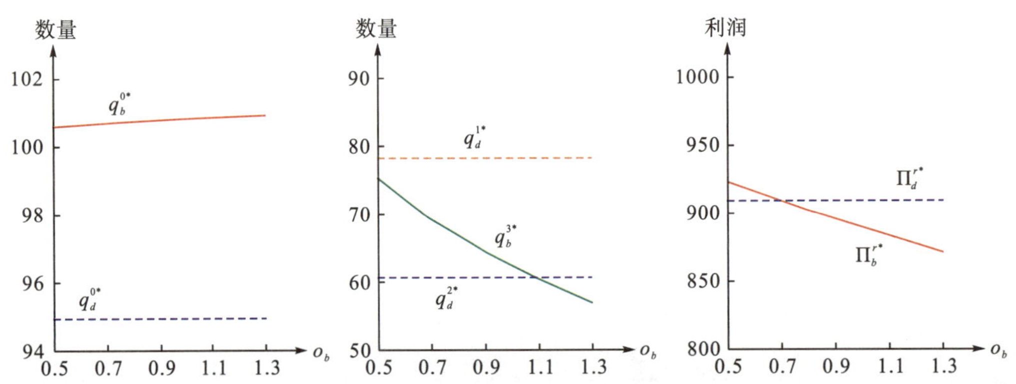

图 10-1　o_b 的变化对零售商期权合同类型选择决策的影响

从图 10-1 可以看出，当合同参数满足一定条件时，随着单位双向期权的购买价格 o_b 的增加，包含双向期权的组合合同下零售商的最优固定订货量 q_b^{0*} 大于包含双期权的组合合同下零售商的最优固定订货量 q_d^{0*}。其次，当合同参数满足一定条件时，随着单位双向期权的购买价格 o_b 的增加，包含双向期权的组合合同下零售商的最优固定订货量与包含双向期权的组合合同下零售商的最优固定订货量之间的差距 $\left|q_b^{0*}-q_d^{0*}\right|$ 将明显增大。从图 10-1 还可以看出，当合同参数满足一定条件时，随着单位双向期权的购买价格 o_b 的增加，包含双向期权的组合合同下零售商的最大期望利润 Π_b^{r*} 大于包含双期权的组合合同下零售商的最大期望利润 Π_d^{r*}；当合同参数满足一定条件时，随着单位双向期权的购买价格 o_b 的增加，包含双向期权的组合合同下零售商的最大期望利润 Π_b^{r*} 小于包含双期权的组合合同下零售商的最大期望利润 Π_d^{r*}。其次，随着单位双向期权的购买价格 o_b 的增加，包含双向期权的组合合同下零售商的最大期望利润与包含看涨期权的组合合同下零售商的最大期望利润之间的差距 $\left|\Pi_b^{r*}-\Pi_d^{r*}\right|$ 将先减小后增大。

基于上述算例分析，可以得到以下结论。

结论 10.1　当合同参数满足一定条件时，包含双向期权的组合合同下零售商的最优固定订货量大于包含双期权的组合合同下零售商的最优固定订货量，即 $q_b^{0*}>q_d^{0*}$；当合同参数满足一定条件时，包含双向期权的组合合同下零售商的最优固定订货量小于包含双期权的组合合同下零售商的最优固定订货量，即 $q_b^{0*}<q_d^{0*}$。

由结论 10.1 可知，单周期情景下双期权合同和双向期权合同的运用会对零售商的最优订货策略产生不同的影响。包含双期权的组合合同下，零售商既订购产品，又订购看涨期权和看跌期权。包含双期权的组合合同下，零售商既订购产品，又订购双向期权(双向期权既可以执行为看涨期权，又可以执行为看跌期权)。由于单位双向期权购买价格大于单位单向(看涨和看跌)期权购买价格，故与包含双期权的组合合同相比，当合同参数满足一定条件时，包含双向期权的组合合同下零售商愿意增加其最优固定订货量，以避免因订货过少而导致顾客流失的风险增加；当合同参数满足一定条件时，包含双向期权的组合合同下零售商减少增加其最优固定订货量，以避免因订货过多而导致库存积压的风险增加。因此，在一定的合同参数范围内，包含双期权的组合合同下零售商的最优固定订货量小于包含双向期权的组合合同下零售商的最优固定订货量；在一定的合同参数范围内，包含双期权的组合合同下零售商的最优固定订货量大于包含双向期权的组合合同下零售商的最优固定订货量。

结论 10.2　当合同参数满足一定条件时，包含双向期权的组合合同下零售商的最大期望利润大于包含双期权的组合合同下零售商的最大期望利润，即 $\Pi_b^{r*}(q_b^{0*},q_b^{3*})>\Pi_d^{r*}(q_d^{0*},q_d^{1*},q_d^{2*})$；当合同参数满足一定条件时，包含双向期权的组合合同下零售商的最大期望利润小于包含双期权的组合合同下零售商的最大期望利润，即 $\Pi_b^{r*}(q_b^{0*},q_b^{3*})<\Pi_d^{r*}(q_d^{0*},q_d^{1*},q_d^{2*})$。

由结论 10.2 可知，单周期情景下双期权合同和双向期权合同的运用会对零售商的最大期望利润产生不同的影响。包含双期权的组合合同下，一旦发生市场需求超过固定订货量的情形，零售商可以通过执行看涨期权增加部分额外的产品；一旦发生市场需求低于固定订货量的情形，零售商可以通过执行看跌期权退还部分剩余的产品。包含双向期权的组合合同下，一旦发生市场需求超过固定订货量的情形，零售商可以通过以看涨期权的形式执行双向期权增加部分额外的产品；一旦发生市场需求低于固定订货量的情形，零售商可以通过以看跌期权的形式执行双向期权退还部分剩余的产品。由于单位双向期权购买价格大于单位单向(看涨和看跌)期权购买价格，故与包含双期权的组合合同相比，当合同参数满足一定条件时，包含双向期权的组合合同下零售商的订货策略更具灵活性。综上所述，在一定的合同参数范围内，零售商倾向于采用既订购产品又订购双向期权的组合订货方式。

10.2 多周期选择问题

本节从多周期情景出发，将考虑双期权合同的情形(详见第 5.2 节)作为基准，用来与考虑双向期权合同的情形(详见第 6.2 节)进行比较，讨论基于双期权和双向期权的零售商合同选择决策。然而，我们无法通过公式推导判断考虑双期权合同时零售商的近似最优策略参数和近似最大期望折扣总利润与考虑双向期权合同时零售商的近似最优策略参数和近似最大期望折扣总利润之间的关系。这里将利用数值分析的方法讨论多周期情景下第 t 周期单位双向期权的购买价格 o_{bt} 的变化对基于双期权和双向期权的零售商合同类型选择决策的影响。

保持第 t 周期随机变量 D_t 的均值和方差不变，固定 $w_t=9$，$o_{ct}=1.3$，$o_{pt}=1.4$，$e_{ct}=10$ 和 $e_{pt}=8$。在第 t 周期单位双向期权的购买价格 o_{bt} 分别为 0.7、1.7、2.7、3.7 和 4.7 的情况下，应用 Matlab 编程计算相应的待考察变量(如 $\underline{s}_{dt}^{+}$、s_{dt}^{+}、$\overline{s}_{dt}^{+}$、$\underline{s}_{bt}^{+}$、$\overline{s}_{bt}^{+}$、Π_b^{r+} 和 Π_d^{r+} 等)对应于 o_{bt} 变化的值，通过 Excel 画图工具绘出相应的变化曲线，如图 10-2 所示(虚线表示考虑双期权合同的情形，实线表示考虑双向期权合同的情形)。

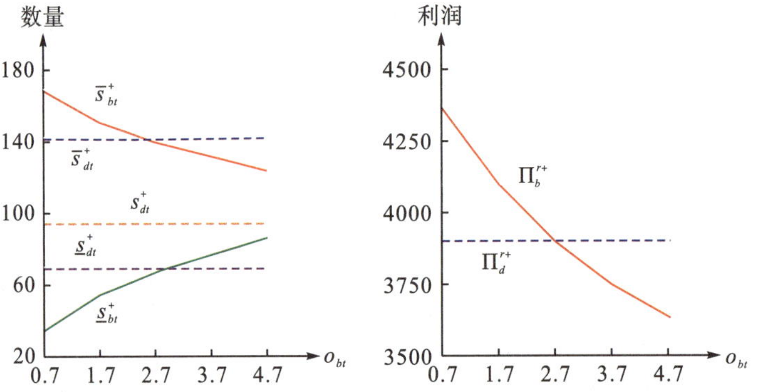

图 10-2 o_{bt} 的变化对零售商期权合同类型选择决策的影响

从图 10-2 可以看出，当合同参数满足一定条件时，随着第 t 周期单位双向期权的购买价格 o_{bt} 的增加，考虑双向期权合同时零售商的近似最优策略参数 $\overline{s}_{bt}^{+}$ 大于考虑双期权合同

时零售商的最优近似策略参数 $\overline{s}_{dt}^{+}$，而考虑双向期权合同时零售商的近似最优策略参数 $\underline{s}_{bt}^{+}$ 小于考虑双期权合同时零售商的最优近似策略参数 $\underline{s}_{dt}^{+}$；当合同参数满足一定条件时，随着第 t 周期单位双向期权的购买价格 o_{bt} 的增加，考虑双向期权合同时零售商的近似最优策略参数 $\overline{s}_{bt}^{+}$ 小于考虑双期权合同时零售商的最优近似策略参数 $\overline{s}_{dt}^{+}$，而考虑双向期权合同时零售商的近似最优策略参数 $\underline{s}_{bt}^{+}$ 小于考虑双期权合同时零售商的最优近似策略参数 $\underline{s}_{dt}^{+}$；当合同参数满足一定条件时，随着第 t 周期单位双向期权的购买价格 o_{bt} 的增加，考虑双向期权合同时零售商的近似最优策略参数 $\overline{s}_{bt}^{+}$ 小于考虑双期权合同时零售商的最优近似策略参数 $\overline{s}_{dt}^{+}$，而考虑双向期权合同时零售商的近似最优策略参数 $\underline{s}_{bt}^{+}$ 大于考虑双期权合同时零售商的最优近似策略参数 $\underline{s}_{dt}^{+}$。其次，随着第 t 周期单位双向期权的购买价格 o_{bt} 的增加，考虑双向期权合同时零售商的近似最优策略参数 $\overline{s}_{bt}^{+}$ 与考虑双期权合同时零售商的近似最优策略参数 $\overline{s}_{dt}^{+}$ 之间的差距 $\left|\overline{s}_{bt}^{+}-\overline{s}_{dt}^{+}\right|$ 将先减小后增大；考虑双期权合同时零售商的最优近似策略 $\underline{s}_{dt}^{+}$ 与考虑双向期权合同时零售商的近似最优策略 $\underline{s}_{bt}^{+}$ 之间的差距 $\left|\underline{s}_{dt}^{+}-\underline{s}_{bt}^{+}\right|$ 将先减小后增大。从图 9-2 还可以看出，当合同参数满足一定条件时，考虑双向期权合同时零售商的近似最大期望折扣总利润 Π_{b}^{r+} 大于考虑双期权合同时零售商的近似最大期望折扣总利润 Π_{d}^{r+}；当合同参数满足一定条件时，考虑双向期权合同时零售商的近似最大期望折扣总利润 Π_{b}^{r+} 小于考虑双期权合同时零售商的近似最大期望折扣总利润 Π_{d}^{r+}。其次，随着第 t 周期单位双向期权的购买价格 o_{b} 的增加，考虑双向期权合同时零售商的近似最大期望折扣总利润与考虑双期权合同时零售商的近似最大期望折扣总利润之间的差距 $\left|\Pi_{b}^{r+}-\Pi_{d}^{r+}\right|$ 将先减小后增大。

基于上述算例分析，可以得到以下结论。

结论 10.3　在任意周期 $t(t=1,\cdots,n)$，当合同参数满足一定条件时，考虑双向期权合同时零售商的服务水平大于考虑双期权合同时零售商的服务水平，而考虑双向期权合同时零售商的库存风险小于考虑双期权合同时零售商的库存风险，即 $\overline{s}_{bt}^{+}>\overline{s}_{dt}^{+}>\underline{s}_{dt}^{+}>\underline{s}_{bt}^{+}$；当合同参数满足一定条件时，考虑双向期权合同时零售商的服务水平小于考虑双期权合同时零售商的服务水平，而考虑双向期权合同时零售商的库存风险小于考虑双期权合同时零售商的库存风险，即 $\overline{s}_{dt}^{+}>\overline{s}_{bt}^{+}>\underline{s}_{dt}^{+}>\underline{s}_{bt}^{+}$；当合同参数满足一定条件时，考虑双向期权合同时零售商的服务水平小于考虑双期权合同时零售商的服务水平，而考虑双向期权合同时零售商的库存风险大于考虑双期权合同时零售商的库存风险，即 $\overline{s}_{dt}^{+}>\overline{s}_{bt}^{+}>\underline{s}_{bt}^{+}>\underline{s}_{dt}^{+}$。

由结论 10.3 可知，多周期情景下双期权合同和双向期权合同的运用会对零售商的近似最优策略参数产生不同的影响。考虑双期权合同时，零售商既订购产品，又订购看涨期权和看跌期权。考虑双向期权合同时，零售商既订购产品，又订购双向期权（双向期权既可以执行为看涨期权，又可以执行为看跌期权）。由于第 t 周期单位双向期权的购买价格大于第 t 周期单位单向（看涨和看跌）期权的购买价格，故与考虑双期权合同情形相比，当合同参数满足一定条件时，考虑双向期权合同时零售商愿意提高其在第 t 周期的服务水平，以避免因订货过少而导致顾客流失的风险增加；还愿意降低其在第 t 周期的库存风险，以避免因订货过多而导致库存积压的风险增加。因此，只有在一定的合同参数范围内，考虑双期权合同时零售商在第 t 周期的服务水平小于考虑双向期权合同时零售商在第 t 周期的服务水平；考虑双期权合同时零售商在第 t 周期的库存风险大于考虑双向期权合同时零售商在第 t 周期的库存风险。

结论 10.4 当合同参数满足一定条件时，考虑双向期权合同时零售商的近似最大期望折扣总利润大于考虑双期权合同时零售商的近似最大期望折扣总利润，即 $\Pi_b^{r+}(\overline{s}_{b1}^{+},\cdots,\overline{s}_{bn}^{+};\underline{s}_{b1}^{+},\cdots,\underline{s}_{bn}^{+})>\Pi_d^{r+}(s_{d1}^{+},\cdots,s_{dn}^{+};\overline{s}_{d1}^{+},\cdots,\overline{s}_{dn}^{+};\underline{s}_{d1}^{+},\cdots,\underline{s}_{dn}^{+})$。当合同参数满足一定条件时，考虑双向期权合同时零售商的最大期望利润小于考虑双期权合同时零售商的近似最大期望折扣总利润，即 $\Pi_b^{r+}(\overline{s}_{b1}^{+},\cdots,\overline{s}_{bn}^{+};\underline{s}_{b1}^{+},\cdots,\underline{s}_{bn}^{+})<\Pi_d^{r+}(s_{d1}^{+},\cdots,s_{dn}^{+};\overline{s}_{d1}^{+},\cdots,\overline{s}_{dn}^{+};\underline{s}_{d1}^{+},\cdots,\underline{s}_{dn}^{+})$。

由结论 10.4 可知，多周期情景下双期权合同和双向期权合同的运用会对零售商的近似最大期望折扣总利润产生不同的影响。考虑双期权合同时，一旦发生第 t 周期市场需求过高的情形，零售商在第 t 周期可以通过执行看涨期权增加部分额外的产品；一旦发生第 t 周期市场需求过低的情形，零售商在第 t 周期可以通过执行看跌期权退还部分剩余的产品。考虑双向期权合同时，一旦发生第 t 周期市场需求过高的情形，零售商在第 t 周期可以通过以看涨期权的形式执行双向期权增加部分额外的产品；一旦发生第 t 周期市场需求过低的情形，零售商在第 t 周期可以通过以看跌期权的形式执行双向期权退还部分剩余的产品。由于第 t 周期单位双向期权的购买价格大于第 t 周期单位单向(看涨和看跌)期权的购买价格，故与考虑双期权合同情形相比，当合同参数满足一定条件时，考虑双向期权合同时零售商的订货策略更具灵活性。综上所述，在一定的合同参数范围内，零售商倾向于采用既订购产品又订购双向期权的组合订货方式。

10.3 本章小结

本章在单周期和多周期两种情景下研究了基于双期权和双向期权合同的零售商合同类型选择决策，分析了双期权合同和双向期权合同对零售商决策和绩效的影响。

零售商单周期选择决策方面的主要研究结论及管理启示如下：①包含双向期权的组合合同下零售商的最优固定订货量可能大于、等于或小于包含双期权的组合合同下零售商的最优固定订货量；②包含双向期权的组合合同下零售商的最大期望利润可能大于、等于或小于包含双期权的组合合同下零售商的最大期望利润。

零售商多周期选择决策方面的主要研究结论及管理启示如下：①考虑双向期权合同时零售商在第 t 周期的服务水平可能大于、等于或小于考虑双期权合同时零售商在第 t 周期的服务水平，而考虑双向期权合同时零售商在第 t 周期的库存风险可能大于、等于或小于考虑双期权合同时零售商在第 t 周期的库存风险；②考虑双向期权合同时零售商的近似最大期望折扣总利润可能大于、等于或小于考虑双期权合同时零售商的近似最大期望折扣总利润。

第 11 章　结论与展望

本章首先对全文的主要研究结论进行总结和归纳，然后分析本书的主要创新点，最后指出当前研究中存在的不足之处以及未来可以拓展的研究方向。

11.1　主要研究结论

随着消费者对产品期望值的不断提高，需求的日益个性化和多样化，使得市场需求呈现出高度的不确定性。然而，由于市场响应的不确定性和技术标准的不断变化，企业往往难以准确地预测市场需求，且实际需求与预测需求之间会存在较大偏差，这将给企业的日常运营带来巨大的挑战。在实践中，易逝品(如生鲜产品、时装、数码产品等)的生产提前期长而销售期短，且期末残值极低；而耐用品(如电冰箱、汽车、机械设备等)的销售期被划分为多个阶段，且期末具有一定残值。不同类型产品的运营情景是不同的，这将给企业的日常运营带来较大的挑战。为了有效地应对需求不确定性风险，期权合同作为风险对冲的一种有效工具，被越来越多的企业认可接受并广泛应用。按赋予权利的角度划分，期权合同可分为看涨期权合同、看跌期权合同、双期权合同和双向期权合同 4 种类型。不同期权合同的运用对企业订货决策和经济绩效的影响是不同的。鉴于此，本书从零售商视角出发，针对市场需求的高度不确定性，在单周期和多周期两种情景下研究零售商期权订货决策和合同选择。研究结果有助于为企业单周期和多周期运营决策提供一定的理论指导。本书的研究结论和管理启示主要有以下两个方面。

11.1.1　基于期权合同的零售商订货决策

零售商单周期订货决策方面的主要研究结论及管理启示如下。

(1) 不考虑和考虑期权合同时使零售商期望利润最大的最优订货策略存在且唯一。

(2) 批发价合同下，零售商的最优固定订货量将随着单位产品批发价格的增加而减少；其最大期望利润将随着单位产品批发价格的增加而减小。

(3) 看涨期权合同下，零售商的最优看涨期权购买量将随着单位看涨期权购买价格及其执行价格的增加而减少；其最大期望利润将随着单位看涨期权购买价格及其执行价格的增加而减小。包含看涨期权的组合合同下，零售商的最优固定订货量将随着单位产品批发价的增加而减少，随着单位看涨期权购买价格及其执行价格的增加而增加；其最优看涨期权购买量将随着单位看涨期权购买价格及其执行价格的增加而减少，随着单位产品批发价的增加而增加；其最大期望利润将随着单位产品批发价格、单位看涨期权购买价格及其执行价格的增加而减小。看涨期权合同下零售商的最优看涨期权购买量大于包含看涨期权的组合合同下零售商的最优看涨期权购买量；包含看涨期权的组合合同下零售商的最优固定订货量小于批发价合同下零售商的最优固定订货量。包含看涨期权的组合合同下零售商的最大期望利润大于看涨期权合同下零售商的最大期望利润；包含看涨期权的组合合同下零售商的最大期望利润大于批发价合同下零售商的最大期望利润。

(4) 包含看跌期权的组合合同下，零售商的最优固定订货量和最优看跌期权购买量将随着单位产品批发价格、单位看跌期权购买价格的增加而减少，随着单位看跌期权执行价格的增加而增加；其最大期望利润将随着单位产品批发价格、单位看跌期权购买价格的增加而减小，随着单位看跌期权执行价格的增加而增大。包含看跌期权的组合合同下零售商的最优固定订货量大于批发价合同下零售商的最优固定订货量。包含看跌期权的组合合同下零售商的最大期望利润大于批发价合同下零售商的最大期望利润。

(5) 包含双期权的组合合同下，零售商的最优固定订货量和最优看跌期权购买量随着单位产品批发价格、单位看跌期权购买价格的增加而减少，随着单位看涨期权购买价格及其执行价格、单位看跌期权执行价格的增加而增加；其最优看涨期权购买量随着单位看涨期权购买价格及其执行价格、单位看跌期权执行价格的增加而减少，随着单位产品批发价格、单位看跌期权购买价格的增加而增加；其最大期望利润随着单位产品批发价格、单位看涨期权购买价格及其执行价格、单位看跌期权购买价格的增加而减小，随着单位看跌期权执行价格的增加而增大。包含双期权的组合合同下零售商的最优固定订货量可能大于、等于或小于批发价合同下零售商的最优固定订货量。包含双期权的组合合同下零售商的最大期望利润大于批发价合同下零售商的最大期望利润。

(6) 包含双向期权的组合合同下，零售商的最优固定订货量随着单位产品批发价格的增加而减少，随着单位看涨期权执行价格、单位看跌期权执行价格的增加而增加；其最优双向期权购买量随着单位双向期权购买价格的增加而减少；其最大期望利润随着单位产品批发价格、单位双向期权购买价格、单位看涨期权执行价格的增加而减小，随着单位看跌期权执行价格的增加而增大。包含双向期权的组合合同下零售商的最优固定订货量可能大于、等于或小于批发价合同下零售商的最优固定订货量。包含双向期权的组合合同下零售商的最大期望利润大于批发价合同下零售商的最大期望利润。

零售商多周期订货决策方面的主要研究结论及管理启示如下。

(1) 不考虑和考虑期权合同时使零售商从第 1 周期到第 n 周期的期望折扣总利润最大的最优订货策略存在且唯一。

(2) 不考虑期权合同时，零售商在第 t 周期的最优固定订货量将随着第 t 周期单位产品批发价格的增加而减少；其近似最大期望折扣总利润将随着第 t 周期单位产品批发价格的增加而减小。

(3) 考虑看涨期权合同时，零售商在第 t 周期的最优固定订货量将随着第 t 周期单位产品批发价格的增加而减少，随着第 t 周期单位看涨期权购买价格及其执行价格增加而增加；其在第 t 周期的最优看涨期权购买量将随着第 t 周期单位看涨期权购买价格及其执行价格的增加而减少，随着第 t 周期单位产品批发价格的增加而增加；其近似最大期望折扣总利

润将随着第 t 周期单位产品批发价格、第 t 周期单位看涨期权购买价格及其执行价格的增加而减小。考虑看涨期权合同时零售商在第 t 周期的服务水平大于不考虑期权合同时零售商在第 t 周期的服务水平；考虑看涨期权合同时零售商在第 t 周期的库存风险小于不考虑期权合同时零售商在第 t 周期的库存风险；考虑看涨期权合同时零售商的近似最大期望折扣总利润大于不考虑期权合同时零售商的近似最大期望折扣总利润。

(4) 考虑看跌期权合同时，零售商在第 t 周期的最优固定订货量和最优看跌期权购买量将随着第 t 周期单位产品批发价格、第 t 周期单位看跌期权购买价格的增加而减少，随着第 t 周期单位看跌期权执行价格的增加而增加；其近似最大期望折扣总利润将随着第 t 周期单位产品批发价格、第 t 周期单位看跌期权购买价格的增加而减小，随着第 t 周期单位看跌期权执行价格的增加而增大。考虑看跌期权合同时零售商在第 t 周期的服务水平大于不考虑期权合同时零售商在第 t 周期的服务水平，而考虑看跌期权合同时零售商在第 t 周期的库存风险小于不考虑期权合同时零售商在第 t 周期的库存风险。考虑看跌期权合同时零售商的近似最大期望折扣总利润大于不考虑期权合同时零售商的近似最大期望折扣总利润。

(5) 考虑双期权合同时，零售商在第 t 周期的最优固定订货量和最优看跌期权购买量随着第 t 周期单位产品批发价格、第 t 周期单位看跌期权购买价格的增加而减少，随着第 t 周期单位看涨期权购买价格及其执行价格、第 t 周期单位看跌期权执行价格的增加而增加；其在第 t 周期的最优看涨期权购买量随着第 t 周期单位看涨期权购买价格及其执行价格、第 t 周期单位看跌期权执行价格的增加而减少，随着第 t 周期单位产品批发价格、第 t 周期单位看跌期权购买价格的增加而增加；其近似最大期望折扣总利润随着第 t 周期单位产品批发价格、第 t 周期单位看涨期权购买价格及其执行价格、第 t 周期单位看跌期权购买价格的增加而减小，随着第 t 周期单位看跌期权执行价格的增加而增大。考虑双期权合同时零售商在第 t 周期的服务水平大于不考虑期权合同时零售商在第 t 周期的服务水平，而考虑双期权合同时零售商在第 t 周期的库存风险小于不考虑期权合同时零售商在第 t 周期的库存风险。考虑双期权合同时零售商的近似最大期望折扣总利润大于不考虑期权合同时零售商的近似最大期望折扣总利润。

(6) 考虑双向期权合同时，零售商在第 t 周期的最优固定订货量随着第 t 周期单位产品批发价格的增加而减少，随着第 t 周期单位看涨期权执行价格、第 t 周期单位看跌期权执行价格的增加而增加；其在第 t 周期的最优双向期权购买量随着第 t 周期单位双向期权购买价格的增加而减少；其近似最大期望折扣总利润随着第 t 周期单位产品批发价格、第 t 周期单位双向期权购买价格、第 t 周期单位看涨期权执行价格的增加而减小，随着第 t 周期单位看跌期权执行价格的增加而增大。考虑双向期权合同时零售商在第 t 周期的服务水平大于不考虑期权合同时零售商在第 t 周期的服务水平，而考虑双向期权合同时零售商在第 t 周期的库存风险小于不考虑期权合同时零售商在第 t 周期的库存风险。考虑双向期权合同时零售商的近似最大期望折扣总利润大于不考虑期权合同时零售商的近似最大期望折扣总利润。

11.1.2 基于期权的零售商合同选择决策

零售商单周期期权合同选择决策方面的主要研究结论及管理启示如下。

(1)包含双期权的组合合同下零售商的最优固定订货量大于包含看涨期权的组合合同下零售商的最优固定订货量。包含双期权的组合合同下零售商的最优看涨期权购买量小于包含看涨期权的组合合同下零售商的最优看涨期权购买量。包含双期权的组合合同下零售商的最大期望利润大于包含看涨期权的组合合同下零售商的最大期望利润。

(2)包含双期权的组合合同下零售商的最优固定订货量小于包含看跌期权的组合合同下零售商的最优固定订货量。包含双期权的组合合同下零售商的最优看跌期权购买量小于包含看跌期权的组合合同下零售商的最优看跌期权购买量。包含双期权的组合合同下零售商的最大期望利润大于包含看跌期权的组合合同下零售商的最大期望利润。

(3)包含双向期权的组合合同下零售商的最优固定订货量大于包含看涨期权的组合合同下零售商的最优固定订货量。包含双向期权的组合合同下零售商的最大期望利润可能大于、等于或小于包含看涨期权的组合合同下零售商的最大期望利润。

(4)包含双向期权的组合合同下零售商的最优固定订货量小于包含看跌期权的组合合同下零售商的最优固定订货量。包含双期权的组合合同下零售商的最大期望利润可能大于、等于或小于包含看跌期权的组合合同下零售商的最大期望利润。

(5)包含看跌期权的组合合同下零售商的最优固定订货量大于包含看涨期权的组合合同下零售商的最优固定订货量。包含看跌期权的组合合同下零售商的最大期望利润可能大于、等于或小于包含看涨期权的组合合同下零售商的最大期望利润。

(6)包含双向期权的组合合同下零售商的最优固定订货量可能大于、等于或小于包含双期权的组合合同下零售商的最优固定订货量。包含双向期权的组合合同下零售商的最大期望利润可能大于、等于或小于包含双期权的组合合同下零售商的最大期望利润。

零售商多周期期权合同选择决策方面的主要研究结论及管理启示如下。

(1)考虑双期权合同时零售商在第 t 周期的服务水平等于考虑看涨期权合同时零售商在第 t 周期的服务水平，而考虑双期权合同时零售商在第 t 周期的库存风险小于考虑看涨期权合同时零售商在第 t 周期的库存风险。考虑双期权合同时零售商的近似最大期望折扣总利润大于考虑看涨期权合同时零售商的近似最大期望折扣总利润。

(2)考虑双期权合同时零售商在第 t 周期的服务水平大于考虑看跌期权合同时零售商在第 t 周期的服务水平，而考虑双期权合同时零售商在第 t 周期的库存风险等于考虑看跌期权合同时零售商在第 t 周期的库存风险。考虑双期权合同时零售商的近似最大期望折扣总利润大于考虑看跌期权合同时零售商的近似最大期望折扣总利润。

(3)考虑双向期权合同时零售商在第 t 周期的服务水平可能大于、等于或小于考虑看涨期权合同时零售商在第 t 周期的服务水平；而考虑双向期权合同时零售商在第 t 周期的库存风险可能大于、等于或小于考虑看涨期权合同时零售商在第 t 周期的库存风险。考虑双向期权合同时零售商的近似最大期望折扣总利润可能大于、等于或小于考虑看涨期权合同时零售商的近似最大期望折扣总利润。

(4) 考虑双向期权合同时零售商在第 t 周期的服务水平可能大于、等于或小于考虑看跌期权合同时零售商在第 t 周期的服务水平；而考虑双向期权合同时零售商在第 t 周期的库存风险可能大于、等于或小于考虑看跌期权合同时零售商在第 t 周期的库存风险。考虑双向期权合同时零售商的近似最大期望折扣总利润可能大于、等于或小于考虑看跌期权合同时零售商的近似最大期望折扣总利润。

(5) 考虑看跌期权合同时零售商在第 t 周期的服务水平可能大于、等于或小于考虑看涨期权合同时零售商在第 t 周期的服务水平；而考虑看跌期权合同时零售商在第 t 周期的库存风险可能大于、等于或小于考虑看涨期权合同时零售商在第 t 周期的库存风险。考虑看跌期权合同时零售商的近似最大期望折扣总利润可能大于、等于或小于考虑看涨期权合同时零售商的近似最大期望折扣总利润。

(6) 考虑双向期权合同时零售商在第 t 周期的服务水平可能大于、等于或小于考虑双期权合同时零售商在第 t 周期的服务水平；而考虑双向期权合同时零售商在第 t 周期的库存风险可能大于、等于或小于考虑双期权合同时零售商在第 t 周期的库存风险。考虑双向期权合同时零售商的近似最大期望折扣总利润可能大于、等于或小于考虑双期权合同时零售商的近似最大期望折扣总利润。

11.2　主要创新点

本书针对市场需求的高度不确定性，在单周期和多周期两种情景下研究零售商期权订货决策和合同选择。本书主要包括以下几个创新点。

(1) 立足单周期和多周期运营情景。在实践中，传统的易逝品(如生鲜产品、时装、数码产品等)的提前期长且销售期短，而耐用品(如电冰箱、汽车、机械设备等)的销售期被划分为多个阶段。单周期和多周期已成为企业面临的实际运营情境。然而多周期情景使得企业的决策过程变得更加复杂。一方面，前一周期的决策将影响后一周期的决策；另一方面，决策变量之间的关系、状态变量与决策变量之间的关系将进一步增加决策过程的复杂性。传统的报童模型无法反映企业决策随时间动态变化的本质，故无法揭示企业多周期决策的基本规律。本书立足企业实际，从单周期和多周期两种情形出发研究基于期权合同的零售商订货决策，丰富了企业管理决策的情景。

(2) 强调不同期权合同的对比分析。期权合同包括看涨期权合同、看跌期权合同、双期权合同和双向期权合同 4 种不同类型。现有文献主要侧重于看涨期权合同的研究，对看跌期权合同、双期权合同和双向期权合同的研究比较少，鲜有同时结合 4 种期权合同的比较研究。本书针对市场需求的高度不确定性，从单周期和多周期两种情景出发，基于不同期权合同构建了零售商期权订货模型体系并选择最优的期权合同类型，为企业实际运营过程中的期权合同选择、设计与优化提供了理论依据，对于丰富和完善基于期权合同的供应链管理理论和方法具有重要价值。

11.3 研究局限性和研究展望

本书针对市场需求的高度不确定性，在单周期和多周期两种情景下研究零售商期权订货决策和合同选择，得到一些创新性的研究结论及管理启示。然而，本书的研究仍然存在一些不足，就理论研究的进一步完善而言，还可以从以下几个方面考虑。

(1) 考虑不同的市场结构和供应链结构。现实生活中，企业参与市场竞争的方式不再是单个企业，而是通过供应链。本书在构建模型时只考虑了零售商决策的情形，但在实践中往往存在单一制造商对单一零售商、多个制造商对单一零售商、单一制造商对多个零售商甚至是多个制造商对多个零售商等复杂的供应链结构。在本书研究的基础上，将单一零售商结构纵向拓展为供应链结构，横向拓展为多零售商竞争的结构，从单一零售商拓展成一对一、一对多、多对一和多对多等复杂的供应链结构，是未来的重要研究方向之一。

(2) 考虑供应链节点企业的风险偏好。现实生活中，决策者的不同风险偏好(风险规避、风险中性和风险追求)对其决策的制定具有重要影响。本书在构建模型时只考虑了决策者为风险中性的情形，但在复杂多变环境下决策者可能是风险规避的，也可能是风险追求的。因此，未来的研究可进一步考虑随机需求环境下供应链节点企业为其他风险偏好(风险规避或风险追求)的情形，并进一步探讨风险敏感性对供应链节点企业的决策和绩效的影响。

(3) 更加深入的实证和案例研究。本书主要以理论分析为主，通过数学模型的构建和求解研究了零售商期权订货决策和合同选择。在此基础上，利用数值分析验证了相关结论，得到了较为直观的结果。然而，数值分析并不能真实地反映随机需求环境下供应链节点企业的实际运营情况，只有充分利用真实的行业数据进行实证和案例研究，才能更好地验证本书的研究结论，使现有研究更具现实指导意义，以实现产学研的有机结合。

参 考 文 献

陈祥锋, 朱晨波, 2007. 供应链采购管理中的期权合同价值研究[J]. 系统工程学报, 22(04): 401-406.

陈旭, 2006. 考虑期权合同供应链的零售商订货研究[J]. 管理科学学报, 9(03): 17-23.

崔爱平, 刘伟, 2009. 物流服务供应链中基于期权契约的能力协调[J]. 中国管理科学, 17(02): 59-65.

伏红勇, 但斌, 王磊, 徐鹏, 2020. CVaR 准则下“公司+农户”模式的天气看跌期权契约[J]. 管理科学学报, 23(11): 59-73.

郭琼, 杨德礼, 2006. 需求信息不对称下基于期权的供应链协作机制的研究[J]. 计算机集成制造系统, 12(09): 1466-1471.

何娟, 黄福友, 黄福玲, 2018. 考虑风险规避与质量和服务水平的 VMI 供应链期权协调策略[J]. 控制与决策, 33(10): 1833-1840.

胡本勇, 王性玉, 彭其渊, 2007. 供应链单向及双向期权柔性契约比较分析[J]. 中国管理科学, 15(06): 92-97.

胡本勇, 王性玉, 彭其渊, 2008. 基于双向期权的供应链柔性契约模型[J]. 管理工程学报, 22(04): 79-84.

胡本勇, 彭其渊, 王性玉, 2009. 考虑采购资金约束的供应链期权柔性契约[J]. 管理科学学报, 12(06): 62-71.

胡本勇, 雷东, 陈旭, 2010. 基于收益共享与努力成本共担的供应链期权销量担保契约[J]. 管理工程学报, 24(03): 33-38.

扈衷权, 田军, 冯耕中, 2020. 看涨期权契约与看跌期权契约对比分析研究[J]. 运筹与管理, 29(04): 221-229.

金香淑, 袁文燕, 吴军, 等, 2020. 基于收益共享-双向期权契约的供应链金融风险控制研究[J]. 中国管理科学, 28(01): 68-78.

雷丽彩, 周晶, 2010. 风险规避下的航空货运期权定价 Stackelberg 博弈模型[J]. 系统工程理论与实践, 30(02): 264-271.

李刚, 罗美玲, 孙林岩, 等. 2012. 风险规避供应商参与下基于实物期权的供应链协调[J]. 运筹与管理, 21(01): 75-87.

李绩才, 李昌文, 尚俊松, 2016. 基于双向期权契约的随机产出季节性产品供应链生产与订购策略[J]. 系统工程, 34(10): 108-115.

李绩才, 周永务, 钟远光, 等, 2013. 基于谱风险测度与期权契约的季节性商品订购策略分析[J]. 系统工程理论与实践, 33(10): 2486-2496.

李娟, 黄培清, 赵晓敏, 2008. 基于更新信息的两级供应链双向期权合同研究[J]. 系统工程学报, 23(03): 295-301.

李荧玉, 崔文田, 2006. 用期权调整补货和退货的供应链契约模型[J]. 预测, 25(06): 74-80.

梁罗, 盛方正, 2010. 基于期权思想的回购契约对零售商最优决策影响[J]. 系统管理学报, 19(04): 397-401.

刘蕾, 鄢章华, 滕春贤, 2011. 基于期权契约的供应链协调研究[J]. 运筹与管理, 20(04): 48-57.

刘英, 慕银平, 2016. 存在期权和现货交易的风险厌恶型供应链最优采购决策[J]. 系统管理学报, 25(02): 262-271.

刘忠轶, 陈丽华, 翟昕, 2012. 基于期权执行价格和生产比例的联合决策[J]. 中国管理科学, 20(S1): 385-392.

鲁声威, 2019. 价格随机条件下的应急双向期权数量弹性契约[J]. 工业工程, 22(01): 61-68, 78.

罗美玲, 李刚, 孙林岩, 等, 2012. 基于实物期权的双源供应链柔性采购协调策略[J]. 运筹与管理, 21(04): 124-136.

慕银平, 冯毅, 唐小我, 2011. 随机需求下期权采购与预售联合决策研究[J]. 管理科学学报, 14(06): 47-56.

曲佳莉, 胡本勇, 陈旭, 2019. 销售商出售看跌期权的供应链优化研究[J]. 运筹与管理, 28(02): 23-29, 66.

尚文芳, 2014. 基于双向期权契约的零部件供应链协调[J]. 技术经济与管理研究, 12: 50-54.

盛方正, 季建华, 2008. 最优期权合同组合的充要条件及采购方法[J]. 系统管理学报, 17(03): 307-311.

孙国华, 许垒, 2014. 随机供求下二级农产品供应链期权合同协调研究[J]. 管理工程学报, 28(02): 201-210.

唐振宇, 罗新星, 陈晓红, 2018. 突发事件扰动下基于双向期权和 B2B 电子市场的供应链决策研究[J]. 管理学报, 15(01): 127-134.

王冲, 陈旭, 2013. 考虑期权合同的生鲜农产品供应链定价和协调[J]. 预测, 32(03): 76-80, 75.

王冲, 唐曼萍, 王莉莉, 2013. 基于 Stackelberg 博弈的生鲜农产品供应链决策研究[J]. 软科学, 27(04): 99-101, 105.

王婧, 陈旭, 2011. 考虑流通损耗和期权合同的生鲜农产品供应链管理策略研究[J]. 预测, 30(05): 42-47.

王婧, 陈旭, 2012. 考虑流通损耗的生鲜农产品零售商期权订货策略[J]. 系统工程理论与实践, 32(07): 1408-1414.

吴建祖, 刘锦, 2011. 不确定条件下 VMI 供应链协调的期权合约[J]. 系统工程, 29(03): 1-8.

吴桥, 刘南, 庞海云, 2013. 结合期权合约与现货市场的原材料采购风险管理[J]. 控制与决策, 28(03): 334-338.

吴英晶, 李勇建, 张李浩, 2014. 基于期权契约的零售商融资最优策略研究[J]. 管理评论, 26(10): 197-208.

夏雨, 方磊, 2017. B2B 市场中基于期权合同的零售商最优采购策略[J]. 管理学报, 14(02): 261-269.

许明辉, 胡兵, 2016. 考虑零售商公平关切的期权合约研究[J]. 运筹与管理, 25(06): 112-119.

晏妮娜, 黄小原, 2007. B2B 电子市场下供应链期权合同协调模型与优化[J]. 控制与决策, 22(05): 535-539.

尤晓岚, 冯耕中, 徐金鹏, 等, 2014. 基于期权和 B2B 电子交易的供应链均衡策略[J]. 管理科学学报, 17(06): 1-12.

张文杰, 骆建文, 2016. 随机产出随机需求下的供应链期权契约模型[J]. 管理工程学报, 30(03): 121-128.

Arani H V, Rabbani M, Rafiei H, 2016. A revenue-sharing option contract toward coordination of supply chains[J]. International Journal of Production Economics, 178: 42-56.

Ball C A, Torous W N, 1985. On jumps in common stock prices and their impact on call option pricing[J]. The Journal of Finance, 40(1): 155-173.

Barnes-Schuster D, Bassok Y, Anupindi R, 2002. Coordination and flexibility in supply contracts with options[J]. Manufacturing & Service Operations Management, 4(3): 171-207.

Barone-Adesi G, Whaley R E, 1987. Efficient analytic approximation of American option values[J]. The Journal of Finance, 42(2): 301-320.

Basu P, Liu Q, Stallaert J, 2019. Supply chain management using put option contracts with information asymmetry[J]. International Journal of Production Research, 57(6): 1772-1796.

Biller S, Chan L M A, Simchi-Levi D, et al., 2005. Dynamic pricing and the direct-to-customer model in the automotive industry[J]. Electronic Commerce Research, 5(2): 309-334.

Biswas I, Avittathur B, 2019. Channel coordination using options contract under simultaneous price and inventory competition[J]. Transportation Research Part E-logistics and Transportation Review, 123: 45-60.

Broadie M, Detemple J, 1996. American option valuation: New bounds, approximations, and a comparison of existing methods[J]. Review of Financial Studies, 9(4): 1211-1250.

Broadie M, Detemple J B, 2004. Option pricing: Valuation models and applications[J]. Management Science, 50(9): 1145-1177.

Burnetas A, Ritchken P H, 2005. Option pricing with downward-sloping demand curves: The case of supply chain options[J]. Management Science, 51(4): 566-580.

Cai J, Hu X, Han Y, et al., 2016. Supply chain coordination with an option contract under vendor-managed inventory[J]. International Transactions in Operational Research, 23(6): 1163-1183.

Cheaitou A, Cheaytou R, 2019. A two-stage capacity reservation supply contract with risky supplier and forecast updating[J]. International Journal of Production Economics, 209: 42-60.

Chen F Y, Parlar M, 2007. Value of a put option to the risk-averse newsvendor[J]. IIE Transactions, 39(5): 481-500.

Chen X, Simchi-Levi D, 2004a. Coordinating inventory control and pricing strategies with random demand and fixed ordering cost: The finite horizon case[J]. Operations research, 52(6): 887-896.

Chen X, Simchi-Levi D, 2004b. Coordinating inventory control and pricing strategies with random demand and fixed ordering cost: The infinite horizon case[J]. Mathematics of Operations Research, 29(3): 698-723.

Chen X, Shen Z J, 2012. An analysis of a supply chain with options contracts and service requirements[J]. IIE Transactions, 44(10): 805-819.

Chen X, Hao G, Li L, 2014a. Channel coordination with a loss-averse retailer and option contracts[J]. International Journal of Production Economics, 150: 52-57.

Chen X, Pang Z, Pan L, 2014b. Coordinating inventory control and pricing strategies for perishable products[J]. Operations Research, 62(2): 284-300.

Chen X, Wan N, Wang X, 2017. Flexibility and coordination in a supply chain with bidirectional option contracts and service requirement[J]. International Journal of Production Economics, 193: 183-192.

Chen X, Luo J, Wang X, et al., 2020. Supply chain risk management considering put options and service level constraints[J]. Computers & Industrial Engineering, 140: 106228.

Chen Y, Ray S, Song Y, 2006. Optimal pricing and inventory control policy in periodic-review systems with fixed ordering cost and lost sales[J]. Naval Research Logistics (NRL), 53(2): 117-136.

Chen Y, Lu Y, Xu M, 2012. Optimal inventory control policy for periodic-review inventory systems with inventory-level-dependent demand[J]. Naval Research Logistics (NRL), 59(6): 430-440.

Chen Z, Yang Y, 2010. Optimality of (s, S, p) policy in a general inventory-pricing model with uniform demands[J]. Operations Research Letters, 38(4): 256-260.

Choi T M, 2016. Multi-period risk minimization purchasing models for fashion products with interest rate, budget, and profit target considerations[J]. Annals of Operations Research, 237: 77-98.

Dong L, Kouvelis P, Tian Z, 2009. Dynamic pricing and inventory control of substitute products[J]. Manufacturing & Service Operations Management, 11(2): 317-339.

Fan Y, Feng Y, Shou Y, 2020. A risk-averse and buyer-led supply chain under option contract: CVaR minimization and channel coordination[J]. International Journal of Production Economics, 219: 66-81.

Federgruen A, Heching A, 1999. Combined pricing and inventory control under uncertainty[J]. Operations Research, 47(3): 454-475.

Feng Y, Mu Y, Hu B, et al., 2014. Commodity options purchasing and credit financing under capital constraint[J]. International Journal of Production Economics, 153: 230-237.

Fu Q, 2015. The impact of alternative performance measures on portfolio procurement with contingent option contracts[J]. International Journal of Production Economics, 167: 128-138.

Fu Q, Lee C Y, Teo C P, 2010. Procurement management using option contracts: random spot price and the portfolio effect[J]. IIE Transactions, 42(11): 793-811.

Fu Q, Zhou S X, Chao X, et al., 2012. Combined pricing and portfolio option procurement[J]. Production and Operations Management, 21(2), 361-377.

Fu X, Dong M, Han G, 2017. Coordinating a trust-embedded two-tier supply chain by options with multiple transaction periods[J]. International Journal of Production Research, 55(7): 2068-2082.

Gallego G, Scheller-Wolf A, 2000. Capacitated inventory problems with fixed order costs: Some optimal policy structure[J]. European

Journal of Operational Research, 126(3): 603-613.

Gao F, Chen F Y, Chao X, 2011. Joint optimal ordering and weather hedging decisions: Mean-CVaR model[J]. Flexible Services and Manufacturing Journal, 23(1): 1-25.

Geske R, Johnson H E, 1984. The American put option valued analytically[J]. The Journal of Finance, 39(5): 1511-1524.

Ghoniem A, Maddah B, 2015. Integrated retail decisions with multiple selling periods and customer segments: Optimization and insights[J]. Omega, 55: 38-52.

Gomez_Padilla A, Mishina T, 2009. Supply contract with options[J]. International Journal of Production Economics, 122(1): 312-318.

Haksöz Ç, Simsek K D, 2010. Modeling breach of contract risk through bundled options[J]. The Journal of Operational Risk, 5(3): 3-20.

Hall J M, Kopalle P K, Krishna A, 2010. Retailer dynamic pricing and ordering decisions: Category management versus brand-by-brand approaches[J]. Journal of Retailing, 86(2): 172-183.

Haugen K K, Olstad A, Pettersen B I, 2007. The profit maximizing capacitated lot-size (PCLSP) problem[J]. European Journal of Operational Research, 176(1): 165-176.

Hu F, Lim C C, Lu Z, 2014. Optimal production and procurement decisions in a supply chain with an option contract and partial backordering under uncertainties[J]. Applied Mathematics and Computation, 232: 1225-1234.

Hu Z, Tian J, Feng G, 2019. A relief supplies purchasing model based on a put option contract[J]. Computers & Industrial Engineering, 127: 253-262.

Hua S, Liu J, Cheng T C, et al., 2019. Financing and ordering strategies for a supply chain under the option contract[J]. International Journal of Production Economics, 208: 100-121.

Huh W T, Janakiraman G, 2008. Inventory management with auctions and other sales channels: Optimality of (s, S) policies[J]. Management Science, 54(1): 139-150.

Huh W T, Janakiraman G, 2010. On the optimal policy structure in serial inventory systems with lost sales[J]. Operations Research, 58(2): 486-491.

Inderfurth K, Kelle P, Kleber R, 2013. Dual sourcing using capacity reservation and spot market: Optimal procurement policy and heuristic parameter determination[J]. European Journal of Operational Research, 225(2): 298-309.

Köle H, Bakal I S, 2017. Value of information through options contract under disruption risk[J]. Computers & Industrial Engineering, 103: 85-97.

Lee C Y, Li X, Xie Y, 2013. Procurement risk management using capacitated option contracts with fixed ordering costs[J]. IIE Transactions, 45(8): 845-864.

Lee C Y, Li X, Yu M, 2015. The loss-averse newsvendor problem with supply options[J]. Naval Research Logistics(NRL), 62(1): 46-59.

Li J, Zhou Y, Huang W, 2017. Production and procurement strategies for seasonal product supply chain under yield uncertainty with commitment-option contracts[J]. International Journal of Production Economics, 183: 208-222.

Liang L, Wang X, Gao J, 2012. An option contract pricing model of relief material supply chain[J]. Omega, 40(5): 594-600.

Liu C, Jiang Z, Liu L, et al., 2013. Solutions for flexible container leasing contracts with options under capacity and order constraints[J]. International Journal of Production Economics, 141(1): 403-413.

Liu W, Song S, Li B, et al., 2015. A periodic review inventory model with loss-averse retailer, random supply capacity and demand[J].

International Journal of Production Research, 53(12): 3623-3634.

Liu Z, Hua S, Zhai X, 2020. Supply chain coordination with risk-averse retailer and option contract: Supplier-led vs. Retailer-led[J]. International Journal of Production Economics, 223: 107518.

Liu Z, Chen L, Li L, et al., 2014. Risk hedging in a supply chain: Option vs. price discount[J]. International Journal of Production Economics, 151: 112-120.

Luo J, Chen X, 2017. Risk hedging via option contracts in a random yield supply chain[J]. Annals of Operations Research, 257: 697-719.

Luo J, Zhang X, Wang C, 2018. Using put option contracts in supply chains to manage demand and supply uncertainty[J]. Industrial Management and Data Systems, 118(7): 1477-1497.

Luo J, Chen X, Wang C, et al., 2021. Bidirectional options in random yield supply chains with demand and spot price uncertainty. Annals of Operations Research, 302: 211-230.

Luo M, Li G, Wan C L, et al., 2015. Supply chain coordination with dual procurement sources via real-option contract[J]. Computers & Industrial Engineering, 80: 274-283.

Macbeth J D, Merville L J, 1979. An empirical examination of the black-scholes call option pricing model[J]. The Journal of Finance, 34(5): 1173-1186.

Margrabe W, 1978. The value of an option to exchange one asset for another[J]. The Journal of Finance, 33(1): 177-186.

Martínez-de-Albéniz V, Simchi-Levi D, 2009. A portfolio approach to procurement contracts[J]. Production and Operations Management, 14(1): 90-114.

Merton R C, 1973. The relationship between put and call option prices: Comment[J]. Journal of Finance, 28(1): 183-184.

Milner J M, Rosenblatt M J, 2002. Flexible supply contracts for short life-cycle goods: The buyer' s perspective[J]. Naval Research Logistics(NRL), 49(1): 25-45.

Nagali V, Hwang J, Sanghera D, et al., 2008. Procurement risk management (PRM) at Hewlett-Packard company[J]. Interfaces, 38(1): 51-60.

Nosoohi I, Nookabadi A S, 2014. Designing a supply contract to coordinate supplier' s production, considering customer oriented production[J]. Computers & Industrial Engineering, 74: 26-36.

Nosoohi I, Nookabadi A S, 2016. Outsource planning through option contracts with demand and cost uncertainty[J]. European Journal of Operational Research, 250(1): 131-142.

Pang Z, Chen F Y, Feng Y, 2012. Technical note-a note on the structure of joint inventory-pricing control with leadtimes[J]. Operations Research, 60(3): 581-587.

Ren Z J, Cohen M, Ho T H, et al., 2010. Information sharing in a long-term supply chain relationship: The role of customer review strategy[J]. Operations Research, 58(1): 81-93.

Rubinstein M, 1984. A simple formula for the expected rate of return of an option over a finite holding period[J]. The Journal of Finance, 39(5): 1503-1509.

Sharma A, Dwivedi G, Singh A, 2019. Game-theoretic analysis of a two-echelon supply chain with option contract under fairness concerns[J]. Computers & Industrial Engineering, 137: 106096.

Song H, Ran L, Shang J, 2017. Multi-period optimization with loss-averse customer behavior: Joint pricing and inventory decisions with stochastic demand[J]. Expert Systems with Applications, 72: 421-429.

Spinler S, Huchzermeier A, 2006. The valuation of options on capacity with cost and demand uncertainty[J]. European Journal of

Operational Research, 171 (3): 915-934.

Spinler S, Huchzermeier A, Kleindorfer P R, 2003. Risk hedging via options contracts for physical delivery[J]. OR Spectrum, 25 (3): 379-395.

Tao Y, Chew E P, Lee L H, et al., 2017. A capacity pricing and reservation problem under option contract in the air cargo freight industry[J]. Computers & Industrial Engineering, 110: 560-572.

Wan N, Chen X, 2015. Bilateral coordination strategy of supply chain with bidirectional option contracts under inflation[J]. Mathematical Problems in Engineering, Vol. 2015, Article ID 369132, 16 pages, Doi: 10.1155/2015/369132.

Wan N, Chen X, 2018. Contracts choice for supply chain under inflation[J]. International Transactions in Operational Research, 25: 1907-1925.

Wan N, Chen X, 2019. The role of put option contracts in supply chain management under inflation[J]. International Transactions in Operational Research, 26 (4): 1451-1474.

Wan N, Wu X, 2019. Option ordering and coordination strategies for a two-period supply chain[J]. Kybernetes, 48 (3): 471-495.

Wan N, Fan J, 2021. Impacts of put option contract and supply chain structure in a multi-period supply chain with uncertain demand[J]. RAIRO-Operations Research, 55: S1969-S1996.

Wang C, Chen X, 2015. Optimal ordering policy for a price-setting newsvendor with option contracts under demand uncertainty[J]. International Journal of Production Research, 53 (20): 6279-6293.

Wang C, Chen X, 2017. Option pricing and coordination in the fresh produce supply chain with portfolio contracts[J]. Annals of Operations Research, 248: 471-491.

Wang C, Chen X, 2018. Joint order and pricing decisions for fresh produce with put option contracts[J]. Journal of the Operational Research Society, 69 (3): 474-484.

Wang C, Chen J, Chen X, 2019. The impact of customer returns and bidirectional option contract on refund price and order decisions[J]. European Journal of Operational Research, 274 (1): 267-279.

Wang C, Chen J, Wang L, et al., 2020. Supply chain coordination with put option contracts and customer returns[J]. Journal of the Operational Research Society, 71 (6): 1003-1019.

Wang Q, Tsao D, 2006. Supply contract with bidirectional options: The buyer' s perspective[J]. International Journal of Production Economics, 101 (1): 30-52.

Wang X, Liu L, 2007. Coordination in a retailer-led supply chain through option contract[J]. International Journal of Production Economics, 110 (1-2): 115-127.

Wang X, Li F, Liang L, et al., 2015. Pre-purchasing with option contract and coordination in a relief supply chain[J]. International Journal of Production Economics, 167: 170-176.

Wee H M., Wang W T, 2013. Supply chain coordination for short-life-cycle products with option contract and partial backorders[J]. European Journal of Industrial Engineering, 7 (1): 78-99.

Wu D J, Kleindorfer P R, 2005. Competitive options, supply contracting, and electronic markets[J]. Management Science, 51 (3): 452-466.

Xu H, 2010. Managing production and procurement through option contracts in supply chains with random yield[J]. International Journal of Production Economics, 126 (2): 306-313.

Xue K, Li Y, Zhen X, et al., 2020. Managing the supply disruption risk: option contract or order commitment contract?[J] Annals of Operations Research, 291: 985-1026.

Xue W, Ma L, Shen H, 2015. Optimal inventory and hedging decisions with CVaR consideration[J]. International Journal of Production Economics, 162: 70-82.

Yang L, Tang R, Chen K, 2017. Call, put and bidirectional option contracts in agricultural supply chains with sales effort[J]. Applied Mathematical Modelling, 47: 1-16.

Yuan X, Bi G, Zhang B, et al., 2020. Option contract strategies with risk-aversion and emergency purchase[J]. International Transactions in Operational Research, 27 (6) : 3079-3103.

Zhang J L, Chen J, Lee C Y, 2012. Coordinated pricing and inventory control problems with capacity constraints and fixed ordering cost[J]. Naval Research Logistics (NRL), 59 (5) : 376-383.

Zhao Y, Wang S, Cheng T C, et al., 2010. Coordination of supply chains by option contracts: A cooperative game theory approach[J]. European Journal of Operational Research, 207 (2) : 668-675.

Zhao Y, Ma L, Xie G, et al., 2013. Coordination of supply chains with bidirectional option contracts[J]. European Journal of Operational Research, 229 (2) : 375-381.

Zhao Y, Yang L, Cheng T C, et al., 2013. A value-based approach to option pricing: The case of supply chain options[J]. International Journal of Production Economics, 143 (1) : 171-177.

Zhao Y, Choi T M, Cheng T C E, et al., 2018. Supply option contracts with spot market and demand information updating[J]. European Journal of Operational Research, 266 (3) : 1062-1071.

Zipkin P, 2008. On the structure of lost-sales inventory models[J]. Operations Research, 56 (4) : 937-944.